AANBEVOLEN DOOR
DGH
2020
DE GROTE HAMERSMA

Harold Hamersma
& Esmee Langereis

SUPER SUPERMARKTWIJNEN 2020

inclusief Dirck III, Gall & Gall, Mitra en Hema

MIX
Papier van verantwoorde herkomst
FSC® C112556

Vormgeving omslag: Danny Klein
Typografie binnenwerk: Werkplaats, Yolanda Huntelaar
Auteursfoto omslag: Rob van Dam
Database: Codestackers
Opmaak: Pre Press Media Groep
Projectcoördinatie: Merijn de Leur-van Duyn
Eindredactie: Yulia Knol

ISBN 978 90 5956 235 6
NUR 447

Deze uitgave is met de grootst mogelijke zorgvuldigheid samengesteld. Tot op het moment van ter perse gaan hebben uitgever en auteurs de gegevens van wijnen, oogstjaren, prijzen en inzenders gecontroleerd. 'Onvolkomenheden' zijn evenwel altijd mogelijk. Daar kunnen geen rechten aan worden ontleend. Mocht u onjuiste informatie tegenkomen, dan zouden we het op prijs stellen als u ons dat laat weten (degrotehamersma@fontaineuitgevers.nl).

INHOUD

Laten we er eerlijk over zijn: ook wij van De Grote Hamersma zijn gewoon in de supermarkt begonnen. Niet als vakkenvuller overigens (ofschoon we dan wel zouden weten welk schap we het liefst onder onze hoede hadden willen hebben) maar als wijndrinker.

Harolds wijnstokpaardje is zijn eerste kennismaking met Pinard, begin jaren zeventig. Generatiegenoten van hem (hij is van 1956) kennen die literpakken misschien nog wel waarmee Albert Heijn Nederland aan het wijn drinken heeft gekregen. Het spul werd in grote hoeveelheden voor de tienerfeestjes ingeslagen. Een ID tonen aan de kassa was toen nog niet nodig.

Als hij toen overigens had geweten wat Pinard betekende, had-ie het waarschijnlijk niet zo schielijk tot zich genomen. Pinard was het jargon voor 'bocht', het was de wijn die de Franse soldaten tijdens de Eerste Wereldoorlog in de loopgraven kregen als vervanging van water dat helemaal niet te drinken was. Zelfs kanonnenvoer kende een bijpassende wijn, zo bleek.

Ook Esmee (van 1974) is bij de buurtsuper begonnen. Eerste keus waren de mandflessen uit Chianti. Voornamelijk omdat die het na gebruik zo leuk deden als kaarsenhouder op de zolderkamer. De inhoud werd samen met vrienden gedronken uit één tandenborstelbeker. Gelukkig volgde niet veel later een upgrade: de jaren negentig stonden in het teken van Ernest & Julio Gallo. Twee slimme broers from the old country, die prima voordelige supermarktwijnen produceerden in Californië – een streek die je opvallend genoeg nu nauwelijks meer aantreft in de schappen van de supers.

Enfin, ondertussen is er een hoop veranderd. Het supermarktwijnaanbod is veel groter geworden. En de kwaliteit beduidend hoger weten wij uit ervaring. We proeven alle assortimenten van alle supermarkten en slijterijketens al jaren. Wat je zegt: iemand moet het doen.

Tijdens die immer voortdurende zoektocht naar de lekkerste wijnen mochten we in 2012 zelfs een historisch hoogtepunt noteren. En dan bedoelen we niet de honderdduizendste fles die onze smaakpapillen passeerde. Maar we hebben het over een marktonderzoek dat toen gepubliceerd werd waaruit geconcludeerd kon worden dat wijn nota bene op het lijstje van 'noodzakelijke boodschappen' was beland. Met andere woorden, het werd niet meer als luxe artikel gezien. Rood, wit en rosé waren plots gebroederlijk op het boodschappenbriefje te vinden tussen de keukenrollen, de groenten en de toiletverfrisser. Dagelijks genieten werd de boodschap.

Bovendien bleek – volgens datzelfde onderzoek – dat wij Nederlanders toen nog een belangwekkende ontdekking hadden gedaan: wijn smaakte lekker bij het eten! Tot die tijd hielden we er namelijk een wonderlijk drinkgedrag op na: we dronken wijn voor de maaltijd en/of daarna. 'Jan, drink je even je glas leeg? We gaan aan tafel!' klonk het. Om de lachers op onze hand te krijgen vertelden we het verhaal wel eens tijdens de lunch of het diner als we op wijnreis waren.

Dankzij voornoemde 'vondst' schoot in Nederland dat jaar de gemiddelde consumptie per hoofd van de bevolking met maar liefst een liter omhoog: naar 21,7 liter. Met name omdat de supermarkten al ruimschoots hadden ingespeeld op onze veranderende consumptiepatroon. Vanwege het zogeheten onestopshopping principe kwamen we daar toch al. Steeds meer mensen haalden immers hun dagelijkse boodschappen al op één plek.

Nu zijn we de afgelopen jaren weliswaar wat minder wijn gaan drinken maar we kiezen wel steeds vaker voor betere. Sommige supermarktformules hebben wijn zelfs tot 'focusgroep' gebombardeerd. Dat wordt als een adequaat wapen gezien in die onophoudelijke supermarktoorlog: met het aanbod rood, wit en rosé kan het verschil gemaakt worden ten opzichte van de concurrent. Aldus worden veel assortimenten verder uitgebreid richting de meer onalledaagse soorten. Special cuvées, limited editions en winemaker's selections vinden er een plek. Onverwachte wijndruiven, -regio's en -landen zijn plots binnen ieders handbereik.

Al met al blijkt een en ander niet in droge aarde te vallen. Rond de 90 procent van alle wijn voor thuisverbruik wordt in de supers en bij de slijterijketens gekocht. En grote vestigingen hebben soms wel tot 800 verschillende wijnen om uit kiezen.

Maar welke moet je dan nemen? Keuzestress ligt op de loer. Toch is dat eenvoudig te voorkomen, want het antwoord is eenvoudig: de lekkerste natuurlijk.

Komt dat even mooi uit dat je juist deze gids nu in handen hebt.
Geniet ervan.

Harold Hamersma
Esmee Langereis
Amsterdam, april 2020

DE SCORES

Alleen de lekkerste wijnen uit de supermarkten en van de nationale slijterijketens hebben een plekje in deze *De Grote Hamersma Super Supermarktwijnen* gekregen, met een 7 als ondergrens en een 10 als het hoogst haalbare.
De scores zijn toegekend op basis van eigenheid, kleur, geur, smaak en afdronk. Extra punten zijn er voor wijnen die bijzonder goed bleken 'voor dat geld' en/of 'in zijn soort'. Soms scoorde een wijn net iets beter of net iets minder en daar heeft de bovenmeester ooit de minnetjes, plusjes en halfjes voor bedacht.

DE PRIJZEN

In de meeste gevallen staat bij de wijn de precieze prijs vermeld. Soms is er echter sprake van een consumentenadviesprijs en die kan enigszins verschillen van de prijs die is doorgegeven. Ook worden sommige wijnen bij verschillende supermarktformules gevoerd, waardoor er af en toe sprake kan zijn van uiteenlopende prijskaartjes.

DE BETEKENIS VAN DE SYMBOLEN

Dit is een wijn die opvallend goed is, in zijn soort, voor zijn druif, voor zijn regio en/of voor zijn prijs
BIO Biologische wijn
DYN Biologisch-dynamische wijn
NAT Natuurwijn
Fairtrade
M Mousserend

Château de la Roulerie 9+
Les Terrasses 2017
Frankrijk Anjou
€ 21,99 WIT BIO
Gall & Gall

Penfolds 9+
BIN 28 Kalimna Shiraz 2016
Australië Barossa Valley
€ 26,99 ROOD
Albert Heijn

Amelia 9
Chardonnay 'Las Petras Vineyard' 2018
Chili Limarí Valley
€ 24,99 WIT
Albert Heijn

Cantina LaVis 9
Pinot Grigio 2018
Italië Trentino
€ 9,29 WIT
Gall & Gall

Château Coulon 9
2018
Frankrijk Corbières
€ 5,99 ROOD BIO
Albert Heijn

Cono Sur 9
Merlot Bicicleta 2018
Chili Central Valley
€ 5,99 ROOD
Albert Heijn

Cono Sur 9
Ocio 2016
Chili Casablanca Valley
€ 39,99 ROOD
Albert Heijn

Domaine de Saint Ser 9
Cuvée Prestige 2018
Frankrijk Côtes de Provence
€ 9,99 ROSÉ BIO DYN
Albert Heijn

Domaine Louis Max 9
Vignes du Domaine 2017
Frankrijk Mercurey
€ 16,99 WIT BIO
Albert Heijn

Domäne Wachau 9
Grüner Veltliner 2018
Oostenrijk Wachau
€ 7,50 WIT
Hema

Domäne Wachau 9
Grüner Veltliner Federspiel 'Weissenkirchen' 2018
Oostenrijk Wachau
€ 11,99 WIT
Gall & Gall

Domäne Wachau 9
Grüner Veltliner Kaiserberg 'Federspiel' 2018
Oostenrijk Wachau
€ 11,49 WIT
Gall & Gall

Domäne Wachau 9
Riesling Smaragd 'Weissenkirchen' 2017
Oostenrijk Wachau
€ 16,59 WIT
Gall & Gall

Grans-Fassian 9
Riesling trocken 'Schiefer' 2018
Duitsland Mosel
€ 9,99 WIT
Albert Heijn

Gustavshof 9
Dornfelder 'Vom Berg' 2017
Duitsland Rheinhessen
€ 9,49 ROOD DYN
Ekoplaza

Kanonkop 9
Pinotage 2010
Zuid-Afrika Stellenbosch
€ 29,99 ROOD
Gall & Gall

La Palma 9
Carmenère Reserva 2018
Chili Cachapoal Valley
€ 10,59 ROOD
Gall & Gall

Lawson's Dry Hills 9
Pinot Gris 2018
Nieuw-Zeeland Marlborough
€ 12,99 WIT
Gall & Gall

Librandi 9
Magno Megonio 2015
Italië Val di Neto
€ 19,99 ROOD
Gall & Gall

Mazzei 9
Ser Lapo 2016
Italië Chianti Classico Riserva
€ 20,99 ROOD
Gall & Gall

Penfolds 9
BIN 389 Cabernet Shiraz 2016
Australië South Australia
€ 59,00 ROOD
Albert Heijn

Piccini 9
Collezione Oro 2015
Italië Chianti Riserva
€ 12,99 ROOD
Gall & Gall

Sankt Anna 9
Riesling 'Pur Mineral' 2018
Duitsland Pfalz
€ 6,19 WIT
Jumbo

Undurraga 9
Cabernet Sauvignon T.H. 'Terroir Hunter' 2017
Chili Maule Valley
€ 17,99 ROOD
Albert Heijn

Undurraga 9
Chardonnay T.H. 'Terroir Hunter' 2014
Chili Limarí Valley
€ 21,99 WIT
Gall & Gall

Windheuwel 9
Chenin Blanc 'Private Selection' 2018
Zuid-Afrika Stellenbosch
€ 19,99 WIT BIO
Jumbo

Château de l'Argenteyre 9-
Cru Bourgeois 2015
Frankrijk Médoc
€ 9,99 ROOD
Albert Heijn

Domäne Wachau 9-
Blauer Zweigelt 'Terrassen' 2018
Oostenrijk Wachau
€ 9,49 ROOD
Gall & Gall

Domäne Wachau 9-
Weissburgunder 'Federspiel' 2018
Oostenrijk Wachau
€ 9,49 WIT
Gall & Gall

E. Guigal 9-
2014
Frankrijk Condrieu
€ 39,00 WIT
Albert Heijn

Finca Manzanos 9-
Reserva 2014
Spanje Rioja
€ 14,99 ROOD
Dekamarkt

Gustavs 9-
Grauburgunder 'Vom Berg' 2018
Duitsland Rheinhessen
€ 9,99 WIT DYN
Ekoplaza

Gustavs 9-
Riesling 'Vom Berg' 2018
Duitsland Rheinhessen
€ 9,99 WIT DYN
Ekoplaza

Klein Constantia 9-
Sauvignon Blanc 2018
Zuid-Afrika Constantia
€ 13,99 WIT
Gall & Gall

Lyngrove 9-
Platinum Pinotage 2016
Zuid-Afrika Stellenbosch
€ 14,99 ROOD
Mitra drankenspeciaalzaken

Masso Antico 9-
Fiano 'Appassito' 2018
Italië Salento
€ 7,99 WIT
Dirck III

San Silvestro 9-
Serra dei Turchi 2015
Italië Barolo
€ 24,99 ROOD
Gall & Gall

Tamboerskloof 9-
Kleinood 2015
Zuid-Afrika Stellenbosch
€ 16,99 ROOD
Albert Heijn

Villa Annaberta 9-
2015
Italië Amarone della Valpolicella
€ 14,49 ROOD
Jumbo

Wave Series by Carmen 9-
Pinot Noir 'Right Wave' 2017
Chili Leyda Valley
€ 7,99 ROOD
Gall & Gall

Windheuwel 9-
Merlot 'Private Selection' 2016
Zuid-Afrika Stellenbosch
€ 19,99 ROOD
Jumbo

Abril de Azul y Garanza 8·5
2018
Spanje Navarra
€ 8,00 ROOD BIO
Ekoplaza

Alba Pura 8·5
Riesling (sulfietvrij) 2018
Duitsland Mosel
€ 12,99 WIT DYN
Jumbo

Bailly-Lapierre 8·5
2018
Frankrijk Bourgogne Saint-Bris
€ 9,99 WIT
Hoogvliet

Briccotondo 8·5
Dolcetto 'Fontanafredda' 2017
Italië Piemonte
€ 6,99 ROOD
Albert Heijn

Castillo Mayor 8·5
Gran Reserva 2012
Spanje Cariñena
€ 3,99 ROOD
Aldi

Château Chantemerle 8·5
Cru Bourgeois 2014
Frankrijk Médoc
€ 14,99 ROOD
Mitra drankenspeciaalzaken

Château La Grave 8·5
Cru Bourgeois 2017
Frankrijk Médoc
€ 8,99 ROOD
Aldi

Costebianco 8·5
2018
Italië Sicilia
€ 4,99 WIT
Dekamarkt

Danie de Wet 8·5
Chardonnay matured on the lees 2019
Zuid-Afrika Robertson
€ 7,00 WIT
Deen, Plus

Domäne Wachau 9-
Riesling Federspiel 'Weissenkirchen' 2018
Oostenrijk Wachau
€ 11,89 WIT
Gall & Gall

Finca Manzanos 9-
Gran Reserva 2010
Spanje Rioja
€ 19,99 ROOD
Dekamarkt

Finca Manzanos 9-
Reserva 2014
Spanje Rioja
€ 14,99 ROOD
Dekamarkt

Joseph Drouhin 9-
2016
Frankrijk Mercurey
€ 22,99 ROOD DYN
Gall & Gall

Lyngrove 9-
Platinum Pinotage 2016
Zuid-Afrika Stellenbosch
€ 14,99 ROOD
Mitra drankenspeciaalzaken

Mandrarossa 9-
Santannella 2017
Italië Sicilia
€ 16,59 WIT
Gall & Gall

Moulins de Citran 9-
2010
Frankrijk Haut-Médoc
€ 18,99 ROOD
Gall & Gall

Schloss Johannisberg 9-
Riesling trocken 'Bronzelack' 2018
Duitsland Rheingau
€ 22,99 WIT
Gall & Gall

Villa Annaberta 9-
2015
Italië Amarone della Valpolicella
€ 14,49 ROOD
Jumbo

Alba Pura 8·5
Riesling (sulfietvrij) 2018
Duitsland Mosel
€ 12,99 WIT DYN
Jumbo

Château de la Roulerie
9+
Les Terrasses 2017
Frankrijk Anjou
€ 21,99 WIT BIO
Gall & Gall

Château Camplong
9
Les Serres 2017
Frankrijk Corbières
€ 5,29 ROOD BIO
Albert Heijn

Château Coulon
9
2018
Frankrijk Corbières
€ 5,99 ROOD BIO
Albert Heijn

Domaine de Saint Ser
9
Cuvée Prestige 2018
Frankrijk Côtes de Provence
€ 9,99 ROSÉ BIO DYN
Albert Heijn

Domaine Louis Max
9
Vignes du Domaine 2017
Frankrijk Mercurey
€ 16,99 WIT BIO
Albert Heijn

Windheuwel
9
Chenin Blanc 'Private Selection' 2018
Zuid-Afrika Stellenbosch
€ 19,99 WIT BIO
Jumbo

Novas
9-
Carmenère-Cabernet Sauvignon Gran Reserva 2017
Chili Colchagua Valley
€ 7,99 ROOD BIO
Albert Heijn

Abril de Azul y Garanza
8.5
2018
Spanje Navarra
€ 8,00 ROOD BIO
Ekoplaza

Château Haut-Monplaisir
8.5
Tradition 2016
Frankrijk Cahors
€ 8,99 ROOD BIO
Albert Heijn

Château Laplagnotte-Bellevue
8.5
Grand Cru 2015
Frankrijk Bordeaux, Saint-Émilion
€ 18,99 ROOD BIO
Dirck III

Château Tapie
8.5
Vin Bio 2018
Frankrijk Languedoc
€ 5,49 ROOD BIO
Albert Heijn

Diorama
8.5
Brut Nature Spanje Cava
€ 7,99 WIT BIO M
Marqt

Divali
8.5
Gris de Gris 2018
Frankrijk Sable de Camargue
€ 7,99 ROSÉ BIO
Albert Heijn

Diwald
8.5
Zweigelt Selektion 2018
Oostenrijk Wagram
€ 9,00 ROOD BIO
Ekoplaza

Domaine Eugène Meyer
8.5
Pinot Blanc 2018
Frankrijk Alsace
€ 9,95 WIT BIO
Ekoplaza

Feudo di Santa Tresa
8.5
Classico 2017
Italië Cerasuolo di Vittoria
€ 8,95 ROOD BIO
Ekoplaza

Fiesta de Azul y Garanza
8.5
Garnacha Tempranillo 2017
Spanje Navarra
€ 6,50 ROOD BIO
Ekoplaza

La Corte del Pozzo
8.5
Fasoli Gino 2017
Italië Valpolicella Classico
€ 12,00 ROOD BIO
Ekoplaza

Mas du Petit
8.5
Azegat 2017
Frankrijk Bouches-du-Rhône
€ 6,39 ROOD BIO
Plus

Misty Cove
8.5
Pinot Noir Organic 2017
Nieuw-Zeeland Marlborough
€ 13,99 ROOD BIO
Marqt

Neleman
8.5
Winemakers Blend Organic 2017
Spanje Valencia
€ 15,00 WIT BIO
Hema

O
8.5
Pinot Noir Reserva 2018
Chili Colchagua Valley
€ 6,49 ROOD BIO
Marqt

O
8.5
Winemaker's Blend 2018
Chili Rapel Valley
€ 6,49 ROOD BIO
Marqt

Peacock
8.5
Sauvignon Blanc 'Wild Ferment' 2019
Zuid-Afrika Western Cape
€ 6,99 WIT BIO
Marqt

Quinto Arrio
8.5
Crianza 2016
Spanje Rioja
€ 9,95 ROOD BIO
Ekoplaza

Cono Sur 9
Merlot Bicicleta 2018
Chili Central Valley
€ 5,99 ROOD
Albert Heijn

Windheuwel 9-
Merlot 'Private Selection' 2016
Zuid-Afrika Stellenbosch
€ 19.99 ROOD
Jumbo

Alamos 8.5
Merlot 2018
Argentinië Mendoza
€ 10,99 ROOD
Gall & Gall

Château Juguet 8.5
Grand Cru 2016
Frankrijk Bordeaux, Saint-Émilion
€ 16,99 ROOD
Albert Heijn

Jean-Pierre Moueix 8.5
2016
Frankrijk Bordeaux
€ 9,50 ROOD
Hema

La Palma 8.5
Merlot Reserva 2018
Chili Cachapoal Valley
€ 10,59 ROOD
Gall & Gall

Rawson's Retreat 8.5
Merlot 2018
Australië South Eastern Australia
€ 7,99 ROOD
Albert Heijn

Tunupa 8.5
Merlot Reserva 2018
Chili Colchagua Valley
€ 6.49 ROOD
Hoogvliet

Valdivieso 8.5
Merlot 'Winemaker Reserva' 2017
Chili Rapel Valley
€ 10.59 ROOD
Gall & Gall

Windheuwel 8.5
Merlot 'Reserve' 2017
Zuid-Afrika Stellenbosch
€ 12.99 ROOD
Jumbo

Penfolds
BIN 28 Kalimna Shiraz 2016
Australië Barossa Valley
€ 26,99 ROOD
Albert Heijn
9+

Lyngrove
Platinum Shiraz 2016
Zuid-Afrika Stellenbosch
€ 14,99 ROOD
Mitra drankenspeciaalzaken
9

E. Guigal
2016
Frankrijk Crozes-Hermitage
€ 16,99 ROOD
Albert Heijn
9

Tamboerskloof
Kleinood 2015
Zuid-Afrika Stellenbosch
€ 16,99 ROOD
Albert Heijn
9-

Cono Sur
Syrah '20 Barrels' 2017
Chili Limarí Valley
€ 22,99 ROOD
Albert Heijn
8.5

Crazy Angel
Gran Reserva Syrah 2017
Chili Casablanca Valley
€ 19,99 ROOD
Jumbo
8.5

Kavel Estate
Shiraz 'The Congregation' 2017
Australië South Australia
€ 9,99 ROOD
Jumbo
8.5

Leasingham
Shiraz BIN 61 2016
Australië Clare Valley
€ 13,99 ROOD
Gall & Gall
8.5

Trentham Estate
Shiraz 2017
Australië Murray Darling
€ 7.99 ROOD
Jumbo
8.5

Valdivieso
Shiraz 'Single Vineyard' 2015
Chili Limarí Valley
€ 16.99 ROOD
Gall & Gall
8.5

Undurraga 9
Cabernet Sauvignon T.H. 'Terroir Hunter' 2017
Chili Maule Valley
€ 17,99 ROOD
Albert Heijn

Don Melchor 9-
Cabernet Sauvignon 2010
Chili Puente Alto
€ 69,00 ROOD
Albert Heijn

Alamos 8.5
Cabernet Sauvignon 2017
Argentinië Mendoza
€ 10,99 ROOD
Gall & Gall

Crazy Angel 8.5
Gran Reserva Cabernet Sauvignon 2014
Chili Maipo Valley
€ 19,99 ROOD
Jumbo

Marques de Casa Concha 8.5
Cabernet Sauvignon 2017
Chili Puente Alto
€ 14,99 ROOD
Albert Heijn

Neil Ellis 8.5
Cabernet Sauvignon 2011
Zuid-Afrika Jonkershoek Valley
€ 22,99 ROOD
Albert Heijn

Siesta 8.5
Cabernet Sauvignon 'Tahuatinsyuyu' 2014
Argentinië Uco Valley
€ 16.99 ROOD DYN
Jumbo

Soleca 8.5
Cabernet Sauvignon Reserva 2018
Chili Central Valley
€ 4.99 ROOD
Vomar

Trapiche 8.5
Cabernet Sauvignon Perfiles 'Grava' 2015
Argentinië Mendoza
€ 16.25 ROOD
Poot Agenturen

Windheuwel 8.5
Cabernet Sauvignon 'Private Selection' 2018
Zuid-Afrika Stellenbosch
€ 19.99 ROOD
Jumbo

Cono Sur 9
Ocio 2016
Chili Casablanca Valley
€ 39,99 ROOD
Albert Heijn

Bernardus 9-
Pinot Noir 2015
Verenigde Staten California
€ 25,99 ROOD
Gall & Gall

Joseph Drouhin 9-
2016
Frankrijk Mercurey
€ 22,99 ROOD DYN
Gall & Gall

Kellerei-Cantina Andrian 9-
Pinot Noir 2018
Italië Alto Adige-Südtirol
€ 16,99 ROOD
Gall & Gall

Antonin Rodet 8·5
Saint-Romain 2013
Frankrijk Saint-Romain
€ 16,99 ROOD BIO
Albert Heijn

J. de Villebois 8·5
2017
Frankrijk Vin de France
€ 9,29 ROOD
Gall & Gall

Jean-Claude Boisset 8·5
Au Clou 2016
Frankrijk Côte de Nuits-Villages
€ 25,89 ROOD
Gall & Gall

Joseph Drouhin 8·5
Pinot Noir 2017
Frankrijk Bourgogne
€ 13,99 ROOD DYN
Gall & Gall

Misty Cove 8·5
Pinot Noir Organic 2017
Nieuw-Zeeland Marlborough
€ 13,99 ROOD BIO
Marqt

O 8·5
Pinot Noir Reserva 2018
Chili Colchagua Valley
€ 6,49 ROOD BIO
Marqt

Domäne Wachau 9
Riesling Smaragd 'Weissenkirchen' 2017
Oostenrijk Wachau
€ 16,59 WIT
Gall & Gall

Grans-Fassian 9
Riesling trocken 'Schiefer' 2018
Duitsland Mosel
€ 9,99 WIT
Albert Heijn

Karl Erbes 9
Riesling Spätlese trocken 'Ürziger Würzgarten' 2017
Duitsland Mosel
€ 15,79 WIT
Gall & Gall

Sankt Anna 9
Riesling 'Pur Mineral' 2018
Duitsland Pfalz
€ 6,19 WIT
Jumbo

Domäne Wachau 9-
Riesling Federspiel 'Weissenkirchen' 2018
Oostenrijk Wachau
€ 11,89 WIT
Gall & Gall

Gustavs 9-
Riesling 'Vom Berg' 2018
Duitsland Rheinhessen
€ 9,99 WIT DYN
Ekoplaza

Schloss Johannisberg 9-
Riesling trocken 'Bronzelack' 2018
Duitsland Rheingau
€ 22,99 WIT
Gall & Gall

Alba Pura 8·5
Riesling (sulfietvrij) 2018
Duitsland Mosel
€ 12,99 WIT DYN
Jumbo

Chapeau! 8·5
Riesling 2018
Duitsland Rheinhessen
€ 9,99 WIT
Jumbo

Weingut Gröhl 8·5
Riesling trocken 2018
Duitsland Rheinhessen
€ 7,99 WIT
Dirck III

Kellerei-Cantina Andrian
Sauvignon Blanc 'Andrius' 2017 9
Italië Alto Adige-Südtirol
€ 27,69 WIT
Gall & Gall

Klein Constantia
Sauvignon Blanc 2018 9-
Zuid-Afrika Constantia
€ 13,99 WIT
Gall & Gall

Angoris
Sauvignon Blanc 2017 8.5
Italië Friuli Colli Orientali
€ 14,99 WIT
Gall & Gall

Bailly-Lapierre
2018 8.5
Frankrijk Bourgogne Saint-Bris
€ 9,99 WIT
Hoogvliet

Blind River
Sauvignon Blanc 2018 8.5
Nieuw-Zeeland Marlborough
€ 11,99 WIT
Albert Heijn

Brancott Estate
Sauvignon Blanc 'Letter Series' 2018 8.5
Nieuw-Zeeland Marlborough
€ 13,99 WIT
Albert Heijn

Cono Sur
Sauvignon Blanc Reserva Especial 2018 8.5
Chili Casablanca Valley
€ 9,99 WIT
Albert Heijn

El Descanso
Sauvignon Blanc Limited Edition 2019 8.5
Chili Aconcagua Valley
€ 8,49 WIT
Plus

J. de Villebois
2017 8.5
Frankrijk Sancerre
€ 19,59 WIT
Gall & Gall

J. de Villebois
Sauvignon Blanc 2018 8.5
Frankrijk Val de Loire
€ 9,29 WIT
Gall & Gall

Lawson's Dry Hills
Sauvignon Blanc 2018 8.5
Nieuw-Zeeland Marlborough
€ 12,99 WIT
Gall & Gall

Mount Olympus
Sauvignon Blanc 2018 8.5
Nieuw-Zeeland Marlborough
€ 10,99 WIT
Dirck III

Patrice Moreux
Pouilly-Fumé 2018 8.5
Frankrijk Sancerre
€ 11,99 WIT
Jan Linders

Patrice Moreux
Pouilly-Fumé 2018 8.5
Frankrijk Sancerre
€ 11,99 WIT
Vomar

Peacock
Sauvignon Blanc 'Wild Ferment' 2019 8.5
Zuid-Afrika Western Cape
€ 6,99 WIT BIO
Marqt

PLUS Hollands Vakmanschap 'Charles Loupart' 8.5
Sauvignon Blanc 2018
Frankrijk Val de Loire
€ 5,99 WIT
Plus

Terra Pura
Sauvignon Blanc 'Single Vineyard' 2018 8.5
Chili San Antonio Valley
€ 7,99 WIT
Jumbo

Valdivieso
Sauvignon Blanc 'Winemaker Reserve' 2018 8.5
Chili Aconcagua Valley
€ 10,59 WIT
Gall & Gall

Villebois
2018 8.5
Frankrijk Pouilly-Fumé
€ 14,99 WIT
Jumbo

Villebois
Petit Villebois 2018 8.5
Frankrijk Vin de France
€ 7,29 WIT
Jumbo

Wave Series by Carmen
Sauvignon Blanc 'Left Wave' 2018 8.5
Chili Leyda Valley
€ 7,99 WIT
Gall & Gall

Château de Pont
Sauvignon 2018 8+
Frankrijk Touraine
€ 8,99 WIT
Dirck III

El Descanso
Sauvignon Blanc Reserva 2019 8+
Chili Casablanca Valley
€ 7,49 WIT
Plus

Kalfu
Molu 2018 8+
Chili Casablanca Valley
€ 7,99 WIT
Mitra drankenspeciaalzaken

Villa Maria
Sauvignon Blanc Organic 2019 8+
Nieuw-Zeeland Marlborough
€ 8,99 - € 9,39 WIT BIO
Coop, Hoogvliet, Jumbo, Plus, Spar

Amelia (9, ster)
Chardonnay 'Las Petras Vineyard' 2018
Chili Limarí Valley
€ 24,99 WIT
Albert Heijn

Catena (9)
Chardonnay 'Tupungato' 2018
Argentinië Tupungato
€ 15,99 WIT
Gall & Gall

Domaine Louis Max (9, ster)
Vignes du Domaine 2017
Frankrijk Mercurey
€ 16,99 WIT BIO
Albert Heijn

Frescobaldi (9)
Benefizio 2017
Italië Toscana
€ 31,79 WIT
Gall & Gall

Nederburg (9)
Ingenuity 2013
Zuid-Afrika Western Cape
€ 19,99 WIT
Albert Heijn

Penfolds (9)
Reserve BIN 13A 2013
Australië Adelaide Hills
€ 79,00 WIT
Albert Heijn

Undurraga (9, ster)
Chardonnay T.H. 'Terroir Hunter' 2014
Chili Limarí Valley
€ 21,99 WIT
Gall & Gall

Casa Lapostolle (9-)
Chardonnay 'Cuvée Alexandre' 2013
Chili Casablanca Valley
€ 17,99 WIT
Albert Heijn

Joseph Drouhin (9-)
2017
Frankrijk Rully
€ 18,99 WIT DYN
Gall & Gall

Klein Constantia (9-)
Chardonnay 2016
Zuid-Afrika Constantia
€ 23,99 WIT
Gall & Gall

La Chablisienne (9-)
Vaillons 'Premier Cru' 2015
Frankrijk Chablis
€ 21,49 WIT
Gall & Gall

Aliwen (8.5)
Chardonnay Reserva 2019
Chili Maipo Valley
€ 6,29 WIT
Albert Heijn

Aurélie Vic (8.5)
Le Long Chemin 2018
Frankrijk Limoux
€ 12,99 WIT
Mitra drankenspeciaalzaken

Bernardus (8.5)
Chardonnay 2016
Verenigde Staten Monterey
€ 22,99 WIT
Gall & Gall

Bramìto del Cervo (8.5)
2017
Italië Umbria
€ 17,99 WIT
Gall & Gall

Casa Lapostolle (8.5)
Chardonnay 'Grand Selection' 2018
Chili Casablanca Valley
€ 9,99 WIT
Albert Heijn

Catena (8.5)
Chardonnay 'High Mountain Vines' 2017
Argentinië Mendoza
€ 15,99 WIT
Gall & Gall

Christophe Cordier (8.5)
2018
Frankrijk Pouilly-Fuissé
€ 18,99 WIT
Albert Heijn

Danie de Wet (8.5)
Chardonnay Barrel Reserve 2018
Zuid-Afrika Robertson
€ 9,00 WIT
Deen, Plus

Danie de Wet (8.5, ster)
Chardonnay matured on the lees 2019
Zuid-Afrika Robertson
€ 6,99 WIT
Deen, Plus

Didier Delagrange (8.5)
Hautes-Côtes de Beaune Chardonnay 2013
Frankrijk Hautes-Côtes de Beaune
€ 14,99 WIT
Albert Heijn

Domaine Fontaine-Gagnard (8.5)
2011
Frankrijk Chassagne-Montrachet
€ 36,99 WIT
Albert Heijn

El Descanso (8.5)
Chardonnay Reserva 2019
Chili Casablanca Valley
€ 7,49 WIT
Plus

Marques de Casa Concha (8.5, ster)
Chardonnay 2017
Chili Limarí Valley
€ 14,99 WIT
Albert Heijn

Montaignan (8.5)
Chardonnay 2018
Frankrijk Pays d'Oc
€ 7,39 WIT
Jumbo

Bruno Michel 8·5
Assemblée Brut Frankrijk Champagne
€ 27,99 - € 30,00 WIT BIO M
Ekoplaza, Marqt

Diorama 8·5
Brut Nature Spanje Cava
€ 7,99 WIT BIO M
Marqt

Jaume Codorníu 8·5
Gran Reserva Brut 2011
Spanje Cava
€ 27,99 WIT M
Albert Heijn

Pere Ventura 8·5
Reserva Brut 'Colección Privada' Spanje Cava
€ 10,49 WIT M
Gall & Gall

Pommery 8·5
Brut Royal Frankrijk Champagne
€ 33,99 WIT M
Gall & Gall

de Castellane 8+
Brut Frankrijk Champagne
€ 20,99 WIT M
Jumbo

Masi 8+
Moxxé 2017
Italië Vino Spumante Brut
€ 16,69 WIT M
Gall & Gall

Antonin Rodet 8
Brut Frankrijk Crémant de Bourgogne
€ 9,99 WIT M
Albert Heijn

Codorníu 8
Selección Raventós Brut Spanje Cava
€ 12,98 WIT M
Albert Heijn

Copa Sabia 8
Brut Reserva Spanje Cava
€ 7,50 WIT M
Hema

ARGENTINIË ROOD

Albert Heijn
Malbec 2018

7+

druif: malbec
alcohol: 13,5%
type: vol
prijs: € 3,99

Malbec. En bepaald niet gek. De nationale druif van Argentinië heeft alles mee naar Holland genomen. Pruimen, dikke bramen, een doosje sigaren en een soepele tango in de heupen.

Finca Las Moras
Malbec 2019
Mendoza

8+

druif: malbec
alcohol: 13%
type: medium
prijs: € 5,99

De verse oogst van de volopfruit-finca. Rijpe frambozen, aardbeien op sap, pruimen op sap, zoete kersen, tannines fijntjes weggepoetst en de zoetzuurbalans dik in orde.

Finca Las Moras (NIEUW)
Malbec 'Bourbon Barrel Aged' 2017
Mendoza

8.5

druif: malbec
alcohol: 13,5%
type: vol
prijs: € 13,98

Ha! Malbec 'Bourbon Barrel Aged'. Ha! Geen wijnmaker die trots op z'n wijn is, haalt het in z'n hoofd om het in een oud bourbonvat te stoppen – zou je zeggen. En je kunt hier als serieuze wijnrecensent natuurlijk ook niet met goed fatsoen je zegen aan meegeven. Maar eerlijkheid gebiedt te zeggen dat het allemaal zo erg niet is. Vanillebom, ja. Over de top, ja. Hint van whisky, ja. Maar: beter dan een groot deel van het assortiment in de Nederlandse schappen. Het fruit in de wijn is van hoge kwaliteit. Ach, misschien had die wijnmaker ook eens zin in iets anders. Dus als je van American-style wijn houdt, bomvol chocolade, kersen en zure bessen... stop met zoeken, dit is je fles.

Norton
Barrel Select Cabernet Sauvignon 2018
Mendoza

8

druif: cabernet sauvignon
alcohol: 13%
type: vol
prijs: € 7,99

Soepel en glanzend donkerrood. Eikenzoet. Zacht leer. Luxe specerij. En nog zo wat wijncomplimenten.

Norton
Barrel Select Malbec 2019
Mendoza

8

druif: malbec
alcohol: 13,5%
type: vol
prijs: € 7,99

Malbec. Blieft geen groenten. Vooruit, een pizza met paddenstoelen op zijn tijd, maar eigenlijk is deze daar te chic voor. Met lekkere kruidigheid en dikke cacaobitters. Een mooi stuk vlees erbij, zeg ik. Kan moeder van de malbec nippen als vader op zondag zijn mes uit het vet haalt.

Norton
Barrel Select Merlot 2019
Mendoza

8

druif: merlot
alcohol: 13,5%
type: vol
prijs: € 7,99

'Op een oud barrel moet je het leren,' zei mijn grootje altijd. De Barrel Select Merlot is gloedje nieuw. Ultraverse inzet van pruimigheid, bramen, laurier, een handje groene kruiderij en niet onaardige jeugdtannines. Norton gromt maar bijt niet. Misschien degene die 'm heeft ingeschonken wel: in de eendenborst die erbij geserveerd wordt.

Norton

Malbec Colección 2019

7+

druif: malbec
alcohol: 14%
type: vol
prijs: € 5,99

De Colección bepaalt dit jaar het modebeeld met haute confiture van bramen, kersen en pruimen. Lichte specerij. Wat strakker in het pak dan vorig jaar.

Norton

Merlot Colección 2019

7·5

druif: merlot
alcohol: 12,5%
type: vol
prijs: € 5,99

Donkerfruitige en kruidige Argentijn, die ieder jaar keurig gesoigneerd voor de dag komt. Of het nu Norton Malbec, Cabernet Sauvignon of Syrah is, of Merlot, zoals deze.

Santa Julia

Tintillo 2018

Mendoza

7+

druif: bonarda, malbec
alcohol: 13%
type: medium
prijs: € 6,29

Hipperd van Santa Julia. Jonge wijn bedoeld voor jong publiek. Lichtrood met fannypack vol fruit. Mag wat meer inhoud krijgen als-ie opgroeit, maar is nu – koel geschonken – best te pruimen.

Tilia

Cabernet Franc Merlot Petit Verdot 2017

Mendoza

7·5

druif: cabernet franc, merlot, petit verdot
alcohol: 13%
type: vol
prijs: € 6,99

Schijnt dat er veel lindebomen groeien in Mendoza, en dat deze wijn daarnaar vernoemd is. Eiken had meer voor de hand gelegen. Nadrukkelijk aanwezig dit oogstjaar. Daarachter ook pruimen, bramen en kersen. Plus wat zoete zwarte koffie en een gesmolten chocolaatje.

Tilia

Cabernet Sauvignon Merlot 2018

Mendoza

7·5

druif: cabernet sauvignon, merlot
alcohol: 13,5%
type: vol
prijs: € 6,99

Wijnmaker heeft het dit jaar extra aan de vanillestok gekregen. Zoetig, zacht, soepel, zwoel en volstrekt het tegenovergestelde van de blend van deze twee druiven die vanuit Bordeaux furore heeft gemaakt.

Tilia (NIEUW)

Malbec 2018

Mendoza

7·5

druif: malbec
alcohol: 13,5%
type: vol
prijs: € 6,99

Opstaande randjes weggepoetst. Haartjes geharst. Eelt verwijderd. Wasverzachter in de trommel. Mohair truitje aan. Zacht en behaaglijk. Framboos, kers, cassis, Chocotoff en een minty touch.

Zuccardi (NIEUW)

Apelación La Consulta Cabernet Sauvignon 2015
Mendoza

8·5

druif: cabernet sauvignon
alcohol: 13%
type: vol
prijs: € 12,99

Zuccardi's hogere middenklasser om door de bergen van La Consulta te scheuren. Met 174 pk zwarte bes, turbo braam en luxe uitgevoerd eikenhouten dashboard.

Zuccardi

Malbec 'Brazos de los Andes' 2018
Mendoza

8·5

druif: malbec
alcohol: 14%
type: vol
prijs: € 9,99

Lees over Zuccardi bij zijn chardonnay. Nog beter: drink 'm voorafgaand aan zijn malbec. In donkere chocola gedoopte bramen, bittere kersen en rijpe donkere pruimen. Een discreet snufje kruidenrek, met de nadruk op zwarte peper.

AUSTRALIË ROOD

19 Crimes (NIEUW)

Red Wine 2018
South Eastern Australia

8-

druif: grenache, mourvèdre, shiraz
alcohol: 13,5%
type: vol
prijs: € 9,99

Op het vooretiket een mugshot van het Lombroso-type. De titel van deze Red Wine: 19 Crimes. Moet dit nu weer voorstellen? Is de wijn crimineel lekker? Grensoverschrijdend vies? Geen van beide. Duidelijke stijl: vanillebom met room limonadefruit. Soepel, al zij het een tikkie ordinair, maar dat is prima op z'n tijd. Blijkt vervolgens een uitgebreid concept achter te zitten, zie ik op de website, alwaar een fijn lesje geschiedenis over 'punishment by transportation'. Vroeger stuurde men criminelen gewoon naar Australië in plaats van naar de gevangenis. *Good riddance* zou je denken, maar de marketinggoeroe achter dit concept dacht dat het wel een leuk haakje zou zijn voor een serie wijnen. Want, let op, dit zijn échte foto's van échte mensen: 'The men and women on our labels are not those of fiction – they were flesh and blood. Criminals and scholars. In history, they share a bond receiving "punishment by transportation". It could have shattered their spirits. It didn't. Today, we toast them and the principles they lived by.' Ja! Laten we de mores van een stelletje gajes naleven. Kom, neem er nog eentje! Als je echt niet weet wat je met je tijd aan moet, kun je hier helemaal in duiken. De verhalen volgen van alle criminelen via *augmented reality* en weet ik veel wat allemaal. Maar, ik noem maar iets, je kunt het ook niet doen.

AH Australische Huiswijn

Rood Soepel LITER

7

druif: cabernet sauvignon, merlot, syrah
alcohol: 13%
type: medium
prijs: € 3,99

Huiswijn from down under. Raken we niet van ondersteboven maar heeft inderdaad gewoon soepel (zoals beloofd op het etiket) zwart fruit, en die typerende eucalyptus-aroma's die je vaak proeft in de betere Ozzie wines. En zo literen we ook dit jaar lekker door.

Camden Park

Cabernet Sauvignon 2017
South Australia

7+

druif: cabernet sauvignon
alcohol: 14%
type: vol
prijs: € 5,29

Boel wijn. Terwijl er toch 'No bull' op de halssticker staat. Stier op het etiket. Ook eentje achterop. Als een schoolplaat. Legt uit dat de wijn evenals de bull mooie rondingen heeft, lekker vlezig is, vol, krachtig, en een goed stamboek kent. Je kunt ook zeggen: beetje bonkige bull, prima om een je supermarktsteak mee weg te spoelen.

First Drop (NIEUW)

Full Fat Red 2016
South Australia

8.5

druif: barbera, montepulciano, syrah
alcohol: 14,5%
type: medium
prijs: € 9,99

Wijn met een strip over de twee wijnmakers op het vooretiket. Deed me direct het ergste vermoeden, maar dat bleek onterecht. Een kijkje op de website https://www.firstdrop-wines.com/ leert dat deze twee Australian dudes een bijzondere missie hebben: ze maken 'wines to drink, not just appreciate'. Daar moest ik even twee keer over nadenken. Je zou kunnen zeggen dat ze wijnen maken die je kunt drinken, maar die je niet apprecieert. Categorie 'binnen te houden'? Neen, daarmee doen ze zichzelf tekort. De Full Fat Red is niet heel full, en ook niet heel fat, maar wel enorm sappig en fris, met een fijne structuur die natuurlijk aandoet. Gezond fruit. Eucalyptus uit de regio maakt het af. Glouglou! En op voor je het weet.

Jacob's Creek

Cabernet Sauvignon 'Classic' 2018
South Eastern Australia

7+

druif: cabernet sauvignon
alcohol: 14%
type: vol
prijs: € 6,99

Cabernet sauvignon die keurig binnen de lijntjes blijft. Drinkbaar, donker fatsoensfruit in confectiekostuum.

Jacob's Creek

Merlot 'Classic' 2018
South Eastern Australia

7.5

druif: merlot
alcohol: 14%
type: medium
prijs: € 6,99

Classic betekent dat je jaar in, jaar uit weet wat je krijgt. Jacob's Creek maakt wijnen voor wijndrinkers die geen enkel risico willen lopen. En die van donkere bessen en kersen, wat laurier en opgewreven tannines houden.

Jacob's Creek

Pinot Noir 'Classic' 2019
South Eastern Australia

8

druif: pinot noir
alcohol: 14%
type: medium
prijs: € 6,99

Soepel, zacht, aardbeien met poedersuiker en kersen met wat kruiderij. Steviger en overtuigender dan voorgaande jaren. Aanbevolen bij 'rich duck dishes'. Oom Dagobert is gewaarschuwd.

Jacob's Creek

Reserve Shiraz 2017
Limestone Coast

8

druif: shiraz
alcohol: 14,5%
type: vol
prijs: € 9,99

Krachtig, krentig, dik zwart sap. Gereserveerd voor echte mannen, deze Australiër in handen van Fransman Pernod Ricard. Geen spoortje anijs te ontdekken, mind you. Wel wat mint in een voor Australische begrippen niet al te zoete shiraz.

Jacob's Creek

Shiraz Cabernet 'Classic' 2018

7

druif: cabernet sauvignon, shiraz
alcohol: 14%
type: vol
prijs: € 6,99

Jolig rood fruit, bramen en zwarte bessen. Wat speelser dan de Cabernet Sauvignon 'Classic', maar ook wat minder om het lijf.

Lindeman's

Cabernet Sauvignon BIN 45 2019
South Eastern Australia

7

druif: cabernet sauvignon
alcohol: 14%
type: medium
prijs: € 6,99

Zwarte bessen, kersen, wat chocola. Ieder jaar per BIN naar de Albert Heijn bij u in de buurt vervoerd. Gemak dient de mens. En daar past deze niets-aan-hand-cabernet perfect bij.

Lindeman's Gentleman's Collection

Cabernet Sauvignon 2018
South Eastern Australia

7

druif: cabernet sauvignon
alcohol: 14,5%
type: vol
prijs: € 9,99

Cabernet *with a dash of fortified wine*. Aan de fles zal het niet liggen: zwaargewicht. Daarbij een kamerbreed etiket. Oud portret van de oude dokter Lindeman als afbeelding. Geeft ons tips hoe heren zich gedragen. 'Language, please,' adviseert hij dit jaar. Dat is Rule 1 van zijn *Guide to Chivalry and Integrity*. Mooi. Kom maar op dan, doc. Schenk eens in van deze Batch no. 3. Wat een heisa, hoor ik je denken. Inderdaad. *Much ado about...* Vorig jaar met flink wat rood fruit, zachtheid en milde tannines. Dit jaar wat teleurstellend in de zuren. Zou de wijnmaker gevloekt hebben? *Language, please!*

Penfolds

BIN 28 Kalimna Shiraz 2016
Barossa Valley

9+

druif: shiraz
alcohol: 14,5%
type: vol
prijs: € 26,99

Prachtige oogstjaarbelofte in *Hugh Johnson's Pocket Wine Book*: 'Hopes are high for a special vintage for red.' Klopt 't? Het klopt. Zonde om nu al open te maken maar er moet toch even getemperatuurd worden. Topshiraz. Prachtig en gezond donker fruit en spicyness. Kracht, peperigheid en tannines. Lengte, breedte, diepte. Waarschuw je wijnkelder. Weglegger voor wie zich kan bedwingen.

Penfolds

BIN 2 Shiraz Mataro 2017
South Australia

8.5

druif: mataro, shiraz
alcohol: 14,5%
type: vol
prijs: € 21,99

Ich BIN 2 Berliner? No, an Australian. Wine met een hoofdletter W. Robijnrood fruit met filosofische inborst. Smaakvol, met fijn schuurpapier glad gewreven, houten lijstje. Een zoetig pepermuntje in de afdronk. Ter info: mataro is het alias van monastrell in Catalunya en van mourvèdre in het Franse. Kan zomaar een vraag zijn tijdens een pubquiz.

Penfolds

BIN 389 Cabernet Shiraz 2016
South Australia

9

druif: cabernet sauvignon, shiraz
alcohol: 14,5%
type: vol
prijs: € 59,00

Een van de beste wijnen van wat bekendstaat als het beste wijnbedrijf dat actief is in de 'warme' delen van Australië. Nu hoeven bezoekers aan de cool climates ook bepaald geen thermisch ondergoed in de koffer mee te nemen, maar daar is het relatief frisser. Eucalyptus regeert, dan volgt cacao, dan sterk geconcentreerd zwart fruit. Zwarte bessen op velours, bramen zonder stekels, alleen de rijpste, de mooiste, dus zonder witte of groene onrijpe plekjes, kersen van het formaat pruim, pruimen van het formaat klein maar rijp, bosbessenlikeurzoet, alles op zijn plek, overal respect, nergens voordringen, beschaving en balans. Klasse. Ook dit jaar weer. Een van mijn favoriete van Penfolds, een producent die met name schittert met rood.

Penfolds

BIN 8 2017
South Australia

9-

druif: cabernet sauvignon, shiraz
alcohol: 14,5%
type: vol
prijs: € 19,99

Shiraz en cabernet sauvignon. In Australië wordt het een 'classic blend' genoemd. In Frankrijk bijkans een gotspe. Wie geen moeite heeft met moderne interpretaties van wijn maken, gaat deze wijn proeven gemaakt door Peter Gago, Chief Winemaker van Penfolds die ouderwets zijn vak verstaat. Stevig, vlezig en krachtig rood fruit. Zwarte bessen, voorzichtig eiken, mintzweem, cacaobitters en een fijne peperigheid. Uit een jaar met hoge opbrengsten, van een hoge kwaliteit en met een hoge doordrinkfactor. Dat laatste is sowieso de handtekening van Gago. Die houdt niet van wijnen die je beter op je brood kunt smeren.

Penfolds

St. Henri Shiraz 2005
South Australia

9

druif: shiraz
alcohol: 14%
type: vol
prijs: € 59,00

'Kijk, dat mag ik graag zien.' Peter Gago, Chief Winemaker van het Australische Penfolds, kwam eens bij mij op visite en pakte toen de Christie's-brochure van de tafel. Bijna honderd pagina's met de mooiste, kostbaarste en meest zeldzame wijnen ter wereld die werden geveild. Bijzonder was dat het hier een collectie behelsde van één wijnverzamelaar. De reden van het te gelde maken van de vloeibare collector's items was onduidelijk. Betaalpas geblokkeerd? Had de belastingdienst de Kaaimaneiland-rekening ontdekt? Of kon er simpelweg niet meer in de kelder? Het laatste lag het meest voor de hand. Dergelijke wijnverzamelaars drinken geen wijn, maar kopen het om naar te kijken. Naar alle grand-cru-classéwijnen uit Bordeaux van hun geboortejaar. Naar complete series van alle oogstjaren. Of naar alle flesmaten waarin een bepaalde wijn gebotteld is. Soms hebben ze zelfs niet eens een kurkentrekker in huis. Het nadeel van wijn verzamelen is echter dat de factor tijd een rol gaat spelen. In tegenstelling tot postzegels, schilderijen en porselein heeft wijn immers niet het eeuwige leven. Bovendien is zo'n kelder op een goed moment vol. De veiling brengt dan soelaas. Een Noorse zakenman die krap kwam te zitten – qua ruimte dan –, liet ooit 48.000 flessen uit zijn privékelder veilen bij Sotheby's in New York. Opbrengst: 14,4 miljoen dollar. Die werd overigens direct weer geherinvesteerd – in wijn. Het wachten is nog slechts op een dependance van de Jellinek waar dergelijke wijncollectioneurs van hun verzamelwoede worden afgeholpen. De verzameldrift van 'deze vriend van Christie's', zoals het voorwoord hem noemde, had geleid tot de verkoop van een door hem niet meer te nemen bastion van Franse topwijnen, 'maar de eigenaar heeft ook een meer dan bijzondere belangstelling voor Australische shiraz, vooral Hill of Grace en Grange', zo las ik verder. En juist over dat laatste toonde Gago zich erg tevreden. Penfolds' vlaggenschip Grange wordt niet alleen in één adem genoemd met de grote namen van de wijnwereld, het staat ook afgebeeld op het hoogglans omslag. Een fles uit de 1995-oogst bevindt zich tussen onder andere Château Mouton-Rothschild, Pétrus en Le Montrachet van Domaine de la Romanée-Conti. Sterker nog, 'de beste wijn onder de evenaar' staat vooraan. Inmiddels had Gago ook een dozijn wijnen op mijn proeftafel geopend. Hij was in Amsterdam bij wijze van tegenbezoek. In 2005 was ik bij hem in Adelaide. Bovendien was hij 'toch in de buurt', zoals hij het zelf noemt. Twee dagen eerder was hij in Stockholm om daar een 'recorking session' te leiden. Daarbij kon iedereen die oudere jaargangen Penfolds bezit deze gratis van een nieuwe kurk laten voorzien. Louter voor dit doel reist Gago de hele wereld over. Sinds 1991 heeft hij ruim 90.000 flessen herkurkt, vooral Grange, maar ook Penfolds BIN 707 Cabernet Sauvignon en St. Henri Shiraz. Deze wijnen kwamen ook bij deze proefsessie op tafel, voorafgegaan door wat nederiger geprijsde. Wat ik aantrekkelijk vind aan Penfolds is dat er geen slechte wijnen in de portfolio zitten. Van een fles Grange die een kassaaanslag van een paar honderd euro veroorzaakt, mag je ook kwaliteit verwachten. Maar vooral op de lagere prijsniveaus vind ik dat er zelfs sprake is van 'overdelivery': je krijgt meer wijn voor je geld dan het prijskaartje aangeeft. Inmiddels is het 2019 en maakt St. Henri Shiraz 2005 nog steeds deel uit van het assortiment van Albert Heijn. St. Henri is duidelijk aan het ouderen, maar doet dat waardig met roestbruin aan de slapen en tevens wat vijgen en zachtleren tannines in de zakken van zijn maatpak. Liefhebbers van het genre kunnen zich hierin verheugen. Maar ik vermoed wel dat ik mijn vriend Peter Gago binnenkort weer op bezoek krijg. Tijd om te herkurken lijkt het, die van Henri brak af. Voorzichtig openen dus.

Rawson's Retreat

Cabernet Sauvignon 2018
South Eastern Australia

8·5

druif: cabernet sauvignon
alcohol: 13,5%
type: vol
prijs: € 7,99

Trek je lekker terug met Rawson's Retreat. Blijft een heerlijke cabernet sauvignon. Luxe. Beschaafd. Muntig. Zwarte bessen, kersen. In alles het tegenovergestelde van al die Australische jam die in een wijnfles de wereld in wordt gestuurd.

Rawson's Retreat

Merlot 2018
South Eastern Australia

8·5

druif: merlot
alcohol: 13,5%
type: vol
prijs: € 7,99

Succesnummer. Play it again, Rawson, dan schenk ik wat te drinken voor je in. Lekker bessig, zoete donkere pruimen, veel sap, laurier, aangenaam fris. Ook hier dat pepermuntwaasje. In deze oogst meer dan vorig jaar. Kom je vaker tegen bij Penfolds, die deze Rawson's maakt.

Rawson's Retreat (NIEUW)

Organic Collection 2016
Victoria

8·5

druif: cabernet sauvignon, merlot, shiraz
alcohol: 13,5%
type: vol BIO
prijs: € 7,99

In 2016 was het heter dan gewoonlijk in Victoria. Zodoende: het fruit rijper, ronder, zoeter. Gewelde pruimen die de smaakpapillen geen geweld aandoen. Kersen op de vlaai. Aalbessen met een beetje poedersuiker. Maar toch ook voldoende zuren, specerij en appelstrooptannines.

CHILI ROOD

Adobe

Cabernet Sauvignon Reserva 2018
Central Valley

8-

druif: cabernet sauvignon
alcohol: 13,5%
type: vol BIO
prijs: € 6,69

Sympathieke producent in Chili, die de supermarkten bevoorraadt met vriendelijke biowijnen. Sympathieke wijn ook, bescheiden in zijn bessig- en kersigheid, leunend op milieuvriendelijk eiken.

Adobe

Carmenère Reserva 2017
Colchagua Valley

8-

druif: carmenère
alcohol: 13,5%
type: vol BIO
prijs: € 6,69

Kom maar op met die carmenère. Trakteert op de donkerste vruchten en cacao- en espressobittertjes. Lekker rokerig, lekker eigen, lekker peperig weer dit jaar, lekker sap. En nog lekker voor het milieu ook.

Adobe

Syrah Reserva 2017
Central Valley

8

druif: syrah
alcohol: 14%
type: medium BIO
prijs: € 6,69

Syrah voor boerenjongens. Lekker ruikend naar stal, aarde en de zon. En de bus karnemelk die in de hoek staat. Dan bittere kers, pruim en bes. Spicyness. En wat tanninehouvast.

AH Biologische Cabernet Sauvignon

2018
Central Valley

7

druif: cabernet sauvignon
alcohol: 13,5%
type: vol BIO
prijs: € 4,29

De AH Bio-serie heeft een nieuw etiket. Glas dat stevig met de voet in de aarde is geworteld. Wordt gestut door nog een paar massief-eikenhouten stutpalen, zo te proeven. Geeft deze light cabernet sauvignon wat extra bitters en stevigheid, maar blijft met moeite overeind.

AH Chileense Huiswijn

Stevig 1 LITER

7+

druif: cabernet sauvignon, merlot
alcohol: 12,5%
type: vol
prijs: € 3,99

Waarom deze literfles huiswijn het wint van de gewone AH-huiswijn uit Chili (die met het blauwe vogeltje, niet opgenomen in *DGH*)? Smaakt simpeler, maar eerlijker. Dat wil zeggen: minder gemanipuleerd. De verkoop van supermarkthuiswijn is trouwens aan het dalen. Geheel in lijn met de veranderde houding van consumenten. We willen namelijk minder, maar wel beter drinken. Daar missen de meeste literflessen voor € 3,99 dan ook de boot. Toch was deze Chileense beter dan een groot aantal andere – en duurdere – wijnen uit de supers die de eindstreep helemaal niet haalden. Dankzij peperigheid, paprikagroen, stevige tannines en een aardige choco-bite.

Aliwen

Cabernet Sauvignon Carmenère Reserva 2018
Maule Valley

8.5

druif: cabernet sauvignon, carmenère
alcohol: 13,5%
type: medium
prijs: € 6,29

Vorig oogstjaar een ontmoeting tussen cabernet sauvignon en carmenère in Rapel. Nu ontdekten ze elkaar in Maule. In een schaduwrijke omgeving van bramen, pruimen, veel cassis, zwarte peper en handtamme tannines. Mooie, koele stijl. Niet te zoet.

Aliwen

Cabernet Sauvignon Syrah Reserva 2018
Maule Valley

8

druif: cabernet sauvignon, syrah
alcohol: 13,5%
type: vol
prijs: € 6,29

Maule. Grootste en ook oudste wijnregio van het land. Is fameus om zijn carignan. Maar cabernet en syrah blijken het er ook goed te doen. Koeler, frisser en pittiger rood en zwart fruit dan in voorgaande oogstjaren. Een zoetje van rijp fruit. Een zoetje van vanille. Een zoetje van sweet spices. Compleet in orde.

Casa Lapostolle

Carmenère 2018
Rapel Valley

8+

druif: carmenère
alcohol: 13,5%
type: vol
prijs: € 9,99

Beetje een smukkige uitmonstering voor zo'n chique Rapel-rode. Tippelzone-rood etiket. Kitsche sierletters. Maar daarachter een carmenère met boudoirkwaliteiten. Fluwelig, comfortabel, hoog opgetaste zilveren schalen met kraakverse bramen, cassis en bessen. De eikenhouten fauteuils geven precies de juiste steun. Wilt u iets drinken? Graag. Laat de sappen rijkelijk vloeien!

Casa Lapostolle

Clos Apalta 2011
Colchagua Valley

9+

druif: cabernet sauvignon, carmenère, merlot
alcohol: 15%
type: vol
prijs: € 69,00

Domein van de Franse familie die ook Grand Marnier in de portfolio heeft. Maar niet schrikken: is niet zoet en smaakt niet naar sinaasappel. Is afkomstig van druiven die het zonder waterhulp hebben moeten stellen. Irrigeren is er dus niet bij geweest. Filteren en klaren evenmin. Wel is landgenoot Michel Rolland, de beroemdste wijnconsultant ter wereld, ingevlogen om de klus te klaren. Dat houdt in: fluisteren tegen de carmenère, cabernet sauvignon en merlot van zestig jaar oude stokken dat ze een 'unieke blend' gaan vormen. En vooral ook duur eikenhout uitzoeken waarop zij aan hun gerief kunnen komen. Tannines vermalsen. Oneffenheden wegvijlen. Poetsen, polijsten en opwrijven. Zodat er – alle gekheid op een niet bewaterd wijnstokje – uiteindelijk een van de allergrootste Chileense rode wijnen in de fles belandt. Dat zal even schrikken zijn dat die nu gewoon bij Albert Heijn ligt. Een troost: de nog kostbaarder Almaviva ligt naast hem.

Casa Lapostolle

Merlot 2017
Rapel Valley

8

druif: merlot
alcohol: 13,5%
type: medium
prijs: € 9,99

Luxe merlot van een casa waarvan de kunststof kozijnen zijn vervangen door eiken. Duidelijk houtstevigheid, specerij en wat tannines in een fraai verzorgde karakteristieke Merlot. Rode besjes fleuren de boel nog wat op.

Casillero del Diablo

Cabernet Sauvignon Reserva 2018
Central Valley

8+

druif: cabernet sauvignon
alcohol: 13,5%
type: vol
prijs: € 6,99

Donkere, zachtmoedige Diablo. Trakteert ook dit jaar weer op rijpe pruimen en vijgen, tabak, cassis en goedmoedige tannines. Beetje cacao ook. Is wat slomer dan vorig jaar, maar ook wat beter gehumeurd.

Casillero del Diablo

Carmenère Reserva 2018
Central Valley

8-

druif: carmenère
alcohol: 13,5%
type: medium
prijs: € 6,99

Fors donker, kruidig fruit, pure chocola en vers gezette filterkoffie. Kopje heeft een klein groen randje. Paprikagroen.

Casillero del Diablo

Merlot Reserva 2018
Central Valley

8

druif: merlot
alcohol: 13,5%
type: medium
prijs: € 6,99

Vol in de pruim, zoete donkere kersen, zwarte bessen. Tot ons gebracht door – geloof het of niet – de grootste wijnmakerij ter wereld, Concha y Toro. Ter geruststelling: dat heeft zijn proporties te danken aan het feit dat zij jaar in, jaar uit goede tot erg goede wijnen maken. Benchmark-merlot.

Casillero del Diablo

Pinot Noir Reserva 2018
Central Valley

8

druif: pinot noir
alcohol: 13,5%
type: medium
prijs: € 6,99

Is volgens wijnmaker Marcelo Papa 'een sensuele, vrouwelijke wijn'. Hele actiegroepen kunnen daar aanstoot aan nemen. Maar pinot noir-activisten niet. Rijpe framboos, aardbei en kers met pit, koffiekruimel. Bang om ze door te slikken? Niet nodig. Wel licht koelen. Kent geen regio-aanduiding, want is gemaakt van druiven uit meerdere wijnregio's. Hoe dan ook, bedankt Papa.

Casillero del Diablo

Shiraz Reserva 2018
Central Valley

8

druif: shiraz
alcohol: 13,5%
type: vol
prijs: € 6,99

Hoop puffen en zuchten in Chili. 'Het paradijs voor wijnmakers', zoals het land ook wel bekendstaat, had voor het zoveelste jaar op rij te maken met niet al te paradijselijke omstandigheden. Slecht weer. Ook: te hoge temperaturen. Bosbranden. Er werd minder geproduceerd. En de prijzen gingen omhoog. Maar de kwaliteit van deze shiraz heeft er niet onder geleden. De duivel in het paradijs zet in op veel cassis, pruimen, kersen en een pepertje in de finale.

Colinas del Itata

Cinsault 'Old Vines' 2017
Itata Valley

8

druif: cinsault
alcohol: 13%
type: medium
prijs: € 8,99

De grootste opwinding die de cinsau(l)t veroorzaakt is of zijn naam nu met een 'l' of zonder een 'l' moet worden geschreven. Maar die is dan per heden ook over: het mag beide. Voor het overige is het een druif die gewoonlijk voor weinig hoogtepunten zorgt. Hij kwijt zich keurig van zijn ondersteunende taken in vooral het zuiden van Frankrijk. We komen 'm tegen in de ingrediëntenspecificaties van Châteauneuf-du-Pape en Côtes-du-Rhône. In de Languedoc, zoals in Roussillon, Corbières en Minervois, wordt hij veelal ingezet om de wat ruige, norse carignan te vermurwen.
Een buitenlands avontuur deed hem in Afrika belanden. Daar liet hij zich in 1925 echter door een wijnprofessor aan de Universiteit van Stellenbosch gewillig kruisen met pinot noir tot Zuid-Afrika's trots, de pinotage. En een uitstapje naar Libanon bracht hem tot in de kelders van het wereldberoemde Château Musar, maar ook hier was hem geen solo-optreden gegund. Daar werd hij geblend met cabernet sauvignon en syrah. Nu is dat alleszins begrijpelijk. De reputatie van de cinsault (ik schrijf het liefst met een 'l') reikt nu eenmaal niet veel verder dan die van een druif die weliswaar voor hoge opbrengsten zorgt, maar verder tekent voor wat fletse, saaie wijn. Ideaal spul als je bijvoorbeeld goedkoop dronken wilt worden.
Maar kijk aan, bij Colinas del Itata denken ze er anders over. A) het is niet goedkoop. B) het is geen saaie, fletse wijn. Spannend, onalledaags rood is het geworden. Met een mentholstreepje in zijn aanzet. Daar begint het al mee. Het vervolg: een apotheekassociatie in geur. In de smaak luidt het recept verder: bossig, zacht rood fruit, verlegen specerij en een hoop intelligent plezier.

Cono Sur

Bicicleta Reserva Cabernet Sauvignon 2018

8

druif: cabernet sauvignon
alcohol: 13,5%
type: medium
prijs: € 5,99

Cassis en kers. Bramen zetten ook nog een tandje bij. Lekker sappig en verteerbaar. Fruit met energie. Goede zuren. Wat slanker dan voorheen. Fiets op het etiket. Zonder fietstassen. Geen snelbinders. Heb je toch een probleem. Hoe moet je in hemelsnaam al die flessen meenemen?

Cono Sur

Carmenère Reserva Especial 2017
Cachapoal Valley

8·5

druif: carmenère
alcohol: 14%
type: vol
prijs: € 9,99

Hou je vast. Het wordt zo donker. Prachtig ondergaand rood fruit. Duistere bramen in het verschiet. Lekker veel ervan. Ook dit oogstjaar weer. Gelukkig biedt cacao wat houvast. Plus vriendelijke tannines die je een handje geven en je veilig naar de uitgang leiden. Licht aan het eind van de tunnel. Of is dat de ingang van de glasbak?

Cono Sur
Merlot Bicicleta 2018
Central Valley

9

druif: merlot
alcohol: 13,5%
type: medium
prijs: € 5,99

Stoer en eigengereid en niet zo'n zoetsappig meelopertje. En nu nog kloeker. Oprechte merlot. Noest en degelijk. Wederom helemaal van deze tijd: Bicicleta met houten frame. Flink wat eikeninvloeden tijdens het trappen: zoethout, vanilletouch, sweet spices. Erg smakelijk voor dit geld.

Cono Sur
Ocio 2016
Casablanca Valley

9

druif: pinot noir
alcohol: 14%
type: medium
prijs: € 39,99

Eerder uitgeroepen tot beste pinot noir van Zuid-Amerika. Daar wil ik niets op afdingen. Vanaf het eerste oogstjaar proef ik dit pronkstuk van Cono Sur en altijd eindigt hij op het podium. Sterkste punt: is onmiskenbaar Nieuwe Wereld-pinot noir. Elegant en gedistingeerd op z'n Chileens. Klassieke notigheid gedragen door onstuitbaar, maar elegant aardbeienfruit. Kortom, je moet het geproefd hebben.

Cono Sur (NIEUW)
Organic Cabernet Sauvignon Carmenère Syrah 2018
Colchagua Valley

8·5

druif: cabernet sauvignon, carmenère, syrah
alcohol: 13,5%
type: vol BIO
prijs: € 7,99

Goedaardige bunzing in zijn zondagse pak. Aangenaam stinkerig. Aardse geuren. En cacao. En in de verte wordt koffie gezet. Opgewreven, glanzend donker fruit. Bramen, zwarte bes, blauwe pruim. Tikkie zoet van de eikelmannetjes. Zoetsmachters halen elders hun gerief.

Cono Sur
Pinot Noir Bicicleta 2018

8

druif: pinot noir
alcohol: 13,5%
type: medium
prijs: € 5,99

Rijdt weer prima. En niet te zoet gelukkig, dat wisselt per jaar. Ik noteer rijpe aardbei, framboos, lichtkruidig en lekker droog.

Cono Sur
Syrah '20 Barrels' 2017
Limarí Valley

8·5

druif: syrah
alcohol: 14,5%
type: vol
prijs: € 22,99

Warmbloedige syrah uit de Limarí Valley. Worden maar twintig vaten van gemaakt. Geconcentreerd sap, expressieve kruidige kersen, zwarte bes en een plakje rozijnen-ontbijtkoek met chocoladepasta. De laatste oogst die ik proefde was de 2015 en die noteerde bovendien romig en rond. Deze 2017 is veel kwieker en dynamischer. Leunt lekker op zijn zuren en valt zodoende ook dit jaar nog niet om.

Don Melchor

Cabernet Sauvignon 2010
Puente Alto

9-

druif: cabernet sauvignon
alcohol: 14,5%
type: vol
prijs: € 69,00

Het vlaggenschip van Concha y Toro. En dat is bepaald geen polyester Tupperware-sloep. Serieus materiaal van schout-bij-nacht Don Melchor. Is al een paar jaar onderweg, met het ruim vol zwarte bessen, bramen, vijgen, zoethout, kaneel en peper. Blijft goed op koers. En ook de zeilen blijven gespannen. Het kapen waard dus. Maar kopen is ook een optie.

Emiliana

Coyam 'Les Robles Estate' 2016
Colchagua Valley

8·5

druif: cabernet sauvignon, carmenère, merlot, syrah
alcohol: 14,5%
type: vol BIO
prijs: € 15,99

Biologisch. CO2-neutraal. Maar dan weer wel een fles die zelfs leeg niet te tillen is. En de inhoud kent ook een hoog soortelijk gewicht. Volgepakt met zwarte bessen, bramen, frambozen, donkere pruimen. Mooie minttoets, fluwelen sap, fijne schaduwpartijen, stavast-tannines.

Frontera (NIEUW)

Cabernet Sauvignon Syrah 2019
Central Valley

7·5

druif: cabernet sauvignon, syrah
alcohol: 12%
type: medium
prijs: € 4,79

Jarenlang heeft de cabernet sauvignon van Frontera de grens over mogen trekken in het gezelschap van merlot of carmenère. Plots treft-ie daar ineens bij het openen van de kofferbak syrah aan. Wat aan te geven? Alleen veel rode besjes, cassis en pruim. Plus een handje vol pepertjes en wat vrolijk gestemde koffieboontjes. Slagboom kan omhoog.

Frontera

Carmenère Cabernet Sauvignon 2018
Central Valley

7+

druif: cabernet sauvignon, carmenère
alcohol: 12%
type: medium
prijs: € 4,79

Langzaam kruipt het prijskaartje naar een steeds hoger plan. Frontera is dit jaar weer twee duppies duurder geworden. Vijf jaar geleden 'deed' het label nog maar drie. Op zo'n prijspeil kon ik lyrisch worden over de uitstapjes naar donker fruit, pruim, cassis plus de karakteristieke carmenère-chocobitters en de koffiekick. Kersverse 2018 op de proeftafel. Alcoholpercentage gaat omlaag. En ook de vulling begint lichter te worden maar doet nog mee.

Koyle

Cabernet Sauvignon Gran Reserva 2016
Colchagua Valley

8-

druif: cabernet sauvignon
alcohol: 14%
type: vol
prijs: € 7,99

De biologische wijnen van Koyle zijn altijd keurig op orde. De laatste oogstjaren wel flink wat dunner. Toen: dik sap met luxe houtlagering. Nu: licht verteerbaar zwart fruit en cassis aan de lijn. Koel, vriendelijk en peperig.

Koyle

Carmenère Gran Reserva 2017
Colchagua Valley

8

druif: carmenère
alcohol: 14%
type: vol BIO
prijs: € 7,99

Keurige carmenère. Donker fruit, espresso, kersenlikeur en bittere chocola – allemaal in light uitvoering.

Koyle

Gran Reserva Syrah 2016
Colchagua Valley

8

druif: syrah
alcohol: 13,5%
type: vol BIO
prijs: € 7,99

Ruig rood, sappig fruit dat een flinke tik van een eind eiken heeft gekregen. Mag wel eerst even in het glas luchten, want heeft wat biologisch karma meegenomen in de fles. Schrik niet en geef 'm even de tijd.

Marques de Casa Concha

Cabernet Sauvignon 2017
Puente Alto

8,5

druif: cabernet sauvignon
alcohol: 14%
type: vol
prijs: € 14,99

Cabernet sauvignon is het meest aangeplante druivenras ter wereld. Het koninkrijk van King Cab beslaat inmiddels 340.000 hectare. Ook in Chili regeert de vorst. Van de 42.408 hectaren daar heeft-ie een deel in pacht gegeven aan Marques de Casa Concha in Puente Alto. En die beschaamt het vertrouwen van zijn heer niet. Er zijn zwarte bessen en bramen. Rijpe pruim. Gladgeschoren tannines, beschaafd hout. Er is vers gezette espresso met een klein vijgentaartje. Geschikt om aan hooggeplaatst bezoek te schenken dus.

Novas

Carmenère-Cabernet Sauvignon Gran Reserva 2017
Colchagua Valley

9-

druif: cabernet sauvignon, carmenère
alcohol: 14,5%
type: vol BIO
prijs: € 7,99

Supernova. Oprechte, pure blend. Stevig, eerlijk rood. Kersen op bittere chocolade. Bramenlikeur met kruidenbitter. Donkere bossen. Baristabaard. Stevig gefundeerde tannines. Draagt wel de naam Gran Reserva maar niet het prijskaartje daarvan.

Sarmentino

2018
Central Valley

7

druif: merlot
alcohol: 12,5%
type: licht
prijs: € 2,99

Drinkbare drie euro in nylon-rood.

Trio

Cabernet Sauvignon Cabernet Franc Syrah 'Reserva' 2018
Maule

8+

druif: cabernet franc, cabernet sauvignon, syrah
alcohol: 13,5%
type: vol
prijs: € 8,49

Dit Trio zien we graag optreden. En ook wat betreft de 2018 beginnen we al om een toegift te roepen, terwijl het glas nog niet eens halfleeg is. Al zit er ook dit jaar maar weer weinig cabernet franc in toch is-ie duidelijk aanwezig. De houten verpakking is dit jaar gelukkig beter in toom gehouden, waardoor het fruit fruitiger en lieflijker is. Cassiskusjes, pruimenmondje en dropjes toe.

Trio

Cabernet Sauvignon Cabernet Franc Syrah 'Reserva' 2018
Maule

8+

druif: cabernet franc, cabernet sauvignon, syrah
alcohol: 13,5%
type: vol
prijs: € 8,49

Wie van de drie? Al zit er ook dit jaar maar weer weinig cabernet franc in toch is-ie duidelijk aanwezig. De houten verpakking is dit jaar wel wat dik aangezet, waardoor het fruit zich een weg naar buiten moet vechten. Anderzijds zorgt het strenge, donkere, tannineuze ervoor dat de cabernet sauvignon – wiens doel is om te pleasen – niet al te dweperig wordt. Nu heeft de cassis een kantje, de pruim een bite, laurier wint aan kracht, het zoet krijgt een bittertje. En shiraz doet de rest. Mikt nog een handje bessen naar binnen en pepert nog wat na. Vanille fluistert mee.

Trio

Merlot Carmenère Syrah 'Reserva' 2018
Maule Valley

8-

druif: carmenère, merlot, syrah
alcohol: 13,5%
type: medium
prijs: € 8,49

Dit jaar uit een andere vallei. Dichtbebost gebied waarschijnlijk, want dit Trio hangt flink in het eiken. Daarbij pruimen, bramen en zwarte bessen. Wat espresso van de carmenère. Driedubbel in orde.

Undurraga

Cabernet Sauvignon T.H. 'Terroir Hunter' 2017
Maule Valley

9

druif: cabernet sauvignon
alcohol: 14%
type: vol
prijs: € 17,99

Machtig mooie cabernet sauvignon met de voluptueuze elegantie van een Cubaanse sigaar. Cabernet sauvignon uit een wijngaard in de buurt van het dorpje Cauquenes in de vallei van de Maule. Claim to fame: het nabijgelegen meer en deze wijngaard. Ruim zes hectare en goed voor 2700 kisten van een dozijn. Met daarin een puike cabernet sauvignon. Breed uitgemeten cassisbeschaving, frisheid van plint tot plint, fijne specerijen en een diepgaande gelaagdheid. Slok voor slok afdalen in de peilloze diepten van het terroir, gevoed door warme dagen, koele nachten, rode klei en kwartskwaliteiten.

Undurraga

Merlot 2018
Central Valley

7

druif: merlot
alcohol: 13,5%
type: medium
prijs: € 4,99

Kapitale U op het etiket maar het is een merlootje. Wel nog de u van in de pruim en de laurier. Maar verder slank en toegankelijk. Vriendelijk en voorkomend.

Undurraga

Sibaris Cabernet Sauvignon Gran Reserva 2018
Colchagua Valley

8·5

druif: cabernet sauvignon
alcohol: 14%
type: vol
prijs: € 8,99

Sibaris. Het 'luxe maar betaalbare wijnen'-project van de familie Undurraga. Gran Reserva. Nogal inflatoire term. Dat dan weer wel. Niet beschermd of aan regels gebonden in Chili. Representeert hier de eikenhouten uitvoering van hun 'gewone' cabernet sauvignon. Gevuld met cassis, niet te zoet. Wat minder houterig dan de 2017-editie. Wat soepeler kortom. Smakelijker. Beter.

Undurraga

Sibaris Carmenère Gran Reserva 2018
Colchagua Valley

8·5

druif: carmenère
alcohol: 14%
type: vol
prijs: € 8,99

Sibaris heeft altijd wat tijd nodig om zichzelf te worden. Het hout ligt er de eerste jaren nog te dik op, is nog niet helemaal lekker geïntegreerd. Jawel, ook druiven doen aan inburgeren. Geef deze carmenère daarom nog een jaartje rust in de kelder, of in de slaapkamer – als-ie maar niet naast de warmtepomp staat is het prima, en hij zal d.d. 2021 smaken als het dubbele. Denk een gepolijst sigarenkistje vol romige, maar donkere chocolade, gerookte rode paprika, met als kers op de taart... kers.

DUITSLAND ROOD

AH Excellent Selectie (NIEUW)

Rietburg Spätburgunder 2018
Pfalz

7+

druif: spätburgunder
alcohol: 13,5%
type: medium
prijs: € 7,49

Laatbloeier sluit ook aan bij de AH Excellent Selectie. Heeft in de tussentijd aardig wat kruidigheid opgedaan. Licht frambozenrood, met pittige, thee-achtige tannines. Gaat mooi met een stuk gebraden rosbief. Misschien een keer samen in de bonus?

Divino Nordheim

Domina 2018
Franken

8

druif: domina
alcohol: 12%
type: medium
prijs: € 8,99

Arme Domina. Moet altijd maar in de schaduw van haar beroemde witte zus Silvaner staan. Ook *DGH* is schuldig aan haar minderwaardigheidscomplex, zie onze review van de silvaner 2018. Als Divino de Kardashians zou zijn, dan is silvaner Kim en domina Khloé. Wat minder wulps en elegant. Wel lekker gevuld, dit jaar met een parfum van zure kersen. Volgt nu een verjongingskuur en een karnemelkdieet, zo te proeven. Maar goed, we schrijven toch maar weer mooi over haar. Al is het als 'de zus van'.

Niersteiner (NIEUW)

Spätburgunder 'Premium' 2017
Rheinhessen

8

druif: spätburgunder
alcohol: 12,5%
type: medium
prijs: € 6,29

'Wijndokter, hoe luidt de diagnose?' 'Niersteiner. Met duidelijke symptomen van gewelde pruimen, zoete kersen en milde tannines. Ter verlichting van de fles driemaal daags innemen.'

FRANKRIJK ROOD

AH Excellent Selectie

Bordeaux 2018
Bordeaux

7·5

druif: cabernet sauvignon, merlot
alcohol: 13,5%
type: vol
prijs: € 6,99

Een keurig huis-tuin-en-keukenchateau. Bordeaux met bessen, bramen en lauriertjes. Dit jaar met een dikkere fruitvulling, al is niet al het fruit ongeschonden uit de natte periodes gekomen waardoor Bordeaux getergd werd in 2018. Excellent? Eerder: prima in orde voor dit geld. Maar om zo'n wijn dan 'een prima in orde selectie' te noemen staat wellicht wat vreemd. Bovendien klinkt dat ook wel erg Dirk.

AH Excellent Selectie

Château Cardonna Lahourcade 2016
Médoc

8

druif: cabernet sauvignon, merlot
alcohol: 13,5%
type: vol
prijs: € 8,99

Door AH geselecteerde, mooie médoc. Boersige bitters, charmante chocotonen en kittige kersjes. Excellente keuze.

AH Excellent Selectie

Côtes-du-Rhône Villages 2018
Côtes du Rhône-Villages

7·5

druif: grenache, syrah
alcohol: 14%
type: medium
prijs: € 6,99

De Rhône-vertegenwoordiger uit de AH Excellent-range. 'Geselecteerd door Albert Heijn' pronkt het gouden banier onder het etiket. Dat raadt je de koekoek. Volgens mij geldt dat voor alle wijnen die bij Appie te koop zijn. Anders stonden ze er niet in de schappen. Enfin, dit geeft aan dat we hier te maken hebben met een soort huiswijn +-serie. Daarom ook niet in een budgetflesje en voorzien van een eenvoudig etiket. Maar in een fraaie uitmonstering. En belangrijker nog: gevuld met wijn die de middelmaat ontstijgt. Doet deze rhône nipt. Sappig, peperig en donker fruit. Coca-Cola. Viooltjes. En een laagje cacaopoeder.

Antonin Rodet (NIEUW)

Mâcon 2017
Bourgogne

8

druif: gamay
alcohol: 13%
type: medium
prijs: € 6,99

Rode uit Mâcon. Maar dertig procent van de streek (zuidelijke Bourgogne) is aangeplant met pinot noir en gamay, terwijl in directe onderbuur Beaujolais het rood veruit regeert. De wijnen hebben ook niet veel van elkaar weg, normaliter. Hoewel... als we deze proeven is er wel enig vergelijkingsmateriaal: koele kersjes, harige framboos en een boeket viooltjes.

Antonin Rodet

Pinot Noir 2018
Bourgogne

8

druif: pinot noir
alcohol: 13%
type: medium
prijs: € 8,99

Rood van Rodet, een handelshuis dat al sinds anno 1875 doende is. Voldoende tijd gehad om te oefenen op de plaatselijke pinot noir. Keurig verzorgd, fris gewassen en licht blozend in Zaandam afgeleverd. Koele kersjes en een geurend boeketje bij wijze van cadeau. Klein rood uit een buitengewoon jaar. Zoveel beter dan de eerdere oogsten.

Antonin Rodet

Saint-Romain 2013
Saint-Romain

8.5

druif: pinot noir
alcohol: 12,5%
type: medium BIO
prijs: € 16,99

Rodet exploiteert pinot noir uit de gepromoveerde Hautes-Côtes *village* Saint-Romain, dat naast lichtvoetig wit ook rood mag promoten. Trakteert ons op tedere aardbeitjes en het zoetzuur van een potje cornichons. Bio bovendien. De 2013 herproefd en nog beter bevonden.

Château Arricau-Bordes

2011
Madiran

8

druif: tannat
alcohol: 14,5%
type: vol
prijs: € 19,99

Tannat is dé druif van Madiran, in het Franse zuidwesten. Maar die is al een tijdje uit de gratie bij de moderne wijndrinker. Het is dan ook niet bepaald een lachebekje. Blenden met cabernet sauvignon en de plaatselijke pinenc konden zijn donkere karakter veelal niet verhullen en langzaam maar zeker dreigde deze 'klassieker' van het wijnwereldtoneel te verdwijnen. Nu lijkt een voorzichtige kentering zich aan te dienen. Via micro-oxygenation – een methode waarbij tijdens het wijnmaakproces met een soort aquariumpompje zuurstof aan het sap wordt toegediend – kan madiran wat gezeggelijker worden gemaakt. De ontdekking dat wijn drinken goed is voor lijf en lever draagt zijn steentje bij: tannat is de druif met de meeste resveratrol, een 'levensverlengend' druivenbestanddeel. En op Château Arricau-Bordes lijkt dit elixer in ieder geval te werken. Dat bestaat al sinds 1150. Onder het motto 'bitter in de mond houdt het hart gezond' hebben zij zich al die eeuwen gelaafd aan deze stoere, stevige rode. Met zwart fruit op zijn donkerst, stammetjes van de laurierstruik, zwarte olijf en een tanninelawine in vol, pront sap. Confit de canard erbij en u leeft nog lang en gelukkig.

Château Camplong

Les Serres 2017
Corbières

9

druif: carignan, grenache, mourvèdre, syrah
alcohol: 14,5%
type: vol BIO
prijs: € 5,29

Serre met schroefdop in plaats van met openslaande deuren. Wil niet zeggen dat je daarmee dan niet de natuur in huis kunt halen. Lekker donker fruit, wat laurier. Lekker stinkerdje dankzij de mourvèdre. En lekker zonnig donker fruit met een donorbijdrage vanuit het kruidenrek. Stevige tannines, lekker doortimmerd, klein flatteerzoetje. Oprechte zuiderling. Opvallend veel beter dan voorgaande oogstjaren. Kreeg er nota bene een gouden medaille voor in Mâcon. Daar moet op gedronken worden. Ik weet wat. Koopje. Serretje. Sterretje.

Château Cantenac Brown

Grand Cru Classé Margaux 2010
Margaux

9

druif: cabernet sauvignon, merlot
alcohol: 13,5%
type: vol
prijs: € 65,00

Cantenac Brown. Edoch prachtig rood. 3e grand cru classé. Uit een topjaar. Kopen maar. Ook omdat-ie nog jaren kan liggen. Nu staat Margaux bekend om zijn elegante stijl ('de Bourgogne van Bordeaux!'), maar dit is een krachtige, wat stoere stijl met flink wat lengte, diepte en breedte nog. In dank aanvaard om te herproeven voor deze *DGH*.

Château Coulon

2018
Corbières

9

druif: carignan, grenache, syrah
alcohol: 14%
type: vol BIO
prijs: € 5,99

Altijd spannend. Is het nieuwe oogstjaar van een van mijn supermarktfavorieten weer zo goed als het voorgaande? En ja hoor. Wederom een voltreffer, deze Coulon. Vorig jaar al gepluimd, gelauwerd en geroemd. Ga weer de medailles voor 'm oppoetsen. Is zelfs nog beter. Kordaat en sappig rood fruit, zwierig, zwaaiend, vrolijk en gezond. Echte wijn. En nu eens niet bedacht door een grote wijnmarketingfirma waarvan er zoveel in Zuid-Frankrijk te vinden zijn. Coulon is gewoon Coulon. Met een bijna treurig stemmend rouwkaarten-etiket: toont een pipse, slecht uitziende semi-ruïne met een kale boom ervoor. Maar die wíjn…

Château de Bon Ami

2018
Bordeaux

8

druif: cabernet franc, cabernet sauvignon, merlot
alcohol: 13,5%
type: medium
prijs: € 4,99

Bon Ami. Bordeaux voor mensen die hun vrienden willen houden. En ook nog wat willen overhouden om wat bij de wijn te kunnen serveren. 2018 heeft onze goede vriend goed gedaan. Dikker fruit, geen bessen maar kersen, wulps en gul. Past bijvoorbeeld heel goed bij een pizza salami. Heeft AH ook.

Château de l'Argenteyre

Cru Bourgeois 2015
Médoc

9-

druif: cabernet sauvignon, carmenère, merlot, petit verdot
alcohol: 13%
type: vol
prijs: € 9,99

Karakteristieke bordeaux onder een tientje. Mooi uitzicht op een cassischateau, bramenschaduwen en laurieraanplant. Maar dit jaar is de 'burgerblend', cru bourgeois, naar een hoger niveau getild door inmenging van carmenère en de perfecte weersomstandigheden in 2015. Meer kracht, rokerigheid en souplesse. Très, très bon!

Château du Glana (NIEUW)

Cru Bourgeois 2008
Saint-Julien

8.5

druif: cabernet sauvignon, merlot
alcohol: 14%
type: vol
prijs: € 27,99

In eerste instantie was 2008 een jaar van uitdagingen. Maar de oogst pakte mooier uit dan verwacht. Uiteindelijk klassiek bordeaux, wordt er wel beweerd. Met donkere partijen, schaduwgevechten in de laurierstruiken, ontbolsterende bramen en tanige tannines. Langzaam maar zeker komt het allemaal nu een beetje op dronk. Ofschoon de proeffles nog behoorlijk partij geeft: Glana geeft zich nog niet zo makkelijk gewonnen. Is de aard van het beestje. Is een domein dat al sinds jaar en dag bekend is bij de liefhebbers van het robuustere soort. Ik zou zelfs nog even overwegen om 'm in een karaf te laten overnachten. Kan-ie even wakker worden.

Château Haut-Monplaisir

Tradition 2016

Cahors

8·5

druif: malbec
alcohol: 14%
type: vol BIO
prijs: € 8,99

Al jaren een *DGH*-prijs-kwaliteit-favoriet. Wijn met energie! Stevige specerij ook dit jaar weer van de partij. Dit oogstjaar opnieuw plezierig door de inbreng van fruitig zwart fruit, met een complementair snufje zwarte peper. Geflirt met donkere chocolade. Hoef je geen zwartkijker voor te zijn. Geheel niet onplezierig.

Château Juguet

Grand Cru 2016

Bordeaux, Saint-Émilion

8·5

druif: merlot
alcohol: 14%
type: vol
prijs: € 16,99

Rijpe, stevige, volle grand cru. In 2015 krentjes, dikke bramen, vleugje menthol. De 2016 doet qua gewicht niet onder. Wordt aanbevolen bij 'blank vlees' – mag je dat tegenwoordig nog zo noemen? – 'als kalkoen, kalfsfricandeau of varkenshaas'. Mijn advies: niet doen. Blijft niks van over. Liever bij een hele gans uit de oven. Juist het vettige van het ganzenvlees laat zich graag verfrissen door een rode bordeaux die nog in zijn jeugdjaren verkeert. De zuren, het kleine knauwtje van het donkere fruit en de puberende tannines begeleiden de gans naar grote hoogte. En gans te over. Schadewild. Op Schiphol zien ze 'm liever in een pan dan in een straalmotor verdwijnen.

Château La Goutte d'Or

2018

Blaye-Côtes de Bordeaux

8+

druif: cabernet franc, cabernet sauvignon, merlot
alcohol: 14,5%
type: medium BIO
prijs: € 7,99

Sympathieke bordeaux, die toegankelijk is zonder vlak te zijn. Aantrekkelijk door guitig fruitig bramengelonk. Kekke krentjes en pronte pruimen. Lekker vlezig dit jaar. Bio bovendien.

Château Lagrange

Grand Cru Classé 2010

Saint-Julien

9

druif: cabernet sauvignon, merlot, petit verdot
alcohol: 13,5%
type: vol
prijs: € 69,00

Appie zoekt het hogerop. Voilà 3e grand cru classé Lagrange. Wie een schuur heeft en voldoende geld, zet deze vol. Opleggen kan probleemloos nog zeker twintig jaar. Fijn dat ze 'm nog eens wilden insturen. Zorg voor voldoende drinkmomenten, vrienden en excuses om regelmatig te controleren hoe deze saint-julien zich ontwikkelt. Nu: zwarte bessen, aanzwellende zuren, pruimen, rank, vasthoudend, prachttannines, klassieke stijl. En straks? Wie zijn geduld kan bewaren, weet 't.

Château La Marzenac

2016

Lussac-Saint-Émilion

8

druif: cabernet franc, merlot
alcohol: 13,5%
type: vol
prijs: € 10,99

Lussac. Satellietgemeente van Saint-Émilion. Rood dat echter met beide benen op de grond blijft. Direct en soepel donker fruit, driedaagse-baardtannines, elegante koffiearoma's. Er zijn duurdere en slechtere.

Château Lavergne

2018

Bordeaux

8-

druif: cabernet sauvignon, merlot, petit verdot
alcohol: 13%
type: medium
prijs: € 3,99

Je zou het nóóit vermoeden. Getuige de klassieke bordeaux-uitmonstering. Het gravure-etiket met marmeren zuilen, jolige cherubijntjes en opwindende vergezichten. Oogt als rood met een torenhoog prijskaartje. Maar heeft dat niet. Smaakt ook niet zo overigens. Maar wel als een prima drinkbaar kleintje. Zwartebessig, bramig, wat zuren en een kleine tanninedonatie. Ongelooflijk voor dit geld.

Château Les Vieux Ormes

2014

Lalande de Pomerol

8·5

druif: cabernet franc, merlot
alcohol: 13%
type: vol
prijs: € 18,99

De kleine buurman van het grote Pomerol. Om de streek weg te zetten als wat Diemen-Noord is voor Amsterdam is wat al te kort door de bocht. Levert wat minder weelderige wijnen op. Vorig jaar het relatief povere jaar 2013 op de proeftafel. Toen donkere kantjes, met groene randjes. Strak, maar niet mopperig. Flinke tannines, bramen en laurier, mooi gestapeld. Thans 2014: wat meer diepgang en inhoud, met dank aan cabernet franc die het juist in dat jaar uitstekend deed.

Château Maucaillou

2011

Moulis

8·5

druif: cabernet sauvignon, merlot, petit verdot
alcohol: 13%
type: vol
prijs: € 29,00

De wijninkoper van AH is het gelukt om de zogenaamde 'eerste wijn' van Maucaillou voor een Albert Heijn-prijsje te pakken te krijgen. Voor nog geen dertig euro haal je een van de grote namen uit Bordeaux in huis. Het oogstjaar is an sich niet een om over naar huis te schrijven, maar deze Maucaillou 2011 doet nagenoeg in niets onder voor de 2010 die ik een aantal jaren geleden proefde. Klassieke bordeaux met alle gewenste diepgang, schaduwpartijen en mentale mentholoverpeinzingen.

Château Tapie

Vin Bio 2018

Languedoc

8·5

druif: carignan, grenache, mourvèdre, syrah
alcohol: 14%
type: medium BIO
prijs: € 5,49

Al jaren lekker. En dan die prijs: om vrolijk van te worden. Aardse, maar dik fruitige zuidwijn met veel bramen, bessen, pepertjes en specerijen. Van het vriendelijke echtpaar Ortola. Heb ze vorig jaar al voordragen voor een lintje.

Chevalier Pech-Latt

2016

Corbières

8·5

druif: carignan, grenache, mourvèdre, syrah
alcohol: 13,5%
type: vol BIO
prijs: € 8,99

Andere batch geproefd van deze eigenlijk ieder jaar zeer goede bio-corbières. Komt nu wat minder sprekend uit de hoek. Nog wel zachtmoedig zoet rood en donker fruit. AH heeft iets met die streek; zie ook hun Coulon. Maar Pech is echt wijnspeciaalzaakniveau.

Christophe Cordier (NIEUW)

Vieilles Vignes 2012
Juliénas

8+

druif: gamay
alcohol: 13,5%
type: medium
prijs: € 12,99

Kijk 'ns aan, een kelderdochter van AH. Een cru Beaujolais 2012. Begint wat te kleuren aan de slapen. Heeft ook al ouderingsverschijnselen, maar dat maakt 'm in dit geval nu juist weer leuk. Want meestal drinken we uit de supermarkt wijnen die nog in of zelfs voor de prime van hun leven zitten. Dit was nooit een serieuze bewaarwijn, maar hij is serieus in staat om je op te vrolijken. Met kruidigheid en fruit met jeugdige blosjes op de wangen. Bij voorkeur bij een gebraden kippetje.

Domaine Belle

Cuvée Louis Belle 2011
Crozes-Hermitage

8

druif: syrah
alcohol: 13,5%
type: vol
prijs: € 16,99

Opnieuw ingestuurd, cuvée Louis Belle 2011. Inmiddels een oud besje, maar – parbleu – nog steeds Belle. Éminence grise. Keurige, gesoigneerde rode rhône. Schone nagels, vouw in de broek, scheiding in het midden en met mes en vork eten. Serveer 'm een beschaafd stuk lamsvlees en je hebt er prima gezelschap aan. Ruimt nota bene daarna nog de tafel af ook. 'Nooit met lege handen naar de keuken,' zoals moeders Hamersma altijd zei. Terwijl ze wel zelf altijd zo in de eetkamer verscheen, omdat ze niet kon koken. Dat deed vaders Hamersma. Maar die is niet meer. Nu moet ik in de gaten houden of mijn moeder wel goed eet. Gelukkig heb ik dan weer een mevrouw Hamersma die wel goed kan koken. En die maakt altijd wat meer. Voor de moeder die niet koken kan.

Domaine du Grand Tinel

2013
Côtes du Rhône

8,5

druif: grenache, mourvèdre, syrah
alcohol: 14,5%
type: vol
prijs: € 27,99

Buitengewoon goed aangeschreven domein. Vorig jaar proefde ik reeds hun 2013-oogst. Toen diep, vol en stoer met wat van zich afbijtende zuren. Die zijn inmiddels gekalmeerd. Het branie schoppend fruit lijkt ook uit de puberteit te zijn, maar nog steeds niet te versmaden. Laat zich inmiddels van zijn rijpere kant zien en trakteert zowaar op chocolade.

Domaine Louis Max

2015
Mercurey

8+

druif: pinot noir
alcohol: 13%
type: medium BIO
prijs: € 16,99

Beschaafde rode bourgogne uit de Côte Chalonnaise. Kittig rood fruit, met een delegatie makke kersjes op weg naar de nootuitgang. Klopt nog een laagje puntenslijpsel van onder de rijlaarzen vandaan. Keurig opgevoed.

E. Guigal

Brune et Blonde 2015
Côte-Rôtie

9+

druif: syrah, viognier
alcohol: 14%
type: vol
prijs: € 52,00

Het hoogste van het hoogste in de Rhône. Le rouge van Brune et Blonde. Benchmark. Lichtend voorbeeld. Sexy, zwoel en zacht aantrekkelijk. Voluptueus rood rijp fruit, zonnige specerij, een notenkruimeltje en een splintertje vanillestok, een spiekend pepertje verwijst naar syrah. Côte-rôtie op dit niveau wordt weleens met hoge, heel hoge rode bourgognes vergeleken. In beide kampen zijn ze daar niet blij mee. Wijndrinkers zitten er gewoonlijk wat minder mee. Ik al helemaal niet: 2015 was een buitengewoon jaar. Oogst die jaren kan liggen. Vorig jaar reeds geproefd, en begint net op stoom te komen.

E. Guigal (NIEUW)

Hermitage 2014

Hermitage

9

druif: syrah
alcohol: 13%
type: vol
prijs: € 56,00

Rood van een Rhône-icoon. Bovendien van de allerhoogste afkomst. Hermitage is onmiskenbaar hét voorbeeld van hoe noordelijke syrah zich dient te presenteren. Met grandeur, diepte, fijnheid, intelligentie en spiritualiteit. Een rouge die blijft fascineren en de investering legitiem maakt.

E. Guigal

2015

Côtes du Rhône

8.5

druif: grenache, syrah
alcohol: 13,5%
type: vol
prijs: € 9,99

Lekker veel syrah in de blend. Dik op het fruit, warm, gul en energiek. Een E. Guigal voor een A. Heijn-prijs.

E. Guigal

2016

Crozes-Hermitage

9

druif: syrah
alcohol: 13%
type: vol
prijs: € 16,99

Denk ik aan Crozes-Hermitage dan zit ik in een van mijn favoriete restaurants in Amsterdam. En daar is 'crozes' een habitué is op de wijnkaart. In zaken als Rotisserie Rijsel, Arles, Auberge Jean et Marie, Café Caron, De Klepel en Zoldering. Het zijn adressen waar jonge chefs en dito sommeliers hun pure kijk op gastronomie etaleren, eentje zonder schuim, mousse, structuren of andere hocus pocus. Daar horen wijnen bij met een zelfde daderprofiel. Pure syrah bijvoorbeeld. Zoals die zich op zijn mooist presenteert in de noordelijke Rhône in het algemeen en in Crozes-Hermitage in het bijzonder. Bijkomend voordeel wat 'crozes' betreft: de groeiende belangstelling voor wijnen met een van nature wat lager alcoholpercentage. Syrah met 14,5 procent, veelal uit de nieuwe wereld, is zo 'oldskool'... Enfin, een crozes van Appie zullen voornoemde zaken niet snel op de wijnkaart zetten. Het is wonderlijk om de gasten aan tafel te vragen of ze hun AH Bonuskaart bij zich hebben. Ofschoon deze Guigal er niet zou op zou misstaan. Uitstekend jaar. Zongebronsd, tapenade van zwarte olijven, zwarte peper, donkere kersen en dat niet-kopieerbare, fluweelachtige noordelijke-Rhône-sapgevoel.

E. Guigal

2015

Gigondas

8.5

druif: grenache, mourvèdre, syrah
alcohol: 14,5%
type: vol
prijs: € 18,99

Guigal. Wijnbouwer en wijnhandelaar. Wereldberoemd in de Rhône en ver daarbuiten. Loterij zonder nieten. Maakt veel en alles in de regio. Altijd goed. Wellicht soms een tikje te kostbaar hier en daar. Zie die extra financiële bijdrage maar als een verzekeringspremietje: nooit een slechte wijn in je glas. Zijn gigondas daarom: ook goed. Duidelijk en geprononceerd donkerrood fruit. Veel vlees op de botten, veel zon in het glas, veel souplesse. In 2015 schitterde in de zuidelijke Rhône vooral Gigondas. Komt dat even mooi uit dat-ie hetzelfde kost als de veel lichtere 2014-oogst.

Fat bastard

Merlot 2018

Languedoc

7·5

druif: merlot
alcohol: 13%
type: medium
prijs: € 5,99

Fat bastard. Koosnaampje van het nijlpaard op het etiket. Maar dik kun je 'm niet noemen. Milde pruimen, goeie laurier en afgetrainde tannines. Geen overdreven krachtpatserij gelukkig. Nijlpaard met hoge aaibaarheidsfactor.

Gabriel Meffre

Côtes du Rhône Villages 'Plan de Dieu' – Saint-Maphalis 2017

Côtes du Rhône-Villages

8

druif: grenache, mourvèdre, syrah
alcohol: 14%
type: medium
prijs: € 6,49

Onze-Lieve-Heer heeft dit jaar de carignan laten varen. Ging alleen verder met grenache, mourvèdre en syrah. En zag dat het goed was. Stevig rood en zwart fruit, met aangename zuren en een sympathieke truffelige aardsheid. Gods wegen zijn ondoorgrondelijk.

Gabriel Meffre

Saint-Barthélemy 2017

Vacqueyras

8-

druif: cinsault, grenache, syrah
alcohol: 14%
type: medium
prijs: € 11,99

Zacht en fris rood fruit. Geen forse maar een redelijk fijnzinnige vacqueyras. Nadruk op grenache waarschijnlijk, een druif die het van zijn soepele, rode fruit moet hebben. Syrah doet een pepertje mee. Kan echter niet voorkomen dat de eenvoudigere villages 'Plan de Dieu' weer hoger scoort dit jaar.

Gabriel Meffre

Saint Siffrein 2017

Côtes du Rhône-Villages

8

druif: carignan, grenache, mourvèdre, syrah
alcohol: 13,5%
type: medium
prijs: € 6,99

Veel rood en zwart fruit, met aangename zuren en een voorzichtige specerijentoets. Sympathieke Saint. Streepje lichter dan het mirakeljaar 2016. Maar laat het een goeie gehaktbal met mosterd niet in de weg staan.

Georges Duboeuf

Beaujolais-Villages 2017

Beaujolais

8-

druif: gamay
alcohol: 13%
type: vol
prijs: € 6,99

Beaujolais van druiven die groeien rondom een groepje aardige 'villages'. Dus niet van druiven uit crudorpen, zoals Fleurie of Morgon, waar het terroir nog beter is, maar van net iets minder bijzondere lappen grond, die het ook verder niet erg vinden om gewoon anoniem te blijven. Heel bescheiden. In handen van Georges Duboeuf, de kwantitatieve koning van de regio, doen de villages-druiven het niet significant minder goed dan die van zijn cru's. Met rood en zwart fruit voorop, zoals het hoort, gaan deze dorpelingen vrolijk en nietsvermoedend richting café. Daar bestellen ze een fles en een bordje charcuterie, en dat is genoeg voor een gezellige avond.

Georges Duboeuf

Fleurie 2018
Beaujolais

8-

druif: gamay
alcohol: 13%
type: medium
prijs: € 9,99

Cru van Roi du Beaujolais Georges Duboeuf. Fleurige, lichtpaarse viooltjes met een draai uit de zwartepepermolen. Goed jaar.

Georges Duboeuf

Moulin-à-Vent 2015
Beaujolais

8-

druif: gamay
alcohol: 13%
type: vol
prijs: € 13,99

Georges Duboeuf, beroemd en berucht producent. In de jaren zeventig tot koning van de Beaujolais gekroond, doordat hij bijna eigenhandig de nouveau-rage wist te ontketenen. De uitspraak 'Le beaujolais nouveau est arrivé!' wordt dan ook aan hem toegeschreven. Vanaf dat moment is de derde dinsdag van november nooit meer ongemerkt aan het wijn drinkend volk voorbijgegaan, in Frankrijk maar ook ver daarbuiten. Een ongekend commercieel succes. Jammer alleen dat daarmee de teloorgang van de Beaujolais als kwaliteitswijnregio werd ingezet, en ze daar nog steeds bezig zijn om het imago van verdund vruchtenbocht weg te poetsen. De meeste wijnen van Georges Duboeuf helpen daar ook helaas niet echt bij. Vijftien jaar geleden werd hij bovendien nog veroordeeld voor het frauduleus blenden van hoger en lager geclassificeerde druiven (al was dat om bepaalde wijnen beter te maken en niet slechter). Duboeuf is desalniettemin nog steeds een van de belangrijkste producenten in de streek – al was het maar voor de 7,5 miljoen flessen (!) die ze onder de Beaujolais-vlag verkopen. Van alle Duboeuf-wijnen bij Albert Heijn was het de cru Moulin-à-Vent 2015 die tegen me sprak. Mooi mondvullend zwart fruit, truffeltjes en wat cacaosnippers. Ik zeg: 'Leve de koning!'

La Vieille Ferme

2018
Vin de France

8-

druif: carignan, cinsault, grenache
alcohol: 13%
type: medium
prijs: € 6,49

Oude boerderij met jonge kippetjes. Van 2018. Maken een speelse indruk. Licht en fruitig: aroma's van bramen, bessen en frambozen. De blend van scharreldruiven grenache, cinsault en carignan, moet het dit jaar zonder syrah doen. Niet getreurd, nog steeds kiplekker, zelfs een pikkie beter.

Les Dauphins

Réserve 2017
Côtes du Rhône

7.5

druif: grenache, syrah
alcohol: 14%
type: vol
prijs: € 6,49

Retro-etiket. Maar wel een rhône zoals we die heden ten dage lekker vinden. Veel rood fruit, zwarte kersen, iets olijf. Spatje syrah voor extra portionering donker fruit en wat peperigheid. Flink wat vanille vanwege de houtinspanningen.

Les Fiefs de Lagrange

2011
Saint-Julien

8.5

druif: cabernet sauvignon, merlot
alcohol: 13%
type: vol
prijs: € 25,99

Tweede wijnen kunnen soms eerste keus zijn. Zoals Les Fiefs van Château Lagrange in Saint-Julien. Terwijl iedereen het momenteel over de Chinezen heeft die in Bordeaux op veldtocht zijn om kastelen (en know-how) te kopen, waren de andere wijzen uit het Oosten hun voor. In 1983 kocht nota bene het Japanse drankenmerk Suntory deze 3e grand cru classé al. En als die Japanners wat doen, doen ze het ook goed. Lagrange is al een aantal jaren in topconditie. Eerder proefde ik al topjaar 2010 en meende dat nog geen twee tientjes voor een tweede wijn van dit kaliber een eersteklas koopje was. Thans hebben we 2011 in het glas, een jaar dat geduid wordt met 'klassieke frisheid'. En 'beter dan zijn reputatie'. Helaas hebben we ondertussen wel ook te maken met een ander prijskaartje. Laten we de Chinezen maar de schuld geven...

Les Vignerons de l'Enclave

Colline Rouge 2017

Ventoux

7·5

druif: grenache, syrah
alcohol: 14%
type: medium
prijs: € 3,99

Thans met een nieuw etiket. Niet schrikken, hoor. Blijft die eerlijke, pure, pretentieloze 'niets aan de hand je zal het maar als huiswijn in het café op de hoek geschonken krijgen (maar dan hopelijk niet in zo'n pootloos Duralex-glaasje)'-wijn. Vrolijke Fransman van de Ventoux.

Les Vignerons de l'Enclave

Côtes du Rhône 2018

Côtes du Rhône

7+

druif: grenache, syrah
alcohol: 13,5%
type: licht
prijs: € 5,29

Kleine rhône die ieder jaar meer naar frambozenlimonade neigt. Misschien houden ze daarvan in de enclave. Wel een halve euro in prijs gestegen.

Mouton Cadet

2016

Bordeaux

8

druif: cabernet sauvignon, merlot
alcohol: 13,5%
type: vol
prijs: € 10,99

Beschaafde bordeaux onder een sjiek label. Klassieke stijl. Donker fruit, laurier en verduisteringstannines. Zie ook de uitvoering waar de Cadet een seance heeft belegd in Saint-Émilion.

Mouton Cadet

Réserve 2016

Bordeaux, Saint-Émilion

8+

druif: cabernet franc, merlot
alcohol: 13,5%
type: vol
prijs: € 16,99

Er is ook een voordeliger en eenvoudiger Mouton die zich slechts bordeaux mag noemen. Deze heeft meer inhoud, meer eiken en cabernet franc heeft cabernet sauvignon vervangen. Rijp, stoer, stevig donker fruit, pruim, vanillestokje, laurier. Kwam vorig jaar al op de proeftafel maar het jaartje flessenrust heeft 'm behaaglijker gemaakt. Smakelijk bij het schouderstuk uit de oven van een jonge mouton, in Nederland beter bekend als lam.

Saint Roche

Rouge Bio 2017
Gard

7·5

druif: caladoc, marselan, merlot
alcohol: 13%
type: vol BIO
prijs: € 6,29

Wit: heel goed. Rosé: idem dito. Rood: ook dit jaar weer best lekker. Plaatselijk duo marselan en caladoc treedt op met merlot. Het leidt tot een straf deuntje, waarin bittere kers en donkere braam hun partijtje meeblazen, fatsoenlijke laurierpartijen, prettige zuren en stevige bitters in de 2017-versie.

Valmas

Merlot 'Les Bois' 2018
Pays d'Oc

7·5

druif: merlot
alcohol: 12,5%
type: vol BIO
prijs: € 6,29

Les Bois. Klinkt toch als een eikendreigement. Maar het natuurgeweld blijft uit. Een op fruit kapitaliserende merlot valt ons ten deel. Niet te zwaar, bessig, pruimig en met lichte zuren. Een streepje steviger dan 2017. Pluspunt. Biokarakter wordt met name benadrukt door een gezellig zomerslootgeurtje en een vermoeden van paardenstal.

Wild Pig

Cabernet Sauvignon 2018
Pays d'Oc

7·5

druif: cabernet sauvignon
alcohol: 13,5%
type: medium
prijs: € 5,99

Gewild wild. Want minder woest dan je zou denken. Afgerichte aardbeien. Frambozen springen door een hoepeltje. Tannines de nageltjes geknipt. De krul in de staart ontkruld.

Wild Pig

Syrah 2018
Pays d'Oc

7

druif: syrah
alcohol: 13,5%
type: medium
prijs: € 5,99

Krijg nou wat! Wild Pig heeft hun 'Syrah' in een 'Shiraz' veranderd. Jawel, is dezelfde druif, maar dan in een andere taal. Nu was het al opvallend dat dit merk uit de Zuid-Franse Pays d'Oc hun label nota bene een Engelse naam gaf. Maar dat ze zo ver gaan dat ze zelfs hun *cépages* gaan vertalen, had ik niet verwacht. Heeft de commercie het toch van de Franse trots gewonnen? Dan is niets meer zeker. Behalve de smaak van deze wijn. Die is onveranderd. Zachte, soepele, roodfruitige kwaliteitsfabriekssyrah. Sorry, kwaliteitsfabrieksshiraz.

ITALIË ROOD

AH Excellent Selectie (NIEUW)

Cangrande Valpolicella Ripasso 2016
Valpolicella Ripasso

8

druif: corvina, molinara, rondinella
alcohol: 13,5%
type: vol
prijs: € 9,49

Schoolvoorbeeld van een Valpolicella Ripasso, de favoriete wijn van mijn vroegere directeur Rob S. Rob had de kasten op zijn kantoor tot de nok toe gevuld met flessen van dit spul (al waren die niet van de Appie, vermoed ik), en verdronk zichzelf er dikwijls mee op de vrijmibo. Zo leerden ook wij genieten van de typische, zwoele aroma's van pure chocolade en fijn zoetzure kersencoulis. Met een beetje geluk ging Rob na een flesje valpolicella voor ons Oscar Peterson op de piano spelen. De perfecte wijn-muziek-combinatie.

AH Excellent Selectie

Chianti Classico 2016

Chianti Classico

7+

druif: cabernet sauvignon, colorino, sangiovese
alcohol: 13,5%
type: vol
prijs: € 7,49

Vriendelijke classico. Kersen op zijn plek. De zuren weten hun plaats. Het voorzichtige eiken schuift in. Keurig in orde en zijn euro-lires waard.

Antinori

Achelo Cortona Syrah 2014

Toscana

8.5

druif: syrah
alcohol: 14%
type: vol
prijs: € 12,99

Cortona, een DOC in Toscane die Vino Nobile di Montepulciano als buurman heeft. Het bedrijf van de marchesi Antinori heeft er een perceeltje waarop niet al te autochtone syrah is aangeplant. Slaat aan. Donker en stoer materiaal. Met de juiste aardsheid en peperigheid. Heeft 'm het predicaat 'een van de beste producenten uit de regio' opgeleverd.

Antinori

La Braccesca 'Sabazio Rosso' 2016

Toscana

8.5

druif: merlot, sangiovese
alcohol: 13%
type: vol
prijs: € 14,99

De familie Antinori, Toscaans wijnmakersgeslacht anno heel ver terug. Tegenwoordig: wereldmerk. Dit is een van hun kleinere 'inspanningen', afkomstig van Tenuta La Braccesca. Daar brachten ze merlot en sangiovese in contact met elkaar. Resulteerde in een serieuze rosso. Met aardse tonen, donker fruit, herfstinzet, vlezigheid en een enorme behoefte aan vlees aan het bot, geflankeerd door pasta met tomaat en paddenstoelen.

Antinori

Santa Cristina 2017

Rosso Toscana

8

druif: cabernet sauvignon, merlot, sangiovese, syrah
alcohol: 12,5%
type: medium
prijs: € 7,99

Lichtzure kersen, zachte specerij, milde tannines en een lekkere rijpingsgraad. Beschaafde rosso van de familie Antinori die elkaar het wijnstokje van generatie op generatie overgeeft. En dat is toch heel wat anders dan een lullige flesopener in een sullige Bavaria-tv-commercial. Zo.

Baglio di Grisi

Nero d'Avola 2018

Sicilia

8

druif: nero d'avola
alcohol: 13,5%
type: vol
prijs: € 8,49

Baglio di Grisi's nero d'avola had er zin in dit jaar. Het doorgaans zo vriendelijk keuvelende fruit is dit jaar bijzonder opgetogen. Kruidigheid! Bramen! Zwarte bessen! Laurier! Hout! Staat te trappelen om uit de fles gelaten te worden. Het wachten is op een bord hachee om 'm te verlossen.

Briccotondo
Barbera Fontanafredda 2018
Piemonte

8+

druif: barbera
alcohol: 13,5%
type: medium
prijs: € 6,99

Zure kersjes, rondinkje, minimaal zoet en voorzichtig in de specerij. Goeie frisse stijl. Keurig aan de lijn lopende barbera. Pluspuntje ten opzichte van 2017: oogstjaar met wat meer inhoud. Fles nog wel gewoon driekwart liter overigens. Zet 'm voor gebruik overigens rustig een uurtje in de koelkast.

Briccotondo
Dolcetto 'Fontanafredda' 2017
Piemonte

8·5

druif: dolcetto
alcohol: 13,5%
type: medium
prijs: € 6,99

Volstrekt karakteristieke dolcetto van Fontanafredda, voor een heel sympathieke prijs. Donker, onstuimig veloursfruit. Rijpe braam, zwarte bessen, aangenaam bittertje en zachte zuren. Met nog wat lekker ondeugende tannines, maar zijn sappigheid kent geen tijd.

Cadis (NIEUW)
Bardolino 2018
Bardolino

7+

druif: molinara
alcohol: 12%
type: medium
prijs: € 3,99

Cadis maakt supermarktwijnen voor het onderste schap, zoals deze bardolino met nietsvermoedend rood fruit en wat meer zo, maar ook de lievelings-amarones van *Decanter* in 2018. Wel voor drie keer de prijs, maar ze kunnen daar dus wat, bij die Cadis!

Caterina Zardini
Classico Riserva 2009
Amarone della Valpolicella

8·5

druif: corvina, rondinella
alcohol: 14,5%
type: vol
prijs: € 39,00

Klassiek jaar. Vierde net tienjarig jubileum. En volgens de sterren kan amarone dan het best gedronken worden. Rood vol spanning, plus rozijnen, gedroogd rood fruit en een fijne kruidigheid. Extra spannend met de thans zo populaire short ribs. Herproefd voor deze *DGH*: u kunt nog steeds short ribs bestellen.

Caterina Zardini
Classico Superiore 2016
Valpolicella Classico Superiore

8·5

druif: corvina, rondinella
alcohol: 14%
type: vol
prijs: € 16,99

Herproefd voor *DGH 2020* en we konden nog steeds vol aan de bak. Rijpe, dikke kersen. Gedroogd fruit. Gekonfijte vijgen. Krenten. Specerijen. Tabak. Chocolade. Likeur en een verdwaalde truffel.

Cecchi
Chianti 2018
Chianti

7·5

druif: canaiolo, colorino, sangiovese
alcohol: 13%
type: medium
prijs: € 5,79

Cecchi Chianti. Spreek uit: Tjsekkie Kjanti. Niet groots, maar stelt zelden teleur. Ook dit jaar keurig fris gewassen en lichtjes geparfumeerd. Frisse viooltjes en donker fruit. Het zoet van rijp. Lichte zuren en een onbekommerde sappigheid. Check.

Cecchi (NIEUW)

La Mora 2015
Maremma

8+

druif: cabernet sauvignon, merlot
alcohol: 13,5%
type: vol
prijs: € 5,99

Druistige blend uit Maremma, de zuidelijke kuststreek van Toscane. Merlot en cabernet sauvignon combineren hier tot een supermarkt-Super Tuscan waar je niet omheen kunt. Weerbarstige zwarte bessen, vers potloodslijpsel en kruidige zwarte thee-tannines. Geen kinderachtig 'wijntje'.

Cecchi

2015
Vino Nobile di Montepulciano

8

druif: sangiovese
alcohol: 13,5%
type: vol
prijs: € 10,99

Cecchi. Achternaam van Luigi Cecchi, de man die zichzelf in 1893 de titel 'prof-proever' gaf. Daarmee werd hij de eerste officiële 'palista' van Italië. Best handig als je in de wijn zit. En de familie Cecchi kan nog steeds achter proeven. En wijn maken bovendien. Begrip in Toscane, waar ze tekenen voor sympathiek en betaalbaar rood. Zo ook deze Vino Nobile di Montepulciano. Lichtpruimig, veel kersen, peperigheid. Stoere uitvoering.

Cecchi

Storia di Famiglia 2016
Chianti Classico

8

druif: cabernet sauvignon, canaiolo, sangiovese
alcohol: 13,5%
type: vol
prijs: € 7,79

Er is een Cecchi Chianti. En er is een Cecchi Chianti Classico. Het verschil? Twee euro. Want 'officieel' exclusiever. Nu is het vooral nog een warboel in die regio (het zijn af en toe net Italianen), dus precies weten wat en hoe het nu zit, is zelfs de autoriteit die erover gaat niet helemaal bekend. Verder is er gedoe wie en wat er nu wel het zwarte Chianti-haantje als logo mag gebruiken. En er is bijvoorbeeld nog bonje over het begrip Gran Selezione. En dan is er van Cecchi ook nog een Governo-uitvoering. Enfin, tot er meer duidelijkheid is controleren we daarom gewoon ieder jaar wat er in het glas zit. Dat maakt het een stuk overzichtelijker. In dit geval zeker: classico uit een niet-klassiek jaar. Beduidend rijker en gevulder dan de gewone. Wil niet meteen beweren dat het eikenhout tegen de plinten kraakt maar het vanille-tabakroosterzweempje doet wel degelijk zijn ding.

Fantini

Aglianico del Vulture 2017
Basilicata

8+

druif: aglianico
alcohol: 13,5%
type: vol
prijs: € 7,99

Zoete inval dit jaar bij Fantini Farnese. Zwarte bessen staan op de stoep. Kersen, pruimen, sappige krentjes en wat olijke tannines lopen af en aan. Vanille maakt er helemaal een feestje van.

Fantini

Montepulciano d'Abruzzo 2017
Montepulciano d'Abruzzo

7.5

druif: montepulciano
alcohol: 13%
type: medium
prijs: € 5,69

De 2017 overtuigde vorig jaar met heerlijke donkere, zure kersjes. Dit jaar zijn ze weer present, maar lijken wat noodlijdend en muffig te worden. Ga dit jaar voor Fantini's Rosso, zeg ik. Die viert carnaval.

Fantini

Primitivo 2018

Puglia

7·5

druif: primitivo
alcohol: 14%
type: medium
prijs: € 5,49

Het zuiden met zijn kruiden. Het zachte en het zoete. Typisch Coebergh-bessig, met een zoetje en een zuurtje. Gewoon drinken wat je lekker vindt.

Fantini (NIEUW)

Rosso 2018

Puglia

8-

druif: aglianico, malvasia nera, sangiovese
alcohol: 12,5%
type: vol
prijs: € 5,69

Fantini had nog wat druiven over. Mochten gezellig samen in de generieke rosso. Klinkt als kliekjeswijn, maar maakt een uitgebalanceerde sappige Pugliaan, met rijpe vijgen en zongestoofde pruimen. Of is het Pugliees? Maakt 'm niet uit. Is een hele makkelijke jongen.

Fantini

Sangiovese 2018

Puglia

7·5

druif: sangiovese
alcohol: 13%
type: vol
prijs: € 5,69

Italiaan in zwart satijnen pak met grillruiten-dessin. Nog wat Brylcreem in de bramen en cassis in de Cadillac en we're ready to roll.

Fattoria del Cerro

Vino Nobile di Montepulciano 2015

Vino Nobile di Montepulciano

8+

druif: montepulciano
alcohol: 13,5%
type: vol
prijs: € 13,99

Albert Heijn heeft de hand weten te leggen op een van de betere producenten van de streek. Koop je supermarktvriendelijk geprijsd een stoerbittere Vino Nobile, met typerende kruidigheid en tomaten- en tabaksblad. Flinke rokerigheid en bak tannines, dus daar moet je van houden. De mooie zuren zullen in ieder geval iedereen verleiden. Mooie aanleiding om zelf nu maar eindelijk eens ossobuco te maken.

Fontanafredda

Briccotondo Barbera 2017

Piemonte

8

druif: barbera
alcohol: 13,5%
type: medium
prijs: € 6,99

Vorig oogstjaar nog een topcombi bij de pappardelle met lam van Mevrouw Hamersma. 2016 was dan ook een jaar om van te dromen in Piemonte. Goede zuren, lekker peperig. Bessig, kersig en koket. 2017 kent dezelfde parameters, zij het in wat afgeslankte vorm. Minder aan de pappardelle met lam gezeten waarschijnlijk.

Fontanafredda (NIEUW)

Nebbiolo 2017
Langhe

8.5

druif: nebbiolo
alcohol: 13,5%
type: medium
prijs: € 9,99

Romantische roze-rode. Lichtvoetig en grotemensenlimonadezoetig. Geurend naar rozen en wilde frambozen. In krulletters op de bil getatoeëerd: Langhe Leve de Liefde!

Fontanafredda

2014
Barolo

8.5

druif: nebbiolo
alcohol: 13,5%
type: vol
prijs: € 25,99

Wij hadden Prins Pils. De Italianen hebben met barolo de Koning van de Wijnen. In zijn schatkamer leer, tabak, kruidnagel en drop verweven met bramen, zure, bittere kersen, blauwe pruimen en gedroogd fruit. Ondanks het voor barolo wat mindere jaar (barbaresco presteerde beter) heeft deze van Fontanafredda meer te bieden dan de 2013 die vorig jaar op staatsbezoek kwam.

Mastri Vernacoli

Lagrein 2017
Trentino

7.5

druif: lagrein
alcohol: 12,5%
type: medium
prijs: € 7,49

Lagrein. Eigenheimer-druif die louter zijn ding in het Italiaanse noorden wenst te doen lang, en lang niet altijd goedgehumeurd is. Kan bokkig, bonkig en ruw in de mond zijn. Lagrein-chagrijn. Heeft deze geen last van. Tamme bessen, blauwe pruimen en sappige bitters. Wat minder fruitig dan vorig jaar. Als-ie maar geen migraine voelt opkomen.

Moncaro

Montepulciano d'Abruzzo 2017
Montepulciano d'Abruzzo

7.5

druif: montepulciano
alcohol: 12,5%
type: medium
prijs: € 4,99

Montepulciano d'Abruzzo. Ambitieuze, veelbelovende naam. Keurige rosso met voldoende inhoud echter. Zacht, zongestoofd rood fruit met wat specerij. Kiekeboe-zuurtjes. Even daar. Zo weer weg. Allemansvriend.

Moncaro

Sangiovese 2016
Marche

7.5

druif: sangiovese
alcohol: 12,5%
type: medium
prijs: € 4,99

Lekkere, zure, fitte kersen, op weg naar het Grote Dorstlessen tijdens en na het eten van een pizza die flink 'diavolo' is. Koeler drinken dan de 18 graden die het achteretiket adviseert. Uurtje koelkast. Die wijn dan. Niet die pizza.

Moncaro

Sangiovese Organic 2017
Marche

8

druif: sangiovese
alcohol: 13%
type: medium BIO
prijs: € 7,99

Moncaro bio. Lekkere Italiaanse kersjes en pruimpjes van onbespoten en onbesproken gedrag. Zacht, vriendelijk en parmantig. Fluisterend: ‘*Mon caro*, mijn liefje, mijn fruitje.’

Nicosia (NIEUW)

Lenza di Mundi 2013
Etna Rosso

8+

druif: nerello cappuccio, nerello mascalese
alcohol: 13,5%
type: medium
prijs: € 11,99

Sympathieke, nietsvermoedende en zachtaardige rosso van Siciliaanse grootgrutter Nicosia. Nicosia is goed voor zo’n 1.800.000 flessen per jaar, wijnen van constante kwaliteit op alle niveaus. Deze 2013 heeft de pech al een beetje *alla fine del suo latino* te zijn. Maar ik kijk uit naar de nieuwe jaargang.

Tenuta Ulisse (NIEUW)

Unico 2017
Montepulciano d’Abruzzo

8-

druif: montepulciano
alcohol: 14%
type: vol
prijs: € 9,99

Etiket met kleurige wijnglaasjes lijkt getekend door iemand die zelf net te diep in het glaasje heeft gekeken. Zag daar tollende zoete kersen en rijpe sappige bessen. En behoorlijk was restsuikers bovendien.

Vignamaggio

Gherardine 2012
Chianti Classico

8

druif: merlot, sangiovese
alcohol: 14%
type: vol
prijs: € 14,99

Sangiovese heeft in 2012 wat hulp gekregen van buitenstaander merlot. Hebben inmiddels beide de pensioengerechtigde leeftijd bereikt, en genieten nu samen van het vrije leven in Toscane. Kers heeft plaatsgenomen in lederen fauteuil. Pruim kauwt wat laurier. ‘Pluk de dag,’ zeggen ze weleens tegen elkaar, na het lezen van de krant of een middagdutje onder de olijfboom. Ik geef ze geen ongelijk, want in de heuvels is de man met de zeis al op weg.

Villa Antinori

Rosso 2016
Toscana

8.5 (ster)

druif: cabernet sauvignon, merlot, sangiovese, syrah
alcohol: 13,5%
type: vol
prijs: € 7,99

Rijp, kruidig, zacht, verdiept, verfijnd. Opgetogen rood, kersen op sap, nerveuze bessen, dansende specerij en vervliegende zuren, richting een ster.

Villa Antinori

Rosso Toscana 2016
Toscana

8.5

druif: cabernet sauvignon, merlot, sangiovese
alcohol: 13,5%
type: vol
prijs: € 14,99

Slicke, wat oudere Italiaan in maatpak, blote voeten in zijn instappers die ‘psst, psst’ roept tegen uw veel te jonge blonde dochter. Een troost: hij is wel heel rijk. En hij heeft een tot de nok toe gevulde wijnkelder. Met luxe wijnen uit een voor Toscane goed oogstjaar zoals deze. Met zachtzure kersen, de geur van sigarenkistjes, kostbare specerijen en een zweem vanille.

NIEUW-ZEELAND ROOD

Flaxbourne
Pinot Noir 2016
South Island

8

druif: pinot noir
alcohol: 13,5%
type: medium
prijs: € 8,49

Wie aan Nieuw-Zeeland denkt, denkt aan sauvignon blanc. (Of aan *Lord of the Rings*, kiwi's of schapen natuurlijk.) Maar om even bij de druiven te blijven: pinot noir is ook 'een dingetje' in *the land of the long white cloud*. Met name op het Zuidereiland, waar deze Flaxbourne vandaan komt. Uniek smaakpatroon is ook te herkennen in supermarktvarianten: bosbessen, pruimen en een kusje van Bonne Maman die net aardbeienbessenjam had gegeten. Angora-tannines. Koel drinken maar.

OOSTENRIJK ROOD

Berger
Blauer Zweigelt – Ried Haid 2017
Niederösterreich

8+

druif: zweigelt
alcohol: 13%
type: medium
prijs: € 9,99

Vriendelijke Oostenrijker. Met glimmende pruimen, soepele kersen, kruidnageltje en zacht, kruidig zoetje.

Lenz Moser
Selection Blauer Zweigelt 2017
Burgenland

7

druif: blauer zweigelt
alcohol: 13%
type: medium
prijs: € 5,49

Koele kers zoekt beschaafde pruim met wie hij een kruidenrek kan delen. Moet tegen wat bittere tonen kunnen.

PORTUGAL ROOD

Artefacto
Vinho Tinto 2017
Alentejo

8

druif: alicante bouschet, aragonez, trincadeira
alcohol: 14%
type: vol
prijs: € 7,99

Strakke, energieke rode, vol donker fruit en wat espressobitters. Portugees temperament aanwezig. Het etiket lijkt daarentegen bijna fabriekswijn te promoten. Maar bij nader inzien doet deze dat misschien ook wel. Wat we noemen een 'technische wijn'. Geproduceerd onder de auspiciën van wijngoeroe Luís Darte uit de Douro, die echter al snel doorhad dat er potentie zat in de zuidelijk gelegen Alentejo. Maakt wijnen die naadloos aansluiten op wat de markt vraagt. Nu ben ik eigenlijk wel benieuwd. Is dit inderdaad waar u op zat te wachten?

Casa Ermelinda Freitas (NIEUW)
Dona Ermelinda 2016
Palmela

8.5

druif: cabernet sauvignon, castelão, touriga nacional
alcohol: 14%
type: vol
prijs: € 5,99

Een van de beste wijnproducenten in de streek. Groot maar niet megalomaan. Ik proef hun wijnen al jaren. Nooit een teleurstelling. Op moderne leest geschoeid zonder hun eigenheid te verliezen. Nadruk op eigen druiven, beetje hulp uit de internationale hoek. Elegant, soepel en spicy. Evenals de witte een koopje voor dit geld.

José Maria da Fonseca

José de Sousa 2012

Alentejo

8-

druif: aragonez, grand noir, trincadeira
alcohol: 14%
type: vol
prijs: € 9,99

Kijk aan, een druif die ik maar één keer eerder – naar mijn weten – in het glas heb gehad: de grand noir. En dat was vier jaar terug, toen ik precies deze wijn proefde. Ligt dus al een tijdje in de kelders van Appie, en komt nu weer eens verhaal halen. De eerste kennismaking beviel goed: bramenzoet, aangevuld met een Mon Chéri-sensatie (chocolade met kersenlikeur), stevige maar zachte tannines, fijne zuren. Het weerzien is allerminst vervelend, maar José begint wel wat vermoeid te raken. Wie van de subtiele smaken van gerijpte wijn houdt, kan hier nog even plezier aan beleven.

Quinta Vista

Tinto 2015

Lisboa

8

druif: castelão, syrah, tinta roriz, touriga franca
alcohol: 13%
type: vol
prijs: € 4,99

Beter dan de 2014 die ik het laatst proefde. Halve punt erbij. Vol fruitig sap van dikke frambozen, bittere kersen en sappige zuren. Lekker bij kaas, pasta, wit vlees, barbecue, Italiaans en Aziatisch, volgens het etiket. Pak een karretje in plaats van een mandje.

SPANJE ROOD

AH Biologische Merlot

2018

Vino de España

7

druif: merlot
alcohol: 13%
type: medium BIO
prijs: € 4,29

Scharrelsudderlapje erbij. Gehaktballetje van onbesproken komaf. Vega? Dan een onbespoten aubergineschotel. Geen honger, wel dorst? Eenvoudige merlot met pruim, tijm en pruimtabak, plus een voorzichtige tanninestudie.

AH Biologische Tempranillo

2018

Vino de España

7·5

druif: tempranillo
alcohol: 14%
type: medium BIO
prijs: € 4,29

Voorheen was de biologische tempranillo van AH fruitig en soepel. Stond ook op z'n jasje. Heeft inmiddels de onschuld verloren. Is volwassen, drinkt espresso's en blieft alleen nog donkere chocolade. Zou zijn vroegere zelf wellicht onnozel noemen. Maar misschien vinden zijn ouwe vrienden hem nu wat aan de serieuze kant. Ik zie wel wat in deze ernstige braamvorser.

AH Excellent Selectie

Viña Lorea Crianza 2016

Rioja

8

druif: garnacha, mazuelo, tempranillo
alcohol: 13,5%
type: vol
prijs: € 6,99

De Spaanse keuze voor de AH Excellent Selectie. Lorea tot ons gekomen via Maria Larrea. Nee geen spelfout, toeval eerder. Keurige crianza. Vanille op zijn plek. Kersen in de maat. Tannines beteugeld. Soepel en zwierig.

Berberana

Dragon Tempranillo 2017

Rioja

7+

druif: tempranillo
alcohol: 13%
type: medium
prijs: € 6,38

Rioja met niet meer pretenties dan sappige kersjes te bieden, snufje peper en een behoorlijke dosis eikeninvloed. Beter dan vorig jaar, toen de vuurspuwende draak op het etiket waarschijnlijk wat last had van de keel. Koeler drinken kan. Verzacht uw keel eveneens.

Campo Viejo

Garnacha 2018

Rioja

8

druif: garnacha
alcohol: 14%
type: medium
prijs: € 7,29

Campo Viejo Tempranillo is een van de populairste rioja's ter wereld. In Engeland is het de meest gekochte rode wijn. Er is sprake van explosief stijgende verkopen in de Verenigde Staten en Scandinavië. En ook in Nederland is deze tinto gewild. Het rood van de garnacha – een druif die tot voor kort slechts als blendmateriaal voor voornoemde rioja diende – mag sinds 2012 zelf op pad. En daarbij raakt-ie de weg niet kwijt. Veel direct rood fruit, frisse zuren, sappig en een kwieke verschijning.

Campo Viejo

Rioja Reserva 2014

Rioja

8-

druif: graciano, mazuelo, tempranillo
alcohol: 13,5%
type: vol
prijs: € 9,99

Nog frisse reserva met veel koele braam en ergens wat beest. Jeugdige zuren die rond kruiden en cacaobitter dartelen. Levendige kersen, rijpe pruimen, wat vanille, een zweempje tabak en eigentijdse tannines.

Campo Viejo

Tempranillo 2017

Rioja

7·5

druif: tempranillo
alcohol: 13,5%
type: medium
prijs: € 7,29

Moderne rioja van het oude veld. Niet te houterig dus, maar met veel fruit en vrolijkheid. Ieder jaar weer soepeltjes bewegend tussen lamskoteletjes van de grill en steeds maar weer leeg rakende glazen.

Cantos de Valpiedra

Crianza 2015

Rioja

8·5

druif: tempranillo
alcohol: 13,5%
type: vol
prijs: € 9,99

Kiezels op het etiket. Steengoed jaar. Kei van een Rioja. Stilleven van dikke kersen, bloedsinaasappels, chocoladebitters en kunstig gedrapeerde tannines.

Familia Castaño
Monastrell Ecológico 2018
Yecla

8

druif: monastrell
alcohol: 13,5%
type: medium BIO
prijs: € 4,99

Bio van de familie Castaño. Monastrell waar je van op aan kunt. Hun iets duurdere Hécula een ware vondst. Maar ook de instapper is prettig drinkbaar, met dit jaar wat braambosjes, fijne cacaozuren en een spicy Madurodam-bittertje. Veel sap. Drink 'm koel.

Familia Castaño
'Hécula' Monastrell 2017
Yecla

8·5

druif: monastrell
alcohol: 14%
type: vol
prijs: € 6,99

Een van de beste zevenpiekers bij AH. Donkere bramen maar niet streng. Oerkersen. Bloedsinaasappelsap. Eerlijkkruid. Ongefilterd. Niet behandeld. Kort eiken. De slijptol heeft de de kop opstekende tannines te pakken genomen, maar ze niet van hun kracht ontdaan.

Federico Paternina
Crianza Banda Azul 2016
Rioja

8-

druif: grenache, tempranillo
alcohol: 13,5%
type: vol
prijs: € 6,49

Oprechte rioja, met ook dit jaar weer sappige appeltjes van oranje. Niet van die sinterklaaskruiden, maar wel met een fluwelen mantel van tannines. En een zak dropjes. De 2016 staat wel nog in de kinderschoenen. Hé, wat is dat? Een bromtol met een steak erbij!

Federico Paternina
Reserva 2014
Rioja

8+

druif: grenache, mazuelo, tempranillo
alcohol: 13,5%
type: vol
prijs: € 8,99

De crianza van Paternina oprecht. De Reserva met een dubbele dosis schwung en vanille. Bloedsinaasappel, sweet spices, lekker bij een handje pepernoten.

Marqués de Grinon (NIEUW)
Svmma Varietalis 2010
Dominio de Valdepusa

8·5

druif: cabernet sauvignon, petit verdot, syrah
alcohol: 14%
type: vol
prijs: € 19,99

Jawel, die mag er wezen hoor! Prestigefles van Carlos Falcó, de 'herontdekker' van petit verdot en syrah in Spanje. Mag deze sinds 2009 als DO Dominio de Valdepusa onder de aandacht brengen, een kwaliteitsgebied binnen het enorme La Mancha. In de Svmma (spreek uit: summa), gecomplementeerd met cabernet sauvignon. Ernstig en beschaafd, zij 't ietwat pocherig. Donker fluweel, donkere bessen, donkere, maar rijpe poederdoostannines. Espresso, vleugje leer. Trotse wijn, en met recht.

Mesta
Garnacha 2018
Uclés

8

druif: garnacha
alcohol: 14,5%
type: medium BIO
prijs: € 5,99

Bio-garnacha. Slow garnacha waar je kalm van wordt. Lekker kersig, lekker mestig, lekker sappig., lekker puur.

Mesta

Tempranillo bio 2018

Uclés

7·5

druif: tempranillo
alcohol: 14%
type: medium BIO
prijs: € 4,99

Uclés. Wijnvlekje in Castilië. Ter plekke is er ook dit jaar weer wat biologische tempranillo aan roestvrij staal toevertrouwd. Het fruit is dit jaar duidelijk serieuzer dan vorig jaar. Donkerder van karakter, met bramen, blauwe bessen, tabaksbladeren en espressoboontjes. Geeft een lekkere bio-bite.

Protos

Crianza 2015

Ribera del Duero

8·5

druif: tempranillo
alcohol: 14,5%
type: vol
prijs: € 14,99

Kloeke en vastberaden stijl. Vol maar niet te zwaar. Kersen, blauwe pruimen, cassis, vanille. Sappig, smeuïg en zalvend. Zacht met kracht. Een streepje meer vanillezoet, een snufje meer peper en een spatje meer gewicht dan de 2014-oogst die ook al zo goed beviel.

Protos

Roble 2018

Ribera del Duero

8·5

druif: tinta del país
alcohol: 14,5%
type: vol
prijs: € 9,99

Roble. Wil zeggen: heeft niet zo lang op hout gelegen om 'crianza' te mogen heten. De Roble 2016 van Protos die we vorig jaar proefden bleek overigens nu net weer juist wat houteriger over te komen dan de uitstekende Protos Crianza uit 2014 die ernaast in het schap stond. Heeft alles te maken met integratie. Niet van het demografische soort, maar het dendrologische: of de smaak van het hout in de wijn is opgenomen. Heeft altijd wat tijd nodig. Toen voorspelden we dat de kersen en bessen zich over een jaar fruitiger zouden tonen. Maar van een dubbelcheck komt het niet: hier is al de verse 2018. Prima jaar overigens. Misschien dat de wijnmaker van dienst daarom ook wat minder blijk geeft van eiken. Meer op zwarte kersen gemaakt. Sappige bessenzuren. Klein vanillezoetje en specerij van het halfjaartje achter de planken. Beschaafder, voorzichtiger, ingetogener: beter.

Sangre de Torro

Gran Reserva 2014

Catalunya

8·5

druif: cariñena, grenache, syrah
alcohol: 14%
type: vol
prijs: € 11,99

Beter dan het oogstjaar 2013 toen het weer on-Spaans koud en nat was. 2014: er was veel en het was weer goed. Gran Sangre de Toro. Maar komt niet uit Toro. Maakt 'm niet minder krachtig. Volle vaart tegen de eiken balustrade aan. Die hield het maar net. En wijndrinkers konden er nog net overheen springen. Hoe het met die toro afloopt is inmiddels genoegzaam bekend. Die ligt thans op het bord naast het glas op een sterfbed van gefruite morilles.

Tierra Fuerte

Graciano 2013

Méntrida

8

druif: graciano
alcohol: 14%
type: vol
prijs: € 11,99

Tinto van wijnmaakster Beatriz Paniagua uit het ruige landschap rond Méntrida, nabij Madrid. Zij weet met graciano, de originele druif uit Rioja, een stevige rode op te trekken vol medicinale kruiden, coherente cacaomassa en zoete laurierdropjes. Onalledaags smakelijk.

Viña Albali

Reserva 2014
Rioja

7·5

druif: tempranillo
alcohol: 13%
type: vol
prijs: € 5,49

Leermomentje. En dan heb ik het niet over de aroma's van deze rioja. Gaat hier om *het belang van de botteling*. Ofwel: het verschil in smaak dat er kan zijn tussen exemplaren van dezelfde wijn die op een ander moment uit het vat op fles gegaan zijn. Ik heb deze reserva een jaar geleden ook geproefd. Deze wijn, deze vintage. Toen schreef ik: 'Oldskool voordeel-rioja met Chocomelneiging.' De fles die ik nu tref kent een volledig ander karakter. Veel frisser en fruitiger, geen Chocomeltrekjes te bekennen. Rara, hoe kan dat? Kan heel goed een andere 'batch' van dezelfde wijn zijn. Zoals in de uitdrukking 'uit een ander vaatje tappen'? Precies, dát! Stel dat je 20.000 liter tempranillo hebt geperst in 2014 en dat hebt verdeeld over meerdere vaten in de kelder. En stel dat je niet alle 20.000 liter in één keer verkoopt, dan bottel je de bestellingen op aanvraag. Dus als de eerste botteling van, laten we zeggen, 10.000 flessen de deur uit is en er komt een nieuwe bestelling binnen, pas dán wordt de volgende batch gebotteld. Op het achteretiket staat vaak een mysterieuze cijfer-lettercombi geprint die gegevens als het moment van botteling representeert – de Albali-code mag je 'm hier noemen – maar zo weten wijnboer en importeur met welke batch ze te maken hebben als ze de fles zien. De koper tast wat dat betreft in het duister. Van bramen, peperkorrels, zwarte bessen en kopjes espresso in dit geval.

Viñas del Vero

Garnacha Syrah 2016
Somontano

7+

druif: garnacha, syrah
alcohol: 13,5%
type: medium
prijs: € 4,99

Niet te stoffig, zonnig of anderszins mollig rood. Montere kersen, pruimen, besjes en een plankeninzetje. Vorig jaar al geproefd: hout houdt de rug nog recht.

Viñas del Vero

Luces 2016
Somontano

7·5

druif: cabernet sauvignon, syrah, tempranillo
alcohol: 13,5%
type: medium
prijs: € 5,99

Prima rood. Keurige internationale blend die nu toevallig uit Spanje komt. Luces laat zijn licht schijnen op zwarte bessen, dikke kersen, wat pruim en laurier. Niet te zoet, niet te zwaar. Lekkere zure besjes. Best zo.

Viñas del Vero

Merlot Cabernet Sauvignon 2015
Somontano

7·5

druif: cabernet sauvignon, merlot
alcohol: 13,5%
type: medium BIO
prijs: € 6,99

Niet dat behaagzieke. Niet dat poeslieve. Niet dat gekroel, kopjes geven en zoete broodjes bakken. Wie dit lekker vindt gaat pruim ruimen, tannines schaven en laurier werpen. Wijn waar je je handen en tanden aan vol hebt.

URUGUAY ROOD

Colinas de Uruguay
Tannat 2016
Maldonado

8

druif: tannat
alcohol: 13,5%
type: vol
prijs: € 6,99

Memorabel. Wijn uit Uruguay: dat tref je niet veel. Evenmin: pure tannat. Claim to fame: de gezondste druif ter wereld, vanwege de grootste concentratie 'levensverlengende' resveratrol. Je zou dan toch zeggen: da's de enige wijn die we drinken. Maar dat is niet het geval. Tannat wil nog weleens bokkig en bonkig zijn. In het Franse Madiran waar het ook tot rood leidt, weten ze daar alles van. Zelfs afkomstig uit Frankrijk is het lastig verkoopbaar. Dan maar wat korter leven, lijkt het motto van de wijndrinker. Enfin. Tannat uit Uruguay. Aan de kust wordt daar aardig wijnbouw bedreven. Er komt spannende sauvignon blanc vandaan. Zo ook – nog verrassender – albariño. Maar daarop moeten ze nog even studeren. Tannat uit de Maldonado-regio toont zich vrij vriendelijk. Ontnukt. Ontbokt. Ontdaan van zijn grimmigheid. Toch nog veel donkerte, kracht, tannines en laurier. En van die resveratrol proef je verder niks. De 2016 herproefd dit jaar: wat lekkere plukjes tabak hebben zich aan het smaakprofiel toegevoegd.

VERENIGDE STATEN ROOD

Bonterra (NIEUW)
Zinfandel 2012
Mendocino County

8·5

druif: zinfandel
alcohol: 14%
type: vol BIO
prijs: € 14,99

Nu eens niet zo'n dweepzieke, zoete broodjes bakkende en daar vervolgens ook nog eens bosbessenconfiture op smerende zinfandel. Kordate, lekker diepe rode. Donker en rood fruit, een cacaoknipoog, een pepertje en een leren jas. Uitstekend oogstjaar bovendien. Verrassende verschijning bij AH.

Etude (NIEUW)
Cabernet Sauvignon 2009
Napa Valley

8·5

druif: cabernet sauvignon
alcohol: 15%
type: vol
prijs: € 49,00

Speelt ter ere van zijn eigen dubbele lustrum speciaal voor ons een Etude. Een vrij overweldigende nog wel. Technische vingeroefeningen van cabernet sauvignon en *American oak*. De klarinet speelt tonen van crème de cassis, de triangel *tingt* van rijpe tomaat. Met onder al de kersenklanken, de niet-aflatende dreun van de vanillepauken. Rachmaninov op fles.

Ravenswood
Single Vineyard Teldeschi 2011
Dry Creek Valley

9-

druif: zinfandel
alcohol: 15%
type: vol
prijs: € 26,99

Single Vineyard, Old Vines. Van louter oude stokken zinfandel uit de Teldeschi-wijngaard. Voor Amerikaanse begrippen een toonbeeld van beschaving. Frisse pruimen op sap, donkere, zoet-bittere kersen en hun zuren, framboos ook, een greepje uit het kruidenrek en wat lichte kaneel. Cacaoboontjes op een bedje van potloodslijpsel. Uw mooiste en meest favoriete rundvleesbereiding wacht.

ZUID-AFRIKA ROOD

AH Zuid-Afrikaanse Huiswijn

Soepel 1 LITER

7.5

alcohol: 13%
type: medium
prijs: € 3,99

De soepele Zuid-Afrikaanse is dit jaar wat minder soepel maar het misstaat hem niet. De fruitmix met wat meer aalbessen dan gewoonlijk. Niet zoet & zwoel, maar bessig & koel. Fans moeten misschien dus even wennen, impulskopers maken zich nergens druk om en schenken dit rustig bij een bordje kant-en-klare lasagne.

Grand Vin de Stellenbosch

Shiraz Mourvedre 2017
Stellenbosch

8

druif: mourvèdre, shiraz
alcohol: 13,5%
type: vol
prijs: € 8,99

Zuid-Afrikaans met de Franse slag. De blend is Rhône-geïnspireerd: syrah met wat mourvèdre voor de vlezigheid. Pardon, waar ik syrah zei, bedoelde ik 'shiraz'. Kan zijn afkomst dan ook niet verloochenen. Hartige aardbei, zwarte braam en in het algemeen lekker fruitig soepelsap, met – voor wie ervoor openstaat – een licht Frans tintje.

La Motte

Millennium 2016
Western Cape

8.5

druif: cabernet franc, merlot
alcohol: 13,5%
type: vol
prijs: € 12,99

Dit oogstjaar overheerst een flinke dosis vers, sappig, rijp rood fruit. De merlot houdt zich bezig met het pruimengedeelte en de cacao-inzet en doet dat weer uitermate goed. Cabernet franc trakteert op donkerder fruit, met een gebrandepaprikazoetje. Last but not least: de gordijnen van een Franse *tabac* die Mitterrand nog als klant had.

Lindeman's

Cabernet Sauvignon Merlot 2018
Western Cape

7

druif: cabernet sauvignon, merlot
alcohol: 13%
type: vol
prijs: € 5,49

De van oorsprong Australische Dr. Lindeman blijkt een vliegende dokter. Nu ging hij niet naar Zuid-Afrika om in te enten maar om in wijn te gaan. Een glas of wat rood voorkomt immers alle kwalen. Iedere dokter weet dat. Driemaal daags innemen, schrijft hij voor. Rustig aan genieten van een bordeauxblend met wat zachtmoedige Zuid-Afrikaanse behaaglijkheid.

Lindeman's

Shiraz Cabernet Sauvignon 2018
Western Cape

7

druif: cabernet sauvignon, shiraz
alcohol: 13,5%
type: vol
prijs: € 5,49

Meer op frambozen en kersen. Bovendien wat zoeter en zachter dan de blend van cabernet met merlot. Hiermee blijft Dr. Lindeman lekker dicht bij huis. Down-under zijn ze dol op rood van dit druivenduo.

Nederburg

Ingenuity 2012
Western Cape

8+

druif: barbera, nebbiolo, sangiovese
alcohol: 14,5%
type: vol
prijs: € 27,99

De witte een soort Eurovisiesongfestival aan druiven. En geen valse noot. Buitengewoon interessant, goed gemaakt en zeer smakelijk bovendien. Rood beperkt zich tot drie druiven van Italiaanse komaf. Een soort Piemonte ontmoet Toscane plus de warmte uit de hak van de Laars. Chocolade dient zich aan. Paddenstoelen maken er een herfsttafereel van. Nootjes en specerijen en flink in het eikenhout. Dit oogstjaar voor de tweede maal herproefd voor deze *DGH*. Kan nog even mee. Behalve als u de fles leegdrinkt natuurlijk.

Nederburg

The Winemasters Cabernet Sauvignon 2017
Western Cape

8

druif: cabernet sauvignon
alcohol: 14,5%
type: vol
prijs: € 6,99

Nederburg is niet zo van dat zoete. Rood dat staat als een huis. Met een fundering van eiken. Met de deur in huis vallende bramen, zwarte bessen. En dan ras de granieten trap op, maar niet na eerst de voetjes te hebben geveegd op de ongeschoren kokosmat die ervoor ligt.

Nederburg

The Winemasters Merlot 2018
Western Cape

8

druif: merlot
alcohol: 14%
type: vol
prijs: € 6,99

The Winemasters van Nederburg zijn de merlot ieder jaar weer meester. Nu is dat ook een vrij gewillige druif. Laat zich graag van zijn toegankelijke kant zien, in dit geval gelardeerd met zoete woordjes over pruimen, moccataartjes en sluimertannines.

Neil Ellis

Cabernet Sauvignon 2011
Jonkershoek Valley

8·5

druif: cabernet sauvignon
alcohol: 13,5%
type: vol
prijs: € 22,99

Voor wie weleens heel kostbare, zeer goede Zuid-Afrikaanse cabernet sauvignon wil drinken van een producent die bekendstaat om zijn expertise in de druif waar deze wijn van gemaakt wordt. Mooie, koele verschijning. Donkere cassis, bramen, laurier en prachtige zuren met name. Nergens 'gekookt fruit', een euvel waaraan veel Kaaps rood mank gaat. En niet alleen de voordelige. Albert Heijn heeft hetzelfde oogstjaar ook dit keer weer ingestuurd: dank u. Is nu precies op dronk.

Neil Ellis (NIEUW)

Groenekloof Shiraz 2015
Groenekloof

8·5

druif: shiraz
alcohol: 14%
type: medium
prijs: € 9,99

Lekker kittige shiraz, die flirt met cassis, cacao en jeneverbes. Glijdt langs de huig als over een nieuw geplaveid stukje snelweg.

Neil Ellis (NIEUW)

Piekenierskloof Grenache 2010
Groenekloof

8+

druif: grenache
alcohol: 14%
type: medium
prijs: € 22,99

Chique grenache uit Piekenierskloof. Heeft veel te bieden maar is inmiddels wel aan z'n oude dag begonnen. Getuige de aardse aroma's als uit de studeerkamer van een gepensioneerde professor. Rondslingerend potloodlslijpsel, elastiekjes en een roestige sleutel. De body en het fruit wat op hun retour, maar de zuren nog opvallend helder van geest.

Neil Ellis

Stellenbosch Cabernet Sauvignon Merlot 2017
Stellenbosch

8

druif: cabernet sauvignon, merlot
alcohol: 14,5%
type: vol
prijs: € 12,99

Neil Ellis heeft de reputatie dé cabernet-sauvignonproducent van Zuid-Afrika te zijn. Maar voor merlot is-ie ook niet bang. Goede bordeauxblend maakt-ie met dit duo. Met de zonnige Kaapse touch. Waardoor in de schaduw de zon doordringt. Het donker fruit rijp is. En de tannines streng doch rechtvaardig de zuren opjutten. Krakende Cab-Lot.

Porcupine Ridge

Merlot 2018
Coastal Region

7·5

druif: merlot
alcohol: 14,5%
type: medium
prijs: € 6,99

Porcupine, de stekelvarkenwijn. Wel eentje zonder stekeligheden. Soepel, zacht, rond, lobbig en een rooksspoortje. Pruim met pepermuntjes in de zak. Licht laurier. Rijpe tannines. De zon achter glas. En erin.

Rustenberg

John X. Merriman 2017
Stellenbosch

8·5

druif: cabernet franc, cabernet sauvignon, malbec, merlot, petit verdot
alcohol: 14,5%
type: vol
prijs: € 12,99

Cacao, cola, cassis. Maar ook: kersen, koel en kittig. Harde klanken, maar zachte smaken. Fris en doortastend rood.

Rustenberg

Shiraz Cabernet Sauvignon Merlot 2018
Stellenbosch

8-

druif: cabernet sauvignon, merlot, shiraz
alcohol: 13,5%
type: vol
prijs: € 7,99

B-kant van Rustenbergs John X. Merrriman-album. Ander trio treedt aan. Zwarte bessen, kersen en pruimen op sap. Shiraz pepert wat kruidnagel in. Duidelijk minder rokerig dan vorig jaar. Misschien een van z'n goede voornemens voor het nieuwe jaar?

Stellenbosch Vineyards

Pinotage 'Bush vine' 2018
Stellenbosch
druif: pinotage
alcohol: 14%
type: vol
prijs: € 8,99

Zoete kersen-neus. Tannines van donkere chocolade. Koffiezuren. Frambozen trilhaartjes. Aardbeien in het zonnetje. Een zoetje specerij. En dat zweempje nagellakremover dat net op tijd verdwijnt voordat je kunt denken: hè, rook ik nou nagellakremover?

Tamboerskloof

Kleinood 2015
Stellenbosch
druif: syrah
alcohol: 14,5%
type: vol
prijs: € 16,99

Stijl hoge, noordelijke Rhône, met tikje meer zon, zoet en alcohol. Dit jaar ook met een mousse-au-chocolat-sensatie. Beetje peper om de syrah te duiden. Zoete specerij. Kleinood. Grote wijn. Topjaar. Wie wat bewaart, heeft wat.

Welmoed

Cabernet Sauvignon 2019
Stellenbosch
druif: cabernet sauvignon
alcohol: 13%
type: vol
prijs: € 5,99

Houtsnijwerk van Welmoed. Een vanillefijntje en sweet spices verpozen met pruimen en framboos.

AUSTRALIË ROSÉ

Lindeman's

BIN 30
alcohol: 11,5%
type: droog Ⓜ
prijs: € 8,49

Valt niet tegen. Misschien ziet de fles er wat minder luxe uit dan een rosé-champagne, eenmaal in het glas uitgeschonken zie je daar niks meer van. Droog met een uitroepteken, kwiek rood fruit en alerte zuren.

CHILI ROSÉ

Casillero del Diablo

Rosé 2018
druif: syrah
alcohol: 12,5%
type: medium
prijs: € 6,99

Rosé in uitzinnige uitmonstering, van de Chileense wijnmultinational Concha y Toro. Fijn bedrijf. Heeft in principe het beste met de wijndrinker voor. Hebben moeite met het produceren van vieze wijn. In de basis altijd goed. Vaak zelfs met uitschieters naar boven. Deze is basis. Oké-rosé. Framboosjes, zure kleine bosaardbeitjes. Lekkere bitters, fijne zuren.

FRANKRIJK ROSÉ

AH Excellent Selectie

Côtes de Provence Rosé 2018
Côtes de Provence
druif: cinsault, grenache, syrah
alcohol: 13%
type: medium
prijs: € 7,99

Een keurige, beschaafde, licht blozende Provence-rosé. Niet uit schaamte maar gewoon omdat deze van nature nu eenmaal altijd deze kleur heeft gehad. Ook dat fijne rode fruit is eigen. Zo ook de rust en beschaving. Het ontbreken van geflirt met snoepjesfruit is eveneens buitengewoon origineel en geruststellend. Niet origineel maar wel prettig: de 2018 is identiek in smaak en kwaliteit aan de 2017. En de 2016. De prijs jammer genoeg niet: voor het tweede jaar op rij wéér een half eurootje duurder.

AH Franse Huiswijn

Fris & Droog 1 LITER
Vin de France

7·5

alcohol: 12%
type: medium
prijs: € 3,99

Niets-aan-de-hand-rosé die je op terrasjes in Frankrijk in het zonnetje de uitspraak ontlokt: 'Gut, wat zitten we hier zalig, hè. En kijk, die platanen. En verderop Café des Sports. En kijk die oude mannetjes daar nou leuk petanque spelen. En heerlijk hè, zo'n glaasje rosé. Dat kan toch alleen in Frankrijk.' Enfin, zo'n rosé dus, die in Nederland aangekomen gewoon een heel simpele, roodbessige maar uiterst doeltreffende rosé blijkt. (NB: Verwar hem niet met de halfzoete huisrosé, die lokt hele andere reacties uit.)

Château Coulon

Rosé 2018
Corbières

8·5

druif: grenache, syrah
alcohol: 12,5%
type: vol BIO
prijs: € 5,99

'Ombres et Lumières' luidt de etiketbelofte. Schaduw en licht. Het lijkt een geslaagde formule te zijn voor een smakelijke rosé. Ofschoon we de inbreng van syrah en grenache ook niet moeten onderschatten. Is ook dit jaar weer een mooie, bleke wijn met veel kracht, stevigheid en kruiderij, en gelukzalig droog. Bio bovendien.

Château La Gordonne

Rosé 2018
Côtes de Provence

8

druif: cinsault, grenache
alcohol: 12,5%
type: licht
prijs: € 7,99

Weer op niveau dit jaar, na een jaartje plak, deze provence met prima prijsje – al is-ie wel twee kwartjes duurder geworden. Niet verheffend maar voor dit geld de moeite waard. Soort van verfijnd lichtrood en abrikozenpitterig. Fijne herbes-de-Provence-kruidigheid. En ook fijn: niet zoet.

Cuvée Jolie (NIEUW)

Terre de Providence 2018
Pays d'Oc

8–

druif: cinsault, grenache, syrah
alcohol: 12,5%
type: medium
prijs: € 5,99

Beste rosé in de categorie slimme marketingtrucs. Prachtig zalmroze Provence-kleurtje. Slanke fles. En dan op het etiket: *Cuvée Jolie, Terre de Providence*. Heeft natuurlijk niets te maken met de *Provence*, of de bekende rosé die Angelina *Jolie* daar exploiteerde. Weten we natuurlijk wel, maar toch: de associatie is gemaakt. Deze Jolie valt echter onder de appellatie Pays d'Oc, op zich niets om je voor te schamen, en kan rustig pronken met eigen citrus, frambozen en blozende appeltjes. En is een stuk voordeliger dan die andere Jolie-rosé.

Divali (NIEUW)
Gris de Gris 2018
Sable de Camargue

8·5

druif: grenache gris, grenache noir, syrah
alcohol: 12,5%
type: vol BIO
prijs: € 7,99

Sable de Camargue. Een van de nieuwe wijnwingebieden in het Franse zuiden. Pikt een graantje mee van de Côtes de Provence-gekte. Divali laat niets aan het toeval over. Amforavormige fles. Transparante roze look. Maar dan komt het verschil: kwalitatief beter dan menig côteje met zo'n prijskaartje. Geen laffe zoetjes, geen gekwinkeleer of slapsap. Oprecht fruit, prettig stevig, zuidkruidig, droog en als echte wijn smakend.

Domaine de Saint Ser
Cuvée Prestige 2018
Côtes de Provence

9

druif: cinsault, grenache, syrah
alcohol: 13,5%
type: medium BIO DYN
prijs: € 9,99

Van Sainte-Victoire-wijngaarden, op 400 meter boven de zeespiegel. Wat koeler daar. Briesje wind. Houdt het fruit fris. Wederom een frêle, elegante Provence-rosé met een milde kruidigheid en luxe, klein rood fruit. Van een prachtige frisheid. Met wat perzik ook, en abrikoos. En was-ie nu altijd biodynamisch? Of heeft-ie zijn certificering per dit oogstjaar gekregen? Hoe dan ook: nog een pre. Tot voorheen de beste supermarktrosé op dit prijsniveau. Nu de beste biodynamische supermarktrosé op dit prijsniveau.

GM par Gabriel Meffre (NIEUW)
2018
Côtes de Provence

7·5

alcohol: 13%
type: medium
prijs: € 8,99

GM. Afkorting van Gabriel Meffre. Of de initialen van grenache en mourvèdre, de druiven die mogelijk zijn gebruikt. Achteretiket rept er niet over. Wel dat het Provence-uitstapje van de Rhône-producent ideaal is als aperitief met vrienden. Als die tenminste van een correcte, roodfruitige, lichtkruidige, droog afdrinkende rosé houden.

Le Bijou
de Sophie Valrose 2018
Coteaux de Béziers

7·5

druif: cinsault, grenache, syrah
alcohol: 12,5%
type: medium
prijs: € 7,99

Uit de bijouterie waar ook cuvée Jolie haar roze fruitjuwelen uitzoekt. Pakt dit jaar wat dikker uit. Met rijpe perzik en potige framboos.

Saint Louis de Provence (NIEUW)
2018
Coteaux Varois en Provence

8

druif: cinsault, grenache, syrah
alcohol: 12,5%
type: medium
prijs: € 6,99

Je ruikt direct de Provence! Lekker kruidig, wat fijn perzikzoet. Mild en droog, bescheiden in de afdronk.

Saint Roche
Rosé Bio 2018
Gard

8·5

alcohol: 12,5%
type: medium BIO
prijs: € 6,29

Uitstekende biorosé uit een nederig gebiedje. Kruidig, met een beschaafd vetje. Wat zwaarder op de hand dan voorgaande jaren. Donkerder rood fruit, wel heerlijk zuiver en schoon. Misschien zat de wijnmaker net even aan le déjeuner tijdens de inweking van de schillen. Een uurtje kan net dat verschil maken. Zodoende een 'gastronomische' wijn, dus geen terrasslobber.

Wild Pig

Syrah 2018

Pays d'Oc

7

druif: syrah
alcohol: 12,5%
type: medium
prijs: € 5,99

Het varkentje heeft flink gescharreld in 2018. Slanker geworden. Koel rood fruit en flink tussen de kruiden gerommeld.

SPANJE ROSÉ

Codorníu

Rosado Brut

Cava

7+

druif: pinot noir, trepat
alcohol: 12%
type: droog M
prijs: € 7,79

Rijpe aardbei heeft voor de 'Barcelona Limited Edition' haar feestjurk aangetrokken: gehuld in roze-paars patchwork verschijnt zij, een amandelbloesem achter 't oor. Lekker bubbly van karakter. Vrolijk, kwekkend en tetterend over cassis en tijm. Was van plan vroeg naar huis te gaan, maar bleef verrassend lang hangen.

Sangre de Toro

Rosé 2018

8-

druif: cariñena, grenache
alcohol: 12,5%
type: medium
prijs: € 6,99

Rosé met een eigen Instagram-account. Waarom ook niet. Uit onderzoek (Influencer Marketing Benchmarks Report 2019 van InfluencerDB uit juli 2019) blijkt dat menselijke Instagram-accounts steeds minder invloedrijk aan het worden zijn. Dieren, en dan met name honden en katten, zijn da bomba. Deze stier maakt dus een prima kans in 2020. Lekker zuurstokroze kleurtje, perzikhuidje, klein zoetje – allemaal heel *Insta-worthy*.

Viñas del Vero

Luces 2018

Somontano

7.5

druif: merlot, syrah, tempranillo
alcohol: 13,5%
type: vol
prijs: € 5,99

Fruit present! Doordrinkfactor ingeschakeld. Bepaald geen sufgekookte rosé vanwege te veel zonuren. Stevig, kruidig, fris, bittertje en droog. Drink ik liever dan die op hol geslagen snoepkramen.

ZUID-AFRIKA ROSÉ

Albert Heijn (NIEUW)

Pinotage rosé 2019

7

druif: pinotage
alcohol: 12,5%
type: medium
prijs: € 3,99

Snoepjes-rosé voor Katrien Duck.

Nederburg

The Winemasters Rosé 2019
West-Kaap

7·5

druif: carignan, grenache
alcohol: 13%
type: medium
prijs: € 6,99

Van Zuid-Afrikaanse wijnmeesters. Houden niet van slappe limonade-rosé. Houden van limonaderosé met pittige bite.

Welmoed

2019
Stellenbosch

7+

alcohol: 11,5%
type: medium
prijs: € 5,99

Aardbeien op sap. Citroentje erin. Klaar is Welmoed.

ARGENTINIË WIT

Finca Las Moras

Chardonnay 2019
Mendoza

7+

druif: chardonnay
alcohol: 12,5%
type: medium
prijs: € 5,99

Chardonnay met hoog BMI. Dik. Niet wat betreft houtinvloeden, maar letterlijk: wat stroperig van structuur. Het fruit is wat pips, en de dop ruikt vreemd genoeg naar sherry. Ondanks alles: toch niet onaardig.

Finca Las Moras

Chardonnay Reserva 2017
Mendoza

8-

druif: chardonnay
alcohol: 13,5%
type: vol
prijs: € 11,99

Eerst een Rivièra Maison-boodschap op het achteretiket tot ons nemen voordat we mogen drinken: 'We live in the eternal duel between light and shadows, day and night, the sight we share and the one we hide.' Aha, zodoende. Maar vindt u het erg om, voordat we daarover gaan discussiëren, even een glas in te schenken? Dan mijmeren we vast even over wat de wijnmaker bedoeld had met deze ruimschoots in het hout hangende, rondom gevulde, zacht romige chardonnay waarin een duel wordt gevoerd tussen tropische vruchten en geroosterde nootjes. Herproefd voor *DGH 2020*. Het wachten is op de nieuwe oogst. Verpozend op een Rivièra Maison-fauteuil bij voorkeur.

Norton

Chardonnay Colección 2019
Mendoza

7·5

druif: chardonnay
alcohol: 13%
type: medium
prijs: € 5,99

Wederom een niet-voor-sissies-chardonnay. Goudrenet met de ruwe schil boven. Ook een niet al te nuffig peertje. En wat relaxed aanschooierend koel exotisch fruit. Extra limoenig dit oogstjaar.

Norton

Sauvignon Blanc Colección 2019
Mendoza

7+
druif: sauvignon blanc
alcohol: 13%
type: licht
prijs: € 5,99

Debuteerde vorig jaar in *De Grote Hamersma* met flink koel gewapper, limoen, groene appels en een witte-peperverstuivinkje. Heeft daar – net als wij daarom – dit jaar weinig aan toe te voegen.

Norton

Torrontés Colección 2019

7·5
druif: torrontés
alcohol: 12,5%
type: licht
prijs: € 5,99

Geparfumeerde publiekstrekker. Prima in zijn soort, hoewel ik nog nooit iemand tegengekomen ben in het wild die ik het heb zien drinken. Maar op de een of andere wijze heeft een aantal grootgrutters er toch klandizie voor. Want het is beslist niet de enige torrontés die in het Nederlandse supermarktlandschap rondscharrelt. Muskaat, passievrucht, citrus, gembertje, rozigheid en lekker sappig in de aanzet – alleen wat stroeve bitters als afscheid. Maar ik snap de liefde wel, hoor.

Santa Julia

Organic Wine Chardonnay 2019
Mendoza

7·5
druif: chardonnay
alcohol: 13%
type: medium BIO
prijs: € 6,29

Stevig, pront, blond en bio. Tevens hoeder van het plaatselijke wildlife. Centje voor het goede doel. Gulheid voor de wijndrinker. Niet te wuft, niet te wapperig, niet te tropisch. Wel lekker veel geel fruit en een mild-frisse afdronk.

Santa Julia (NIEUW)

Organic Wine Torrontés 2019
Mendoza

8
druif: torrontés
alcohol: 12,5%
type: medium BIO
prijs: € 6,29

Torrontés met overtuiging. Bloemen strooiend en bio bovendien. Santa Julia is namelijk tevens hoeder van het plaatselijke wildlife. Centje voor het goede doel, gulheid voor de wijndrinker. Torrontés doet met perzik, peer en citrusbloesem ook een aardige duit in het zakje.

Tilia

Chardonnay 2018
Mendoza

8
druif: chardonnay
alcohol: 13%
type: medium
prijs: € 6,99

Stevige chardonnay. Niet dat zachte en overdadig tropische. Perziken, rijpe peer, zacht appelig en citrus. Eentje om te combineren met de thans zo populaire gegrilde, al dan niet vergeten, groenten. Niet vergeten op uw boodschappenlijstje te zetten. Anders wordt het louter drinken. Vergeet daarom niet wat wijnschrijver Michael Broadbent ooit zei: 'Zelfs de duurste wijn is bedoeld om je eten mee weg te spoelen.' Vergeet die vergeten groenten dus niet. En onthoud ook dat dit een gecertificeerd duurzaam geproduceerde wijn is. Voor het geval dat lastig is: geen paniek. Tilia heeft een fikse sticker op het etiket geplakt om die boodschap uit te dragen.

Tilia
Viognier Chardonnay Torrontés 2018
Mendoza

7·5

druif: chardonnay, torrontés, viognier
alcohol: 13,5%
type: vol
prijs: € 6,99

Tilia is Latijn voor de linde, de boom op het etiket. Is volop te vinden in Mendoza. Eeuwenlang maakten de arbeiders die in de wijngaarden werkten van zijn bloesem rustgevende thee die zij dronken na een lange dag tussen de ranken. Tot zover het volgende hoofdstuk in het eindeloze boek *Een wijn moet toch ook een naam hebben*. Inheemse diersoorten, eeuwenoude grotschilderingen en overleden schoonmoeders gingen deze vertegenwoordiger van de autochtone flora al voor. Hoe dan ook, de Tilia is prima. Breed uitwaaierende blend van chardonnay, viognier en torrontés. Had zomaar aan een perzik-, abrikoos-, appel-, passievrucht-, ananas-, citrus- en/of eikenboom kunnen hangen. Voor de liefhebbers van veel en nadrukkelijk. Bovendien: extra romig en gevuld dit jaar.

Zuccardi (NIEUW)
Apelación La Consulta Chardonnay 2018
Mendoza

8·5

druif: chardonnay
alcohol: 13%
type: medium
prijs: € 12,99

Peren-meloen-kampioen van Zuccardi's hoger gelegen wijngaarden. Spatje citrus en lekker groene appeltjes in de branding. Rood even goed.

Zuccardi
Chardonnay 'Apelación Tupungato' 2018
Mendoza

8·5

druif: chardonnay
alcohol: 14%
type: vol
prijs: € 12,99

1963. Inderdaad, het jaar dat in Nederland de Elfstedentocht werd gereden. Leuk voor de schaatsliefhebbers. Voor de wijndrinkers was het snikken. Zo'n beetje de hele Europese oogst kon het putje in. Alleen in Douro wist men legendarische port te maken. Toch was er ook een vinologisch lichtpuntje: de familie Zuccardi begon met wijn maken. Alleen daar hadden wij in 'de Oude Wereld' nog geen weet van. Argentijnse wijn? Nooit van gehoord. Da's inmiddels wel anders. Zuid-Amerika spreekt een nadrukkelijk woordje mee. En Sebastián Zuccardi helemaal. Werd uitgeroepen tot Wijnmaker van het Jaar. Zijn vader en grootvader zullen trots op hem zijn. Of juist jaloers: die eer is hun nooit te beurt gevallen. Deze chardonnay uit de hooggelegen wijngaarden van Tupungato (1250 meter boven zeeniveau) onderstreept zijn eigen hoge niveau. Volle, rijke en romige stijl. Exotisch fruit met notensprinkle, milde zuren.

Zuccardi (NIEUW)
Chardonnay 'Brazos de los Andes' 2018
Uco Valley

8

druif: chardonnay
alcohol: 13,5%
type: vol
prijs: € 8,99

Tropische Brazos uit de Uco-vallei. Opstuivende perziken en een wervelwind aan citrus en passievruchten. Fris, maar met behoorlijk wat kracht.

AUSTRALIË WIT

19 Crimes

Chard 2018

South Eastern Australia

7+

druif: chardonnay
alcohol: 13,5%
type: vol
prijs: € 9,99

Ik heb me een beetje laten gaan in de review van de 19 Crimes Red Wine 2018. Lees daar verder als je me in opgewonden stand wilt ervaren. Hier houd ik me liever in. De wijn is namelijk al overdonderend genoeg. Zet fris in met veelbelovend limoen- en citrusgespetter, komt dan via bloemrijk, maar stroef terrein tot stilstand op een wegdek van dubbelgetrokken lofbitters.

Hardy's

BIN 141 2018

South Eastern Australia

7·5

druif: chardonnay, colombard
alcohol: 12,5%
type: licht
prijs: € 3,99

Ziet er goedkoop uit. Is ook voordelig. Maar smaakt beter dan dat. En dan volgt er nu een Australische haiku. Hup, slok, beetje tropen, takje groen. Kijk, daar gaat een kangoeroe.

Jacob's Creek

Chardonnay 'Classic' 2018

South Eastern Australia

7·5

druif: chardonnay
alcohol: 13%
type: medium
prijs: € 6,99

Ook dit jaar weer prima gemaakt. Evenals het jaar daarvoor. En daarvoor. Jacob's Creek voert ook deze oogst weer frisse perzik, wat meloen, wat tropische vruchten en flink wat citrus aan.

Jacob's Creek

Chardonnay Reserve 2018

Adelaide Hills

8

druif: chardonnay
alcohol: 12,5%
type: medium
prijs: € 9,99

Een voorbeeld van de 'lichtere' stijl van wijn maken bij Jacob's Creek. Ondanks zijn reserve-status en de fermentatie op Frans eiken slechts 12,5 procent alcohol. Toch komt de drinker niets tekort. Integendeel. Mild tropisch, perzik blaast zijn partijtje mee in 2018, hazelnootjes, het zoetje van rijstpudding (wie eet dat nog?) en een aangename frisheid.

Jacob's Creek

Pinot Grigio 'Classic' 2019

South Eastern Australia

7·5

druif: pinot grigio
alcohol: 12%
type: licht
prijs: € 6,99

Op-en-top peer, kakelverse appeligheid, mooi in de meloen en fris in de citrus. De Italiaanse trots pinot grigio heeft nu ook Australië bereikt. Inreisvisum geregeld van een producent die wijnen maakt met lekker weinig alcohol en veel smaak. Uitreisvisum deed 'm vervolgens bij Albert Heijn belanden.

Jacob's Creek

Pinot Noir Brut Cuvée
South Eastern Australia

7·5

druif: chardonnay, pinot noir
alcohol: 11,5%
type: droog Ⓜ
prijs: € 10,49

Correcte cuvée. Blend van chardonnay en pinot noir, druiven die ook voor champagne worden gebruikt. Maar daar houden de overeenkomsten op. Molliger, zachter, mild geel fruit en ruim in het schuim. Prima in orde weer. Niks veranderd? Jawel, nieuw etiket. Dat overigens erg op het vorige lijkt. Net zoals de inhoud.

Jacob's Creek

Sauvignon Blanc 'Classic' 2018
South Eastern Australia

7

druif: sauvignon blanc
alcohol: 12%
type: medium
prijs: € 6,69

Bij Jacob's Creek is het streven om wijnen te maken met een zo laag mogelijk alcoholpercentage zonder de smaak tekort te doen. Lukte aardig bij deze sauvignon blanc. 12,2 procent en toch volop fris geel fruit, wat sappig groen, meloen en citrus. Terug van weggeweest.

Jacob's Creek (NIEUW)

Unoaked Chardonnay 'Classic' 2018
South Eastern Australia

7·5

druif: chardonnay
alcohol: 13%
type: medium
prijs: € 6,99

Jacob's Creek voert net als in zijn geëikte Classic hier veel frisse perzik, wat meloen en tropische vruchten plus flink wat citrus aan. Zonder hout, een takje meer laurier, een steekje meer asperge. Zouden ze er ook wat sauvignon bij doen?

Lindeman's (NIEUW)

BIN 64 Crisp Chardonnay 2018
South Eastern Australia

7

druif: chardonnay
alcohol: 13,5%
type: licht
prijs: € 6,99

Slim. Lindeman's heeft een Chardonnay (BIN 65) en een vaatje verder een Crisp Chardonnay (BIN 64). Om verwarring te voorkomen. Wilt u meer of minder crisp? Voor wie nog mocht twijfelen: de Crisp is zo knisperend als een perenijsje gedoopt in een laagje knettersuiker.

Lindeman's

BIN 65 Chardonnay 2019
South Eastern Australia

7·5

druif: chardonnay
alcohol: 13,5%
type: medium
prijs: € 6,99

Hoe smaakt de Chardonnay Bin 65 dit jaar? Precies zoals die van de voorgaande twaalf jaar als ik mijn proefnotities tot aan 2007 terugkijk. Sympathiek. Lichttropisch. Met wat meloen, mango, citrus, een fijn zoetje. 'Easy drinking style', noemen ze dat bij Lindeman's. En de opdracht aan de wijnmaakster is om deze ieder jaar weer zo te maken. 'A wine you can trust' luidt de wens van haar bazen. Want dat wensen de mensen ook. Ondertussen is wel het etiket gewijzigd. Dat is er in ieder geval niet op vooruitgegaan.

Penfolds

Reserve BIN 13A 2013
Adelaide Hills

9

druif: chardonnay
alcohol: 12,5%
type: vol
prijs: € 79,00

Nog steeds niet uitverkocht? Een BIN die alleen in de allerbeste jaren gemaakt wordt. A-kwaliteit, zal ik maar zeggen. Of B – van Bourgogne-niveau. Zeer fijnmazige, minerale, beschaafde, luxe en licht-romige, discreet-notige, diepgravende chardonnay. Nota bene onder een schroefdop. Nota beide bene slechts 12,5 procent.

Rawson's Retreat

Chardonnay 2018

South Eastern Australia

8

druif: chardonnay
alcohol: 13%
type: medium
prijs: € 7,99

Ook dit jaar weer een aangename, vrij stevige witte. Perzik, appel, wat romigheid en een prettige, fris-bittere afdronk. Goeie serie, Rawson's Retreat. Altijd fijne wijn voor je geld.

CHILI WIT

Adobe

Chardonnay Reserva 2018

Casablanca Valley

8

druif: chardonnay
alcohol: 13%
type: medium BIO
prijs: € 6,69

Chardonnay met schoongrondverklaring, want bio. Ook verder een schone stijl. Geen hout. Niet te zwaar op de hand. Niet mild met mild tropisch fruit, net geplukte perzik en citrusfrissigheid. Opnieuw geproefd voor *DGH 2020*, nog monter. En ook twee duppies duurder trouwens.

Adobe

Sauvignon Blanc Reserva 2018

7·5

druif: sauvignon blanc
alcohol: 12%
type: medium BIO
prijs: € 6,69

Wat je aromatisch noemt. Groen gras. Grapefruitpretenties. Frisse steun vanuit de kiwi- en kruisbessenhoek. Bovendien flinke inspanningen door de citrusalliantie. Sappig biowit.

AH Biologische Sauvignon Blanc

2018

Central Valley

7+

druif: sauvignon blanc
alcohol: 13%
type: medium BIO
prijs: € 4,29

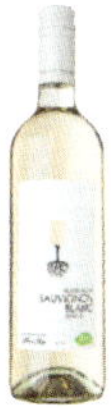

Vorig jaar kwam-ie nog uit Spanje, dit jaar ging de reis naar Chili. Van hetzelfde druifje een pak: ook deze is vief, fit en fris. Komt wellicht doordat ook deze zonder kunstmest, pesti- en herbiciden heeft mogen opgroeien. Appeltje, citrus, wat passievrucht zelfs. Eenvoudig bioplezier.

AH Chile Huiswijn (NIEUW)

Fris & Droog 1 LITER

7·5

alcohol: 12%
type: licht
prijs: € 3,99

Litertje hartig Chileens. Niet voor dweepzieke vrouwen of flegmatieke mannen. Of vice versa. Helmgras, lofbitters en fikse asperge. Niet lullen, maar het glas poetsen.

Aliwen
Chardonnay Reserva 2019
Maipo Valley

8·5

druif: chardonnay
alcohol: 13%
type: medium
prijs: € 6,29

Aliwen, de heilige boom, ziet zijn takken doorbuigen onder het gewicht van gele meloen, rijpe perzik en wat laaghangende citrus. Eronder is een kraampje met verse room. Aan den einder een eikenboom.

Aliwen
Sauvignon Blanc Reserva 2018
San Antonio Valley/Maipo Valley

8

druif: sauvignon blanc
alcohol: 13,5%
type: licht
prijs: € 6,29

Aliwen. Label van Undurraga. Betrouwbare producent. Vorig jaar uit Leyda. Voor deze gelegenheid van druiven uit San Antonio en Maipo. Bevalt mij beter. Gras, groene paprika, asperges, kiwi en limoen. Meer kruisbessen. En meer inhoud.

Amelia
Chardonnay 'Las Petras Vineyard' 2018
Limarí Valley

9

druif: chardonnay
alcohol: 14%
type: vol
prijs: € 24,99

Een feestje. Een Chileens feestje. Tot vorig jaar kregen we driemaal op rij voor *DGH* de 2013 opgestuurd. Uit de kleine Las Petras-wijngaard die het grote Concha y Toro sinds 1999 in Casablanca Valley heeft. Limited Edition dan ook. Had Appie er te veel van ingekocht? Te kostbaar voor de gemiddelde supermarktwijnkoper? Aan de kwaliteit lag het toen ook al niet in ieder geval. 'Volop geur- en smaakwendingen, afdronklengtes en neigingen tot nog eens inschenken. Met name bij liefhebbers van de meursault-achtigen op deze wereld,' noteerde ik over die oogst. En opeens was daar de 2016. Dat jaar was in Chili wat aan de koele kant voor bordeauxdruiven. Maar voor chardonnay was het in het algemeen uitstekend. En die van Las Petras in het bijzonder. Luxe, met dikke room, fijne roosterinvloeden, witte chocola, truffeltraktaties, licht exotisch fruit en een prachtige zuurbalans. Het wijn drinkend publiek is wakker geworden blijkbaar, want de Amelia 2018 staat hier voor me. Kwieker nog dan de 2016, heerlijk kruidig en koket. Met de wilde frisheid van limoenen, in een houten kratje tot ons gebracht.

Casa Lapostolle
Chardonnay 'Cuvée Alexandre' 2013
Casablanca Valley

9-

druif: chardonnay
alcohol: 14%
type: vol
prijs: € 17,99

Getuige de waslijst aan *Wine Spectator*-scores die bijkans een decennium omvat, zijn de Amerikanen nogal fan van deze single vineyard Chardonnay 'Viñedo Atalayas'. Allemaal 90/100 of 91/100. Ik kan mij heel goed voorstellen dat dit wit daar in de smaak valt. Rond, romig, blank en gevuld zijn eigenschappen die worden gewaardeerd door een volk waar Dolly Parton triomfen viert. Is uw muziekkeuze anders maar houdt u van de Chardonnay waar veel in te beleven valt en waar geen valse noot in doorklinkt: doen. Er is nog. Herproefd en u kunt nog steeds met de muziek mee.

Casa Lapostolle
Chardonnay 'Grand Selection' 2018
Casablanca Valley

8·5

druif: chardonnay
alcohol: 14%
type: vol
prijs: € 9,99

Casa die ook dit jaar weer staat als een huis. Op tropisch fruit gefundeerd. Met eikenhouten kozijnen en een airconditioning-afdronk. Wie de verschillende verstopplekken weet te vinden, ontdekt nog kistjes met perzik, abrikoos en gedroogde kruiden. Meteen doorlopen naar de wijnkelder is ook een optie. Daar tref je het allemaal in één fles. Beschaafder en luxer aandoend dan 2017. En niet alleen vanwege de nieuwe uitmonstering.

Casa Lapostolle

Sauvignon Blanc 'Grand Selection' 2016
Rapel Valley

8-

druif: sauvignon blanc
alcohol: 13%
type: medium
prijs: € 9,98

Zachte, niet al te drammerige sauvignon blanc. De tropische grassigheid van een versgemaaid gazonnetje in Rapel Valley. Mi Casa...

Casillero del Diablo

Chardonnay Reserva 2018
Casablanca/Limarí/Rapel Valley

8

druif: chardonnay
alcohol: 13,5%
type: medium
prijs: € 6,99

Puntig wit fruit, flard exotisch, flink wat citrus. Geen gerommel in de houthoek. De Duitse gebruiksaanwijzing op het achteretiket rept weliswaar nog over 'einem Hauch Vanille und gerösteter Haselnuss', maar daar is niks van waar. De Engelse interpretatie zit wat dichter op de waarheid: 'A crisp Chardonnay packed with tropical fruit.' Nog een dienstmededeling. Kent geen regio-aanduiding meer. Het zal chardonnay zijn van druiven die door heel Chili hun wiegje hebben staan.

Casillero del Diablo

Pinot Grigio Reserva 2019

7

druif: pinot grigio
alcohol: 12%
type: licht
prijs: € 6,99

Pinot grigio die zich te veel aan de zon heeft kunnen vergapen wil nog weleens wee worden. En dat laatste laten we liever aan overrijpe kweeperen en zwangere vrouwen over. Dit is een kokette kwieke, die stuitert van de peer, gele appel en limoen. Wat meer bittertjes dan de 2018-oogst.

Casillero del Diablo

Sauvignon Blanc Reserva 2018
Casablanca/Limarí/Rapel Valley

7·5

druif: sauvignon blanc
alcohol: 13%
type: licht
prijs: € 6,99

Lekker groen. Lekker grassig. Lekker limoenig. Lekker bittertje ook. Lekker genoeg. Nog lekkerder: bordje rucola erbij met niet meer dan wat groene olijfolie en een beetje peper.

Casillero del Diablo

Viognier Reserva 2018

8

druif: viognier
alcohol: 13,5%
type: medium
prijs: € 6,99

Een volstrekt gesoigneerde, keurig gecoiffeerde, fijn geurende Viognier. Geen abrikozenalarm, geen perzikpaniek, geen gevallen parfumflesje. Ingetogen, niet te schreeuwerig, met lekker sappige citrus en een klein aspergebittertje.

Colinas del Itata
Field Blend 2018
Itata Valley

8+

druif: muscat
alcohol: 12,5%
type: medium
prijs: € 8,99

Al eens eerder toevallig – of juist niet? – muskaat geproefd uit deze contreien. Die druif blijkt het goed te doen in het zuidelijkste puntje van het land. En de lange ervaring en het buitengewone vakmanschap van de familie De Martino helpen ook nog een handje mee. Druivig, ananas maar niet te zoet, abrikoos en een wilde perzik, voldoende zuren. Voor de liefhebbers van viognier die weleens wat anders willen.

Cono Sur (NIEUW)
Bicicleta Reserva Unoaked Chardonnay 2018

8

druif: chardonnay
alcohol: 12,5%
type: medium
prijs: € 5,99

Deze Bicicleta vervoert z'n chardonnay niet in een houten kratje, maar gewoon los op het stalen ros. Fietst flink doortrappend, zwoele zomerbries in de haren, langs bloemenweide en tropisch regenwoud, zo richting glasbak.

Cono Sur
Bicicleta Sauvignon Blanc Reserva 2018
Casablanca Valley

8

druif: sauvignon blanc
alcohol: 12%
type: licht
prijs: € 5,99

Pak de fiets. Als je tenminste van een grassige, grapefruity sauvignon blanc houdt. Groene appel, passievrucht, de nabijheid van kruisbessen en een milde citrustouch. Ook mild: het alcoholpercentage. Kun je na een glas of twee nog rustig op de fiets terug naar huis. En als je toevallig al thuis bent, neem je gewoon nog een glas. Mag weliswaar niet van de anti-alcoholtaliban, maar die hebben sowieso geen plezier in hun leven.

Cono Sur
Chardonnay Organic 2018

8

druif: chardonnay
alcohol: 13%
type: medium BIO
prijs: € 7,99

Lekker wat rondingen, sappigheid, mango, passievrucht, een kromminkje banaan en de biologische kijk op een afdronk met een smakelijk grapefruitbittertje. Opnieuw geproefd voor *DGH 2020*. Weinig nieuws van het front, maar waarom niet nú drinken?

Cono Sur
Sauvignon Blanc Reserva Especial 2018
Casablanca Valley

8·5

druif: sauvignon blanc
alcohol: 12%
type: licht
prijs: € 9,99

Blijft een van de betere Chileense sauvignon blancs op dit prijsniveau. Zachte, groene en sappige stijl. Lychees, rode grapefruit, piepjonge doperwtjes en zachte citrus. Herproefd en nog steeds alert.

Frontera
Sauvignon Blanc Pedro Ximénez 2018
Central Valley

7·5

druif: pedro ximénez, sauvignon blanc
alcohol: 12%
type: licht
prijs: € 4,79

Vorig jaar nog met sémillon op pad gestuurd. Thans een verrassende reiskompaan gekregen: px, pedro ximénez, ook wel bekend als de 'sherrydruif'. Krijg er een enorm déjà-vu-gevoel van. Of moet ik zeggen 'déjà bu'? Even terug in de tijd. In de jaren zeventig was Nederland na het Verenigd Koninkrijk de tweede afzetmarkt van sherry. In de jaren tachtig waren we zelfs het grootste sherry-consumerende land ter wereld. Dezelfde Albert Heijn die ook deze Chileen naar Nederland heeft gebracht, hielp destijds een handje. Door vooral de halfzoete (medium dry) variant tegen stuntprijzen aan te bieden. Maar ook elders vond de trots uit Andalusië gretig aftrek. Bij de zogeheten vinotheken, wijnwinkels waar zelf getapt kon worden, was sherry de meest verkochte soort. Amsterdam kende op het drukke Spui zelfs de Sherry Bodega.
Wat ik mij van toen kan herinneren is dat sherry vooral een damesdrank was. Ik hoorde onze buurvrouwen reppen over 'het sherry-uurtje'. En daarmee wachtten zij overigens niet tot de vijf in de klok zat. In plaats van samen koffie te drinken werden er 's ochtends gezellig al wat glaasjes weggetikt. Al doende werd dan ook meteen een toen buitengewoon geliefde vorm van afvallen doorgenomen, het sherry-dieet. Een kuur die voorschreef dat iedere maaltijd met twee glazen sherry weggespoeld diende te worden.
Toen dankte dit dieet zijn populariteit mede aan een andere fanatieke ambassadrice, de toenmalige koningin Juliana. En om te zorgen dat de gebruikersgroep niet al te snel op een droogje kwam te staan, was de oorkruik van twee liter in die jaren een buitengewoon gewenste verpakkingsvorm. Ook ik heb mijn moeder daarmee zien slepen. De stiekem proevende puber in mij vroeg zich overigens wel af waarom zij lampenolie dronk. Wellicht heeft die kwalijke kwaliteit van vooral de halfzoete budgetuitvoeringen ertoe bijgedragen dat begin jaren negentig de dorst naar sherry leek opgedroogd.
De afgelopen dertig jaar zijn er door het overkoepelende orgaan Vinos de Jerez en de producenten verwoede pogingen ondernomen om de boel weer op gang te krijgen. Er werd reclame gemaakt op tv en in de bioscoop. Flesvormen werden gemoderniseerd om zo een nieuwe, jonge gebruikersgroep aan te spreken. Er werd besloten om niet meer het beladen woord 'sherry' te gebruiken maar 'vino de Jerez'. Sherry moest wijn worden.
En om het aan zijn nieuwe rol te laten wennen diende het de traditionele aperitieffunctie te verruilen voor een vaste plek aan de eettafel. Om een en ander te realiseren koos Vinos de Jerez een jaar of vijftien geleden voor een top-downbenadering door de Copa Jerez in het leven roepen, een wedstrijd waarbij sommeliers en koks van gereputeerde restaurants werden aangemoedigd om de spannendste sherry-spijscombinaties te maken. Lang verhaal kort: dat is geen doorslaand succes geworden. In plaats van hoofdrol vervult de px nu vaak de rol van hulpdruif.
Zo ook in Chili, waar wijngigant Concha y Toro een plekje voor 'm heeft ingeruild in deze budgetblend. Sémillon-oogst mislukt? Misschien hebben ze er grootsere plannen mee. Hoe dan ook, in samenspel met sauvignon blanc levert de px nu bepaald niet een witte op met de x-factor. Maar lekker is-ie wel. Onbetamelijk veel appeltjes, peertjes, perzik, meloen, passievruchtjes, mango, grapefruit en citrus.

Marques de Casa Concha

Chardonnay 2017
Limarí Valley

8·5
druif: chardonnay
alcohol: 14%
type: vol
prijs: € 14,99

De Marques houdt wel van dik doen, maar flikt het 'm wel elk jaar maar mooi weer: top in z'n klasse. Lekker gevulde chardonnay. Exotisch, limoen, peer, kokos, saffraan en roomrondingen. En een fijn flintertje hout voor de liefhebber.

Novas

Chardonnay Gran Reserva Bio 2018
Casablanca Valley

8
druif: chardonnay
alcohol: 14,5%
type: vol BIO
prijs: € 7,99

Novas' nieuwe oogst. 2018 is, kort samengevat, krachtig, zonovergoten Chili-goodness. Aftrappend met tropisch fruit, eindigend met laurierende rijpheid. Lekker bij pizza Hawaii. Of zeg ik nu iets heel ergs?

Trio

Chardonnay Pinot Grigio Pinot Blanc 'Reserva' 2017

Rapel Valley

7+

druif: chardonnay, pinot blanc, pinot grigio
alcohol: 13,5%
type: medium
prijs: € 8,49

Drietal druiven geeft ook dit jaar weer acte de présence. Serveert bij het trio van meloen, peer en mineraliteit een sappig stukje zalm met asperges. Fijne bittertjes in de finale.

Undurraga

Chardonnay 2019

Central Valley

7·5

druif: chardonnay
alcohol: 13,5%
type: medium
prijs: € 4,99

Het soort chardonnay waarmee Chili zichzelf op de wijnkaart heeft gezet. Mede dankzij de inspanningen van deze firma overigens. Ruimhartig tropisch, fris, kwiek en fris afdrinkend. En vooral veel biedend voor niet al te veel geld. Nog wat veranderd ten opzichte van vorig jaar? Ja. Weer ietsje beter.

Undurraga

Sauvignon Blanc 2018

Central Valley

8-

druif: sauvignon blanc
alcohol: 12,5%
type: medium
prijs: € 4,99

Had wat moeite mee te komen in het Undurraga-klasje de afgelopen jaren. Maar sauvignon blanc heeft bijles gehad en haalt weer mooie cijfers met de 2018. Vanwege zijn verhandeling over mango en lychees en z'n frisse kijk op limoenafdronk.

DUITSLAND WIT

AH Excellent Selectie

Steinkeller Riesling Dry 2017

Rheinhessen

8-

druif: riesling
alcohol: 12%
type: licht
prijs: € 6,99

Prettige, strakdroge, witfruitige witte met een scherfje mineraliteit. Eenvoudig, oprecht en vrij van zoetgeklieder. Is met het jaar zelfs beter geworden, en tegelijkertijd behoorlijk wat goedkoper. Al mag ik dat woord niet gebruiken van mijn moeder. Is ordinair. Maar deze riesling dus geenszins.

Divino Nordheim

Silvaner trocken 2018

Franken

9

druif: silvaner
alcohol: 12,5%
type: licht
prijs: € 6,99

We vergeten het nooit meer. Opeens was ze daar: Divino-silvaner, gekleed in een opvallende Bocksbeutel-fles die haar slanke taille en vrouwelijke heuppartij accentueerde, en die al het andere wit bij de Appie binnen haar categorie *out shinede*. Dit nieuwe talent met gewaagde frisse look stal spectaculair de show. En niet alleen wij waren onder de indruk; de tabloids stonden er vol van. Kwaliteit voor weinig blijft in dit land niet lang geheim. Pardoes werd er door haar agent Appie meteen ook een rode Divino opgetrommeld, van de druif domina – naast de vorm van de fles een rariteit an sich. Ja, *go big or go home*. Domina deed het aardig, maar kon niet tippen aan de kwaliteiten van haar zus. De Khloé Kardashian onder de wijnen als 't ware. Enfin, ieder jaar dus weer spannend of het succes de familie Divino niet naar het hoofd is gestegen – of ze ondanks de druk die er op ze staat, kwaliteit kunnen blijven leveren. Als ik heel eerlijk ben, raak ik zelf niet meer zo opgewonden als eerst wanneer ik de Bocksbeutel zie. Tja, de nieuwigheid is er een beetje af. Neemt niet weg dat het nog steeds een heerlijk frisse witte is, nog steeds een van de koplopers van rond de zeven euro. Knapperige appel en wat druivigheid. Pit en drive. Zest en zuren. En dat zonder opvallend veel make-up.

Grans-Fassian

Riesling trocken 'Schiefer' 2018
Mosel

9

druif: riesling
alcohol: 12,5%
type: licht
prijs: € 9,99

Van Gerhard Grans, 'wijnmaker van het jaar'. Bekend en geliefd om zijn 'stalige' duurzame riesling. Won voor zijn inspanningen al eerder zowel de Riesling Trophy en voor zijn oeuvre de 'overall' wittewijnprijs tijdens de International Wine Challenge in Londen. Prijs voor het beste wijnadvies op een achteretiket zal-ie echter niet in de wacht slepen: 'Drink deze Riesling bij pasta, alle soorten vis en zeebanket.' Gooi maar in m'n pet, die is er groot genoeg voor. Maar schenk eerst nog even mijn glas vol. Dit is namelijk riesling op wijnspeciaalzaakniveau. Lekker druivig, zacht appelig, fijn mineraal, iets meloen dit jaar, rijpe appel, perzik, witte peper, prettig nerveus en stuivend droog. Beter dan de 2016 die het laatst ten tonele verscheen. Al jaren fan van Grans-Fassian.

Moselland

Riesling Classic 2018
Mosel

7

druif: riesling
alcohol: 12%
type: licht BIO
prijs: € 4,99

Classic: snoepjesriesling met tinteltje. Voor de klassieke wijndrinker.

FRANKRIJK WIT

AH Excellent Selectie

Coteaux Bourguignons Chardonnay 2018
Bourgogne

8

druif: chardonnay
alcohol: 12,5%
type: medium
prijs: € 7,99

Tot 2011 ging deze appellation als Bourgogne Grand Ordinaire door het leven. Maar de associaties met bouwvakkersdecolletés, paarse legging met cellulitisprint en getatoeëerde staffordshireterriërs zijn nu eenmaal niet erg 'wijnig'. Nee, dan toch liever Coteaux Bourguignons, de Bourgondische heuvels. Klinkt een stuk sjieker. Maar het is overigens nogal een ruim begrip. Beslaat de hele Bourgogne. Van Auxerre tot Beaujolais. En qua druivengebruik zijn de officiële instanties al net zo scheutig. Voor de hand liggend zijn pinot noir en chardonnay. Maar ook soorten van minder naam en faam zoals aligoté, tressot en césar mogen heuvelop. En ze vervolgens allemaal bij elkaar tot wijn maken mag ook. Klinkt eigenlijk ook wel een beetje ordinair maar enfin. Hoe dan ook, voor de Excellent Selectie is pure chardonnay gebruikt. En puur is-ie. Sappig tropisch fruit, een gulle roomlik, het fris van kokosyoghurt en zelfs enigszins luxe afdrinkend.

AH Excellent Selectie

Touraine Sauvignon Blanc 2018
Touraine

8+

druif: sauvignon blanc
alcohol: 12,5%
type: licht
prijs: € 6,99

'Fripsjes,' zou m'n moeder zeggen, terwijl ze als een schildpad haar nek in haar kraag terugtrekt. Maar bij Touraine is dat *a good thing*. Daar willen we lekker fris, met kruisbessen en appeltjes, citrus en smeltijs. Laat Albert Heijn dat nou gevonden hebben en niet onterecht aan de Excellent Serie hebben toegevoegd. Zelfs *Decanter* fietst om voor deze sauvignon blanc.

AH Franse Huiswijn

Fris & Droog 1 LITER
Vin de France

7

alcohol: 12%
type: licht
prijs: € 3,99

Citrus met venkeltjes.

Antonin Rodet

1er Cru 'Montmains' 2017
Chablis

8

druif: chardonnay
alcohol: 12,5%
type: medium
prijs: € 18,99

Lekker duidelijk is die wijnwereld. 1er Cru. In Bordeaux het hoogst haalbare in de classificatie. In Chablis tussen 'gewoon' en Grand Cru in. Enfin, laat het niet de meest verheffende en diepzinnige chablis zijn. Maar het is wel een echte. Met kruiende kalkrotsen, nerveus wit fruit, strak in de lak oesterdrang, zuren zonder kuren en een prijskaartje dat een gewone chablis doet verwachten.

Antonin Rodet

Bourgogne Chardonnay 2017
Bourgogne

8

druif: chardonnay
alcohol: 12,5%
type: medium
prijs: € 8,99

Prima, lichte basis-bourgogne. Op 'fris' gemaakt, maar met net genoeg romigheid voor de liefhebber. Appeltjes in de regen, snoekbaarsje van de grill. Wachten we tot het droog is, of trekken we 'm nu al open?

Antonin Rodet

Brut
Crémant de Bourgogne

8

druif: chardonnay
alcohol: 12%
type: droog M
prijs: € 9,99

De evenknie van champagne uit Bourgogne. Mollige mousse, zacht en appelig, frisse afdronk en ten minste net zo feestelijk ogend in het glas. In zijn eentje dubbel zo lekker dan twee flessen prosecco van € 4,99.

Antonin Rodet

Chablis 2018
Bourgogne

8

druif: chardonnay
alcohol: 12,5%
type: licht
prijs: € 11,99

Perensappige, niet al te strenge chablis. Elegant wit fruit, milde zuren, kalkstreepje, lofbittertje.

Antonin Rodet

Mâcon-Villages 2017
Mâcon-Villages

8-

druif: chardonnay
alcohol: 12,5%
type: medium
prijs: € 7,69

Een label uit de stallen van Boisset, verzamelaar van bourgognemerken, inclusief die met zijn eigen naam. Maak hier kennis met Antonin Rodet. Perzik, rijpe appel, lichte bittertjes en een klein vetje op weg naar een frisse afdronk. Reeds geproefd in 2018 en nu opnieuw: geen nieuws van het front.

Antonin Rodet

2016
Saint-Véran

8

druif: chardonnay
alcohol: 12,5%
type: vol
prijs: € 14,99

Buurtje van het veel beroemdere Pouilly-Fuissé. Kortom, bourgognebeschaving. Roompje, vetje, vullinkje, maar zonder té te worden. Licht geel fruit en mooi stevig. Herproefd voor de 2020-editie: nog houvast te over.

Cave de Beblenheim

Gewurztraminer 2018
Alsace

8-

druif: gewurztraminer
alcohol: 13%
type: vol
prijs: € 7,99

Je hebt van die dames die kunnen geen maat houden met de parfumverstuiver. Je ruikt ze al op de hoek van de straat. Nu heeft veel voordelige gewurztraminer de neiging om ook zo te smaken. En dat is nog veel erger. Maar daarvan is bij Beblenheim geen sprake. Wel rijk, zoetig, volle bak lychees, rozenbotteljam en marmelade.

Cave de Beblenheim

Pinot Gris 2017
Alsace

8

druif: pinot gris
alcohol: 13%
type: medium
prijs: € 7,49

Goed jaar. Met sappige dikke peer, geel fruit en florale verleidelijkheid. Goeie pinot gris is niet vies en smaakt bij vis. Bij voorkeur witte, gebakken, gegrild of gepocheerd.

Cave de Beblenheim

Riesling 2018
Alsace

8

druif: riesling
alcohol: 12%
type: medium
prijs: € 5,99

Klassiek Elzashuis in nieuw 'hip' jasje. Moet waarschijnlijk een jeugdiger publiek aanspreken. 'Same Quality' roept een extra sticker om tegelijkertijd de trouwe koper niet af te schrikken. Heeft inderdaad dezelfde inhoud. Sappige rode en gele appels.

Fijn bittertje in de afdronk. Zit nog een schilletje tussen de tanden.

Christophe Cordier

2018

Pouilly-Fuissé

8·5

druif: chardonnay
alcohol: 13,5%
type: medium
prijs: € 18,99

Legendarisch oogstjaar voor de Bourgogne. Resulterend in rijk, sappig, zacht wit fruit, met veel kracht en uithoudingsvermogen. Amandeltjes, peer, rijpe appel en een gedistingeerd bittertje bij het afscheid. Parmantige pouilly.

Christophe Cordier (NIEUW)

Vieilles Vignes 2015

Mâcon

8

druif: chardonnay
alcohol: 13%
type: vol
prijs: € 14,99

Lekker appelige Mâcon van de oude stokken van Bourgondiër Christophe Cordier. Zweempje laurier met wat vanille en citrus in de slipstream.

Christophe Cordier

Viré Clessé – Vieilles Vignes 2014

Mâcon Viré-Clessé

8+

druif: chardonnay
alcohol: 13%
type: medium
prijs: € 13,99

Mâcon. Het zuiden van Bourgogne. De chardonnay daar guller presterend, ruimer in het fruit, molliger om de heupen, rijker in de mond. De 2014 ook in 2016 al geproefd. Toen fris en fruitig. Nu nog steeds kwiek en met nog wat meer praatjes zelfs.

Didier Delagrange (NIEUW)

Hautes-Côtes de Beaune Chardonnay 2013

Hautes-Côtes de Beaune

8·5

druif: chardonnay
alcohol: 13%
type: vol
prijs: € 14,99

Leuke instapbourgogne van Didier Delagrange. Leuk omdat-ie uit 2013 is, hoe vaak zie je dat nu in de lokale buurtsuper?! Krijgt ook al echt dat fijn notige, dat een geouderde bourgogne kenmerkt. Lekker gistig bovendien, voor de liefhebber. In de categorie: voor een duppie op de eerste rang. Met als subgenre: scoren bij je roodgebroekte vrienden.

Domaine de la Madeleine

Sauvignon 2017

Touraine

8

druif: sauvignon blanc
alcohol: 12%
type: licht
prijs: € 6,49

Niet al te strenge dame, deze Madeleine. Dauwgras-sauvignon met een flinke duw zoet. Bakje exotisch fruit, een yoghurtzuurtje, veel smaak, veel vulling.

Domaine des Noëlles

2018

Muscadet-Sèvre et Maine sur Lie

8

druif: melon de bourgogne
alcohol: 12%
type: licht
prijs: € 5,79

'Sur lie' – heeft dus op de gisten 'gelegen', wat doorgaans resulteert in een wat intenser smaakprofiel. Blijft zacht en vriendelijk. En is dit jaar mooi in balans. De zuren flirten met wat zoet. De groene appel heeft geel fruit als gezelschap. Het kalkige kraakt discreet. Nog een kraakje: er worden oesters opengemaakt.

Domaine du Moulin Granger

Sancerre 2018

Sancerre

8·5

druif: sauvignon blanc
alcohol: 13%
type: medium
prijs: € 13,99

Goed gevulde sancerre. Rijpe kruisbessen, passievrucht. Plus dat minerale, het versgemaaide gras in het zonnetje op het veld, kiwi en limoen. Ik bedenk opeens dat ik nog een gerijpt geitenkaasje in de koelkast heb liggen...

Domaine Fontaine-Gagnard

2011

Chassagne-Montrachet

8·5

druif: chardonnay
alcohol: 13,5%
type: medium
prijs: € 36,99

Klassiek Chassagne. Qua uitmonstering. En wat smaak betreft. Notig en truffelig. Rinse rijpe appeltjes. Kerrie komt aanzetten. Biologisch kippetje wordt gehaald.

Domaine Gérard Thomas

Saint-Aubin 1er Cru 'La Chatenière' 2012

Saint-Aubin

8·5

druif: chardonnay
alcohol: 13%
type: medium
prijs: € 27,99

In deze appellation, die ook wel 'Chassagnes onnadrukkelijke buur' wordt genoemd, timmert Thomas aan de weg. En dankzij deze 1er Cru 'Charmois' is het langs die weg goed toeven. Truffel ruiken. Nootjes noteren. Gekonfijte citroen zoeken.

Breed uitwaaierend wit, geel en tropisch fruit proberen thuis te brengen. Moet lukken vanuit de dichtstbijzijnde Albert Heijn.

Domaine Louis Max

Vignes du Domaine 2017

Mercurey

9

druif: chardonnay
alcohol: 13%
type: medium BIO
prijs: € 16,99

Wit wordt steeds beter in een appellation die het tot voor kort met name van zijn rood moest hebben. Rond, romig, inhoud, volbloesemend en geurig. Zinderende citruszuren met houtbegeleiding. Alleen herbiciden en pesticiden ontbreken. Max is bio. Al eerder ontdekt maar wederom een vondst.

E. Guigal

Côtes du Rhône Blanc 2017

Côtes du Rhône

8+

druif: bourboulenc, clairette, marsanne, roussanne, viognier
alcohol: 13,5%
type: vol
prijs: € 9,99

Stevig jaar voor witte rhône. Viognier vol op de pedalen. Roussanne en marsanne rollen mee. Clairette hangt wat aan de remparachute. Tijm, fijn, rozemarijn, abrikoos en perzik, gedroogd wit fruit. Ruim bemeten Rhône-blanc.

E. Guigal

2014

Condrieu

9-

druif: viognier
alcohol: 13,5%
type: vol
prijs: € 39,00

Bent u bekend met condrieu? Ik herinner nog goed mijn eerste glas. 'Dít is pas wijn,' riep ik uit. Overweldigend. Chic geparfumeerd en een afdronk om een puntje aan te zuigen. Guigal is een van de betere. Staat bekend als de Rhône-grootmeester. Zijn condrieu voldoet aan alle wensen: geurend naar bloesem, honing en tutti-fruit, de smaak van gedroogde abrikoos en perzik, een fijne peperigheid plus een flinterdunne lijn zachte zurigheid zoals in crème fraîche die constant de mond opfrist en andere smaken annonceert. Ook dit jaar weer een ijkpunt. En beter, fijner en eleganter dan voorgaande jaren.

Echo Indigo

Colombard Sauvignon 2018
Côtes de Gascogne

8

druif: colombard, sauvignon blanc
alcohol: 11,5%
type: licht
prijs: € 5,79

Puike boreling van de Producteurs Plaimont, een coöperatie in Gascogne die altijd fatsoenlijke wijnen maakt. Sappig doortastend wit. Grrrrapefruit, grrrrrroene appel, flink citrus en nota bene wat uit de tropenbiotoop: ananas en mango. Wulps en tegelijkertijd heerlijk koel en knapperig afdrinkend. Helemaal op orde dit jaar.

Fat bastard

Chardonnay 2018
Pays d'Oc

7.5

druif: chardonnay
alcohol: 13%
type: medium
prijs: € 5,99

Fit wit fruit, een partje perzik, peer en de romigheid plus de prettige zuren. Minder zwaar op de hand dan de naam doet vermoeden.

Georges Duboeuf (NIEUW)

Pouilly-Fuissé 2016
Pouilly-Fuissé

8.5

druif: chardonnay
alcohol: 13%
type: medium
prijs: € 16,99

Een witte van Beaujolais-koning Georges Duboeuf – en nog een sjieke ook. Georges heeft behalve in de Bojo ook wat grond in Macôn en uit die regio treffen we hier op de proeftafel nu een nette chardonnay uit Pouilly-Fuissé. Gemaakt door een wijnmaker die alles aan kant heeft. Werkelijk onberispelijk wit. Elegante lofbittertjes. Strakke appels. De zuren ook keurig op orde. Bourgondisch op z'n Duits.

Jean Dumont

Les Cailloux 2018
Pouilly-Fumé

8+

druif: sauvignon blanc
alcohol: 13%
type: licht
prijs: € 12,99

Opluchting. AH heeft de tien-eurogrens voor zijn Pouilly-Fumé, een beroemde appellatie, losgelaten. Geeft wijnmaker Jean Dumont ruimte om lékkerdere wijn te maken. Daar heb ik graag twee euro meer voor over. Dit jaar meer expressie, meer kruisbessen, meer mineraliteit van de kleine steentjes (de *cailloux*), met een lekkere, sappige perenfinale.

Kuentz-Bas

Pinot Blanc 2018
Alsace

7.5

druif: pinot blanc
alcohol: 12%
type: medium
prijs: € 7,99

Kuentz-Bas. Kuentz-Blanc. Prima in orde. Opgeschud-donsbed-wit. Vin d'Alsace-matras. Koele slaapkamer. Frispeer slaapt uit. Is ook dit keer weer zacht, maar fit.

Kuentz-Bas

Pinot Gris Tradition 2018
Alsace

8

druif: pinot gris
alcohol: 13%
type: medium
prijs: € 8,99

Attentie: wekt de indruk van zoet, maar is droog. En dan bedoelen we niet de vorm van de fles, maar de eerste indruk van de wijn in de mond. Elzassers kunnen dat. Kuentz-Bas is bovendien gespecialiseerd in pinot gris en dat kun je proeven. Verzorgde, complete, zachte en toch gevulde wijn. Rijp geel fruit, wat abrikoos, honingspatje. Zonder artificiële zoetstoffen.

La Vieille Ferme

2018
Vin de France

8-

druif: bourboulenc, grenache blanc, ugni blanc
alcohol: 12,5%
type: medium
prijs: € 6,49

Zie ook de rode. Dit is de witte boerderij. Daar maken ze prima blanc. Dit jaar woei er een fris windje door het kippenhok. Wit en geel fruit zonder al te veel bemoeienis, niet te opdringerig, goed sappig. Kortom, prima Zuid-Frans.

Les Dauphins

Réserve 2017
Côtes du Rhône

7.5

druif: clairette, grenache blanc, marsanne, viognier
alcohol: 12,5%
type: medium
prijs: € 6,49

Confectiewijn in hipster-outfit. Ook dit jaar weer een lekkere ronde en sappige blanc. Met flink wat gele appel, steenvruchten, een vleugje kruiderij en een frisse afdronk.

Les Folies

2017
Menetou-Salon

8

druif: sauvignon blanc
alcohol: 13%
type: medium
prijs: € 13,99

Domaine waarover Noël Bougrier de scepter zwaait. Een familie met de Loire als thuisbasis. En daar weten ze goed de weg met thuisdruif sauvignon blanc die de postcode Menetou-Salon als zijn natuurlijke biotoop kent. Vanwege de vreselijke vorst die met strenge hand in 2016 regeerde was er dat jaar geen oogst. Maar thans geeft de buurappellatie van Sancerre ook weer thuis. Fijn appelig, kruisbesjes en een bescheiden grapefruitinbreng. Zacht, lekker krijtig, niet te stuivend.

Moët & Chandon

Brut Impérial
Champagne

8+

druif: chardonnay, pinot meunier, pinot noir
alcohol: 12%
type: droog M
prijs: € 45,99

De meest verkochte Champagne ter wereld. Niet de beste maar wel goed. Zelfs de laatste tijd wat beter geworden, omdat er aan 'de samenstelling' is gewerkt. Thans lekker gistig op de neus. Niet al te heftige mousse, krokant wit fruit, mild mondgevoel, zachte bitters en een schone afdronk.

Moët & Chandon

Nectar Impérial
Champagne

8

alcohol: 12%
type: mediumdroog M
prijs: € 45,99

Zachter, romiger en wat minder droog dan de Brut Impérial. Flirt wat meer naar geel dan naar wit fruit. Een wat molliger mousse ook. Is officieel demi-sec. Normaal gesproken neigen de goedkopere belletjes dan naar slap en wee zoet. Deze Nectar krijgt er echter iets chics door.

Mouton Cadet

Sauvignon Blanc 2018
Bordeaux

8

druif: sauvignon blanc
alcohol: 12%
type: medium
prijs: € 8,99

Wat krijgen we nou? Een wijnmaker die adviseert om 10 ml suikerstroop, een limoenschilletje en een ijsblokje in zijn wijn te doen. Lieve mensen, ik verzin dit niet: het staat op het achteretiket. Is inderdaad een probaat middel om wijn van dubieus allooi enigszins drinkbaar te maken. Maar die Mouton is van zichzelf pico in orde. Knappervesre sauvignon blanc. Sappig groen gras, verse groene kruiden en grapefruit en kruisbes. Heeft geen verdere smaakmakers nodig.

Picpoul de Pinet

Les Mouginels 2018
Languedoc

8-

druif: picpoul
alcohol: 12,5%
type: licht
prijs: € 6,29

Picpoul geeft een boel. En voor weinig. Blozend, fit, kruidig en dit jaar met extra frisse zuren. Betrouwbaar en toch niet saai. Pasta met zeevruchten erbij en het wordt zelfs opwindend.

Saint Roche

Blanc Bio 2018
Gard

8·5

druif: muscat, vermentino
alcohol: 12%
type: medium BIO
prijs: € 6,29

Goeie. Van het *delicious duo* vermentino en muskaat. Populair bij alle lagen van de Albert Heijn-clientèle. Uitdagend kruidig en bloemig, succulent, citrusrijk. Fuivige meloen en druivig groen. Opmerkelijk vief en fit voor zo'n zonbeschenen zuiderling. Prijs-kwaliteitje hoor! Wel wat bij eten.

Wild Pig

Chardonnay 2018
Languedoc

7·5

druif: chardonnay
alcohol: 13%
type: medium
prijs: € 5,99

Ha! Het Wilde Varken. Bereid volgens beproefd recept. Ingrediënten: zure room, perzik en peer. Met als toetje 'n opfrissend kneepje citrus. Ook geschikt voor vegetariërs.

Wild Pig

Sauvignon Blanc 2018

Pays d'Oc

7+

druif: sauvignon blanc
alcohol: 12%
type: medium
prijs: € 5,99

Een keurig schoongewassen varkentje uit de megastal van Carola Schouten. Niks wilds aan. Netjes opgewreven geel fruit en een frissigheidje.

Wild Pig

Viognier 2018

Pays d'Oc

7

druif: viognier
alcohol: 13%
type: medium
prijs: € 5,99

Knorrige viognier uit de Wild Pig-stallen. Maar ook rijpe abrikoos, zachte bittertjes en voldoende frisheid.

ITALIË WIT

AH Excellent Selectie (NIEUW)

Pinot Grigio delle Venezie 2018

Pinot Grigio delle Venezie

7·5

druif: pinot grigio
alcohol: 12%
type: licht
prijs: € 6,99

Mild, zachtaardig maar kwiek wit met een fijn flintertje eucalyptus. Allemansvriend.

Antinori

Santa Cristina 2018

Umbria

7·5

druif: grechetto, procanico
alcohol: 11,5%
type: medium
prijs: € 7,99

De familie Antinori, legendarische wijnfamilie uit Toscane, maakt ook in de zuidelijke buurregio Umbrië een smakelijke, bijna rieslingachtige bianco. Rijpe appel, wat ontspannen geel fruit, licht kruidig en een frisse citrusafdronk. En een beschaafde 11,5 procent alcohol. Heel fijne zuren. Houdt 'm lekker fris en doordrinkbaar.

Antinori

Santa Cristina 2018

Veneto

7+

druif: pinot grigio
alcohol: 12%
type: licht
prijs: € 7,99

Prima pinot grigio, ieder jaar weer. Appeltjes, fris geruis, citrus en met wat amandel aan de wandel tijdens de afdronk.

Baglio di Grisi

Grillo 2018

Sicilia

8+

druif: grillo
alcohol: 12,5%
type: medium
prijs: € 8,49

Je proeft het meteen. Boven de zeven euro en het wit wordt frisser, minder plakkerig en – zoals in dit geval - ontzettend verleidelijk. Autochtone Siciliaan en toch hoogblond. Wit bloezend. Wit bloesemend. Wit fruitig. Licht kruidig. Ananas in de aanslag. Fris afdrinkend.

Eist dit jaar de spotlight op door overtuigende sappigheid.

Cadis

2018

Soave

7

druif: garganega
alcohol: 12%
type: medium
prijs: € 3,99

De pinot grigio delle Venezie en deze Soave van Cadis wonnen een 'quality award' op de *International Wine & Spirit Competition*. Tot onze verbazing moeten ook wij toegeven: een van de betere uit het laagste segment. Kwiek wit fruit, pit en goede zin voor geen geld.

Cà Maiol

Lugana 2014

Lugana

8·5

druif: trebbiano
alcohol: 12%
type: medium
prijs: € 12,99

Nu ja, een Lugana uit 2014 die ik meer dan drie jaar geleden ook al eens op de proeftafel had staan. Toen: 'delicaat, rins, voorzichtig invliegend geel fruit, *sapido* (lekker sappig), wapperend als een libelle'. Is nu zowel van kleur als van karakter wat minder voorzichtig geworden. Uitgesproken zelfs. Maar nog steeds zo sappig als een vers gehakte, druipende ananas.

Cecchi

'La Mora' Vermentino 2018

Maremma

8-

druif: vermentino
alcohol: 12,5%
type: licht
prijs: € 5,99

Limoen, citruszuren, groene appeltjes. Dit jaar met opvallend meer houvast en wat lokale Maremmese walnootbittertjes.

Fantini

Greco-Fiano 2018

Basilicata

8+

druif: fiano, greco bianco
alcohol: 12%
type: medium
prijs: € 7,99

Vorig jaar nog als soloshow van lokale ster greco. Dit jaar als duo optredend wit samen met fiano. Ook wit uit het diepe zuiden van Italië kan lichtvoetig en verrassend charmant zijn. Tijm tintelt, witte bloemen bloeien en ergens trommelt het zoet van tomaat. Spannend. Je weet daar nooit wat je nog meer tegenkomt. Laat in ieder geval niet uw tas onbeheerd.

Fantini

Pecorino 2018

Terre di Chieti

7·5

druif: pecorino
alcohol: 12,5%
type: medium
prijs: € 5,69

Sympathieke, zachte wijn. Perzikvelletje, tropisch parfum, iets meloen, zachte bitters, wat infladderende bermkruiden en milde zuren.

Mastri Vernacoli

Pinot Bianco 2018

Trentino

8+

druif: pinot bianco
alcohol: 12,5%
type: medium
prijs: € 7,49

Pittige, plichtplegingsloze maar smaakrijke pinot bianco. Strak wit fruit. Goed sap. 'Tien keer opdrukken'-bittertjes. Kiezelkeitjeskoel. Water in de mond.

Mastri Vernacoli

Pinot Grigio 2018
Trentino

8

druif: pinot grigio
alcohol: 12,5%
type: medium
prijs: € 7,49

De pinot bianco van hetzelfde huis is pittig en strak. Deze pinot grigio milder en perig. Maar nog wel steeds een echte bianco uit het hoge noorden. Waar menige in het zuiden opgevoede druifgenoot nog weleens weeïg wil uitwaaieren blijft de Mastri de zuren meester. Fijn, fris en puntig. Lekker koud schenken.

Moncaro

2018
Verdicchio dei Castelli di Jesi

7·5

druif: verdicchio
alcohol: 12,5%
type: licht
prijs: € 4,99

Niets-aan-de-hand-wit zonder pretenties. Wit snoepfruit, een amandeltoontje en wat citrus.

Moncaro

Verde Ca' Ruptae 2018
Verdicchio dei Castelli di Jesi Classico Superiore

8·5

druif: verdicchio
alcohol: 13,5%
type: medium
prijs: € 9,99

De signature wine van Moncaro. Hun boutiqueverschijning. The Winemaker's Selection. Vaak is dat opgepompte praat. Overbelofte. Bluf. Grootspraak. Maar in dit geval doen we 'm nog bijna tekort. Wit met een fijne vulling. Van mandarijn, anijs, rijpe appel, peer en zachte citrus. Niet gedwee, maar nergens wringend of dwingend. Alleszins groen licht voor deze Verde.

Settesoli

Fiano 2018
Sicilia

8

druif: fiano
alcohol: 12,5%
type: licht
prijs: € 5,49

'Vergeten druiven'. Ik heb er een zwak voor. Van die witte en die blauwe die niet door iedere supermarktinkoper herkend worden, over het hoofd gezien worden door de sommelier en genegeerd worden door de wijndrinker. In Italië grossieren ze erin. Alleen waren ze dus even vergeten dat ze ze hadden. Ook de wijnmakers in de Laars hebben zo nodig een tijdje mee moeten doen aan de wereldwijde Chardonnay Samenzwering en de Coup van de Cabernet Sauvignon, bedoeld om de wijndrinker uitwisselbaar wit en confectierood voor te zetten. Maar in de Laars hebben ze het vergeetboek weer gevonden. En recentelijk is dat vertaald tot handboek: 'Succesvol Wijnmaken in de 21 eeuw'. Omdat het vol autochtone druiven staat die goede, karakteristieke en vooral onderscheidende wijnen kunnen geven. Want nu de grenzen vervagen, beginnen onderscheid en eigenheid zwaarder te wegen. Lokaal is het nieuwe ideaal. Ook de Italiaanse wijnmakers zijn aan de herontdekkingsreis begonnen. En omdat iedere streek wel zijn eigen plaatselijke druif kent, kunnen er flink wat kilometers gemaakt worden. Italië is het enige land waar van het noorden tot het zuiden wijnbouw wordt bedreven. Dat 'Lekker Weg in Eigen Land' leidde op Sicilië bij de Cantine Settesoli tot de tweede jeugd van de fiano-druif. Met de hulp van moderne techniek (temperatuurcontrole; roestvrij staal) levert deze sinds 2012 goed, eigenwijs wit op. Witte perzik, mandarijn, appel, tijm en een fikse splash citrus. Leuke wijn waarin fris en fluweel een fascinerend verbond hebben gesloten.

Settesoli

Grillo 2018

Sicilia

8

druif: grillo
alcohol: 12%
type: medium
prijs: € 5,49

Stralende zon op het etiket. Verkwikkend, droog, citrusrijk wit met lekker bittertje op de afdronk. Aanrader op het bord: grillo houdt van een vis met een grillruitje.

Tenuta Ulisse

Pecorino 'Unico' 2018

Terre di Chieti

8·5

druif: pecorino
alcohol: 13%
type: medium
prijs: € 9,99

Pecorino. Inderdaad, net zoals die kaas. 'Klein schaap' betekent het. Zo ruikt het niet. Zo smaakt het niet. En ook niet als die kaas. Hoe wel? Koele meloen, zest van een mandarijn, laurier en een snufje citrus. Zwoel, energiek en fris. Opvallend: een paar jaar geleden was deze wijn alleen bij de wijnspeciaalzaken te koop. En al is Albert Heijn misschien minder uniek, Unico is er niet minder om gaan smaken.

Terra Viva

Pinot Grigio 2018

Veneto

7+

druif: pinot grigio
alcohol: 12%
type: licht BIO
prijs: € 5,99

Sympathieke bio-bianco. Klimaatvriendelijk etiket dit jaar, met bloemetjes en bijtjes. Tikkie stuifmelig. Het peert wat. Het appelt wat na. Minikruidje. En de citrus rust niet voordat de dorst gelest is.

Villa Antinori

2018

Toscana

8-

druif: chardonnay, malvasia, trebbiano
alcohol: 12%
type: medium
prijs: € 8,99

Hè hè. Het is weer prima toeven in de villa. Daar wordt als huiswijn (of is het dan villawijn?) deze bianco geschonken. Beschaafd en zacht geel fruit, dito kruiderij en een luxe mondgevoel.

NIEUW-ZEELAND WIT

AH Excellent Selectie (NIEUW)

The Falcon 2018

Marlborough

8

druif: sauvignon blanc
alcohol: 12,5%
type: medium
prijs: € 7,99

Zal niet direct aan boord van een Falcon worden geschonken. In private jets staat meestal wel wat spectaculairders in de koelkast. Neemt niet weg dat het een puike sauvignon blanc is. Beweeglijk exotisch fruit, rijpe kruisbessen, roze grapefruit, lychee en limoen. Stoelriem vastmaken niet nodig. Dit is er een van de kalme soort.

Blind River

Sauvignon Blanc 2018
Marlborough

8·5

druif: sauvignon blanc
alcohol: 13%
type: medium
prijs: € 11,99

Goed, sappig en grassig. Grapefruit. De juiste nervositeit. Pit, zest en drive. Tikje meer houvast dan de standaardmodelletjes: de 10 procent opvoeding op eiken maakt 'm wat rijker en interessanter. Ook dit jaar kunt u 'm weer blind kopen.

Brancott Estate

Sauvignon Blanc 2018
Marlborough

8

druif: sauvignon blanc
alcohol: 13%
type: medium
prijs: € 8,49

Niet te zoete passievrucht, mango naast ananas, de onvermijdelijke (maar lekkere) kruisbes, sappige kruiderij, fijne bittertjes, twinkelende zuurtjes. Met in de afdronk een klein spoortje vaderlands DNA. Patrick Materman, wijnmaker van de firma, is van Hollandse origine. Nederland drinkt een slokje mee.

Brancott Estate

Sauvignon Blanc 'Letter Series' 2018
Marlborough

8·5

druif: sauvignon blanc
alcohol: 13,5%
type: medium
prijs: € 13,99

Scrabble-wijn. Drie keer wijnwaarde voor wit met vulling. Wilde gisten getemd zonder dat ze braaf gaan opzitten en pootjes geven. Passievrucht, perzikvelletje, fris afdrinkend met een flirt richting zoete rode grapefruit. Limoentje komt zich ook nog even voorstellen. Duwt wat ananas opzij. Jongens, geen ruzie. Anders belanden al die letters op de grond.

Flaxbourne

Sauvignon Blanc 2018
Marlborough

8

druif: sauvignon blanc
alcohol: 12,5%
type: licht
prijs: € 7,49

Flaxbourne. Ooit de centrale meld- en regelkamer voor het Nieuw-Zeelandse schaap. Thans epicentrum van sauvignon blanc. En die terroir-carrièreswitch heeft goed uitgepakt. Kruisbessen, groene appels, grapefruit, kekke citrus. Knapperig als een eendagsijslaagje op een regenplas. Doe vast een trui aan. Een wollen.

Matua

Sauvignon Blanc 2018
Marlborough

7·5

druif: sauvignon blanc
alcohol: 13%
type: licht
prijs: € 8,49

Kruisbes, groene appel, grapefruit, passievrucht en citrus. Laurierdropje na. Net zo helder als de fles waar-ie in zit.

OOSTENRIJK WIT

AH Excellent Selectie

Grüner Veltliner Kamptal 2018
Kamptal

8

druif: grüner veltliner
alcohol: 12,5%
type: licht
prijs: € 6,99

Niet al te nerveuze, geagiteerde, vingerknippende grüner. Groen licht voor geel fruit, sap, een wit pepertje en een citrusbijdrage.

Berger

Grüner Veltliner Lössterrassen 2018
Kremstal

7·5

druif: grüner veltliner
alcohol: 13%
type: medium
prijs: € 8,99

Uitbundige grüner. Fikse portionering geel fruit. Wat zachter en milder dan de 2017 die vorig jaar vanaf de Oostenrijkse Lössterrassen naar onze terrassen stroomde.

Lenz Moser

Selection Grüner Veltliner 2018
Niederösterreich

7·5

druif: grüner veltliner
alcohol: 12%
type: licht
prijs: € 5,49

Bij sommige wijnen is het beter als je het etiket níét ziet. Zoals bij deze Lenz Moser die zeven lettertypen op tien vierkante centimeter weet te combineren, tegen een kleurstelling die sinds 1971 in Europa verboden is. Behalve in Niederösterreich dan. De wijn mag er best zijn. Als dorstlessende fristintel voor op een snikhete zomermiddag. Verstopt in een wijnkoeler.

PORTUGAL WIT

AH Excellent Selectie

Nabia 2018
Alentejano

8+

druif: antão vaz, verdelho, viognier
alcohol: 13%
type: medium
prijs: € 6,99

Lichtvoetige citrus en steenfruit in houten jacquet. Huppelend op klompen door een bloemenweide in de Alentejese lente. Je merkt misschien dat ik probeer te zeggen: het hout zit het fruit hier wat in de weg. Maar dat frustreert alleen omdat het móói fruit is! Nabia blijft je wel bij.

Casa Ermelinda Freitas

Dona Ermelinda 2018
Palmela

8·5

druif: antão vaz, arinto, chardonnay, fernão pires
alcohol: 13,5%
type: medium
prijs: € 5,99

'Prestigious Portugese White Wine', belooft het etiket. Vanwege de chardonnay die het autochtone duo arinto en fernão pires gezelschap is komen houden? Of omdat het een zeer beschaafde witte wijn is? Druivigheid en meloen zonder dat het te nadrukkelijk wordt. Vleugje ananas, wat passievrucht, abrikoos en perzik. Marmeladebittertjes en lichtkruidig eindigend. Wat steviger en beduidend beter dan 2017. Het begrip 'koopje' dringt zich op. Drink op.

Vila Nova

2018
Vinho Verde

8+

druif: arinto, avesso, loureiro
alcohol: 11,5%
type: licht
prijs: € 5,99

Vila Nova presenteert dit jaar extra mollige meloen, dartele citrus en de rondeur van een Festini-waterijsje. Heb je 't ook zo heet?

SLOVENIË WIT

Puklavec & Friends

Sauvignon Blanc & Furmint 2018
Štajerska

8-

druif: furmint, sauvignon blanc
alcohol: 12%
type: licht
prijs: € 5,99

Kijk aan, daar hebben we Puklavec en zijn vrienden weer. En die zien we graag komen. Want die nemen uit Slovenië vers, krakend wit fruit mee, groene appel, besjes en prettige citrus. Wijn om op de kauwen, met dit jaar een klein muskaterig nootje op zak.

Puklavec & Friends

Sauvignon Blanc & Pinot Grigio 2018
Štajerska

8+

druif: pinot grigio, sauvignon blanc
alcohol: 11,5%
type: licht
prijs: € 5,99

Kijk, hier houd ik van. Lekker duidelijk. Niet te missen geel. Druiven duidelijk vermeld op het etiket. 'Handpicked', ook niet mis. Op Puklavec kun je al jaren vertrouwen. Ook deze blend van sauvignon en pinot grigio stelt niet teleur. Peer, licht tropisch, citrus en grapefruit. Verder geen poespas, gewoon lekkere wijn, voor nuchtere types. Niet verbazingwekkend dat eigenaresse Tatjana Puklavec met een Nederlander is getrouwd en de family business vanuit Brabant bestuurt. Hoewel, nuchter? 11,5 procent.

SPANJE WIT

AH Biologische Chardonnay

2018

7

druif: chardonnay
alcohol: 12,5%
type: medium BIO
prijs: € 4,29

Krokant-hartige chardonnay. Geen geld, wel bio. Heel verantwoord dus. Net als het etiket, zodat je de fles ook op tafel durft te zetten als er visite komt.

AH Excellent Selectie

Verdejo Palacio del Almirante 2018
Rueda

7·5

druif: verdejo
alcohol: 13,5%
type: licht
prijs: € 6,99

Gemaakt door Pilar García del Pino. En dat klinkt misschien een beetje als *Sesamstraat*, maar Pilar is een grote dame in Rueda. En die maakte een volwassen witte van verdejo van oude stokken. Ook dit jaar weer zacht, fris, appelig, citrus, grapefruit en verfrissend. Karakteristieken waaraan dit wit uit de buurt van Valladolid zijn wereldwijde populariteit dankt.

Alba Signature

Albariño 2018
Rías Baixas

8

druif: albariño
alcohol: 13%
type: licht
prijs: € 7,99

Zwierige Signature, met de rondingen van perzik, een haaltje appel en meloen, en een krul van citrus. Prettig te lezen basis-albariño.

Codorníu
Clasico Brut
Penedès

7+

druif: macabeo, parellada
alcohol: 11,5%
type: droog M
prijs: € 7,79

De signatuur van Codorníu. Beendroog, wit fruit, groene appeltjes, citrus en een zich voorzichtig presenterend nootje. Bescheiden in de alcohol. Wie zoet blieft, blijft uit de buurt.

Codorníu
Cuvée Barcelona 1872 Brut
Cava

7·5

druif: macabeo, parellada, xarel·lo
alcohol: 11,5%
type: droog M
prijs: € 9,98

Cava naar authentiek Barcelonees recept uit 1872. In datzelfde jaar zette de *SS Rotterdam* voor de eerste maal koers naar New York. Zou een mooi bruggetje geweest zijn als men daar in het scheepsrestaurant tegenwoordig deze Codorníu op de kaart had staan. Verkwikkend, verfrissend en limoenachtig, met een lekker hartig krokantje toe. Maar helaas – er wordt prosecco geschonken...

Codorníu
Selección Raventós Brut
Cava

8

druif: chardonnay, macabeo, xarel·lo
alcohol: 11,5%
type: droog M
prijs: € 12,98

De luxe-uitvoering. In luxe fles. En opgepoetst met lekker wat chardonnay. Geeft deze cava ook echt wat extra's mee ten opzichte van de Clasico van dit huis. Rijker, rijper. Minder strak. Verfrissend zonder zuur te worden. *Ravishing* Raventos.

Familia Castaño
Macabeo Ecológico 2018
Vino de España

7·5

druif: macabeo
alcohol: 12%
type: medium BIO
prijs: € 4,99

Bio van de familie Castaño. Redders van het aan lager wal geraakte wijngebied Yecla. Moet het voornamelijk van zijn rood hebben. Maar wie goed zijn best doet, kan daar ook met braafpiet macabeo wat prettig drinkbaars maken. Ook dit jaar weer zacht, geurig en appelig. Licht kruidig, voldoende zuren om te verfrissen.

Jaume Codorníu
Gran Reserva Brut 2011
Cava

8·5

druif: chardonnay, pinot noir
alcohol: 11,5%
type: droog M
prijs: € 27,99

Mooi mineraal, bloesemend, met een gelaagdheid van rinse appeltjes in alle kleuren: groen, rood en bleekgeel met roze blosjes op de wangen.

Marques de Moja
Brut
Cava

7

druif: macabeo, parellada, xarel·lo
alcohol: 11,5%
type: droog M
prijs: € 5,99

Een keurig afgemeten cava. Dynamische mousse. Bloemig. Bitterkoekjes, abrikozenpit en kraakdroog tot een goed einde komend. Eind goed, prijs goed.

Mesta

Verdejo 2018

7·5

druif: verdejo
alcohol: 12%
type: licht BIO
prijs: € 4,99

Sappige witte met grapefruit en spatjes limoen. Bio-schaapjes op het droge af.

Musica en El Camino

Godello 2018

Monterrei

8

druif: godello
alcohol: 12,5%
type: medium
prijs: € 6,99

Laat je niet foppen door de fraaifrisse vormgeving. Het duizelt je bijkans turquoise voor de ogen. Maar verwacht geen stuivende sauvignonpraktijken of Nieuw-Zeelandse toestanden – ook al hebben die ook vaak etiketten in deze uitmonstering. Godello is met een zachte G. Met zacht wit fruit, verfijnde perzik, milde bitters en opgewekte zuren. Om rustig van te genieten. Bij een sliptongetje bijvoorbeeld.

Sol y Nieve

Verdejo Viura 2018

Rueda

7·5

druif: verdejo, viura
alcohol: 13%
type: licht
prijs: € 5,49

Daar is-ie weer. En weer volop bloesemend, gul met groene appels, kruisbessen, grapefruit en limoen om 'm fit en fris te houden. Met de afdronk van een cold-brew ananasinfusion. Dat hebben ze tegenwoordig ook bij Albert Heijn.

Viñas del Vero

Gewürztraminer 2018

Somontano

8-

druif: gewürztraminer
alcohol: 13%
type: vol
prijs: € 7,99

Wat je noemt 'aterciopelado' op z'n Spaans. 'Fluweelachtig' in ABN. 'Lekker lobbagh' op z'n Haags. Gewürz vol serieuze lychees, mandarijn en roze grapefruit. Maar bovenal maakt deze gewürz een verwijzing naar rozenwater. Geen familie van, trouwens.

Viñas del Vero

Luces 2018

Somontano

7·5

druif: chardonnay, macabeo, sauvignon blanc
alcohol: 13%
type: medium
prijs: € 5,99

Gezellig patchwork-etiket. Bovendien: een vrolijk mengelmoesje van druiven. Veelheid van geuren en smaken ook. Mooi compact, sappige peer en meloen, tropentoontje galmt mee en een prettig bittertje na.

Viñas del Vero

Macabeo Chardonnay 2018

Somontano

8

druif: chardonnay, macabeo
alcohol: 13%
type: medium
prijs: € 4,99

Viñas del Vero, dit jaar gekozen tot Winery of the Year door de firma *Wine Enthousiast*. Onze budgetvliegtuigmaatschappij Transavia was al eerder enthousiast. De wijn werd jaren aan boord van Transavia geschonken. En niet alleen op de vluchten naar Spanje. Immer lekkere wijn van de beste producent uit de streek. Zelfs met de brave macabeo weet deze wel raad. Zacht geel fruit, perzikteugje, groen knappertje, grapefruitpartje.

URUGUAY WIT

Colinas de Uruguay

Albariño 2018
Maldonado

8

druif: albariño
alcohol: 13,5%
type: medium
prijs: € 6,99

Het blijft wennen. Wijn uit Uruguay, maar waarom ook niet? Ligt tenslotte naast wijnmacht Argentinië. Is er wel een stukje natter, wat biologische landbouw bijvoorbeeld moeilijker maakt. Maar Uruguay is al een paar jaar naam aan het maken met het versoepelen van de rode druif en tanninebom tannat. In Maldonado, waar dit exemplaar vandaan komt, waait een lekker Atlantisch briesje dat weer goed combineert met albariño, zoals we weten uit Rías Baixas. Colinas' albariño is lang zo mineraal of zoutig niet, maar heeft een aangenaam aspergebittertje dat flirt met appels in alle kleuren. De 2017-oogst kreeg een aanmoedigingsprijs. Tegen 2018 zeggen we: 'vooral doorgaan'.

ZUID-AFRIKA WIT

AH Zuid-Afrikaanse Huiswijn

Fris & Fruitig 1 LITER

7+

druif: chenin blanc
alcohol: 11,5%
type: medium
prijs: € 3,99

Chenin die zich 'Fris & Fruitig' voelt. U misschien niet na een liter ervan. Al heeft 'ie dit jaar maar 11,5 procent. Is sowieso beter om te delen. Wat je noemt, een prima fles voor een feestje. Niet ingewikkeld, wel schoon in de afdronk. En best fris. En redelijk fruitig.

AH Zuid-Afrikaanse Huiswijn

Vol & Droog 1 LITER

7

druif: chardonnay
alcohol: 13%
type: vol
prijs: € 3,99

Mijn broer had een Zuid-Afrikaanse boerboel, een hond van rond de honderd kilo. Op zijn achterpoten staand kijkt deze een volwassen man recht in het gezicht. Indrukwekkend kortom. En dat is ook precies de bedoeling. In het land van herkomst worden die beesten niet gehouden als schoothondjes als u begrijpt wat ik bedoel. Broer, woonachtig op Ibiza, had zich ontfermd over een mislukkelingetje uit het nest: een wit vrouwtje. Een rasfout. Daar weten ze in Zuid-Afrika alles van. Zo noemde hij haar overigens niet. Sarie vond-ie wel toepasselijk. Liefste hond ter wereld, dat begrijp je. Begroette iedere bezoeker vriendelijk, zwaaide de deur open, wees de weg naar de koelkast, onthulde ook zonder dwang de pincodes van alle bankpassen om vervolgens gezellig op schoot te kruipen. Ach, Sarie. Ze woont inmiddels al jaren in een urn. Daar doet ze ook geen vlieg kwaad. We denken nog vaak aan haar. Vol, vriendelijk, braaf en veel. Een beetje zoals deze wijn uit haar land van herkomst.

La Motte

Sauvignon Blanc 2019
Western Cape

8

druif: sauvignon blanc
alcohol: 13%
type: medium
prijs: € 9,99

En de kleur is: groen. Aspergegroen (raar woord). Met debuterende doperwtjes en tuinboontjes en een side show van kiwi & limoen. La Kermitte.

Lindeman's (NIEUW)

Sauvignon Blanc & Chardonnay 2019
Western Cape

7·5

druif: chardonnay, sauvignon blanc
alcohol: 12%
type: medium
prijs: € 5,49

Deze combi kenden we nog niet van Lindeman's. De twee supersterren sauvignon blanc en chardonnay samen in de mix. Perziken, abrikozen, limoen, passievrucht en ananas in de schijnwerpers. Dat moet een hit worden.

Mulderbosch (NIEUW)

Steen op Hout 2016
Western Cape

8+

druif: chenin blanc
alcohol: 13,5%
type: medium
prijs: € 12,99

De fles wint – als we zo eerlijk mogen zijn – niet de schoonheidsprijs. Dan is het altijd enorme verademing als de inhoud geen kernreactorvocht representeert, maar een überfrisse, doch duidelijk houtgerijpte, perzik-abrikozen-ananasbom, met wat bittere kruidensporen in de terugslag.

Nederburg

Ingenuity 2013
Western Cape

9

druif: chardonnay, chenin blanc, gewürztraminer, sauvignon blanc, sémillon, verdelho, viognier
alcohol: 14%
type: vol
prijs: € 19,99

Fusion of 8 White Varietals. Nou en of. Welke zit er eigenlijk niet in? Tot aan gewürztraminer aan toe. Sommige hebben een fijne houtopvoeding genoten. Andere mochten op roestvrij staal. Overeenkomst: stuk voor stuk van buitengewone kwaliteit. Exceptionele wijn ook. Soort van onvergelijkbaar. Die sémillon zorgt voor een Graves-touch. De verdelho tekent voor een soort zilte rokerigheid: kampvuur aan zee. Randje peer met karamel. Van de chenin blanc. Abrikoos vanwege de keuze voor viognier? Doperwtjesgroen moet van de sauvignon blanc zijn. Ingenieus. Spannend. Onalledaags. Het proberen waard. En het drinken nog meer. Herproefd voor deze *DGH*. Pfoeh, lekker hoor.

Nederburg

The Winemasters Chardonnay 2018
Western Cape

7·5

druif: chardonnay
alcohol: 14%
type: medium
prijs: € 6,99

De achtertikettenschrijver van The Winemasters is het hoofdstuk wijnspijs nog niet meester. Adviseert om dit wit bij camembert of gruyère te drinken. Goed idee als je het lichte tropische fruit, het vermoeden van meloen en de zucht naar citrus niet meer wil proeven.

Nederburg (NIEUW)

The Winemasters Pinot Grigio 2019
Western Cape

7·5

druif: pinot grigio
alcohol: 13,5%
type: medium
prijs: € 6,99

The Winemasters weten ook wel raad met pinot grigio. Perendrups met Zuid-Afrikaanse allure. Feestfruit.

Nederburg

The Winemasters Sauvignon Blanc 2019
Western Cape

8+

druif: sauvignon blanc
alcohol: 13,5%
type: vol
prijs: € 6,99

Typisch Zuid-Afrikaanse, vrij heftige sauvignon blanc met een achtertuintje waarvan het gazon dit jaar wel al wat geel begint te kleuren. Kruisbessenbedje, en een amandelbloesemboompje zorgt voor wat schaduw. Het aspergeperk is in omvang gegroeid; lekker met ham, ei en botersaus. Zoutvaatje niet nodig; de bijzonder zout-minerale afdronk *does the trick*.

Neil Ellis

Groenekloof Sauvignon Blanc 2018
West-Kaap

8

druif: sauvignon blanc
alcohol: 13,5%
type: medium
prijs: € 9,99

Groenekloof. Vandaar die dubbelgedopte tuinboontjes, kiwi, granny smith en limoen natuurlijk. Ook dit jaar weer sappig en vol zelfvertrouwen. Zoals Gordon Gekko zou zeggen: 'The point is, ladies and gentlemen, that Green, for the lack of a better word, is good.'

Porcupine Ridge

Chenin Blanc 2018
Swartland

7·5

druif: chenin blanc
alcohol: 13%
type: medium
prijs: € 6,99

Swartland. Daar komt lekker wit vandaan. Met name chenin blanc voelt zich er thuis. Kun je proeven. Zachte gele appel, overrijpe peer, suikermeloen op het randje van té, suikerspin spint zijn web en zuren trekken de streep. Vorig jaar al geproefd. Porcupine is nog steeds fijn.

Porcupine Ridge

Sauvignon Blanc 2018
Western Cape

8

druif: sauvignon blanc
alcohol: 12,5%
type: medium
prijs: € 6,99

In eerste instantie een wat rijpere stijl: exotisch fruit, en fijn breed uitwaaierend. Maar vervolgens doet-ie precies wat een porcupine (stekelvarken) moet doen: prikkelen. Met citrus, grapefruit, kruisbessen en granny smith.

Rustenberg

Chardonnay 2019
Stellenbosch

8·5

druif: chardonnay
alcohol: 13%
type: vol
prijs: € 11,99

Een boodschappenmandje vol Rustenberg. Amandelspijs, marsepeinflinter, abrikozen-sinaasappelschilletje, honingblobje en vanilleroom. Geroosterde nootjes, extra limoentjes dit jaar (zeker in de aanbieding) ... En trouwens ook nog perzik, marmelade en een roombotertje. Kan dus niet afgerekend worden bij de snelkassa, want meer dan tien artikelen.

Rustenberg

Sauvignon Blanc Chardonnay 2018
Stellenbosch

7·5

druif: chardonnay, sauvignon blanc
alcohol: 13,5%
type: medium
prijs: € 7,99

Simon Barlow maakt behalve een volle bak Rustenberg Chardonnay ook een wat frissere editie waarin sauvignon blanc het voor het zeggen heeft. Heeft zo te merken ook een poosje op een houtje gebeten, en is nu trammelant aan het maken. Kakelende granny smith, tierelierende groene tomaatjes en blatende laurierblaadjes met wat citrusinteractie.

Stellenbosch Vineyards

Chenin Blanc 'Bushvine' 2019
Stellenbosch

8-

druif: chenin blanc
alcohol: 13,5%
type: medium
prijs: € 8,99

Bushvine. En toch geen Amerikaanse president te bekennen. Hoewel hij dit jaar die associatie niet geheel uit de weg gaat: pleasing the crowds met sappige nectarine, zeer zoetgevooisd maar beetje slap gebabbel.

Tamboerskloof

Viognier 2018
Stellenbosch

8+

druif: viognier
alcohol: 13%
type: medium
prijs: € 13,99

Eerlijke, oprechte viognier uit Zuid-Afrika die ook lekker wordt gevonden door mensen die niet van viognier houden. Van niet al te groot wijnhuis Tamboerskloof uit Stellenbosch, gerund door Gerard en Libby Villiers. Met hun zoon ben ik vorig jaar september in Zuid-Afrika nog gaan surfen: Spicer. Doet zijn naam eer aan. (En de lekker kruidige syrah die naar hem vernoemd is trouwens ook.) Wild guy. Lang surfhaar, constant lurkend aan een peuk, die hij in zijn grote Jeep, heel sympathiek, verruilt voor een vaporizer – Spicer is ook een nice guy namelijk. Tijdens het surfen door vertelde hij dat niet ver van de spot waar we lagen in Gordon's Bay, een van zijn beste vrienden een paar jaar terug was opgegeten door een haai. 'National Geographic neemt hier altijd *Shark Week* op,' legde hij uit. 'Dan gooien ze een groot net met visresten uit in False Bay om de haaien te lokken. Beter om dan niet te gaan surfen.' Gelukkig heb ik zelf de kant nog gehaald. Kon ik daarna bij een portie verse Kaapse mosselen van Tallas Tavern proosten op het leven met deze fijnzinnige viognier. Rijpe appel, perzik en de citrus van een mandarijntje. Dit jaar met extra twinkeling. Of lijkt dat zo omdat ik ZA mis?

Vondeling

Babiana 2017
Paarl

8·5

druif: chardonnay, chenin blanc, grenache blanc, viognier
alcohol: 13,5%
type: vol
prijs: € 10,99

Als vondeling had deze ook dit jaar weer niet door het babyluik gepast. Pond of twaalf, rond, romig en blond, trappelzak met tropisch-fruitdessin, geurend naar de amandelolie. Wat heeft-ie daar overigens in zijn knuistjes? Geroosterde walnoten! Glimmende citroentjes. Wie doet zo'n kind in hemelsnaam weg? Gewoon ook dit keer weer een plekje voor vrijmaken in de koelkast. Laten we wel het licht aan.

Welmoed

Chardonnay 2019
Western Cape

7·5

druif: chardonnay
alcohol: 12,5%
type: medium
prijs: € 5,99

Welmoed. Gooit de chardonnay dit jaar over een andere boeg. Snoepjesfruit uit Stellenbosch ingeruild voor geelfruitige druiven uit de West-Kaap. Rijpe gele appeltjes, rollend over een nazomers grasveldje. Aromatisch en minder zoet, en nu geschikt voor bij de kaasplank.

Welmoed

Sauvignon Blanc 2019
Stellenbosch

7·5

druif: sauvignon blanc
alcohol: 13,5%
type: medium
prijs: € 5,99

'Wie voor een 7,5 geboren is, wordt nooit een 8 als-ie jaar in, jaar uit hetzelfde blijft doen. Fris, lichtgroen, voorzichtig geel sap.' Een quote uit *DGH 2013*. Inmiddels zijn we zeven jaar verder en houdt de stelling nog immer stand. Alleen de prijs is veranderd, van € 4,00 naar € 5,99. Dat dan weer wel. Desalniettemin een prima glas.

ARGENTINIË ROOD

Malbec (NIEUW)

2018
Mendoza

7

druif: malbec
alcohol: 13,5%
type: medium
prijs: € 3,99

Een keurige Argentijn met de pictogrammetjes van een koe, een hert en een schaap achterop. Plus een temperatuuraanduiding van 16 graden. Tevens het verzoek om de fles in de glasbak te deponeren. Op dit prijsniveau is het vaak verstandig om zulks met inhoud en al te doen. In dit geval: zonde. Best aardig, soepel en zoetig rood. Met fruit op de juiste plek, tannines gezellig schooierend en zuiver op de graat. Echter, niet met vis drinken. Maar dat was je waarschijnlijk toch al niet van plan: dat pictogram ontbreekt.

AUSTRALIË ROOD

Southern Creek (NIEUW)

Shiraz 'Prestige' 2018
South Eastern Australia

7·5

druif: shiraz
alcohol: 13,5%
type: vol
prijs: € 4,79

Nog geen vijf euro kosten en dan als 'prestige' die door het leven moeten. Titel-inflatie. Sympathieke, soepele, kruidige uitvoering. Met rond, rijp en rood fruit, wat cassis en pruim en iets houthulp van buitenaf voor een kruiden- en vanillegarnituurtje. Aldimansvriend.

CHILI ROOD

Alameda (NIEUW)

Merlot Carmenère Reserva 2018
Central Valley

7·5

druif: carmenère, merlot
alcohol: 13%
type: medium
prijs: € 3,99

Niet al te zware pruimige, bessige, soepele, sappige, keurige blend met nog net aan herkenbaar carmenère-DNA: een choco-touch en een espressospatje. Geen geld.

El Arbol

Cabernet Sauvignon 2019
Central Valley

7

druif: cabernet sauvignon
alcohol: 12,5%
type: medium
prijs: € 3,79

Geen geld. Wel zwarte bessen, bramen en flink wat zoete kersen dit oogstjaar. Voor hetzelfde geld kon er nog een halve procent extra alcohol vanaf ook.

El Arbol

Cabernet Sauvignon Syrah Reserva 2019
Central Valley

8

druif: cabernet sauvignon, syrah
alcohol: 12%
type: vol
prijs: € 4,29

De vertrouwde zwarte en rode bessen en bramen. Lekker wat warse stoerheid. Een syrah-stinkerdje. Een lamelletje laurier. Snel een mild zoetje na voordat het al te ingewikkeld wordt. Ondanks zijn slechts 12 procent dik, en dik in orde bovendien.

FRANKRIJK ROOD

Charette (NIEUW)

Merlot 2017
Pays d'Oc

7

druif: merlot
alcohol: 12,5%
type: medium
prijs: € 2,99

Niet zo 'aromatisch, vol rond, met zwart fruit en vanille in het aroma' zoals het achteretiket belooft, maar van het niveau 'keurige huiswijn dat in menig café op de hoek waar een fatsoenlijk worstplankje wordt geserveerd' niet zou misstaan. En voor de prijs van een glaasje krijg je van de Aldi een hele fles.

Château La Grave (NIEUW)

Cru Bourgeois 2017
Médoc

8.5

druif: cabernet sauvignon, merlot
alcohol: 13%
type: vol
prijs: € 8,99

Zie aan: gaat Aldi ook nog eens goede sier maken met goede médoc. Volgens mij ben ik dit domein eerder eens tegengekomen bij een veel hoger aangeschreven wijnaanbieder. En ruim twee keer zo duur. Weliswaar uit een ander jaar maar beslist niet beter aangeschreven dan deze 2017. Ik zou er flink wat van in huis halen. Want voor nog geen negen euro tref je een klassieke bordeaux in je glas. Met fors donker fruit, driewerf laurier en tannines van stavast. Decanteren, opleggen, doordeweeks drinken of tijdens feesten en partijen... Het kan allemaal.

Côtes du Rhône (NIEUW)

2017
Côtes du Rhône

7+

druif: grenache, syrah
alcohol: 12,5%
type: medium
prijs: € 3,99

Correcte côtes. Modern gevinificeerd op slechts 12,5 procent alcohol. Slank, rank en bessig. Eerlijk en eenvoudig en beter dan menig huiswijn in de eetcaféssfeer.

ITALIË ROOD

Gran Sarone (NIEUW)

Primitivo Malvasia 2018
Puglia

7.5

druif: malvasia, primitivo
alcohol: 13%
type: vol
prijs: € 5,99

Sympathiek zonnige rosso met een zacht rond zoemend zoetje. Mild rood fruit, zachte tannines, laat zonnetje. Pizzabezorger ook wat laat helaas. Pizza moet zo nog even in de oven. Tijdens het wachten nog maar een glaasje inschenken.

PORTUGAL ROOD

Adega de Pegões (NIEUW)

2018
Península de Setúbal

8

druif: castelão
alcohol: 13%
type: medium
prijs: € 3,69

Zuid-Portugese zonneschijn. Houdt de castelão van, een druif die minstens even onbekend is onder zijn aliassen periquita en jão de santárem. Hoe dan ook, die voelt zich thuis op het puntje van het Iberisch Schiereiland. Roestvrijstalen laatste rustplaats in het gezelschap van eigen schilletjes voor een beetje extra bite en body. Vrolijk fluitende verschijning met geuren en smaken in de donkerfruithoek: bramen, pruimen, zwarte bessen en rodebessenzuurtjes.

SPANJE ROOD

Castillo Mayor (NIEUW)

Gran Reserva 2012
Cariñena

8·5
alcohol: 13%
type: vol
prijs: € 3,99

Waarschijnlijk weet de wijnkoper van Aldi iets over de wijnmaker van Castillo Mayor en dreigt dit aan zijn vrouw te vertellen. Deze valt in de categorie 'vraag niet hoe het kan maar profiteer ervan'. Gedistingeerd ogende fles. Zwart luxe etiket met gouden opdruk. De inhoud rijp, zacht en beschaafd aandoend. Rijpe pruimen in de rijstebrij. Warme kersen op de Limburgse vlaai. Toffeetabak van opa zaliger. De oude boekenkast van tante Tinie. En leren instappertjes. Bedaagde, uitgerijpte gran reserva voor met een op de lachspieren werkend prijskaartje.

Mama Nature (NIEUW)

Biologische Rode Wijn 2018
Vino de España

7
druif: syrah, tempranillo
alcohol: 12,5%
type: medium BIO
prijs: € 3,99

'Mama, wat drinken we vandaag?' Een tinto met een tikje zure kersen en kruimeltje kruiderette. Tot ons gebracht door de firma Mureda die fatsoenlijke wijnen maakt in Castilla en klaarblijkelijk ook zonder herbiciden en pesticiden uit de voeten kan. 'Mama, mag ik er een Hollands gehaktballetje bij of moeten het per se tapas zijn?'

ZUID-AFRIKA ROOD

Jonkersdal (NIEUW)

Merlot 2017
Western Cape

7·5
druif: merlot
alcohol: 14%
type: vol
prijs: € 4,49

Jonkers in overall en met werkmansschoenen aan. Niet bang om de handen vies te maken. Eeltig, kranig, niet te zoetsappig. Manden met hier en daar een gebutste pruim, brokje bittere choco en een shotje zelfgestookte kersenlikeur.

MooiBerg (NIEUW)

Cabernet Sauvignon 2018
Western Cape

7
druif: cabernet sauvignon
alcohol: 13,5%
type: vol
prijs: € 3,99

Lollig achteretiket-proza: 'Met trots, liefde en toewijding maken wij onze MooiBerg wijnen. Elke zonnestraal en regendruppel die de West-Kaap ons gaf is gebruikt. Wij schuwen dan ook de vergelijking met de oude wijnwereld niet, want de natuur verbetert men niet. Net zo min als de onveranderlijke berg die deel van haar uitmaakt.' Gelukkig heeft de schrijver zich niet met het wijn maken bemoeid, want anders had deze cabernet sauvignon vast de eindstreep niet gehaald. Nu wel. Zonnige Nieuwe Wereld-

b c d e f g h i j k l m n o p q r s t u v w x y z

rode. Zoetig en zacht rood fruit. Lichte zuren. Sympathieke tannines en onmiskenbare Zuid-Afrikaanse jungle-invloeden.

ARGENTINIË WIT

Chardonnay (NIEUW)

2019
Mendoza

7·5

druif: chardonnay
alcohol: 13%
type: medium
prijs: € 3,99

Vraag me niet waarom, maar er staat een zwarte haan op het etiket. Dat is het logootje voor Italiaanse chianti die met de traditioneel toegestane druiven geblend is. Chardonnay maakt daar in ieder geval geen deel van uit. Enfin. In Mendoza doet-ie in exotische vruchten, perziken en een frisse romigheid.

AUSTRALIË WIT

Southern Creek

Chardonnay Prestige 2019
South Eastern Australia

7·5

druif: chardonnay
alcohol: 12%
type: vol
prijs: € 4,69

Het is de prestige van de Blokker, de Action, een all-inclusivereis naar Turkije in een resort dat lijkt op de Amsterdamse binnenstad en een all-you-can-eat-restaurant waar sushi, pizza, shoarma en roomijs op één bord mogen worden opgestapeld. Maar wat kan het schelen? Het is ook dit jaar weer rond, sappig en blommig. Handenvol geel fruit, tropische vruchten, popcorn, een zuidelijk roomboterbabbelaartje, en het is veel weinig voor weinig.

CHILI WIT

El Arbol (NIEUW)

Sauvignon Blanc Chardonnay Reserva 2019
Central Valley

7

druif: chardonnay, sauvignon blanc
alcohol: 12,5%
type: medium
prijs: € 4,49

Schroefdop draait de tropen open. Ananas, mango, passievrucht, banaan en de sauvignon blanc met zijn citrus die nog net op tijd te hulp schiet om de zoetigheid nog een beetje in goede banen te leiden.

DUITSLAND WIT

Riesling

Hochgewächs 2018
Pfalz

7·5

druif: riesling
alcohol: 11,5%
type: licht
prijs: € 3,99

Door een grote bottelarij verzamelde riesling. Heel vaak dan: te vermijden. Weewater. Slapperdepapsap. Zoetvloed. Maar kijk aan: rins, lentevrolijkheid, appelkrak en een citrusfrisje. Vorig jaar in orde. En jawel: wederom.

FRANKRIJK WIT

La Capelude (NIEUW)

Viognier Grenache 2018
Pays d'Oc

8·5

druif: grenache blanc, viognier
alcohol: 13,5%
type: medium
prijs: € 3,99

Kleine prijs, flinke vondst. Complimenten voor de Aldi-talentscout. Kerngezonde viognier met ruimschoots perzik, abrikoos, sinaasappelschilletjes en een gemberpeperzoetje. Grenache zorgt voor extra sap en kruiderij. Tiptop in orde. En bovendien in een fles die je qua *look-and-feel* op tafel durft te zetten. In tegenstelling tot veel flesverschijningen van de Aldi heeft deze zich voor de verandering nu eens niet gehuld in een voedselbank-outfit.

Maison Larose (NIEUW)
2018
Touraine

8

druif: sauvignon blanc
alcohol: 12%
type: licht
prijs: € 5,99

Maison. Huis van de familie Bougrier die al sinds 1885 in de Loire van wijn weet. Sauvignon blanc kent zodoende geen geheimen voor ze. Druif die daar een thuiswedstrijd speelt. Wordt toegejuicht vanwege zijn frisse spel, appeltjes, grapefruit en fijne zuren.

ITALIË WIT

Ballaturi (NIEUW)
Chardonnay-Grillo 2018
Sicilia

8

druif: chardonnay, grillo
alcohol: 13%
type: medium
prijs: € 4,99

Jaren hoor je niks van die Aldi. Gaan ze plots allemaal behoorlijk lekkere wijnen insturen. Leven gebeterd. Wijn verbeterd. Neem nou deze Siciliaanse blend van chardo en grillo. Abrikoos, gedroogde appel, peer, een exotisch inzetje en Siciliaans zonnige specerij.

NIEUW-ZEELAND WIT

Spy Mountain
Sauvignon Blanc 2019
Marlborough

7+

druif: sauvignon blanc
alcohol: 12,5%
type: medium
prijs: € 4,99

Een in Duitsland – thuisland van Aldi – gebottelde sauvignon blanc. Dat scheelt in de CO2-uitstoot en de transportkosten. Flesvervoer is kostbaarder en milieubelastender dan bulk. De smaakbeleving wordt er niet minder om. Keurige basis-sauvignon. Kruisbessen, groene appels en een flinke pets citrus deze reis.

PORTUGAL WIT

Adega de Pegões (NIEUW)
2018
Vinho Regional Península de Setúbal

8

druif: arinto, fernão pires, moscatel
alcohol: 12%
type: vol
prijs: € 3,69

Van een prima Portugese coöperatie die tot voor kort slechts aan wijnspeciaalzaken leverde. Thans bij Aldi, maar niet voor een wijnspeciaalzaakprijs. Beetje een mottig flesje, dat wel, maar de inhoud is dat niet. Nectarine, ananas, muskaat, perzik. Voor wie zijn wit niet al te droog blieft. Vondst voor de liefhebber van zulks.

ZUID-AFRIKA WIT

Jonkersdal
Chardonnay 2018
Western Cape

7

druif: chardonnay
alcohol: 13%
type: medium
prijs: € 4,49

Die jonkers hebben er ook dit jaar weer schik in. Er wordt jolig wat met wat fruit gebald. Grap met een banaan. Kunstje met ananas. Laagvliegende mango. Gespetter met citrus. Tikje zoeter dan 2017.

ARGENTINIË ROOD

Casa de Campo
Malbec-Shiraz 2019
Mendoza

7.5

druif: malbec, syrah
alcohol: 13,5%
type: vol
prijs: € 3,89

Bereikte jarenlang de overkant van het water als pure malbec. Was toen slank, soepel, sappig en helemaal niks mis mee. Maar wel wat braaf. Heeft dankzij de inzet van een vuist syrah (volgens het etiket dit jaar: shiraz) wat meer kracht en eigenwijzigheid meegekregen. Er komt ook nog wat hout bovendrijven. Vrees niet voor splinters, maar je kunt je vastklampen aan een vanillestokje links en rechts.

AUSTRALIË ROOD

Stoney Creek
Shiraz Grenache Petit Verdot 2018
South Eastern Australia

7

druif: grenache, petit verdot, shiraz
alcohol: 13%
type: medium
prijs: € 5,99

Niet om een gat van in de lucht te springen, maar wel sympathiek. Grappige blend ook. De usual suspect shiraz heeft aan zijn zijde petit verdot en grenache. Rond, soepel, zoetig. Allemansvriend.

Stoney Creek
Shiraz Viognier Fleurieu 'Premium' 2018
South Eastern Australia

7.5

druif: shiraz, viognier
alcohol: 14%
type: vol
prijs: € 8,99

Voor de Premium Hunters. Valt in de categorie 'kijk mij luxe doen'. Speculaaskruiden, vanillestokjes en zoethout zonder dwangnageltjes pootjebadend in een zee aan rijp, romig en zonnig rood fruit. Prima weer dit jaar.

CHILI ROOD

Ecobalance
Merlot 2018
Rapel Valley

8

druif: merlot
alcohol: 13,5%
type: vol BIO
prijs: € 5,29

Rapel: en ik val in herhalingen. Wederom een soepele, zachtige, kruidig-donkere, vlezige, stevige en zoetbespecerijde merlot. Wat driester en duidelijker dan vorig oogstjaar. Wat meer lef. Wat meer in het glas.

Favoritos (NIEUW)
Cabernet Carmenère 'Classic' 2019
Central Valley

7.5

druif: cabernet sauvignon, carmenère
alcohol: 13,5%
type: vol
prijs: € 4,99

De Triple C formule: cabernet carmenère classic. Nog een c van cassis. Verder in het alfabet met bramen, wat mint, espresso, kersenbonbons en zoethout in een fijne light-editie.

Favoritos (NIEUW)
Merlot 'Classic' 2019
Central Valley

7·5

druif: merlot
alcohol: 13,5%
type: vol
prijs: € 4,99

Wellicht niet direct een klassieker. Meer een eigentijdse merlot. Niet al te streng. De tannines fijnbesnaard. De pruim slank maar niet anorex. Licht laurier en monter van inborst.

Gato Negro
Merlot 2019
Central Valley

7

druif: merlot
alcohol: 13%
type: medium
prijs: € 4,99

Zwarte kat geeft kopjes, koffie. Katjesdrop erbij en wat lekkere zwarte besjes.

Hacienda
Malbec 'Reserve' 2018
Central Valley

7·5

druif: malbec
alcohol: 13,5%
type: vol
prijs: € 5,99

Malbec. Normaal gesproken een Argentijnse troef. Maar nu draait ook het malbecmolentje in Chili. En dat draait soepel, zacht en filmend. Minder zoet dan 2017. En dat brengt 'm het boek in.

Indomita
Cabernet Sauvignon Gran Reserva 2018
Maipo Valley

7·5

druif: cabernet sauvignon
alcohol: 14%
type: vol
prijs: € 5,49

Vorig oogstjaar een serieuze bak cabernet voor dit geld. De onvermijdelijke zwarte bessen hadden gezelschap gekregen van bramen, bessen en kersen. Nu is er ook weer flink uit de jampot gesnoept. Zoetje hier, likje daar, poetsen maar.

Landenwijn Chili
Rood LITER
Central Valley

8

druif: cabernet sauvignon
alcohol: 13%
type: vol
prijs: € 3,99

Volfruitig. Bij goede Chileense cabernet sauvignons is er geen ontkomen aan, aan die zwarte bessen. Dit is er eentje. Pepermuntfrisje op de afdronk. Literen maar.

FRANKRIJK ROOD

Jean Sablenay
Cabernet Sauvignon 2018
Pays d'Oc

7

druif: cabernet sauvignon
alcohol: 13%
type: medium
prijs: € 3,79

Niet groots en meeslepend, daar is het prijskaartje dan ook niet naar. Maar cabernet, dat is het wel. Rond, mild, rijp fruit. Zacht en soepel. Zwarte bessen en rood fruit kleuren goed bij elkaar mede dankzij de zonblosjes op de wangen.

Jean Sablenay

Merlot 2018

Pays d'Oc

7

druif: merlot
alcohol: 13%
type: medium
prijs: € 3,79

Jean Sablenay. Zeg je geen nee tegen. Vaste waarde. Altijd keurig in het gelid. Netjes in het schap. Braaf aan tafel. Drinkt zijn glaasje leeg. Zonnig, niet te streng en vol-sappig vanuit de pruimenhoek. Soepel in de heupen en vriendelijk in de benadering.

Sensas

Cabernet-Syrah 2018

Pays d'Oc

7

druif: cabernet sauvignon, syrah
alcohol: 13,5%
type: vol
prijs: € 4,89

Flink wat hulp vanuit de houtzagerij. Daarom zonnig, vlezig en donker fruit met behoorlijk wat gevulde-speculaasinvloeden. Het is een stijl die zijn liefhebbers kent.

ITALIË ROOD

Sensi

2018

Chianti

7.5

druif: sangiovese
alcohol: 12,5%
type: medium
prijs: € 4,49

Sensi zonder pretentie. Ranke, slanke chianti. Maar wel met lekker sap vol rood fruit en met een kwiek zuurtje. Bezorgpizzawijn.

SPANJE ROOD

Biologische Huiswijn Rood

LITER

Vino de España

7.5

druif: merlot, syrah, tempranillo
alcohol: 12,5%
type: vol BIO
prijs: € 3,99

Merlot en syrah nemen minstens een halve liter voor hun rekening en laten zich flink gelden. De extra inspanningen werpen hun vruchten af: de bioliter is beter dan voorgaande edities ondanks het iets lagere alcoholpercentage. Dan kunnen we met goed fatsoen tenminste nog een slokje extra nemen. Donker fruit, laurier, stoer doen, eeltigheid en een werkoverall. Dat laatste is geen overbodige luxe als je biologisch verbouwt.

Finca Labarca

Tinto 2018

Rioja

7.5

druif: tempranillo
alcohol: 13%
type: medium
prijs: € 3,99

Puur, eenvoudig en jeugdig. Veel sappig kersenfruit. Met pit. Kan gekoeld worden gedronken.

Huiswijn Rood

LITER

Vino de España

7

druif: bobal, tempranillo
alcohol: 11,5%
type: medium
prijs: € 3,99

Wederom weer soepel in de heupen en dik in orde. Bobal, in goeden doen een fruitbommetje. Tempranillo, bijna onmisbaar in het Spaanse land. Samen goed voor een milde, soepele allemansvriend. Zoetige kersen, wat lichte zuren en voldoende houvast om niet helemaal gedachteloos weg te klokken. We literen thuis rustig verder.

FRANKRIJK ROSÉ

Mille Bisous XXX (NIEUW)

2018
Pays d'Oc

8

druif: grenache
alcohol: 12,5%
type: medium
prijs: € 5,99

Het begint met mille bisous, duizend kusjes, en we vervolgen met een triple x-waarschuwing. Wees niet bevreesd. Hoogstens verschijnen er wat blosjes op de wangen door kirrende frambozen, lichtzinnige kersen en kokette kruiderij.

AUSTRALIË WIT

Stoney Creek (NIEUW)

Chardonnay 'Premium' 2018
Limestone Coast

8

druif: chardonnay
alcohol: 12,5%
type: medium
prijs: € 8,99

Premium. Premium prijs. Premium presentatie goddank, anders is het ook weer zo sneu. Rijp, rond en gesoigneerd. Suikermeloen, ananas, perzik en grapefruit. Rijk, maar niet overdreven.

CHILI WIT

Ecobalance

Chardonnay 2018
Casablanca Valley

8

druif: chardonnay
alcohol: 13,5%
type: medium BIO
prijs: € 5,29

Niet mild met mild tropisch fruit, net geplukte perzik en citrusfrissigheid. Prima materiaal voor een balansdag.

Ecobalance

Viognier 2019
Central Valley

8-

druif: viognier
alcohol: 12,5%
type: medium BIO
prijs: € 5,29

Viognier voor alledag, voor iedereen. Abrikoos op zijn plek. Licht in de perzik. En fris genoeg om niet saai te worden. Belangrijk: beter dan de 2018 van vorig jaar.

Favoritos (NIEUW)

Sauvignon Blanc 'Classic' 2019
Central Valley

7.5

druif: sauvignon blanc
alcohol: 12,5%
type: medium
prijs: € 4,99

Wordt de favoriet voor wie van een wat rijpere soort sauvignon blanc houdt. Tropentikje, vulling, zacht en niet te onstuimig.

Indomita

Chardonnay Gran Reserva 2018
Casablanca Valley

7.5

druif: chardonnay
alcohol: 14%
type: vol
prijs: € 5,49

Vorig jaar al beoordeeld. Toen rank en fris. Het jaartje extra flessenrust heeft 'm wat rijper en ronder gemaakt. De tropen gaan open. Vanille vanuit de flanken. Een bewijs van anijs.

Viña Maipo

Chardonnay 2018
Central Valley

7.5

druif: chardonnay
alcohol: 12,5%
type: medium
prijs: € 4,49

Heet wel Maipo, komt echter niet uit deze vallei maar uit Chili's centrale druiven meld- en regelkamer Central Valley. Van daaruit is een zachte witte afgeleverd. Met een spoortje exotische vruchten, scheutje room en een mildzure afdronk. Heeft ingeleverd op zijn alcoholpercentage (van 13 naar 12,5) maar niet op kwaliteit: beduidend meer inhoud dan de 2017-oogst.

FRANKRIJK WIT

Huiswijn Wit Droog

LITER
Côtes de Gascogne

7+

druif: colombard, ugni blanc
alcohol: 10,5%
type: licht
prijs: € 3,99

Gascogne. Sinds jaar en dag een betrouwbare regio om als super je huiswijnliters te halen. Droog. Zoals het etiket belooft. En ook met kwiek en fit wit fruit, citrusbijdrage en een hoge dorst-lest-best-factor. Ofschoon het een liter is, biedt deze Gascogner een uitgelezen kans om al drinkend te minderen: het alcoholpercentage bedraagt net zoals vorig jaar slechts 10,5 procent. Toch is er een kleine verandering: iets beter geworden. Pluspunt.

Jean Sablenay

Chardonnay 2018
Vin de France

7

druif: chardonnay
alcohol: 12%
type: medium
prijs: € 3,49

Soms een uitschieter naar boven. Maar belandt tot op heden nooit onder de streep. Schone, frisse, niet te uitzinnige, dorstlessende witte wijn die toevallig van de chardonnaydruif is gemaakt en die we allemaal zo goed kennen.

ITALIË WIT

Terrazzano

2018
Verdicchio dei Castelli di Jesi

7.5

druif: verdicchio
alcohol: 12%
type: licht
prijs: € 3,99

De ideale witte Italiaanse huiswijn. Wit fruit, besjes, zachte bitters, milde zuren. Dorstlesser pur sang. Geen geld. De geruststellend lelijke amforafles krijg je op de koop toe.

NIEUW-ZEELAND WIT

Te Waina (NIEUW)
Sauvignon Blanc 2019
Marlborough

8

druif: sauvignon blanc
alcohol: 12%
type: licht
prijs: € 4,99

Tien redenen waarom sauvignon blanc uit Nieuw-Zeeland zo populair is geworden: kruisbessen, kiwi, groene appel, grapefruit, limoen, mango, doperwtjes, passievrucht, energie en een vriendelijk prijskaartje. Tel maar na. En tel uit je winst.

OOSTENRIJK WIT

Green
Grüner Veltliner trocken 2018
Niederösterreich

7

druif: grüner veltliner
alcohol: 12,5%
type: licht
prijs: € 4,99

Groene appels, meloen en limoen. Vriendelijke grüner die goed zijn best doet om lekker gevonden te blijven worden.

ROEMENIË WIT

I Am
Pinot Grigio 2018
Brda

7

druif: pinot grigio
alcohol: 12%
type: licht
prijs: € 3,99

Perendrups, appelig en zachte zuren. Wederom vriendelijk smakend dit oogstjaar. Pretentieloos. Geldt ook voor het prijskaartje. I Am prima te drinken.

I Am
Sauvignon Blanc 2018

7.5

druif: sauvignon blanc
alcohol: 12%
type: licht
prijs: € 3,99

I Am. En wat ben je dan? Een sappige sauvignon blanc met veel perendrups-perzik-meloensnoepjesfruit en een prettig groene, citrusrijke, knisperende frisse afdronk. Dat ben je. Bovendien ben je erg voordelig.

SPANJE WIT

Biologische Huiswijn Wit Droog
LITER
Vino de España

7.5

druif: airén, sauvignon blanc, verdejo
alcohol: 12,5%
type: medium BIO
prijs: € 3,79

Ook dit jaar weer opvallend goedgeluimd. Links en rechts trakterend op peren, suikermeloen, groene appels en citrus. Spat nog wat na. Maar waar je een dreinende kleuter voor dat laatste een dreun voor zijn kanis geeft, vraag je in dit geval of het glas nog even volgeschonken kan worden. Moet geen probleem zijn. Er zit toch een liter in en het kost niks.

Gran Espanoso

Vintage Cuvée Brut
Cava

7

druif: macabeu, parellada, xarel·lo
alcohol: 11,5%
type: droog M
prijs: € 4,99

Keurig voor dit prijsniveau. Niet te streng. Niet te kartonnig. Mollige mousse. Zacht en rijp fruit. Oprecht en eerlijk afdrinkend.

Nava Real

Verdejo 2018
Rueda

7

druif: verdejo
alcohol: 12,5%
type: licht
prijs: € 4,99

Sappige mondverfrisser. Wit fruit, groen spikkeltje, citrus. Eenvoudig, oprecht en de real thing.

ARGENTINIË ROOD

Casa de Campo
Malbec-Shiraz 2019
Mendoza

7.5

druif: malbec, syrah
alcohol: 13,5%
type: vol
prijs: € 3,89

Bereikte jarenlang de overkant van het water als pure malbec. Was toen slank, soepel, sappig en helemaal niks mis mee. Maar wel wat braaf. Heeft dankzij de inzet van een vuist syrah (volgens het etiket dit jaar: shiraz) wat meer kracht en eigenwijzigheid meegekregen. Er komt ook nog wat hout bovendrijven. Vrees niet voor splinters, maar je kunt je vastklampen aan een vanillestokje links en rechts.

El Bar Argentino
Malbec 2019
Mendoza

7+

druif: malbec
alcohol: 13,5%
type: vol
prijs: € 5,49

El Bar blijkt wijnbar. Met als vaste habitué aan de toog: malbec, de lokale Argentijnse druif. Drinkt kopjes espresso, pruimt wat tabak en gaat dan weer eens op huis aan. Maar eerst langs de slager voor een halve kilo steak.

AUSTRALIË ROOD

Stoney Creek
Shiraz Grenache Petit Verdot 2018
South Eastern Australia

7

druif: grenache, petit verdot, shiraz
alcohol: 13%
type: medium
prijs: € 5,99

Niet om een gat van in de lucht te springen, maar wel sympathiek. Grappige blend ook. De usual suspect shiraz heeft aan zijn zijde petit verdot en grenache. Rond, soepel, zoetig. Allemansvriend.

CHILI ROOD

Ecobalance
Merlot 2018
Rapel Valley

8

druif: merlot
alcohol: 13,5%
type: vol BIO
prijs: € 5,49

Rapel: en ik val in herhalingen. Wederom een soepele, zachtige, kruidig-donkere, vlezige, stevige en zoetbespecerijde merlot. Wat driester en duidelijker dan vorig oogstjaar. Wat meer lef. Wat meer in het glas.

Favoritos (NIEUW)
Cabernet Carmenère 'Classic' 2019
Central Valley

7.5

druif: cabernet sauvignon, carmenère
alcohol: 13,5%
type: vol
prijs: € 4,99

De Triple C formule: cabernet carmenère classic. Nog een c van cassis. Verder in het alfabet met bramen, wat mint, espresso, kersenbonbons en zoethout in een fijne light-editie.

Favoritos (NIEUW)
Cabernet Sauvignon 'Reserva' 2018
Colchagua Valley

7.5

druif: cabernet sauvignon
alcohol: 14%
type: vol
prijs: € 5,99

Gemaakt door Luis Felipe Edwards, familiedomein in Colchagua. Favoriet voor wie van kloeke cassis, bessen en laurier houdt. Niet te oaky daarom okay.

Favoritos (NIEUW)

Carmenère 'Reserva' 2018
Colchagua Valley

8

druif: carmenère
alcohol: 14%
type: vol
prijs: € 5,99

Precies wat een kordate carmenère uit Chili moet hebben. Zwart en rood fruit. Koffie en cacao. Spicy, zoet en bitter. Rood voor wie in zijn espresso ook een klein beetje suiker doet.

Favoritos (NIEUW)

Merlot 'Classic' 2019
Central Valley

7·5

druif: merlot
alcohol: 13,5%
type: vol
prijs: € 4,99

Wellicht niet direct een klassieker. Meer een eigentijdse merlot. Niet al te streng. De tannines fijnbesnaard. De pruim slank maar niet anorex. Licht laurier en monter van inborst.

Gato Negro

Merlot 2019
Central Valley

7

druif: merlot
alcohol: 13%
type: medium
prijs: € 4,99

Zwarte kat geeft kopjes, koffie. Katjesdrop erbij en wat lekkere zwarte besjes.

Hacienda

Malbec 'Reserve' 2018
Central Valley

7·5

druif: malbec
alcohol: 13,5%
type: vol
prijs: € 6,05

Malbec. Normaal gesproken een Argentijnse troef. Maar nu draait ook het malbecmolentje in Chili. En dat draait soepel, zacht en filmend. Minder zoet dan 2017. En dat brengt 'm het boek in.

Landenwijn Chili

Rood LITER
Central Valley

8

druif: cabernet sauvignon
alcohol: 13%
type: vol
prijs: € 3,99

Volfruitig. Bij goede Chileense cabernet sauvignons is er geen ontkomen aan, aan die zwarte bessen. Dit is er eentje. Pepermuntfrisje op de afdronk. Literen maar.

FRANKRIJK ROOD

Bourgogne

Pinot Noir 'Vieilles Vignes' 2018
Bourgogne

8

druif: pinot noir
alcohol: 12,5%
type: medium
prijs: € 6,99

Terwijl de prijzen in Bourgogne de pan uit rijzen, reizen wij toch even naar Bourgogne om te ontdekken dat een patente rouge geen profvoetbalsalaris verlangt. Opgewekte, door een hoog-kwalitatief werkende coöperatie (Buxy) gemaakte pinot noir. Licht maar toch echte bourgogne. Pak een pan en braad een kip.

Jean Sablenay

Cabernet Sauvignon 2018

Pays d'Oc

7

druif: cabernet sauvignon
alcohol: 13%
type: medium
prijs: € 3,79

Niet groots en meeslepend, daar is het prijskaartje dan ook niet naar. Maar cabernet, dat is het wel. Rond, mild, rijp fruit. Zacht en soepel. Zwarte bessen en rood fruit kleuren goed bij elkaar mede dankzij de zonblosjes op de wangen.

Jean Sablenay

Merlot 2018

Pays d'Oc

7

druif: merlot
alcohol: 13%
type: medium
prijs: € 3,79

Jean Sablenay. Zeg je geen nee tegen. Vaste waarde. Altijd keurig in het gelid. Netjes in het schap. Braaf aan tafel. Drinkt zijn glaasje leeg. Zonnig, niet te streng en vol-sappig vanuit de pruimenhoek. Soepel in de heupen en vriendelijk in de benadering.

Marquis de Seillan

Edition Limitée 2016

Saint-Mont

8-

druif: cabernet sauvignon, pinenc, tannat
alcohol: 13%
type: vol
prijs: € 4,99

Soms zijn we al blij als de wijn die we proeven ook daadwerkelijk naar wijn smaakt en niet naar een knap gecomponeerd chemisch hoogstandje. De Marquis stelt ons niet teleur. Blijmoedig, schoon-fruitig, zacht en bijna weldadig, rode sinaasappel-indachtig sap. Met milde tannines, een blik op de zon en een zoetige kruiderij. Dank.

Poème

Syrah-Grenache 2018

Pays d'Oc

7,5

druif: grenache, syrah
alcohol: 13,5%
type: vol
prijs: € 4,49

Ik zal niet in dichten uitbarsten. Gewoon vol rijpe pruimen, zacht rood fruit, zoetige specerij en met een milde afdronk. Spoortje boerenerf waar geen spoor van Yvon Jaspers is te ontdekken, want in Zuid-Frankrijk.

Terres Burgondes (NIEUW)

Beaujolais-Villages 2017

Beaujolais-Villages

7

druif: gamay
alcohol: 13%
type: licht
prijs: € 5,99

Ietwat ongeïnteresseerd Frans bosfruit. Besproken in de lerarenkamer. Wordt toch bevorderd.

ITALIË ROOD

Conte del Brigante
Valpolicella Ripasso 2018
Valpolicella Ripasso

7+

druif: corvina, rondinella
alcohol: 13,5%
type: vol
prijs: € 7,99

Voor nog geen negen euro tuttifruttifruit, dadel en vijg, zoete rijpe kersen, wat chocola en fijne zuren. Verrassend luxe Italiaan voor een buurtsuper. Normaal gesproken kom je die in aangeharkte Italiaanse restaurants tegen die je een truffelrisotto proberen aan te smeren. Alleen zit er dan een heel ander prijskaartje op. Hou deze naam in de gaten voor het geval ze deze proefnotitie ook lezen.

Podere di San Bruno (NIEUW)
2017
Barbera d'Asti

7

druif: barbera
alcohol: 13%
type: vol
prijs: € 4,49

Uit Italië's hoge noorden. Geen hoogvlieger maar wel een adequate rosso voor zijn geld biedend. Geen zoetig allemansvriendje, u zijt gewaarschuwd. Bittere kersen, zure besjes, treuzeltannines en eigen voor de regio. Iets koeler drinken vinden sommigen *cool* en is aan te bevelen.

Podere di San Bruno (NIEUW)
2014
Barolo

7

druif: nebbiolo
alcohol: 13%
type: vol
prijs: € 12,99

Kan barolo voor dit geld? Klaarblijkelijk. Al moet je niet zo'n barolo verwachten die wordt bezongen als 'De Koning der Wijnen'. Dit is er eentje uit de hofhouding. Die met het personeel mee-eet in de keuken, waar het sowieso een stuk gezelliger is dan aan het staatsbanket boven. Beneden staan gul de pannen met stoofvlees op tafel, doet men fijn mee met *shared dining*, dat daar gewoon 'mag ik de pan nog even van je?' heet, en worden de glazen nog eens volgeklotst met een kloeke, kranige nebbiolo met rozengeur, bittere pruimen, bonkige bramen, zwarte kersen en diepdonkere keldertanninetjes.

Sensi
2018
Chianti

7.5

druif: sangiovese
alcohol: 12,5%
type: medium
prijs: € 4,49

Sensi zonder pretentie. Ranke, slanke chianti. Maar wel met lekker sap vol rood fruit en met een kwiek zuurtje. Bezorgpizzawijn.

SPANJE ROOD

Árbol de Vida (NIEUW)
Tempranillo Non Sulphur Added 2018
La Mancha

7.5

druif: tempranillo
alcohol: 13%
type: medium DYN
prijs: € 4,49

Geen zwavel toegevoegd. Voor diegenen die puur natuur wensen te drinken en vrees hebben voor het conserveringsmiddel zwavel vanwege mogelijke allergische reacties. Voor diegenen die bovendien houden van zoete, zachte rijpe kersen en aaibare tannines is het ook een aanrader.

Biologische Huiswijn Rood

LITER

Vino de España

7·5

druif: merlot, syrah, tempranillo
alcohol: 12,5%
type: vol BIO
prijs: € 3,99

Merlot en syrah nemen minstens een halve liter voor hun rekening en laten zich flink gelden. De extra inspanningen werpen hun vruchten af: de bioliter is beter dan voorgaande edities ondanks het iets lagere alcoholpercentage. Dan kunnen we met goed fatsoen tenminste nog een slokje extra nemen. Donker fruit, laurier, stoer doen, eeltigheid en een werkoverall. Dat laatste is geen overbodige luxe als je biologisch verbouwt.

Finca Labarca

Tinto 2018

Rioja

7·5

druif: tempranillo
alcohol: 13%
type: medium
prijs: € 3,99

Puur, eenvoudig en jeugdig. Veel sappig kersenfruit. Met pit. Kan gekoeld worden gedronken.

Huiswijn Rood

LITER

Vino de España

7

druif: bobal, tempranillo
alcohol: 11,5%
type: medium
prijs: € 3,99

Wederom weer soepel in de heupen en dik in orde. Bobal, in goeden doen een fruitbommetje. Tempranillo, bijna onmisbaar in het Spaanse land. Samen goed voor een milde, soepele allemansvriend. Zoetige kersen, wat lichte zuren en voldoende houvast om niet helemaal gedachteloos weg te klokken. We literen thuis rustig verder.

ZUID-AFRIKA ROOD

Serengeti (NIEUW)

Merlot – Chui 2017

Western Cape

7·5

druif: merlot
alcohol: 14%
type: vol
prijs: € 4,99

In Serengeti is het bij de wilde beesten af. Zebra's die zich tegoed doen aan sauvignon blanc, een neushoorn verslingerd aan shiraz en nu een king cheetah met een voorliefde voor merlot. Geen vriend van Miles van *Sideways* blijkbaar. Wij kiezen Chui's kant dit keer: lekker kittig cassisfruit. Als 't maar geen catfight wordt.

Serengeti

Shiraz – Kifaru 2018

Western Cape

7+

druif: shiraz
alcohol: 13,5%
type: vol
prijs: € 4,99

Een slok en je bent op safari in Zuid-Afrika. In het Nationale Wijnpark Serengeti. Daar doet pinotage in giraffen. En de shiraz heeft de neushoorn geannexeerd. Binnen de hekken komen mag. Om de fles open te maken. Voederen mag evenzeer. Lekker hamburgertje braden (gewoon van koe) en zo'n glas van deze krachtige en stoere (kan bijna niet anders), nootachtige, rokerige rode schenken.

ARGENTINIË ROSÉ

El Bar Argentino (NIEUW)

Malbec Rosé 2019
Mendoza

7·5

druif: malbec
alcohol: 14%
type: medium
prijs: € 5,49

Argentijnse rosé van huisdruif malbec. Wordt daar met liefde geschonken. En hier ook. Fijne, zachte perzik met pit. Die 14 procent vertaalt zich eigenlijk vooral door in het ronde karakter en het kleine zoetje. En dat je je fiets niet meer kunt vinden als je de fles leeg hebt.

FRANKRIJK ROSÉ

Mille Bisous XXX (NIEUW)

2018
Pays d'Oc

8

druif: grenache
alcohol: 12,5%
type: medium
prijs: € 5,99

Het begint met mille bisous, duizend kusjes, en we vervolgen met een triple x-waarschuwing. Wees niet bevreesd. Hoogstens verschijnen er wat blosjes op de wangen door kirrende frambozen, lichtzinnige kersen en kokette kruiderij.

Mimi en Provence (NIEUW)

2018
Côtes de Provence

8

druif: grenache, syrah
alcohol: 12,5%
type: medium
prijs: € 8,99

Fijn van kleur. Fijn van smaak. Perzik en abrikoos. Licht rood fruit. Frêle kruiderij. Licht en droog. De jury van het Concours Général Agricole te Parijs vond een en ander een zilveren medaille waard.

ARGENTINIË WIT

El Bar Argentino (NIEUW)

Chardonnay 2019
Mendoza

8-

druif: chardonnay
alcohol: 13%
type: medium
prijs: € 5,49

Prima geluimde, fris gedouchte chardonnay. Gooit de ramen open voor wat frissigheid. Schilt een appeltje aan de keukentafel, en besluit dat het vanavond kip uit de oven wordt.

El Bar Argentino (NIEUW)

Torrontés 2019
Mendoza

7·5

druif: torrontés
alcohol: 13,5%
type: licht
prijs: € 5,49

Zus van die andere schoonheid, El Bar Chardonnay. Torrontés meer een bloemenmeisje. Met lief citruswipneusje en grapefruitblosjes.

CHILI WIT

Ecobalance
Chardonnay 2018
Casablanca Valley

8

druif: chardonnay
alcohol: 13,5%
type: medium BIO
prijs: € 5,49

Niet mild met mild tropisch fruit, net geplukte perzik en citrusfrissigheid. Prima materiaal voor een balansdag.

Favoritos (NIEUW)
Chardonnay 'Reserva' 2019
Colchagua Valley

8

druif: chardonnay
alcohol: 13,5%
type: medium
prijs: € 5,99

Subtiele, slanke, lichtvoetige chardonnay. Wie meer gewicht in de fruitschaal zoekt, moet deze niet overwegen. Licht tropisch, het zoet van Turks fruit, het zoetzure van een rijpe appel die opmerkelijk genoeg niet ver van de notenboom valt.

Favoritos (NIEUW)
Sauvignon Blanc 'Classic' 2019
Central Valley

7·5

druif: sauvignon blanc
alcohol: 12,5%
type: medium
prijs: € 4,99

Wordt de favoriet voor wie van een wat rijpere soort sauvignon blanc houdt. Tropentikje, vulling, zacht en niet te onstuimig.

Favoritos (NIEUW)
Sauvignon Blanc 'Reserva' 2019
Leyda Valley

8

druif: sauvignon blanc
alcohol: 12,5%
type: medium
prijs: € 5,99

Beweegt zich in het groenspectrum. Doperwtjes, broccoli, tuinboontjes, groene appel, kiwi en limoen die gezamenlijk onder een koude douche hebben gestaan. Toch: goed droog.

Viña Maipo
Chardonnay 2018
Central Valley

7·5

druif: chardonnay
alcohol: 12,5%
type: medium
prijs: € 4,49

Heet wel Maipo, komt echter niet uit deze vallei maar uit Chili's centrale druiven meld- en regelkamer Central Valley. Van daaruit is een zachte witte afgeleverd. Met een spoortje exotische vruchten, scheutje room en een mildzure afdronk. Heeft ingeleverd op zijn alcoholpercentage (van 13 naar 12,5) maar niet op kwaliteit: beduidend meer inhoud dan de 2017-oogst.

DUITSLAND WIT

J. Meyer (NIEUW)
Pinot Gris 2018
Pfalz

7·5

druif: pinot gris
alcohol: 12,5%
type: medium
prijs: € 4,49

Mals uit de Pfalz. Zachte appel, milde amandel, rijpe peer en fris romig.

FRANKRIJK WIT

Bourgogne

Chardonnay 2017

Bourgogne

7·5

druif: chardonnay
alcohol: 13%
type: medium
prijs: € 5,99

Voor wie weleens andere bourgogne wil drinken dan louter die van honderden euro's of meer per fles. U proeft gegarandeerd het verschil. Maar het is een vriendelijke, schone, lichte chardonnay. Dit oogstjaar overtuigender, gevulder en wat tropischer dan voorgaande edities. Bourgogne zonder besognes.

Chablis

2018

Chablis

8-

druif: chardonnay
alcohol: 12,5%
type: medium
prijs: € 11,95

Chablis zonder naam. Doet wat-ie moet doen. Citrus, kruidigheid en de strakdroge trekjes van een chablis die wel een naam mag hebben.

Grand Noble (NIEUW)

Blanc 2018

Vicomté d'Aumelas

8-

alcohol: 12,5%
type: vol
prijs: € 3,89

Vicomté d'Aumelas is een beetje de Mrs. Bouquet van de Languedoc. Klinkt heel chic, maar is eigenlijk gewoon een IGP'tje. Maar daar halen we onze neus niet voor op. Voluptueus, in geurige en kleurige bloemen gestoken. Keurig met pittig zuurtje. Net als Hyacinth eigenlijk.

Huiswijn Wit Droog

LITER

Côtes de Gascogne

7+

druif: colombard, ugni blanc
alcohol: 10,5%
type: licht
prijs: € 3,99

Gascogne. Sinds jaar en dag een betrouwbare regio om als super je huiswijnliters te halen. Droog. Zoals het etiket belooft. En ook met kwiek en fit wit fruit, citrusbijdrage en een hoge dorst-lest-best-factor. Ofschoon het een liter is, biedt deze Gascogner een uitgelezen kans om al drinkend te minderen: het alcoholpercentage bedraagt net zoals vorig jaar slechts 10,5 procent. Toch is er een kleine verandering: iets beter geworden. Pluspunt.

Jean Sablenay

Chardonnay 2018

Vin de France

7

druif: chardonnay
alcohol: 12%
type: medium
prijs: € 3,79

Soms een uitschieter naar boven. Maar belandt tot op heden nooit onder de streep. Schone, frisse, niet te uitzinnige, dorstlessende witte wijn die toevallig van de chardonnaydruif is gemaakt en die we allemaal zo goed kennen.

Lentz (NIEUW)

Riesling 2017
Alsace

7·5

druif: riesling
alcohol: 12%
type: vol
prijs: € 7,49

Mensen schrikken soms als ze zo'n langgerekte groenige fles zien, met schreefletters en Duitse trekjes. In dit geval zet de naam Lentz je ook nog op het verkeerde been. Is Frans namelijk, en ook niet zoet. Riesling uit de Elzas, die – eerlijk gezegd – wat honingtonen heeft die je misschien met zoet kunt verwarren. Bloemig, bijenwas en aards. Goede zuren. *Gar nicht* verkeerd. Of beter gezegd: *pas mal*.

Marquis de Seillan

Edition Limitée 2017
Saint-Mont

8-

druif: arrufiac, gros manseng, petit courbu
alcohol: 13%
type: medium
prijs: € 4,99

Frisser, kwieker en krokanter dan voorgaand jaar. Geel, wit en groen fruit kunnen het in 2017 goed met elkaar vinden. Zuchtje kruiderij, een klein bittertje en lekker.

Mas Bahourat (NIEUW)

Viognier 2018
Gard

7·5

druif: viognier
alcohol: 13%
type: vol
prijs: € 6,39

Bahourat gaat er vol in. Viognier met flinke voetbalkuiten, en de élégance van Van Hanegem. Scoort met perzik en laurier.

Patrice Moreux

Sancerre 2018
Sancerre

8-

druif: sauvignon blanc
alcohol: 12,5%
type: licht
prijs: € 12,99

Patrice neemt ons mee op tour. We zitten in het oostelijke deel van de Loire, want daar bevindt zich de regio Sancerre. Ingeklemd tussen Menetou-Salon en Pouilly-Fumé, op grond vol krijt en kiezels. Sauvignon blanc is daar de dienstdoende druif, en Patrice laat ze gewoon wild rond lopen. Dit oogstjaar zijn ze zoet en bevallig, zij het een klein beetje melig.

Poème

Marsanne-Viognier 2018
Pays d'Oc

7·5

druif: marsanne, viognier
alcohol: 12,5%
type: medium
prijs: € 4,49

Echt zuidelijk wit, van de marsanne- en de viognierdruif. En die houden van het mediterrane zonnetje. Dan geven ze een rondom gevulde, lichtkruidige blanc. Met wat vermoedens van perzik, rijpe appel, tijm en een gemberzoet pepertje. Ondanks alle zonneschijn: alcoholbeschaving. Slechts 12,5 procent.

ITALIË WIT

Terrazzano

2018
Verdicchio dei Castelli di Jesi

7·5

druif: verdicchio
alcohol: 12%
type: licht
prijs: € 3,99

De ideale witte Italiaanse huiswijn. Wit fruit, besjes, zachte bitters, milde zuren. Dorstlesser pur sang. Geen geld. De geruststellend lelijke amforafles krijg je op de koop toe.

NIEUW-ZEELAND WIT

The Founder

Sauvignon Blanc 2018
Marlborough

8

druif: sauvignon blanc
alcohol: 13%
type: licht
prijs: € 6,99

De naam doet denken aan een LinkedIn-profiel. The Founder. De oprichter. Van wat dan precies? Van onder meer het label Misty Cove, een succesvolle Marlborough-sauvignon blanc (dat verdacht veel weg had van Cloudy Bay), bedacht door de Nieuw-Zeelandse expat Andrew Baily voor de Nederlandse markt. Als ik me niet vergis, was dat een kwestie van een etiket plakken op een aangekochte wijn van iemand anders en is Andrew met The Founder een nieuw avontuur aangegaan in zijn geboorteland. Zit nu daadwerkelijk zelf tussen de stokken. En weet daar een erg lekkere Nieuw-Zeelandse sauvignon blanc te fabriceren. Uit de juiste kruisbessen gesneden. Ook de buurtkiwi geeft acte de présence. Passievrucht betuigt wat liefde, groene appel vertolkt een glansrol en de citrus stuift wat rond.

OOSTENRIJK WIT

Green

Grüner Veltliner trocken 2018
Niederösterreich

7

druif: grüner veltliner
alcohol: 12,5%
type: licht
prijs: € 5,19

Groene appels, meloen en limoen. Vriendelijke grüner die goed zijn best doet om lekker gevonden te blijven worden.

ROEMENIË WIT

I Am

Pinot Grigio 2018
Brda

7

druif: pinot grigio
alcohol: 12%
type: licht
prijs: € 3,99

Perendrups, appelig en zachte zuren. Wederom vriendelijk smakend dit oogstjaar. Pretentieloos. Geldt ook voor het prijskaartje. I Am prima te drinken.

I Am

Sauvignon Blanc 2018

7·5

druif: sauvignon blanc
alcohol: 12%
type: licht
prijs: € 3,99

I Am. En wat ben je dan? Een sappige sauvignon blanc met veel perendrups-perzik-meloensnoepjesfruit en een prettig groene, citrusrijke, knisperende frisse afdronk. Dat ben je. Bovendien ben je erg voordelig.

SPANJE WIT

Biologische Huiswijn Wit Droog
LITER
Vino de España

7.5

druif: airén, sauvignon blanc, verdejo
alcohol: 12,5%
type: medium BIO
prijs: € 3,99

Ook dit jaar weer opvallend goedgeluimd. Links en rechts trakterend op peren, suikermeloen, groene appels en citrus. Spat nog wat na. Maar waar je een dreinende kleuter voor dat laatste een dreun voor zijn kanis geeft, vraag je in dit geval of het glas nog even volgeschonken kan worden. Moet geen probleem zijn. Er zit toch een liter in en het kost niks.

Marqués de Villanueva
Macabeo 2018
Cariñena

7

druif: macabeo
alcohol: 12%
type: licht
prijs: € 3,99

Macabeo die zich voordoet als verdejo. Groene appeltjes, citrus en een druivenpitje.

Nava Real
Verdejo 2018
Rueda

7

druif: verdejo
alcohol: 12,5%
type: licht
prijs: € 4,99

Sappige mondverfrisser. Wit fruit, groen spikkeltje, citrus. Eenvoudig, oprecht en de real thing.

ZUID-AFRIKA WIT

Serengeti
Sauvignon Blanc - Pundamilla 2019
Western Cape

7

druif: sauvignon blanc
alcohol: 13,5%
type: vol
prijs: € 4,99

Nogal woeste kudde zebra's rond de sauvignon blanc-poel dit jaar. Uitdijende grapefruit, zwanger tropisch fruit. Flink wat gras bij eten.

Stellar Organics
The River's End 2018
Western Cape

8

druif: chenin blanc
alcohol: 14%
type: vol BIO
prijs: € 7,99

Bio. Fairtrade. Goed bovendien. Kolkende chenin, zich een weg banend langs perendrupsteen en mineraalrotsen, onderlangs een partij overhangende oude eikenbomen. En daar aan het eind, bij de winery van Stellar Organics, valt de rivier droog en heffen wij tevreden het glas. Klein bittertje in de staart dit jaar.

ARGENTINIË ROOD

Casa de Campo
Malbec-Shiraz 2019
Mendoza

7·5

druif: malbec, syrah
alcohol: 13,5%
type: vol
prijs: € 3,89

Bereikte jarenlang de overkant van het water als pure malbec. Was toen slank, soepel, sappig en helemaal niks mis mee. Maar wel wat braaf. Heeft dankzij de inzet van een vuist syrah (volgens het etiket dit jaar: shiraz) wat meer kracht en eigenwijzigheid meegekregen. Er komt ook nog wat hout bovendrijven. Vrees niet voor splinters, maar je kunt je vastklampen aan een vanillestokje links en rechts.

AUSTRALIË ROOD

Stoney Creek
Shiraz Grenache Petit Verdot 2018
South Eastern Australia

7

druif: grenache, petit verdot, shiraz
alcohol: 13%
type: medium
prijs: € 5,99

Niet om een gat van in de lucht te springen, maar wel sympathiek. Grappige blend ook. De usual suspect shiraz heeft aan zijn zijde petit verdot en grenache. Rond, soepel, zoetig. Allemansvriend.

CHILI ROOD

Coop Chili
LITER
Central Valley

8

druif: cabernet sauvignon
alcohol: 13%
type: vol
prijs: € 3,99

Volfruitig. Bij goede Chileense cabernet sauvignons is er geen ontkomen aan, aan die zwarte bessen. Dit is er eentje. Pepermuntfrisje op de afdronk. Literen maar.

Favoritos (NIEUW)
Merlot 'Classic' 2019
Central Valley

7·5

druif: merlot
alcohol: 13,5%
type: vol
prijs: € 4,99

Wellicht niet direct een klassieker. Meer een eigentijdse merlot. Niet al te streng. De tannines fijnbesnaard. De pruim slank maar niet anorex. Licht laurier en monter van inborst.

Gato Negro
Cabernet Sauvignon '9 Lives Reserve' 2018
Central Valley

7+

druif: cabernet sauvignon
alcohol: 13,5%
type: vol
prijs: € 7,49

De zwarte kat met de negen levens. In de fles ook dit jaar weer het te verwachten kloeke cassis-sap, met bramenbitters, soepelheid en kracht gecombineerd. Het zoet van rijp donker fruit, goede zuren, mild bittere afdronk. Wat droppiger dit jaar. Katjesdrop?

Gato Negro
Carmenère 2019
Central Valley

7

druif: carmenère
alcohol: 13%
type: medium
prijs: € 4,99

Het is niet de allergrootste carmenère maar het is er wel degelijk een. Met de bramen, de cassis, het likeurzoetje en het karakteristieke espresso-cacaobittertje. Licht maar rechtvaardig.

Gato Negro

Merlot 2019

Central Valley

7

druif: merlot
alcohol: 13%
type: medium
prijs: € 4,99

Zwarte kat geeft kopjes, koffie. Katjesdrop erbij en wat lekkere zwarte besjes.

Hacienda

Malbec 'Reserve' 2018

Central Valley

7·5

druif: malbec
alcohol: 13,5%
type: vol
prijs: € 5,99

Malbec. Normaal gesproken een Argentijnse troef. Maar nu draait ook het malbecmolentje in Chili. En dat draait soepel, zacht en filmend. Minder zoet dan 2017. En dat brengt 'm het boek in.

FRANKRIJK ROOD

Bourgogne

Pinot Noir 'Vieilles Vignes' 2018

Bourgogne

8

druif: pinot noir
alcohol: 12,5%
type: medium
prijs: € 6,99

Terwijl de prijzen in Bourgogne de pan uit rijzen, reizen wij toch even naar Bourgogne om te ontdekken dat een patente rouge geen profvoetbalsalaris verlangt. Opgewekte, door een hoog-kwalitatief werkende coöperatie (Buxy) gemaakte pinot noir. Licht maar toch echte bourgogne. Pak een pan en braad een kip.

Jean Sablenay

Cabernet Sauvignon 2018

Pays d'Oc

7

druif: cabernet sauvignon
alcohol: 13%
type: medium
prijs: € 3,79

Niet groots en meeslepend, daar is het prijskaartje dan ook niet naar. Maar cabernet, dat is het wel. Rond, mild, rijp fruit. Zacht en soepel. Zwarte bessen en rood fruit kleuren goed bij elkaar mede dankzij de zonblosjes op de wangen.

Jean Sablenay

Merlot 2018

Pays d'Oc

7

druif: merlot
alcohol: 13%
type: medium
prijs: € 3,79

Jean Sablenay. Zeg je geen nee tegen. Vaste waarde. Altijd keurig in het gelid. Netjes in het schap. Braaf aan tafel. Drinkt zijn glaasje leeg. Zonnig, niet te streng en vol-sappig vanuit de pruimenhoek. Soepel in de heupen en vriendelijk in de benadering.

ITALIË ROOD

Sensi
2018
Chianti

7·5

druif: sangiovese
alcohol: 12,5%
type: medium
prijs: € 4,49

Sensi zonder pretentie. Ranke, slanke chianti. Maar wel met lekker sap vol rood fruit en met een kwiek zuurtje. Bezorgpizzawijn.

Tor del Colle
Riserva 2017
Montepulciano d'Abruzzo

8+

druif: montepulciano
alcohol: 13,5%
type: vol
prijs: € 5,99

Kijk nou eens: in de koopjeshoek van de supermarkt. Maar zou in een wijnspeciaalzaak niet misstaan in het rek 'exclusieve vondsten'. Een heuse volwassen riserva met een kinderachtig prijskaartje. Vraag niet hoe het kan maar profiteer ervan. Luxe kersen in dure bonbons. Cassislikeur. Geen kliklaminaat maar duur eiken. In overvloed.

Villa Puccini (NIEUW)
Negroamaro 2018
Puglia

7·5

druif: negroamaro
alcohol: 13%
type: vol
prijs: € 4,99

Villa in de hak van de Laars, omgeven door braamstruiken. Zacht, mild zoet schaduwfruit, klaar om gedronken te worden.

Villa Puccini (NIEUW)
2017
Chianti

7

druif: sangiovese
alcohol: 12%
type: medium
prijs: € 4,99

Villa met een flinke wijnkelder. Daar ligt naast primitivo en negroamaro ook rood van de sangiovese. Eentje die zich chianti mag noemen bovendien. Het is een kleintje maar het zou zonde zijn als we 'm over het hoofd zagen voor dit geld. Rins, fris, kersig, zacht zurig tomatenzoet en een lichte kruiderij. Er is ook een chianti classico van de villa die inderdaad een euro beter is.

Villa Puccini
Primitivo 2018
Puglia

7

druif: primitivo
alcohol: 13%
type: vol
prijs: € 4,99

Rond dezelfde Villa Puccini tiert naast negroamaro ook primitivo welig, in een door vanillestokken omhekt plotje op het zuiden. Zoeter, marsepeiniger en wat meer houtgedreven dan eerstgenoemde.

Villa Puccini
Riserva 2017
Chianti Riserva

7+

druif: sangiovese
alcohol: 12,5%
type: medium
prijs: € 5,99

Er is een kleintje van de Villa die als chianti gelabeld is. Ziehier de riserva. Streepje meer gewicht, wat dikkere in de kers, spoortje meer hout. Prettig geprijsd.

SPANJE ROOD

Coop Huiswijn Rood

LITER

Vino de España

7

druif: bobal, tempranillo
alcohol: 11,5%
type: medium
prijs: € 3,99

Wederom weer soepel in de heupen en dik in orde. Bobal, in goeden doen een fruitbommetje. Tempranillo, bijna onmisbaar in het Spaanse land. Samen goed voor een milde, soepele allemansvriend. Zoetige kersen, wat lichte zuren en voldoende houvast om niet helemaal gedachteloos weg te klokken. We literen thuis rustig verder.

Finca Labarca

Tinto 2018

Rioja

7·5

druif: tempranillo
alcohol: 13%
type: medium
prijs: € 3,99

Puur, eenvoudig en jeugdig. Veel sappig kersenfruit. Met pit. Kan gekoeld worden gedronken.

Marqués de Cáceres

Crianza 2016

Rioja

8·5

druif: tempranillo
alcohol: 13,5%
type: medium
prijs: € 8,99

Markies die met de Franse slag werkt. Oprichter Enrique Forner was in de vijftiger jaren al in het gelukkige bezit van twee domeinen in Bordeaux, Château Camensac en Château Larose Trintaudon. Liefhebbers van Haut-Médoc-wijnen veren nu op. En liefhebbers van goede en buitengewoon betrouwbare rioja doen dat ook. Marqués de Cáceres weet al jaren de juiste accenten te plaatsen, mede dankzij die Franse wijnmaaktechnieken.
Voor *DGH* proefde ik al 2010 en 2011: beide *excelente.* 2012 bleek ook goed: op-en-top beschaafde kersen, lichte specerij, mild zoet en wat gesoigneerde tannines. Vorig jaar verscheen 2014 op de proeftafel. Fruit in de voorhoede, rijpheid, kalmte en overpeinzingen. Opmerkelijk genoeg heb ik 2015 niet gezien, laat staan geproefd.
Maar voilà, 2016. Ondanks een lente vol problemen, een loeihete zomer en regen tijdens de oogst een meer dan correcte crianza. Het zoet van het hout, het zoet van de kersen. Pruimig, laurier, voorzichtig in het zonnetje, nergens een 'gekookt'-sensatie. Veel waar voor het geld.

ZUID-AFRIKA ROOD

Leeuwenburgh

Shiraz/Cabernet Sauvignon Fairtrade 2018

Western Cape

7·5

druif: cabernet sauvignon, shiraz
alcohol: 13,5%
type: vol
prijs: € 4,99

Neerlands hoop? Twee leeuwen omklauwen een wapenschild met daarin een oranje glas. Ik vermoed Oranje invloeden. Klein beetje: wijnboer Theunis van Zijl is van Nederlandse afkomst, en maakt zo een verwijzing naar zijn roots. We proeven echter een woeste West-Kaper. Maar wel met een goede inborst. Immers Fairtrade. Aardige wijn bovendien. Politiek correct donker fruit, schaduwranden, dropbitters en Zuid-Afrikaanse invloeden. Moet iets meer zeilen bijzetten dit jaar, lijkt.

Makulu (NIEUW)

Cabernet Merlot 2018

Western Cape

7+

druif: cabernet sauvignon, merlot
alcohol: 13%
type: vol
prijs: € 3,99

Lekker sappige, donkere, ruige West-Kaper. Bramen, cassis en sprokkelhout.

FRANKRIJK ROSÉ

Mille Bisous XXX (NIEUW)

2018

Pays d'Oc

8

druif: grenache
alcohol: 12,5%
type: medium
prijs: € 5,99

Het begint met mille bisous, duizend kusjes, en we vervolgen met een triple x-waarschuwing. Wees niet bevreesd. Hoogstens verschijnen er wat blosjes op de wangen door kirrende frambozen, lichtzinnige kersen en kokette kruiderij.

Patriarche (NIEUW)

Brut Rosé

Crémant de Bourgogne

7+

alcohol: 12%
type: droog M
prijs: € 8,99

De brut rosé van Patriarche. Geen champagne, maar dat deert niet: crémant de Bourgogne is dikwijls beter wat betreft prijs-kwaliteit in dit prijssegment. Zalmroze van kleur. Perzik ook in het glas. Zoete peer in de aanzet, klein plakkertje in de finish.

SPANJE ROSÉ

Aderum (NIEUW)

Rosado – Garnacha Organic 2018

Castilla

7

druif: garnacha
alcohol: 12%
type: licht BIO
prijs: € 3,39

Een biowijn voor € 3,39. 'Hoe dan?!' zou ik zeggen als ik een student was. Om daarna een flesje te gaan halen bij de Coop. Wijn voor een studentenbeurs. Krijg je een hele fles voor de prijs van glas rosé bij het eetcafé. Van ongeveer dezelfde kwaliteit. Snoepjes, zuurtjes en 12 procent.

ARGENTINIË WIT

Raza (NIEUW)

Torrontés Chardonnay Fairtrade 2019

Famatina Valley

8

druif: chardonnay, torrontés
alcohol: 12,5%
type: licht
prijs: € 5,99

Lekkere del van wijn. Beetje goedkope looks, met goud behangen en de handtekening van de maker boven de navel getatoeëerd. Maar o zo sappig en aantrekkelijk, met snoepjesfruit, zuurtjeszuren en de wilde frisheid van limoenen. Geweldig voor een avontuurtje op een warme zomermiddag.

CHILI WIT

Gato Negro (NIEUW)

9 Lives Reserve – Sauvignon Blanc 2018

Central Valley

7

druif: sauvignon blanc
alcohol: 13%
type: vol
prijs: € 7,49

Van sauvignon blanc wordt weleens gezegd dat het een beetje naar kattenpies kan ruiken. Wacht, niet afhaken: lékkere kattenpies. Moeilijk uit te leggen, misschien beter om het zelf maar eens te ruiken. Laat de zwarte kat met de negen levens nu ook in het wit door het poezenluik van talloze supermarkten geslopen zijn.

Tierra del Fuego (NIEUW)

Gran Reserva Chardonnay 2018

Maule Valley

8-

druif: chardonnay
alcohol: 13,5%
type: vol
prijs: € 4,99

Gepolijste chardonnay uit de Maulevallei. Lekker glad en rond, maar ook weer niet te dik. En met voldoende frisheid om een gegrild kippetje aan te kunnen.

Tierra del Fuego (NIEUW)

Reserva Chardonnay 2018

Central Valley

7+

druif: chardonnay
alcohol: 13,5%
type: vol
prijs: € 4,99

Chardonnay reserva vol rijpe citroen en met een klein 'petrolletje'. Niet te verwarren met een vetrolletje. Zou er wel lekker bij zijn, trouwens. Biologische karbonade. Joe!

FRANKRIJK WIT

Bourgogne

Chardonnay 2017

Bourgogne

7.5

druif: chardonnay
alcohol: 13%
type: medium
prijs: € 5,99

Voor wie weleens andere bourgogne wil drinken dan louter die van honderden euro's of meer per fles. U proeft gegarandeerd het verschil. Maar het is een vriendelijke, schone, lichte chardonnay. Dit oogstjaar overtuigender, gevulder en wat tropischer dan voorgaande edities. Bourgogne zonder besognes.

Coop Huiswijn Wit Droog

LITER

Côtes de Gascogne

7+

druif: colombard, ugni blanc
alcohol: 10,5%
type: licht
prijs: € 3,99

Gascogne. Sinds jaar en dag een betrouwbare regio om als super je huiswijnliters te halen. Droog. Zoals het etiket belooft. En ook met kwiek en fit wit fruit, citrusbijdrage en een hoge dorst-lest-best-factor. Ofschoon het een liter is, biedt deze Gascogner een uitgelezen kans om al drinkend te minderen: het alcoholpercentage bedraagt net zoals vorig jaar slechts 10,5 procent. Toch is er een kleine verandering: iets beter geworden. Pluspunt.

Jean Sablenay

Chardonnay 2018

Vin de France

7

druif: chardonnay
alcohol: 12%
type: medium
prijs: € 3,79

Soms een uitschieter naar boven. Maar belandt tot op heden nooit onder de streep. Schone, frisse, niet te uitzinnige, dorstlessende witte wijn die toevallig van de chardonnaydruif is gemaakt en die we allemaal zo goed kennen.

Patriarche (NIEUW)

Sauvignon 2018

Vin de France

7

druif: sauvignon blanc
alcohol: 12%
type: licht
prijs: € 4,99

In de rode wijnen van Patriarche is het lastig ene druivensoort te herkennen. In het wit lukt dat beter. Een kunstcriticus zou deze wijnuitingen dan wel subiet als 'niet urgent' terzijde schuiven, een normaal mens schenkt nog eens in. Van een statement kun je de wijnen inderdaad moeilijk betichten, behalve dan dat ze makkelijk in de hand liggen en niemand voor het hoofd stoten. Sauvignon doet wat-ie moet doen: stuiven en een frisse indruk wekken.

Patriarche

Viognier 2018

Vin de France

7

druif: viognier
alcohol: 12,5%
type: licht
prijs: € 4,99

Viognier die doet wat 'ie moet doen: bloemen strooien en een frisse indruk wekken. Er zijn patriarchen bekend die er een heel andere levensvisie op na houden.

ITALIË WIT

Terrazzano

2018

Verdicchio dei Castelli di Jesi

7.5

druif: verdicchio
alcohol: 12%
type: licht
prijs: € 3,99

De ideale witte Italiaanse huiswijn. Wit fruit, besjes, zachte bitters, milde zuren. Dorstlesser pur sang. Geen geld. De geruststellend lelijke amforafles krijg je op de koop toe.

Tor del Colle (NIEUW)

Pecorino 2018

Terre di Chieti

8

druif: pecorino
alcohol: 13%
type: medium
prijs: € 5,99

Mark heeft zijn torentje. En *DGH* heeft er nu ook een: Tor del Colle. Kunnen we altijd heen als we het even niet meer weten in de supermarkt. Rood en wit dik in orde. Mooie zware fles. En voor dat geld ook nog met een verrassend smakelijke inhoud. Waarlijke pecorino vol *limone e citrone*. Sappig in aanzet, met genoeg body voor de maaltijd. *Linguine al salmone* bijvoorbeeld.

Tor del Colle

Sauvignon 2018
Trevenezie

8

druif: sauvignon blanc
alcohol: 12,5%
type: medium
prijs: € 5,99

Anders sauvignonnerig dan een Loire-editie. Dieper. Rijper. Geliger gras en rijpere lychee dan eentje uit Marlborough. Stuift niet, maar glijdt. Opmerkelijk rustig dus, voor een Italiaan.

Vite Mia (NIEUW)

Grillo Organic 2018
Sicilia

8-

druif: grillo
alcohol: 13%
type: medium BIO
prijs: € 5,99

Verpakt in ongebleekt papier, nou dan zal het wel biologisch zijn. Klopt. En goede ook. Grillo zonder grillen. Soepel, tropisch fruit dat zich gewillig schikt bij een gegrild zoutwatervisje.

NIEUW-ZEELAND WIT

Villa Maria

Sauvignon Blanc Organic 2019
Marlborough

8+

druif: sauvignon blanc
alcohol: 13%
type: medium BIO
prijs: € 8,99

Think global, drink local. Makkelijker gezegd dan gedaan als het om wijn gaat. Maar nog even en de klimaatverandering zet dusdanig door dat we voor een goede sauvignon blanc niet meer buiten de landsgrenzen hoeven te zoeken. Laat staan aan de andere kant van de wereld. Toch zal Nieuw-Zeelandse 'savvy' altijd zoiets unieks blijven dat geen enkele andere SB die kan vervangen. De aroma's van het gras zijn er grassiger. De kruisbessen frivoler. Het groen groener. De asperges rijper. De passievrucht met meer passie. Nieuwe oogst van lokale grootmeester Villa Maria. Drinkt u toch nog 'local'. En gelukkig allemaal onbespoten: bio.

OOSTENRIJK WIT

Green

Grüner Veltliner trocken 2018
Niederösterreich

7

druif: grüner veltliner
alcohol: 12,5%
type: licht
prijs: € 4,99

Groene appels, meloen en limoen. Vriendelijke grüner die goed zijn best doet om lekker gevonden te blijven worden.

SPANJE WIT

Aderum

Blanco Organic 2018
Castilla

7

druif: sauvignon blanc, verdejo
alcohol: 11,5%
type: licht BIO
prijs: € 3,39

De prijs en de smaak zijn volledig in lijn met een familiepak Festini-ijsjes 'peer'. Maar dan is dit biologisch.

Coop Biologische Huiswijn Wit

LITER

Vino de España

7·5

druif: airén, sauvignon blanc, verdejo
alcohol: 12,5%
type: medium BIO
prijs: € 3,99

Ook dit jaar weer opvallend goedgeluimd. Links en rechts trakterend op peren, suikermeloen, groene appels en citrus. Spat nog wat na. Maar waar je een dreinende kleuter voor dat laatste een dreun voor zijn kanis geeft, vraag je in dit geval of het glas nog even volgeschonken kan worden. Moet geen probleem zijn. Er zit toch een liter in en het kost niks.

Gran Espanoso

Vintage Cuvée Brut

Cava

7

druif: macabeu, parellada, xarel·lo
alcohol: 11,5%
type: droog M
prijs: € 5,99

Keurig voor dit prijsniveau. Niet te streng. Niet te kartonnig. Mollige mousse. Zacht en rijp fruit. Oprecht en eerlijk afdrinkend.

ZUID-AFRIKA WIT

Leeuwenburgh

Sauvignon Blanc Fairtrade 2017

Western Cape

7+

druif: sauvignon blanc
alcohol: 12,5%
type: medium
prijs: € 4,99

Zuid-Afrikaanse sauvignon blanc van een blanke boer met Nederlandse roots. Past goed bij Coop, zou je zeggen. En verklaart meteen ook de leeuwen op het etiket. Dat dan wel weer pikzwart is. Het wit sappig, citrus en droppig. Het rood mag er ook wezen. Herproefd voor *DGH 2020* en nog patent.

Makulu (NIEUW)

Chardonnay 2018

Western Cape

7

druif: chardonnay
alcohol: 13%
type: vol
prijs: € 3,99

Bloemrijke chardonnay met bovendien peer en rijpe appel. Da's best wat voor € 3,99.

Zuydpunt

Chenin Blanc Viognier 2019

Western Cape

7

druif: chenin blanc, viognier
alcohol: 12,5%
type: medium
prijs: € 5,99

Weet dit keer de puntjes op de i van Zuydpunt te krijgen. Ja, we weten het: die staan daar helemaal niet. Maar toch werd het dit oogstjaar een prima wijn. Kakelverse abrikoos en perzik, vol en rijp en voldoende fris om niet meteen weer dorst te krijgen.

ARGENTINIË ROOD

Casa de Campo

Malbec-Shiraz 2019
Mendoza

7·5
druif: malbec, syrah
alcohol: 13,5%
type: vol
prijs: € 3,89

Bereikte jarenlang de overkant van het water als pure malbec. Was toen slank, soepel, sappig en helemaal niks mis mee. Maar wel wat braaf. Heeft dankzij de inzet van een vuist syrah (volgens het etiket dit jaar: shiraz) wat meer kracht en eigenwijzigheid meegekregen. Er komt ook nog wat hout bovendrijven. Vrees niet voor splinters, maar je kunt je vastklampen aan een vanillestokje links en rechts.

AUSTRALIË ROOD

Stoney Creek

Shiraz Grenache Petit Verdot 2018
South Eastern Australia

7
druif: grenache, petit verdot, shiraz
alcohol: 13%
type: medium
prijs: € 6,00

Niet om een gat van in de lucht te springen, maar wel sympathiek. Grappige blend ook. De usual suspect shiraz heeft aan zijn zijde petit verdot en grenache. Rond, soepel, zoetig. Allemansvriend.

Stoney Creek

Shiraz Viognier Fleurieu 'Premium' 2018
South Eastern Australia

7·5
druif: shiraz, viognier
alcohol: 14%
type: vol
prijs: € 9,00

Voor de Premium Hunters. Valt in de categorie 'kijk mij luxe doen'. Speculaaskruiden, vanillestokjes en zoethout zonder dwangnageltjes pootjebadend in een zee aan rijp, romig en zonnig rood fruit. Prima weer dit jaar.

CHILI ROOD

Ecobalance

Cabernet Sauvignon 2018
Central Valley

8
druif: cabernet sauvignon
alcohol: 13,5%
type: vol BIO
prijs: € 5,00

Balans beweegt dit jaar weer ietsjes meer richting fruit. Dat bevalt beduidend beter dan in de 2017-editie, waarin het eiken zich wat meer liet gelden. Thans weer kers, bes, cassis en pruim die hun gewicht in de schaal leggen.

Ecobalance

Merlot 2018
Rapel Valley

8
druif: merlot
alcohol: 13,5%
type: vol BIO
prijs: € 5,00

Rapel: en ik val in herhalingen. Wederom een soepele, zachtige, kruidig-donkere, vlezige, stevige en zoetbespecerijde merlot. Wat driester en duidelijker dan vorig oogstjaar. Wat meer lef. Wat meer in het glas.

Favoritos (NIEUW)

Cabernet Carmenère 'Classic' 2019
Central Valley

7.5

druif: cabernet sauvignon, carmenère
alcohol: 13,5%
type: vol
prijs: € 5,00

De Triple C formule: cabernet carmenère classic. Nog een c van cassis. Verder in het alfabet met bramen, wat mint, espresso, kersenbonbons en zoethout in een fijne light-editie.

Favoritos (NIEUW)

Carmenère 'Reserva' 2018
Colchagua Valley

8

druif: carmenère
alcohol: 14%
type: vol
prijs: € 6,00

Precies wat een kordate carmenère uit Chili moet hebben. Zwart en rood fruit. Koffie en cacao. Spicy, zoet en bitter. Rood voor wie in zijn espresso ook een klein beetje suiker doet.

Hacienda

Malbec 'Reserve' 2018
Central Valley

7.5

druif: malbec
alcohol: 13,5%
type: vol
prijs: € 6,00

Malbec. Normaal gesproken een Argentijnse troef. Maar nu draait ook het malbecmolentje in Chili. En dat draait soepel, zacht en filmend. Minder zoet dan 2017. En dat brengt 'm het boek in.

Indomita

Cabernet Sauvignon Gran Reserva 2018
Maipo Valley

7.5

druif: cabernet sauvignon
alcohol: 14%
type: vol
prijs: € 5,40

Vorig oogstjaar een serieuze bak cabernet voor dit geld. De onvermijdelijke zwarte bessen hadden gezelschap gekregen van bramen, bessen en kersen. Nu is er ook weer flink uit de jampot gesnoept. Zoetje hier, likje daar, poetsen maar.

Landenwijn Chili

Rood LITER
Central Valley

8

druif: cabernet sauvignon
alcohol: 13%
type: vol
prijs: € 4,00

Volfruitig. Bij goede Chileense cabernet sauvignons is er geen ontkomen aan, aan die zwarte bessen. Dit is er eentje. Pepermuntfrisje op de afdronk. Literen maar.

DUITSLAND ROOD

J. Meyer (NIEUW)

Pinot Noir 2018
Pfalz

7.5

druif: pinot noir
alcohol: 13,5%
type: medium
prijs: € 4,49

Wie zoekt naar het zachte, zoete, zonnige, pruimige wat Duitse pinot noirs vaak hebben, neemt niet deze. Kloek, moedig, donkere partijen en stoer. Eigenlijk überhaupt nergens karakteristiek pinot noir maar wel een lekkere Rotwein. Helemaal voor dit geld.

FRANKRIJK ROOD

Bourgogne
Pinot Noir 'Vieilles Vignes' 2018
Bourgogne

8

druif: pinot noir
alcohol: 12,5%
type: medium
prijs: € 6,99

Terwijl de prijzen in Bourgogne de pan uit rijzen, reizen wij toch even naar Bourgogne om te ontdekken dat een patente rouge geen profvoetbalsalaris verlangt. Opgewekte, door een hoog-kwalitatief werkende coöperatie (Buxy) gemaakte pinot noir. Licht maar toch echte bourgogne. Pak een pan en braad een kip.

Duc de Castellac
Cabernet Merlot 2018
Bergerac

7

druif: cabernet sauvignon, merlot
alcohol: 13%
type: vol
prijs: € 5,50

Ook dit jaar weer een goeie, vlezige rouge. Braampartijen, schaduwkersen, laurierverschijning. Sappig, krachtig met een flinterzoetje dat 'm van al te strenge bejegening van de smaakpapillen afhoudt.

Jean Sablenay
Cabernet Sauvignon 2018
Pays d'Oc

7

druif: cabernet sauvignon
alcohol: 13%
type: medium
prijs: € 3,50

Niet groots en meeslepend, daar is het prijskaartje dan ook niet naar. Maar cabernet, dat is het wel. Rond, mild, rijp fruit. Zacht en soepel. Zwarte bessen en rood fruit kleuren goed bij elkaar mede dankzij de zonblosjes op de wangen.

Jean Sablenay
Merlot 2018
Pays d'Oc

7

druif: merlot
alcohol: 13%
type: medium
prijs: € 3,50

Jean Sablenay. Zeg je geen nee tegen. Vaste waarde. Altijd keurig in het gelid. Netjes in het schap. Braaf aan tafel. Drinkt zijn glaasje leeg. Zonnig, niet te streng en vol-sappig vanuit de pruimenhoek. Soepel in de heupen en vriendelijk in de benadering.

Lalande (NIEUW)
Sud-Ouest 2017
Comté Tolosan

7

druif: malbec, merlot
alcohol: 12,5%
type: medium
prijs: € 4,99

Dubbel M uit le Sud-Ouest: Merlot en Malbec. De M van Makkelijk rood. Doet niet moeilijk. Laat zich graag met een pizzapunt op een regenachtige vrijdagavond naar binnen schuiven. Comfortwijn.

Sensas
Cabernet-Syrah 2018
Pays d'Oc

7

druif: cabernet sauvignon, syrah
alcohol: 13,5%
type: vol
prijs: € 5,00

Flink wat hulp vanuit de houtzagerij. Daarom zonnig, vlezig en donker fruit met behoorlijk wat gevulde-speculaasinvloeden. Het is een stijl die zijn liefhebbers kent.

Sensas

Carignan 'Vieilles Vignes' 2018
Vin de France

8

druif: carignan
alcohol: 12,5%
type: medium
prijs: € 5,00

De supermarktwijnkopers kennen 'm niet of nauwelijks: carignan. Toch kan-ie er wat van. Helemaal in het Franse zuiden. Dan geeft-ie een charmante wijn met veel direct rood fruit zonder moeilijke tannines. Wie liever op hout kauwt, neemt de Sensas-blend van cabernet en syrah.

ITALIË ROOD

Passo Pendium (NIEUW)

Appassimento 2016
Salento

7

druif: negroamaro, primitivo
alcohol: 14,5%
type: vol
prijs: € 5,50

Appassimento. Een woord voor: laat geoogste druiven een tijdje laten drogen. Resultaat: meer zoet, meer concentratie. Het vorige oogstjaar leidde dat niet tot grote vrolijkheid. Nu breekt de zon enigszins door. Warme kersen, snufje zoete specerijen en vanillesuiker.

Podere di San Bruno (NIEUW)

2017
Barbera d'Asti

7

druif: barbera
alcohol: 13%
type: vol
prijs: € 4,50

Uit Italië's hoge noorden. Geen hoogvlieger maar wel een adequate rosso voor zijn geld biedend. Geen zoetig allemansvriendje, u zijt gewaarschuwd. Bittere kersen, zure besjes, treuzeltannines en eigen voor de regio. Iets koeler drinken vinden sommigen *cool* en is aan te bevelen.

Podere di San Bruno (NIEUW)

2014
Barolo

7

druif: nebbiolo
alcohol: 13%
type: vol
prijs: € 12,99

Kan barolo voor dit geld? Klaarblijkelijk. Al moet je niet zo'n barolo verwachten die wordt bezongen als 'De Koning der Wijnen'. Dit is er eentje uit de hofhouding. Die met het personeel mee-eet in de keuken, waar het sowieso een stuk gezelliger is dan aan het staatsbanket boven. Beneden staan gul de pannen met stoofvlees op tafel, doet men fijn mee met *shared dining*, dat daar gewoon 'mag ik de pan nog even van je?' heet, en worden de glazen nog eens volgeklotst met een kloeke, kranige nebbiolo met rozengeur, bittere pruimen, bonkige bramen, zwarte kersen en diepdonkere keldertanninetjes.

Sensi

2018
Chianti

7·5

druif: sangiovese
alcohol: 12,5%
type: medium
prijs: € 4,49

Sensi zonder pretentie. Ranke, slanke chianti. Maar wel met lekker sap vol rood fruit en met een kwiek zuurtje. Bezorgpizzawijn.

Terrazzano (NIEUW)

Sangiovese 2018
Marche

7

druif: sangiovese
alcohol: 12%
type: medium
prijs: € 4,50

Van de producent die ons al jaar in jaar uit een prettige witte verdicchio in een geruststellend lelijke amforafles met schroefdop schenkt, is hier nu een vieve rode in een fatsoenlijke uitmonstering. Inhoud is dat ook: kwieke, frisse, bes-kersige rosso met een klein kruidengarnituurtje op de afdronk.

Tor del Colle

Riserva 2017
Montepulciano d'Abruzzo

8+

druif: montepulciano
alcohol: 13,5%
type: vol
prijs: € 5,99

Kijk nou eens: in de koopjeshoek van de supermarkt. Maar zou in een wijnspeciaalzaak niet misstaan in het rek 'exclusieve vondsten'. Een heuse volwassen riserva met een kinderachtig prijskaartje. Vraag niet hoe het kan maar profiteer ervan. Luxe kersen in dure bonbons. Cassislikeur. Geen kliklaminaat maar duur eiken. In overvloed.

NIEUW-ZEELAND ROOD

Villa Maria

Pinot Noir 'Private Bin' 2018
Marlborough

8+

druif: pinot noir
alcohol: 13%
type: medium
prijs: € 10,99

Frisse, energieke pinot noir. Rode bessen, milde rode grapefruit, zachtzoet met hazelnootjes en hoogpolig-tapijttannines, een villa waardig. Waar voor je geld. Nu loop je sowieso eigenlijk nooit een zeperd bij Villa Maria. Grootste wijnbedrijf van Nieuw-Zeeland. Voor oprichter en eigenaar Sir George Fistonich is al een standbeeld opgericht. Met als sokkel een glasbak.

SPANJE ROOD

Árbol de Vida

Merlot 2017
La Mancha

8

druif: merlot
alcohol: 13,5%
type: medium DYN
prijs: € 4,50

Echte merlot. Gelukkig niet van die zoetige slapperdepap. Árbol de Vida, de levensboom, geplant door de familie Parra, de biopionier alhier. Heeft lekker wat knoesten, zijtakken bieden voldoende houvast en doet in de vruchtenhoek flink aan pronte pruimen. Het grondgevecht speelt zich af in de tannine- en lauriersferen. Winst voor de smaakpapillen. Beter dan voorgaande oogstjaren.

Árbol de Vida (NIEUW)

Tempranillo Non Sulphur Added 2018
La Mancha

7,5

druif: tempranillo
alcohol: 13%
type: medium DYN
prijs: € 4,50

Geen zwavel toegevoegd. Voor diegenen die puur natuur wensen te drinken en vrees hebben voor het conserveringsmiddel zwavel vanwege mogelijke allergische reacties. Voor diegenen die bovendien houden van zoete, zachte rijpe kersen en aaibare tannines is het ook een aanrader.

Deen Biologische Huiswijn Rood

LITER

Vino de España

7·5

druif: merlot, syrah, tempranillo
alcohol: 12,5%
type: vol BIO
prijs: € 3,99

Merlot en syrah nemen minstens een halve liter voor hun rekening en laten zich flink gelden. De extra inspanningen werpen hun vruchten af: de bioliter is beter dan voorgaande edities ondanks het iets lagere alcoholpercentage. Dan kunnen we met goed fatsoen tenminste nog een slokje extra nemen. Donker fruit, laurier, stoer doen, eeltigheid en een werkoverall. Dat laatste is geen overbodige luxe als je biologisch verbouwt.

Deen Huiswijn Rood

LITER

Vino de España

7

druif: bobal, tempranillo
alcohol: 11,5%
type: medium
prijs: € 3,99

Wederom weer soepel in de heupen en dik in orde. Bobal, in goeden doen een fruitbommetje. Tempranillo, bijna onmisbaar in het Spaanse land. Samen goed voor een milde, soepele allemansvriend. Zoetige kersen, wat lichte zuren en voldoende houvast om niet helemaal gedachteloos weg te klokken. We literen thuis rustig verder.

Finca Labarca

Crianza 2016

Rioja

7·5

druif: tempranillo
alcohol: 13,5%
type: medium
prijs: € 5,00

Uit Rioja Alavesa, de beste regio. Crianza die tijdens de bevoorrading niets te raden overlaat. Volop vanille, fijne specerijen en rijpe, zoete, opgewreven kersen. Om van in de handen te wrijven: het prijskaartje. Voor dat geld ook nog een gouden medaille op de fles. Maar die hebben ze er zelf op geplakt: *local grower* staat erop. Hoera.

VERENIGDE STATEN ROOD

Woodhaven (NIEUW)

Zinfandel 2017

California

7·5

druif: zinfandel
alcohol: 13,5%
type: vol
prijs: € 5,50

Geen grote wijn in Nederland, het rood van Amerika's nationale trots, de zinfandeldruif. Opmerkelijk, want we gaan stevig rood, de geur en smaak van zwarte bessen, bramen, kersen, peper, laurier, anijs, ceder, chocola en kruiderijen hier toch gewoonlijk niet uit de weg. Woodhaven zelf doet ook geen stap opzij trouwens. Niet zoet.

ZUID-AFRIKA ROOD

Danie de Wet

Pinot Noir 2018

Robertson

7·5

druif: pinot noir
alcohol: 14%
type: medium
prijs: € 7,00

Danie schrijft de wet voor als het om chardonnay gaat. Sinds kort is ook pinot noir aan boord. Die is ook dit jaar weer krachtig, kordaat en boersig. We bespeuren er ook een klein beetje kampvuurrokerigheid in. Zou Danie de wet een beetje aan zijn laars hebben gelapt en er een spatje pinotage in hebben gedaan voor nog wat extra body?

FRANKRIJK ROSÉ

Mille Bisous XXX (NIEUW)

2018

Pays d'Oc

8

druif: grenache
alcohol: 12,5%
type: medium
prijs: € 5,99

Het begint met mille bisous, duizend kusjes, en we vervolgen met een triple x-waarschuwing. Wees niet bevreesd. Hoogstens verschijnen er wat blosjes op de wangen door kirrende frambozen, lichtzinnige kersen en kokette kruiderij.

Mimi en Provence (NIEUW)

2018

Côtes de Provence

8

druif: grenache, syrah
alcohol: 12,5%
type: medium
prijs: € 9,00

Fijn van kleur. Fijn van smaak. Perzik en abrikoos. Licht rood fruit. Frêle kruiderij. Licht en droog. De jury van het Concours Général Agricole te Parijs vond een en ander een zilveren medaille waard.

Reserve Naturelle Prestige

Rosé 2018

Méditerranée

7+

druif: cinsault, grenache
alcohol: 12,5%
type: medium BIO
prijs: € 8,00

Perzikrosé met blosjes op de wangen. Prestigieus verpakt in gezandstraald glas. Fraîcheur présent.

SPANJE ROSÉ

Doña Victoria

Rosado

Campo de Borja

7

druif: garnacha
alcohol: 13,5%
type: medium
prijs: € 3,25

Een oprechte niets-aan-de-hand-rosé. Aangenaam rood fruit, lichtkruidig en droog.

Doña Victoria

Rosé 2018

Campo de Borja

7

druif: garnacha
alcohol: 12%
type: medium
prijs: € 3,25

Goede rosado hoeft helemaal niet veel te kosten. Droog, volop rood fruit, kruidig en sappig. Van harte aanbevolen.

Espadaña (NIEUW)
Rosado 2019
Rueda

7+
alcohol: 13%
type: medium
prijs: € 5,50

Dieproze snoeperd, met frivole framboos en zuren die duren tot zonsondergang.

AUSTRALIË WIT

Stoney Creek (NIEUW)
Chardonnay 'Premium' 2018
Limestone Coast

8
druif: chardonnay
alcohol: 12,5%
type: medium
prijs: € 9,00

Premium. Premium prijs. Premium presentatie goddank, anders is het ook weer zo sneu. Rijp, rond en gesoigneerd. Suikermeloen, ananas, perzik en grapefruit. Rijk, maar niet overdreven.

CHILI WIT

Ecobalance
Chardonnay 2018
Casablanca Valley

8
druif: chardonnay
alcohol: 13,5%
type: medium BIO
prijs: € 5,00

Niet mild met mild tropisch fruit, net geplukte perzik en citrusfrissigheid. Prima materiaal voor een balansdag.

Favoritos (NIEUW)
Chardonnay 'Reserva' 2019
Colchagua Valley

8
druif: chardonnay
alcohol: 13,5%
type: medium
prijs: € 6,00

Subtiele, slanke, lichtvoetige chardonnay. Wie meer gewicht in de fruitschaal zoekt, moet deze niet overwegen. Licht tropisch, het zoet van Turks fruit, het zoetzure van een rijpe appel die opmerkelijk genoeg niet ver van de notenboom valt.

Favoritos (NIEUW)
Sauvignon Blanc 'Classic' 2019
Central Valley

7·5
druif: sauvignon blanc
alcohol: 12,5%
type: medium
prijs: € 5,00

Wordt de favoriet voor wie van een wat rijpere soort sauvignon blanc houdt. Tropentikje, vulling, zacht en niet te onstuimig.

Indomita
Chardonnay Gran Reserva 2018
Casablanca Valley

7·5
druif: chardonnay
alcohol: 14%
type: vol
prijs: € 5,40

Vorig jaar al beoordeeld. Toen rank en fris. Het jaartje extra flessenrust heeft 'm wat rijper en ronder gemaakt. De tropen gaan open. Vanille vanuit de flanken. Een bewijs van anijs.

Indomita (NIEUW)

Viognier Gran Reserva 2018
Bío-Bío Valley

7.5
druif: viognier
alcohol: 13,5%
type: medium
prijs: € 5,50

Bío-Bío en toch niet bio. Nu hoef je voor herbiciden en pesticiden niet te vrezen in Chili. Die worden daar niet of nauwelijks gebruikt. Niet nodig. Ook een gevoelig typetje als de viognier verlangt daar geen extra bescherming. Onbezorgde perzikpresentatie, een dartele abrikoos, een fluisterend stemgembertje en een fijn bittertje bij het afscheid vallen ons ten deel.

Viña Maipo

Chardonnay 2018
Central Valley

7.5
druif: chardonnay
alcohol: 12,5%
type: medium
prijs: € 4,20

Heet wel Maipo, komt echter niet uit deze vallei maar uit Chili's centrale druiven meld- en regelkamer Central Valley. Van daaruit is een zachte witte afgeleverd. Met een spoortje exotische vruchten, scheutje room en een mildzure afdronk. Heeft ingeleverd op zijn alcoholpercentage (van 13 naar 12,5) maar niet op kwaliteit: beduidend meer inhoud dan de 2017-oogst.

FRANKRIJK WIT

Bourgogne

Chardonnay 2017
Bourgogne

7.5
druif: chardonnay
alcohol: 13%
type: medium
prijs: € 6,00

Voor wie weleens andere bourgogne wil drinken dan louter die van honderden euro's of meer per fles. U proeft gegarandeerd het verschil. Maar het is een vriendelijke, schone, lichte chardonnay. Dit oogstjaar overtuigender, gevulder en wat tropischer dan voorgaande edities. Bourgogne zonder besognes.

Deen Huiswijn Wit Droog

LITER
Côtes de Gascogne

7+
druif: colombard, ugni blanc
alcohol: 10,5%
type: licht
prijs: € 3,50

Gascogne. Sinds jaar en dag een betrouwbare regio om als super je huiswijnliters te halen. Droog. Zoals het etiket belooft. En ook met kwiek en fit wit fruit, citrusbijdrage en een hoge dorst-lest-best-factor. Ofschoon het een liter is, biedt deze Gascogner een uitgelezen kans om al drinkend te minderen: het alcoholpercentage bedraagt net zoals vorig jaar slechts 10,5 procent. Toch is er een kleine verandering: iets beter geworden. Pluspunt.

Duc de Castellac

Sauvignon 2018
Bergerac

7+
druif: sauvignon blanc
alcohol: 12%
type: licht
prijs: € 5,50

Prettige, licht verteerbare zuidwest-sauvignon. Lichtgroen, transparant geel, licht bitter en snel doordrinkbaar.

Jean Sablenay

Chardonnay 2018
Vin de France

7

druif: chardonnay
alcohol: 12%
type: medium
prijs: € 3,50

Soms een uitschieter naar boven. Maar belandt tot op heden nooit onder de streep. Schone, frisse, niet te uitzinnige, dorstlessende witte wijn die toevallig van de chardonnaydruif is gemaakt en die we allemaal zo goed kennen.

Reserve Naturelle Prestige (NIEUW)

Sauvignon Viognier 2018
Méditerranée

8

druif: sauvignon blanc, viognier
alcohol: 13%
type: medium BIO
prijs: € 8,00

Vol met sauvignons limoen- en citroenpracht. Viognierende bloemenweelde. Omlijst met duellerende citrus-ananas. Wijn avant-la-grappa.

ITALIË WIT

Terrazzano

2018
Verdicchio dei Castelli di Jesi

7.5

druif: verdicchio
alcohol: 12%
type: licht
prijs: € 4,00

De ideale witte Italiaanse huiswijn. Wit fruit, besjes, zachte bitters, milde zuren. Dorstlesser pur sang. Geen geld. De geruststellend lelijke amforafles krijg je op de koop toe.

Tor del Colle (NIEUW)

Pecorino 2018
Terre di Chieti

8

druif: pecorino
alcohol: 13%
type: medium
prijs: € 5,99

Mark heeft zijn torentje. En *DGH* heeft er nu ook een: Tor del Colle. Kunnen we altijd heen als we het even niet meer weten in de supermarkt. Rood en wit dik in orde. Mooie zware fles. En voor dat geld ook nog met een verrassend smakelijke inhoud. Waarlijke pecorino vol *limone e citrone*. Sappig in aanzet, met genoeg body voor de maaltijd. *Linguine al salmone* bijvoorbeeld.

Tor del Colle

Sauvignon 2018
Trevenezie

8

druif: sauvignon blanc
alcohol: 12,5%
type: medium
prijs: € 5,99

Anders sauvignonnerig dan een Loire-editie. Dieper. Rijper. Geliger gras en rijpere lychee dan eentje uit Marlborough. Stuift niet, maar glijdt. Opmerkelijk rustig dus, voor een Italiaan.

NIEUW-ZEELAND WIT

Te Waina (NIEUW)

Sauvignon Blanc 2019
Marlborough

8

druif: sauvignon blanc
alcohol: 12%
type: licht
prijs: € 5,00

Tien redenen waarom sauvignon blanc uit Nieuw-Zeeland zo populair is geworden: kruisbessen, kiwi, groene appel, grapefruit, limoen, mango, doperwtjes, passievrucht, energie en een vriendelijk prijskaartje. Tel maar na. En tel uit je winst.

OOSTENRIJK WIT

Green
Grüner Veltliner trocken 2018
Niederösterreich

7

druif: grüner veltliner
alcohol: 12,5%
type: licht
prijs: € 5,00

Groene appels, meloen en limoen. Vriendelijke grüner die goed zijn best doet om lekker gevonden te blijven worden.

ROEMENIË WIT

I Am
Sauvignon Blanc 2018

7·5

druif: sauvignon blanc
alcohol: 12%
type: licht
prijs: € 4,00

I Am. En wat ben je dan? Een sappige sauvignon blanc met veel perendrups-perzik-meloensnoepjesfruit en een prettig groene, citrusrijke, knisperende frisse afdronk. Dat ben je. Bovendien ben je erg voordelig.

SPANJE WIT

Árbol de Vida
Verdejo 2018
La Mancha

7·5

druif: verdejo
alcohol: 12,5%
type: licht DYN
prijs: € 4,50

Daar is de levensboom weer, de Árbol de Vida. Groene appels. Ze hangen er strak bij dit jaar. Je hoort ze bijna knapperen. Kiwi en limoen bemoeien zich verder met de sapstroom, en die vloeit rijkelijk.

Deen Biologische Huiswijn Wit
LITER
Vino de España

7·5

druif: airén, sauvignon blanc, verdejo
alcohol: 12,5%
type: medium BIO
prijs: € 3,95

Ook dit jaar weer opvallend goedgeluimd. Links en rechts trakterend op peren, suikermeloen, groene appels en citrus. Spat nog wat na. Maar waar je een dreinende kleuter voor dat laatste een dreun voor zijn kanis geeft, vraag je in dit geval of het glas nog even volgeschonken kan worden. Moet geen probleem zijn. Er zit toch een liter in en het kost niks.

Gran Espanoso
Vintage Cuvée Brut
Cava

7

druif: macabeu, parellada, xarel·lo
alcohol: 11,5%
type: droog M
prijs: € 5,00

Keurig voor dit prijsniveau. Niet te streng. Niet te kartonnig. Mollige mousse. Zacht en rijp fruit. Oprecht en eerlijk afdrinkend.

ZUID-AFRIKA WIT

Danie de Wet
Chardonnay Barrel Reserve 2018
Robertson

8·5

druif: chardonnay
alcohol: 13%
type: medium
prijs: € 9,00

De gewone al prima. De *matured on lees* heel mooi verzorgd en smakelijk. Maar het kan altijd beter. Danie de Wet onderstreept zijn status als chardonnay-expert met zijn houten versie. Barrel Reserve. Wijn geworden tussen de planken. Gerijpt tussen de planken. Eiken toch niet te nadrukkelijk aanwezig. Roomtikje, koel tropisch fruit, perzikspatje en een snufje vanille. Wijnspeciaalzaak-kwaliteit. Vorig jaar al beoordeeld, maar nog steeds in de supermarkt te koop.

Danie de Wet
Chardonnay matured on the lees 2019
Robertson

8·5

druif: chardonnay
alcohol: 14%
type: medium
prijs: € 7,00

Met dank aan Danie stralen sterren in Robertson. De gewone chardonnay en de sauvignon blanc bieden meer dan hun prijskaartje doet vermoeden. Ook dit jaar ontstijgt De Wetshof de gemiddelde chardonnay-supermarktkwaliteit. Rijpe appel, tropentouch, limoenfraîcheur en met een prettig-notige afdronk.

Danie de Wet
Chardonnay 2019
Robertson

8

druif: chardonnay
alcohol: 13%
type: medium
prijs: € 5,00

Goed gedaan weer, Danie. Uitstapje richting de tropen, sappige vulling, veel fruit. Heeft helemaal zijn draai gevonden. Nu de braai nog: zalm met grillruitje.

Danie de Wet
Sauvignon Blanc 2019
Robertson

8

druif: sauvignon blanc
alcohol: 12,5%
type: medium
prijs: € 5,00

Voor wie graag een uit de startblokken weg sprintende sauvignon blanc drinkt. Tijdje niet in beeld geweest maar imponeert met een tot de verbeelding sprekende comeback. Doet mee aan 'stand in de wand' en de kleur is... groen! Felle Zuid-Afrikaan, met pittig wit fruit, fiks wat zuren en volstrekt droog finishend.

Zuydpunt
Chenin Blanc Viognier 2019
Western Cape

7

druif: chenin blanc, viognier
alcohol: 12,5%
type: medium
prijs: € 5,99

Weet dit keer de puntjes op de i van Zuydpunt te krijgen. Ja, we weten het: die staan daar helemaal niet. Maar toch werd het dit oogstjaar een prima wijn. Kakelverse abrikoos en perzik, vol en rijp en voldoende fris om niet meteen weer dorst te krijgen.

AUSTRALIË ROOD

Stoney Creek
Shiraz Grenache Petit Verdot 2018
South Eastern Australia

7

druif: grenache, petit verdot, shiraz
alcohol: 13%
type: medium
prijs: € 5,99

Niet om een gat van in de lucht te springen, maar wel sympathiek. Grappige blend ook. De usual suspect shiraz heeft aan zijn zijde petit verdot en grenache. Rond, soepel, zoetig. Allemansvriend.

Stoney Creek
Shiraz Viognier Fleurieu 'Premium' 2018
South Eastern Australia

7·5

druif: shiraz, viognier
alcohol: 14%
type: vol
prijs: € 8,99

Voor de Premium Hunters. Valt in de categorie 'kijk mij luxe doen'. Speculaaskruiden, vanillestokjes en zoethout zonder dwangnageltjes pootjebadend in een zee aan rijp, romig en zonnig rood fruit. Prima weer dit jaar.

Willowglen (NIEUW)
Shiraz 2018
South Eastern Australia

7+

druif: shiraz
alcohol: 14%
type: vol
prijs: € 4,99

Van de Willowglen-roden haalt dit jaar alleen shiraz de eindstreep. Omdat-ie wat stugger en voller is dan de merlot en cabernet. Omdat-ie in ieder geval karakter toont, laat zien dat-ie pruim en kruidigheid in huis heeft.

CHILI ROOD

1 De Beste Chili
LITER
Central Valley

8

druif: cabernet sauvignon
alcohol: 13%
type: vol
prijs: € 3,99

Volfruitig. Bij goede Chileense cabernet sauvignons is er geen ontkomen aan, aan die zwarte bessen. Dit is er eentje. Pepermuntfrisje op de afdronk. Literen maar.

Ecobalance
Cabernet Sauvignon 2018
Central Valley

8

druif: cabernet sauvignon
alcohol: 13,5%
type: vol BIO
prijs: € 5,29

Balans beweegt dit jaar weer ietsjes meer richting fruit. Dat bevalt beduidend beter dan in de 2017-editie, waarin het eiken zich wat meer liet gelden. Thans weer kers, bes, cassis en pruim die hun gewicht in de schaal leggen.

Ecobalance
Merlot 2018
Rapel Valley

8

druif: merlot
alcohol: 13,5%
type: vol BIO
prijs: € 5,29

Rapel: en ik val in herhalingen. Wederom een soepele, zachtige, kruidig-donkere, vlezige, stevige en zoetbespecerijde merlot. Wat driester en duidelijker dan vorig oogstjaar. Wat meer lef. Wat meer in het glas.

Espiritu de Chile (NIEUW)

Cabernet Sauvignon 'Intrépido' Reserva 2018
Valle Central

8

druif: cabernet sauvignon
alcohol: 13%
type: medium
prijs: € 6,99

Reserva. Doet kruidenrek, vanillesplinters en eikenhout vermoeden maar is juist fris, open en vol sappig fruit.

Espiritu de Chile (NIEUW)

Carmenère 'Viajero' 2018
Central Valley

7·5

druif: carmenère
alcohol: 12,5%
type: medium
prijs: € 5,99

Toeschietelijke carmenère. Niet te streng in cacao- en koffiebitters. Dik donker fruit, vriendelijke tannines, zachte zuren en een grote belangstelling voor stoofvlees.

Espiritu de Chile (NIEUW)

Merlot 'Viajero' 2018
Valle Central

7·5

druif: merlot
alcohol: 12,5%
type: medium
prijs: € 5,99

Niet te zoete pruimen, bittere kersen, een snufje laurier, een zonzoetje, that's the Espiritu.

Favoritos (NIEUW)

Cabernet Carmenère 'Classic' 2019
Central Valley

7·5

druif: cabernet sauvignon, carmenère
alcohol: 13,5%
type: vol
prijs: € 4,99

De Triple C formule: cabernet carmenère classic. Nog een c van cassis. Verder in het alfabet met bramen, wat mint, espresso, kersenbonbons en zoethout in een fijne light-editie.

Favoritos (NIEUW)

Cabernet Sauvignon 'Reserva' 2018
Colchagua Valley

7·5

druif: cabernet sauvignon
alcohol: 14%
type: vol
prijs: € 5,99

Gemaakt door Luis Felipe Edwards, familiedomein in Colchagua. Favoriet voor wie van kloeke cassis, bessen en laurier houdt. Niet te oaky daarom okay.

Favoritos (NIEUW)

Carmenère 'Reserva' 2018
Colchagua Valley

8

druif: carmenère
alcohol: 14%
type: vol
prijs: € 5,99

Precies wat een kordate carmenère uit Chili moet hebben. Zwart en rood fruit. Koffie en cacao. Spicy, zoet en bitter. Rood voor wie in zijn espresso ook een klein beetje suiker doet.

Favoritos (NIEUW)

Merlot 'Classic' 2019
Central Valley

7·5

druif: merlot
alcohol: 13,5%
type: vol
prijs: € 4,99

Wellicht niet direct een klassieker. Meer een eigentijdse merlot. Niet al te streng. De tannines fijnbesnaard. De pruim slank maar niet anorex. Licht laurier en monter van inborst.

Gato Negro

Cabernet Sauvignon '9 Lives Reserve' 2018
Central Valley

7+

druif: cabernet sauvignon
alcohol: 13,5%
type: vol
prijs: € 6,99

De zwarte kat met de negen levens. In de fles ook dit jaar weer het te verwachten kloeke cassis-sap, met bramenbitters, soepelheid en kracht gecombineerd. Het zoet van rijp donker fruit, goede zuren, mild bittere afdronk. Wat droppiger dit jaar. Katjesdrop?

Gato Negro

Merlot 2019
Central Valley

7

druif: merlot
alcohol: 13%
type: medium
prijs: € 4,98

Zwarte kat geeft kopjes, koffie. Katjesdrop erbij en wat lekkere zwarte besjes.

Indomita

Cabernet Sauvignon Carmenère 'Duette' 2016
Maipo Valley

8·5

druif: cabernet sauvignon, carmenère
alcohol: 14,5%
type: vol
prijs: € 6,99

Kloek. Krachtig. Koffie. Cacao. Cassis. Meerstemmig duet. Klinkt ook dit jaar weer luid en duidelijk. Geel valse noot in te ontdekken.

Indomita

Zardoz 2016
Maipo Valley

8

druif: cabernet sauvignon
alcohol: 14%
type: vol
prijs: € 9,99

Als wijnmaker van Zardoz zou ik gaan klagen. 'De zon, de aarde en het water hebben van deze Zardoz een unieke, gesofisticeerde, elegante en ronde wijn gemaakt, met rijpe tannines die van iedere druppel een onvergetelijke gebeurtenis maken,' lees ik op het achteretiket. Daar sta je dan met je vwo, een zes jaar durende vervolgopleiding, twee jaar stage en een werkweek van 60 uur of meer.

Regalo

Merlot 2018
Valle Central

7

druif: merlot
alcohol: 12,5%
type: medium
prijs: € 5,99

Een in Frankrijk gebottelde Chileen. Waarom? In bulk vervoeren is voordeliger dan flessen de zee op sturen. En hoe luidt *the message in the bulk*? Moppige, droppige merlot. Donker fruit, een schaduwrandje tannines en een laurierkraakje. Chileen zonder pretenties maar ook dit jaar weer met voldoende inhoud om de eindstreep te halen.

FRANKRIJK ROOD

Bourgogne

Pinot Noir 'Vieilles Vignes' 2018

Bourgogne

8

druif: pinot noir
alcohol: 12,5%
type: medium
prijs: € 6,99

Terwijl de prijzen in Bourgogne de pan uit rijzen, reizen wij toch even naar Bourgogne om te ontdekken dat een patente rouge geen prof-voetbalsalaris verlangt. Opgewekte, door een hoog-kwalitatief werkende coöperatie (Buxy) gemaakte pinot noir. Licht maar toch echte bourgogne. Pak een pan en braad een kip.

Dominique Duclos

Cabernet Sauvignon 2018

Pays d'Oc

7

druif: cabernet sauvignon
alcohol: 13%
type: vol
prijs: € 3,59

Niet groots en meeslepend, daar is het prijskaartje dan ook niet naar. Maar cabernet, dat is het wel. Rond, mild, rijp fruit. Zacht en soepel. Zwarte bessen en rood fruit kleuren goed bij elkaar mede dankzij de zonblosjes op de wangen.

Dominique Duclos

Merlot 2018

Pays d'Oc

7

druif: merlot
alcohol: 13%
type: medium
prijs: € 3,59

Vaste waarde. Altijd keurig in het gelid. Netjes in het schap. Braaf aan tafel. Drinkt zijn glaasje leeg. Zonnig, niet te streng en vol-sappig vanuit de pruimenhoek. Soepel in de heupen en vriendelijk in de benadering.

Esprit du Rhône

2018

Côtes du Rhône

7·5

druif: syrah
alcohol: 13%
type: licht
prijs: € 5,49

Wat donkerder gestemd dit jaar. Met lekker veel zwarte bessen en een keur aan ander bosfruit.

Maison Lizart

Cabernet Sauvignon 2018

Pays d'Oc

7·5

druif: cabernet sauvignon
alcohol: 13,5%
type: medium
prijs: € 6,99

Cabernet wil in het zuiden nog weleens suf worden. Lizart verstaat de kunst van 'm koel en alert houden. Volop vers rood en zwart fruit, licht laurier en zonnige tannines.

Maison Lizart (NIEUW)

Merlot 2018
Pays d'Oc

7·5

druif: merlot
alcohol: 13,5%
type: medium
prijs: € 6,99

Merlot van de z van het zonnige zuiden. Rijpe pruimen, wat bessen, een laurieraanzet en ondanks alle chaleur een frisse finale.

The Collection

Côtes du Rhone 2018
Côtes du Rhône

7

druif: grenache, syrah
alcohol: 13%
type: medium
prijs: € 5,49

Speelse rode rhône. Knikkert met besjes, ravot wat in de braamstruiken, speelt lekker vrij in de tanninezandbak. Zand in het oog? Dropje erop.

ITALIË ROOD

Codici

Primitivo 'Masserie' 2018
Puglia

8

druif: primitivo
alcohol: 13,5%
type: vol
prijs: € 5,99

Codici: code rood. Kersen, frambozen, lekker rijp. Zonnige en gezonde rosso.

Costerosso (NIEUW)

2018
Rubicone

8

druif: sangiovese
alcohol: 13,5%
type: medium
prijs: € 4,99

Rubicone. Klinkt als een playmate waar Berlusconi graag mee speelde maar is een regioduiding in Emilia-Romagna. Overigens wel een vriendelijk dartelende, aanhankelijke, knipogende en jeugdige sangiovese. Kokette en kakelende kersjes, lichte zuren en neiging om te pleasen. Toch weer overeenkomsten te over.

Podere di San Bruno (NIEUW)

2014
Barolo

7

druif: nebbiolo
alcohol: 13%
type: vol
prijs: € 12,99

Kan barolo voor dit geld? Klaarblijkelijk. Al moet je niet zo'n barolo verwachten die wordt bezongen als 'De Koning der Wijnen'. Dit is er eentje uit de hofhouding. Die met het personeel mee-eet in de keuken, waar het sowieso een stuk gezelliger is dan aan het staatsbanket boven. Beneden staan gul de pannen met stoofvlees op tafel, doet men fijn mee met *shared dining*, dat daar gewoon 'mag ik de pan nog even van je?' heet, en worden de glazen nog eens volgeklotst met een kloeke, kranige nebbiolo met rozengeur, bittere pruimen, bonkige bramen, zwarte kersen en diepdonkere keldertanninetjes.

Terrazzano (NIEUW)

Sangiovese 2018
Marche

7

druif: sangiovese
alcohol: 12%
type: medium
prijs: € 4,59

Van de producent die ons al jaar in jaar uit een prettige witte verdicchio in een geruststellend lelijke amforafles met schroefdop schenkt, is hier nu een vieve rode in een fatsoenlijke uitmonstering. Inhoud is dat ook: kwieke, frisse, bes-kersige rosso met een klein kruidengarnituurtje op de afdronk.

The Collection

Chianti 2017

Chianti

7+

druif: sangiovese
alcohol: 12%
type: medium
prijs: € 5,49

The *nieuwe* Collection. Deka's en Dirk's huiswijnen-plus hebben een swingend Engelse naam gekregen. Misschien vanwege de expats die er ook shoppen? En die bijvoorbeeld niet al te veel geld willen uitgeven aan een lichtvoetige chianti. Met kleine kersjes en krentjes, met dito zuren en vriendelijk koel sap. Verzamel ze allemaal voor een rondje Europa, want The Collection doet ook nog Spanje, Frankrijk en Hongarije aan.

SPANJE ROOD

1 De Beste Biologische Huiswijn Rood

LITER

Vino de España

7·5

druif: merlot, syrah, tempranillo
alcohol: 13%
type: vol BIO
prijs: € 3,99

Merlot en syrah nemen minstens een halve liter voor hun rekening en laten zich flink gelden. De extra inspanningen werpen hun vruchten af: de bioliter is beter dan voorgaande edities ondanks het iets lagere alcoholpercentage. Dan kunnen we met goed fatsoen tenminste nog een slokje extra nemen. Donker fruit, laurier, stoer doen, eeltigheid en een werkoverall. Dat laatste is geen overbodige luxe als je biologisch verbouwt.

1 De Beste Huiswijn Rood

LITER

Vino de España

7

druif: bobal, tempranillo
alcohol: 11,5%
type: medium
prijs: € 3,99

Wederom weer soepel in de heupen en dik in orde. Bobal, in goeden doen een fruitbommetje. Tempranillo, bijna onmisbaar in het Spaanse land. Samen goed voor een milde, soepele allemansvriend. Zoetige kersen, wat lichte zuren en voldoende houvast om niet helemaal gedachteloos weg te klokken. We literen thuis rustig verder.

Árbol de Vida (NIEUW)

Tempranillo Non Sulphur Added 2018

La Mancha

7·5

druif: tempranillo
alcohol: 13%
type: medium DYN
prijs: € 4,49

Geen zwavel toegevoegd. Voor diegenen die puur natuur wensen te drinken en vrees hebben voor het conserveringsmiddel zwavel vanwege mogelijke allergische reacties. Voor diegenen die bovendien houden van zoete, zachte rijpe kersen en aaibare tannines is het ook een aanrader.

Finca Labarca

Tinto 2018

Rioja

7·5

druif: tempranillo
alcohol: 13%
type: medium
prijs: € 3,99

Puur, eenvoudig en jeugdig. Veel sappig kersenfruit. Met pit. Kan gekoeld worden gedronken.

Finca Manzanos (NIEUW)

Crianza 2016

Rioja

8

druif: garnacha, mazuelo, tempranillo
alcohol: 13,5%
type: vol
prijs: € 9,99

De lente als een lastige kleuter, dreinend en met een frons. De zomer heet en puffend. Dankzij een overenthousiaste Pluvius een najaar dat tranen met tuiten huilde. En dan toch een wijn met een lach om de mond. Want een wijnmaker die zijn zaakjes onder controle heeft. Kordate crianza. Stevig, vleeskersen, sap en wat zoethout door maar liefst achttien maanden houthulp waar slechts zes maanden verplicht is.

Finca Manzanos (NIEUW)

Gran Reserva 2010

Rioja

9-

druif: garnacha, graciano, tempranillo
alcohol: 13,5%
type: vol
prijs: € 19,99

Een heel goede gran reserva uit een oogstjaar dat als 'excelente' geboekstaafd staat. Alles wat de liefhebber van de klassieke rioja-school begeert, heeft in de eikenhouten banken plaatsgenomen. Rijpe kersen, gewelde pruimen, zoete laurier, gedroogde morilles en discreet achter de hand geeuwende tannines. Herfstvermoedens worden bij de les gehouden door een vanillestokje dat op de achtergrond de maat slaat. Maakt iemand even de open haard aan? Niet met de eikenhouten banken s.v.p.

Finca Manzanos (NIEUW)

Reserva 2014

Rioja

9-

druif: garnacha, graciano, tempranillo
alcohol: 13,5%
type: vol
prijs: € 14,99

Tot de verbeelding sprekende reserva waarin de herfst al gloort. Bedaagd, uitgerijpt rood fruit, ingelopen suède schoenen, kalfslederen elfenbankjes, truffel, vanillestokjes, sigarenkistjes en bibliotheken waar de tijd heeft stilgestaan en slechts een kraakje van de lambrisering incidenteel de stilte doorbreekt. Dat laatste kan overigens ook de vloer zijn. En ja hoor, kijk aan. Daar komt de gastheer aan met een fles, twee glazen en – niet onbelangrijk – een kurkentrekker.

Finca Manzanos (NIEUW)

Tempranillo 2018

Rioja

8.5

druif: tempranillo
alcohol: 13,5%
type: medium
prijs: € 7,49

Eerder al eens de 2017-editie geproefd. Kleine oogst helaas vanwege overigens grote dorst veroorzakende klimatologische omstandigheden: extreme hitte en flinke droogte. Maar wat er in de fles belandde was erg goed. Manzanos zorgde met zijn basis-tempranillo voor een pittige tinto met kordate kersen, koele pruim, voorzichtig invoegende laurier en compacte tannines. Thans hebben we de 2018 in het glas. Dankzij wat regen op precies het juiste moment mag de liefhebber zich verheugen op *rioja all you can drink*. Niet alleen qua kwantiteit maar met name ook wat kwaliteit betreft. En waar het voorgaande jaar nog een 8 scoorde vliegt de waardering nu omhoog. Dankzij wellustig rood fruit, zonnegloed zonder suf te worden, malse tannines en een afdronk die erin gaat als zoete koek.

Gran Comensal

Tempranillo-Merlot 2018
Vino de España

7

druif: merlot, tempranillo
alcohol: 11,5%
type: medium
prijs: € 4,99

Nederig maar niet naar. Montere, koel te drinken tinto. Kersen, bessen, pruimen en laurier. Een nederige 11,5 procent ook slechts.

The Collection

Rioja 2018
Rioja

7

druif: graciano, tempranillo
alcohol: 13,5%
type: medium
prijs: € 5,49

Het etiket van The Collection geeft instructies: '*Enjoy with great friends. Pairs best with meat & bbq.*' Hmm... Ten eerste is-ie ietwat te vriendelijk om gehakt van een gegrilde steak te kunnen maken. Ten tweede: weet niet of *my best friends* onze langdurige vriendschap onderstreept zien als ik ze deze rioja schenk, maar deze beëindigen zal ook weer niet gebeuren. Aardige soepele, kersen distribuerende snoepjes-rioja. Klein zoetje, vriendelijke zuren. Doet geen kwaad.

ZUID-AFRIKA ROOD

First Cape (NIEUW)

Cabernet Sauvignon 'Special Cuvée' 2019
Western Cape

7.5

druif: cabernet sauvignon
alcohol: 13%
type: medium
prijs: € 5,49

De Eerste. Speciaal. Eerder: keurig. Correcte cabernet die nergens streng of tannineus wordt. Soepel, zonnig, zacht. Met rijp rood fruit, een vanillehandje en netjes gepoetste schoenen.

FRANKRIJK ROSÉ

Crouzet

Les Sariettes 2018
Saint-Saturnin

8

alcohol: 13%
type: vol
prijs: € 7,99

Niet zo'n in elkaar geknutselde snoepjesrosé. Abonnementje op stevig en pront. Bittertje links. Bittertje rechts. Jazeker, er zijn ook aardbeien en frambozen. Maar niet uit een zakje met winegums. Prettige zuidelijke kruiderij, tevens spuitbusvrij. Fris ook. En niet uit een airco.

Maison Lizart (NIEUW)

2018
Pays d'Oc

8

druif: cinsault, grenache noir, syrah
alcohol: 12,5%
type: medium
prijs: € 6,99

Rosé zonder zonnesteek. Niet te overdreven rijp en zeker ook niet te zoet. Goede. sappige droge rosé zonder poezpaz.

Mimi en Provence (NIEUW)

2018
Côtes de Provence

8

druif: grenache, syrah
alcohol: 12,5%
type: medium
prijs: € 8,99

Fijn van kleur. Fijn van smaak. Perzik en abrikoos. Licht rood fruit. Frêle kruiderij. Licht en droog. De jury van het Concours Général Agricole te Parijs vond een en ander een zilveren medaille waard.

AUSTRALIË WIT

Stoney Creek (NIEUW)

Chardonnay 'Premium' 2018
Limestone Coast

8

druif: chardonnay
alcohol: 12,5%
type: medium
prijs: € 8,99

Premium. Premium prijs. Premium presentatie goddank, anders is het ook weer zo sneu. Rijp, rond en gesoigneerd. Suikermeloen, ananas, perzik en grapefruit. Rijk, maar niet overdreven.

Willowglen

Semillon Sauvignon Blanc 2018
South Eastern Australia

7+

druif: sauvignon blanc, sémillon
alcohol: 12,5%
type: medium
prijs: € 4,99

Tot voor kort jaar mocht de Willowglen-sémillon altijd een duopresentatie verzorgen met chardonnay, met een krakend droog relaas tot gevolg. Ging blijkbaar vervelen. Sinds vorig jaar is er een partnership met sauvignon blanc, en de samenwerking was succesvol genoeg. Het duo Sem & Sauv is in ieder geval nog bij elkaar. Niet geheel toonvast, maar raken aardige citrusnoten en limoentonen.

CHILI WIT

Ecobalance

Chardonnay 2018
Casablanca Valley

8

druif: chardonnay
alcohol: 13,5%
type: medium BIO
prijs: € 5,29

Niet mild met mild tropisch fruit, net geplukte perzik en citrusfrissigheid. Prima materiaal voor een balansdag.

Espiritu de Chile (NIEUW)

Chardonnay 'Intrépido' Reserva 2018
Valle Central

8-

druif: chardonnay
alcohol: 13%
type: medium
prijs: € 6,99

Romige rondingen, zachte landing, rijpe vruchten. Comfortabele chardonnay die niet slechts op aarde is om de dorst te lessen.

Espiritu de Chile (NIEUW)

Chardonnay 'Viajero' 2019
Central Valley

7,5

druif: chardonnay
alcohol: 12,5%
type: medium
prijs: € 5,99

Rustig een glaasje chardonnay drinken is er al ook niet meer bij. Het achteretiket roept ons op om toch maar vooral de QR-code in te scannen en een reis te maken door landschappen, kleuren, aroma's en geuren. Schijnt een onvergetelijke ervaring te worden. De chardonnay raakt in ieder geval niet de weg kwijt, blijft keurig op de gebaande paden van mango, banaan, ananas, een romigheidje en frisse zuren.

Espiritu de Chile (NIEUW)
Sauvignon Blanc 'Viajero' 2019
Valle Central

7·5

druif: sauvignon blanc
alcohol: 12,5%
type: medium
prijs: € 5,99

Ontstrakt, ontspannen en ontegenzeggelijk exotisch. Zachte, tropische stijl. Zoetmeloentje, wat peer, niet te nerveus.

Favoritos (NIEUW)
Chardonnay 'Reserva' 2019
Colchagua Valley

8

druif: chardonnay
alcohol: 13,5%
type: medium
prijs: € 5,99

Subtiele, slanke, lichtvoetige chardonnay. Wie meer gewicht in de fruitschaal zoekt, moet deze niet overwegen. Licht tropisch, het zoet van Turks fruit, het zoetzure van een rijpe appel die opmerkelijk genoeg niet ver van de notenboom valt.

Favoritos (NIEUW)
Sauvignon Blanc 'Classic' 2019
Central Valley

7·5

druif: sauvignon blanc
alcohol: 12,5%
type: medium
prijs: € 4,99

Wordt de favoriet voor wie van een wat rijpere soort sauvignon blanc houdt. Tropentikje, vulling, zacht en niet te onstuimig.

Gato Negro (NIEUW)
9 Lives Reserve – Sauvignon Blanc 2018
Central Valley

7

druif: sauvignon blanc
alcohol: 13%
type: vol
prijs: € 6,99

Van sauvignon blanc wordt weleens gezegd dat het een beetje naar kattenpies kan ruiken. Wacht, niet afhaken: lékkere kattenpies. Moeilijk uit te leggen, misschien beter om het zelf maar eens te ruiken. Laat de zwarte kat met de negen levens nu ook in het wit door het poezenluik van talloze supermarkten geslopen zijn.

Indomita
Chardonnay 'Duette' 2016
Casablanca Valley

8

druif: chardonnay
alcohol: 13,5%
type: vol
prijs: € 6,99

Duette. Chardonnay met zijn twee. Dubbelop exotisch fruit. Het duo vol en romig. Karamel en roosternootjes. Twee voor de prijs van één.

Regalo (NIEUW)
Sauvignon Blanc 2018
Central Valley

7

druif: sauvignon blanc
alcohol: 12%
type: licht
prijs: € 5,99

Correcte bulk-sauvignon blanc. Frispeer, limoen, citrus... ja werkelijk, het zit er allemaal in.

DUITSLAND WIT

Rebgarten
Pinot Blanc 2018
Nahe

7

druif: pinot blanc
alcohol: 12,5%
type: licht
prijs: € 5,99

Pakt uit met peer, helpt een appel uit zijn jas en stelt meloen voor aan citrus. Parmantige pinot.

FRANKRIJK WIT

1 De Beste Huiswijn Wit Droog
LITER
Côtes de Gascogne

7+

druif: colombard, ugni blanc
alcohol: 10,5%
type: licht
prijs: € 3,99

Gascogne. Sinds jaar en dag een betrouwbare regio om als super je huiswijnliters te halen. Droog. Zoals het etiket belooft. En ook met kwiek en fit wit fruit, citrusbijdrage en een hoge dorst-lest-best-factor. Ofschoon het een liter is, biedt deze Gascogner een uitgelezen kans om al drinkend te minderen: het alcoholpercentage bedraagt net zoals vorig jaar slechts 10,5 procent. Toch is er een kleine verandering: iets beter geworden. Pluspunt.

Bourgogne
Chardonnay 2017
Bourgogne

7·5

druif: chardonnay
alcohol: 13%
type: medium
prijs: € 5,99

Voor wie weleens andere bourgogne wil drinken dan louter die van honderden euro's of meer per fles. U proeft gegarandeerd het verschil. Maar het is een vriendelijke, schone, lichte chardonnay. Dit oogstjaar overtuigender, gevulder en wat tropischer dan voorgaande edities. Bourgogne zonder besognes.

Esprit du Rhône
2019
Côtes du Rhône

7·5

druif: grenache, marsanne, roussanne
alcohol: 14%
type: vol
prijs: € 5,49

Mollig en bijzonder vol wit. Ieder jaar wel met hoog opgetaste perzik, rijpe abrikoos en suikermeloen maar lijkt dit jaar wat te diep in het glaasje te hebben gekeken. Spreekt met dubbele tong, zeg maar. We proefden een tank-sample, dus wie weet trekt-ie nog wat bij.

Maison Lizart (NIEUW)
Chardonnay 2018
Pays d'Oc

7·5

druif: chardonnay
alcohol: 13,5%
type: medium
prijs: € 6,99

Opgewekte zuiderling. Met een vrolijke zwembroek aan. Vol tropische vruchten. Op naar een frisse duik.

ITALIË WIT

Costebianco (NIEUW)
2018
Sicilia

8,5

alcohol: 12,5%
type: medium
prijs: € 4,99

De druiven die voor de blend zijn gebruikt, zijn niet geduid. Zal wel een samenzijn zijn van catarratto en/of grillo en/of fiano, plus een spatje grecanico wellicht. Licht kruidig, fris en toch zonnig. Kittig wit fruit, fijne citrus en een beschaafd bittertje. Heerlijke vondst.

Terrazzano
2018
Verdicchio dei Castelli di Jesi

7,5

druif: verdicchio
alcohol: 12%
type: licht
prijs: € 3,99

De ideale witte Italiaanse huiswijn. Wit fruit, besjes, zachte bitters, milde zuren. Dorstlesser pur sang. Geen geld. De geruststellend lelijke amforafles krijg je op de koop toe.

Villa Cornaro (NIEUW)
Pinot Grigio 2018
Pinot Grigio delle Venezie

7

druif: pinot grigio
alcohol: 11,5%
type: licht
prijs: € 3,36

Eerst maar even de cijfertjes: 11,5 procent. Nipt boven de 3 euro. 7 omdat deze pinot grigio voor dat geld nog drinkbaar is ook. Licht appelig, citrusspatje. Niet om de hele wijnkelder van je villa mee vol te leggen om te wachten tot het beter wordt. Dit is 't.

NIEUW-ZEELAND WIT

Te Waina (NIEUW)
Sauvignon Blanc 2019
Marlborough

8

druif: sauvignon blanc
alcohol: 12%
type: licht
prijs: € 4,99

Tien redenen waarom sauvignon blanc uit Nieuw-Zeeland zo populair is geworden: kruisbessen, kiwi, groene appel, grapefruit, limoen, mango, doperwtjes, passievrucht, energie en een vriendelijk prijskaartje. Tel maar na. En tel uit je winst.

OOSTENRIJK WIT

Austrian Peach
Riesling 2018
Niederösterreich

7,5

druif: riesling
alcohol: 13,5%
type: medium
prijs: € 8,99

Peach. Perzik. Inderdaad. Rijke stijl riesling. Perzik met een kneepje citrus. En rijpe appel. Niet te droog. 'Adembenemend', volgens de schrijver van het achteretiket. Overdrijven is ook een vak.

ROEMENIË WIT

I Am
Pinot Grigio 2018
Brda

7

druif: pinot grigio
alcohol: 12%
type: licht
prijs: € 3,99

Perendrups, appelig en zachte zuren. Wederom vriendelijk smakend dit oogstjaar. Pretentieloos. Geldt ook voor het prijskaartje. I Am prima te drinken.

I Am

Sauvignon Blanc 2018

7·5

druif: sauvignon blanc
alcohol: 12%
type: licht
prijs: € 3,99

I Am. En wat ben je dan? Een sappige sauvignon blanc met veel perendrups-perzik-meloensnoepjesfruit en een prettig groene, citrusrijke, knisperende frisse afdronk. Dat ben je. Bovendien ben je erg voordelig.

SPANJE WIT

1 De Beste Biologische Huiswijn Wit

LITER

Vino de España

7·5

druif: airén, sauvignon blanc, verdejo
alcohol: 12,5%
type: medium BIO
prijs: € 3,95

Ook dit jaar weer opvallend goedgeluimd. Links en rechts trakterend op peren, suikermeloen, groene appels en citrus. Spat nog wat na. Maar waar je een dreinende kleuter voor dat laatste een dreun voor zijn kanis geeft, vraag je in dit geval of het glas nog even volgeschonken kan worden. Moet geen probleem zijn. Er zit toch een liter in en het kost niks.

Finca Manzanos (NIEUW)

Tempranillo Blanco 2018

Rioja

8·5

druif: tempranillo blanco
alcohol: 12%
type: medium
prijs: € 7,49

Rioja. Steeds vaker ook wit. Mag gemaakt worden van werkpaard viura, die met name in cava de kar trekt. Chardonnay is door de Spaanse wijnbazen ook toegelaten. Maar ja, waar eigenlijk niet? Interessanter wordt het als we met echt lokaal materiaal aan de slag kunnen: tempranillo blanco. 100 procent familie van zijn blauwe broer. Spannend? Zeker. Onalledaags? Ook. Lekker? Absoluut. Voor wie van gedroogd wit fruit, sukade (en dan heb ik het niet over de sudderlappen), zonnige kruiderij, milde zuren en venkeltonen houdt. Doe ik op zijn tijd. Bij dorade of zeebaars met venkel bijvoorbeeld. Mevrouw Hamersma heeft daar heerlijke recepten voor.

Gran Espanoso

Vintage Cuvée Brut

Cava

7

druif: macabeu, parellada, xarel·lo
alcohol: 11,5%
type: droog M
prijs: € 4,69

Keurig voor dit prijsniveau. Niet te streng. Niet te kartonnig. Mollige mousse. Zacht en rijp fruit. Oprecht en eerlijk afdrinkend.

Nava Real

Verdejo 2018

Rueda

7

druif: verdejo
alcohol: 12,5%
type: licht
prijs: € 4,99

Sappige mondverfrisser. Wit fruit, groen spikkeltje, citrus. Eenvoudig, oprecht en de real thing.

The Collection (NIEUW)

Verdejo 2018
Castilla

7

druif: verdejo
alcohol: 12%
type: licht
prijs: € 5,49

Hoewel niet uit *designated verdejo-area* Rueda, toch best frisse variant uit het zonnige Castilla. 'Pairs best with fish & sushi'. Lokaal is anders, maar ach, *the world is your oyster.*

ZUID-AFRIKA WIT

First Cape (NIEUW)

Chardonnay 'Special Cuvée' 2019
Western Cape

7.5

druif: chardonnay
alcohol: 12,5%
type: medium
prijs: € 5,49

Tropisch uitstapje plus peer, meloen en voldoende citrus om niet plakkerig te worden. Glaasje extra nemen om het allemaal nog eens door te nemen is geen bezwaar: 12,5 procent wordt steeds meer de trend.

First Cape (NIEUW)

Sauvignon Blanc 'Special Cuvée' 2019
Western Cape

7.5

druif: sauvignon blanc
alcohol: 12,5%
type: medium
prijs: € 5,49

Verwacht geen hittepetittende sauvignon blanc die nadrukkelijk net gemaaid gras met condens in je gezicht gooit. Je bestookt met kruisbessen en nat spat met limoen. Rustig, bedaagde Westkaper. Rijpe peer, kalme meloen, een milde verfrissing.

Niel Joubert (NIEUW)

Chenin Blanc 2019
Paarl

8

druif: chenin blanc
alcohol: 13%
type: medium
prijs: € 4,99

Kende ik tot op heden slechts vanuit de wijnspeciaalzaken met dito prijzen. Maar ook onder de vijf euro beviel Niel. Prima voor elkaar. Lichtexotisch en met een kekke citrusafdronk. Soort van koopje.

Zuydpunt

Chenin Blanc Viognier 2019
Western Cape

7

druif: chenin blanc, viognier
alcohol: 12,5%
type: medium
prijs: € 5,99

Weet dit keer de puntjes op de i van Zuydpunt te krijgen. Ja, we weten het: die staan daar helemaal niet. Maar toch werd het dit oogstjaar een prima wijn. Kakelverse abrikoos en perzik, vol en rijp en voldoende fris om niet meteen weer dorst te krijgen.

AUSTRALIË ROOD

Williams Creek
Shiraz 2018
South Eastern Australia

7·5

druif: shiraz
alcohol: 13,5%
type: vol
prijs: € 4,99

Veel rood en zwart fruit. Helemaal rond, gekneed, behaaglijk en gevuld. Licht spicy.

CHILI ROOD

Doña Dominga
Cabernet Sauvignon Carmenère 2019
Colchagua Valley

8

druif: cabernet sauvignon, carmenère
alcohol: 13,5%
type: vol
prijs: € 6,49

Coolbloedige cabernet en carmenère uit Colchagua. Cassis, cacao en compact. Al jaren een betrouwbare blend van de Familia Silva, de plaatselijke carmenère-specialist. Dik in orde weer.

Doña Dominga
Cabernet Sauvignon Merlot 2019
Colchagua Valley

7·5

druif: cabernet sauvignon, merlot
alcohol: 13%
type: vol
prijs: € 6,49

Cabernet mag hier met bordeaux-bondgenoot merlot aan de slag. Vertrouwd terrein beplant met rijpe pruimen, zwarte bessen koele tannines. Dit oogstjaar met extra takje laurier.

Puntí Ferrer (NIEUW)
Carmenère Reserva 2017
Rapel Valley

8·5

druif: carmenère
alcohol: 13,5%
type: vol
prijs: € 7,99

Catalaan in Chili: Jaime Puntí Desveus uit Manresa. Founding father van een familiebedrijf (anno 1953) dat goede wijn maakt en daar geen premiumprijzen op plakt. Premie voor de liefhebber is een diepdonkere, aardse, rokerige carmenère voor weinig geld.

FRANKRIJK ROOD

Chai de Bordes (NIEUW)
2016
Bordeaux

7·5

druif: cabernet sauvignon, merlot
alcohol: 13%
type: vol
prijs: € 5,99

Niet direct een bordeaux om uitzinnig feestvierend mee op het bordes te gaan staan, maar een patente presentatie van bramen, cassis, laurier, wat gedroogde pruim en wat jeugdtannines.

Chateau Bel Air (NIEUW)
rouge 2018
Bergerac

7

druif: cabernet sauvignon, merlot
alcohol: 14,5%
type: vol
prijs: € 5,99

Bergerac. De keurige kleine Bordeaux-buurman. Maar wel een eerlijk typje. Wat besjes, braampjes, zachte zuren en wat laurier. Met extra spierballen door de 14,5 procent.

Château Breillan (NIEUW)

2015
Haut-Médoc

8

druif: cabernet franc, merlot
alcohol: 13%
type: vol
prijs: € 9,99

Chateau uit de portfolio van Sichel, van oorsprong Duits-Britse wijngrootmacht anno 1883. Inmiddels is generatie nummertje zes er doende. Onder andere op een van de felbegeerde Margaux-domeinen, Château Palmer (3er grand cru classé). Ofschoon lager in de pikorde wordt er op Breillan evenmin met de pet naar gegooid. Het fraaie oogstjaar 2015 hielp een handje mee en zorgde voor een compacte, donkere, klassiek aandoende Haut-Médoc. Karafferen doet begeren.

Château de Genibon

Cuvée Prestige 2015
Côtes de Bourg

8

druif: cabernet sauvignon, merlot
alcohol: 13,5%
type: vol
prijs: € 9,99

Dirck heeft de hand weten te leggen op bordeaux met eremetaal. Zie ook Lys de Maisonneuve en Luc de Beaumont. Ook Genibon draagt bij aan de glans van de medaillespiegel. Brons in Bordeaux. Maar daarentegen weer goud van Gilbert & Gaillard. En ja hoor, ook weer aardig te genieten voor dit geld. Beschaafde bourg. Uit een erg goed jaar. Vol en peperig. Donker bessensap, bramen op bittere chocola, werkbanktannines en een pepermuntje in de achterzak.

Sticker erbij op het etiket: 8 in *De Grote Hamersma*.

Château Laplagnotte-Bellevue

Grand Cru 2015
Bordeaux, Saint-Émilion

8·5

druif: cabernet sauvignon, merlot
alcohol: 14,5%
type: vol BIO
prijs: € 18,99

Jubeljaar in Bordeaux. Grand cru van formaat zodoende. De klassieke school afgemaakt. En met succes. Afgestudeerd in natuurwetenschappen: praktiserend bio. Beste in de bramen. Cum laude cassis. Laurierlaureaat. Topclass tannines. Karafkandidaat.

Domaine Chapelas (NIEUW)

2017
Côtes du Rhône

8·5

druif: carignan, cinsault, grenache, marselan, syrah
alcohol: 14%
type: vol
prijs: € 7,49

Prettig ongemanierde Rhône-klant. Komt binnen. Schoenen uit, dat nog wel. Voeten op tafel, dat dan ook. Staat weer op en wast zijn handen. Keurig. Duikt de keukenla in. 'Wat zoek je?' Een kurkentrekker. 'Want schroefdoppen zijn voor watjes.' Duikt de kelder in: hij weet de weg. En komt met de halverwege al geopende fles weer terug. 'Kun je niet eerst even een glas pakken?' 'Wil je dan ook wat?' En je drinkt. Druistig rood. Met sap, pepers en tannines. Met een flink plateau worsten onweerstaanbaar. Dat treft. Die had-ie toevallig meegenomen. Keurig en ongemanierd. Dat is-ie. Kreeg de handen op elkaar van de jury van het Concours Général Agricole in Parijs: die had goud over voor al die inspanningen.

Domaine de Sérame

Merlot 2017
Pays d'Oc

7

druif: merlot
alcohol: 13,5%
type: vol BIO
prijs: € 5,99

Karakteristiek en oprecht. Straight forward, no-nonsense-, strapatsenvrije merlot. Donker fruit, laurier en een vuist vol tannines. Vergeet 'm als aperitiefinvité maar zet meteen braadworsten op tafel. Van de scharrelslager. Of van zijn vega-collega. Daar liggen ze dan waarschijnlijk als 'braetworsten' in de vitrine.

Domaine de Valori (NIEUW)

2017
Châteauneuf-du-Pape

8·5

druif: grenache, mourvèdre, syrah
alcohol: 15%
type: vol
prijs: € 18,99

Van Gabriel Meffre, gewaardeerd producent van Rhône-wijnen. Dit is er eentje uit de hogere (prijs)regionen, eentje met het pauselijke zegel in de flessenhals. U hoeft niet per se de vloer van de Dirck te kussen voordat u 'm uit het schap haalt, maar voor dit geld is het wel een prima uitvoering. Veel zwarte bessen, rood fruit, zonnige specerijen, laurier, een fikse peperigheid van de onvermijdelijke syrah. 'De zonde waard' zou je bijna zeggen. Hoewel, dat kan in kerkelijke kringen tegenwoordig natuurlijk helemaal verkeerd uitgelegd worden.

Domaine Pardon (NIEUW)

Vieilles Vignes 2018
Fleurie

8

druif: gamay
alcohol: 13%
type: medium
prijs: € 9,99

Pardon me my French. I beg you pardon? Dan maar in het Nederlands. Mag ik even passeren met een karretje vol rijpe besjes, kersen, wat zachte zoetigheden en een kippetje voor bij de fleurie?

Réserve de la Camprière

Vacqueyras 2016
Vacqueyras

8-

druif: grenache, mourvèdre, syrah
alcohol: 15%
type: medium
prijs: € 9,99

Serieuze wijn bij Dirck III. Donker fruit. Frans fruit. Looizuren. Koffietannines, grove maling. Stevige inspanning van de coöperatie in Gigondas.

Val St. Pierre (NIEUW)

Grenache Syrah Mourvèdre 2018
Pays d'Oc

7·5

druif: grenache, mourvèdre, syrah
alcohol: 13%
type: vol
prijs: € 6,99

Boersig en stevig. Mourvèdre van stal gehaald, inclusief de bijbehorende geursporen. Peper en donker fruit namens syrah. Rode vruchten, zoet en sap van grenache.

Val St. Pierre (NIEUW)

Pinot Noir 2018
Pays d'Oc

7·5

druif: pinot noir
alcohol: 12,5%
type: medium
prijs: € 6,99

Lichte pinot noir. Klein rood fruit, fijne zuren, bonsaipaddenstoeltjes, fijn bittertje, transparant sappig. En slechts 12,5 procent. Piepkuikentje ernaast. Die hoor je dan niet piepen.

ITALIË ROOD

Burdizzo (NIEUW)

Chianti Riserva 2014
Chianti

7·5

druif: cabernet sauvignon, canaiolo, sangiovese
alcohol: 12,5%
type: licht
prijs: € 7,99

Burdizzo met de dikke letters. Nostalgie in een fles. Heimwee naar vroeger, toen we nog jong en onbezorgd waren en alleen maar fruitige limonade-chianti dronken. Heeft deze wel wat van weg. Smaakt net zo naar onbezorgde zomeravonden in het Vondelpark, op het Kerwin Duinmeijer-veldje bezaaid met naveltruitjes en blowende WW-trekkers. Blozende kersjes, fruitige snoepbesjes. In de kleur van je hart.

Castello di Querceto (NIEUW)

2017
Chianti Classico

8

druif: sangiovese
alcohol: 13%
type: vol
prijs: € 11,99

Lastig jaar, non-stop regen, toch een chianti die niet in het water is gevallen. Lichte classico. Vrijzinnige kersen, bessenzuren, lichte specerij, ranke afdronk.

Maestro (NIEUW)

Sangiovese 2017
Puglia

8-

druif: sangiovese
alcohol: 13,5%
type: vol
prijs: € 5,99

Gekke Italianen. Op het vooretiket, direct onder het gouden zegel, staat in het Engels de volgende tekst geprint: 'Thanks to our winemaker Beppe, we did a triple over pumping of the fermented must to extract more colour and soft tannins.' Dat is zoiets als je caissière bedanken voor het avondeten. Of je schoonmaker voor een frisse wc.
Het overpompen van de most (drie keer nog wel!!!), dat is precies waar Beppe voor betaald wordt. Zijn werk, als het ware. Even afgezien van wie 'we' dan zijn in dezen. Maar vooruit, afhankelijk van hoe groot de tank met wijn is, is het inderdaad nog best een karweitje. Je moet er wel even bij blijven namelijk.
Beppe heeft behalve staan pompen, ook verder goed werk geleverd. Zwart en rood rijp fruit met lekker kekke chocoladezuren en wat tabaksinvloeden. Nergens scherpe randjes, chemische kantjes of slappe-wasfruittonen te bekennen. Je zou die man zo een baan aanbieden.

Masso Antico

Primitivo 'Appassito' 2017
Salento

8·5

druif: primitivo
alcohol: 14%
type: vol
prijs: € 7,99

Rosso van deels gedroogde druiven. Meer concentratie. Meer zoet. Meer kracht. Kersenbonbons. Bramentaart. Kruidentuin. Krachtcentrale. (Zie ook de witte van Masso Antico die op dezelfde manier gemaakt is.)

Righetti

Amarone della Valpolicella 2012
Amarone della Valpolicella

8

alcohol: 15%
type: vol
prijs: € 17,99

Een Italiaanse traktatie. Alsof la mama *herself* je verwent met handjes kersen, bramen en bessen om lekker op te snoepen. Ze geurt naar bloemen en zoet parfum. Het kan niet lang meer duren of er staat zo een pittige pasta op tafel.

Sette Muri (NIEUW)

2018
Primitivo di Manduria

8

druif: primitivo
alcohol: 14%
type: vol
prijs: € 8,99

Volle bak zonneschijn. Pruimen, cacao, hangtannines en sappige zuren. Ruwe bolster, fijne wijn. Vuistdikke primitivo. Forse partij eiken op de brede schouderpartij. 'Hoe vond u de wijn?' 'Vrij snel achter de planken.' Notenbar. Zoete specerijen. Denk eens aan worsten van de grill of noeste pasta's met overdreven veel vleessaus.

Vallis dei Valpolicella Ripasso (NIEUW)

2017
Veneto

8-

alcohol: 13,5%
type: vol
prijs: € 8,49

Ripasso van Dirck. Valt geenszins tegen. Dik, rondgesnoept rood fruit. Kersen, vijgen, pruimen. Anders nog?

PORTUGAL ROOD

Vila Real

Premium 2015
Douro

8·5

druif: tinta roriz, touriga franca, touriga nacional
alcohol: 14%
type: vol
prijs: € 7,99

De 2014-oogst volgehangen met medailles. En de 2015 lijkt wel weer de borst van een Russische oorlogsveteraan. Brons van *Decanter* en de International Challenge. Toen zilver in Brussel. Nu bij Mundus Vini in Duitsland. En zelfs goud bij de Wines of Portugal Challenge. En ja, lieve mensen, toch gewoon bij Dirck III te koop. En bepaald niet voor goud geld. Ook de 2015 is een parmantige Portugees. Volle bak rood van het autochtone supertrio de twee touriga's plus de tinta roriz. Zon, pruimen, kruidenkracht en veel en lekker peperig rood fruit dit jaar. Vorig jaar een 8 in *De Grote Hamersma*. Nu maar liefst een 8,5. Is er nog plek op de fles voor wat eremetaal?

SPANJE ROOD

Dominio de Heredia

Crianza 2015
Rioja

7·5

druif: tempranillo
alcohol: 13,5%
type: medium
prijs: € 6,49

Gezellig tegen het eikenhout slijpende kloeke kersjes, vriendelijke bessenzuren en een serieuze knipoog richting een aan tafel aanschuivende lamskotelet.

Ilíada (NIEUW)

Cabernet Sauvignon Tempranillo Syrah 2017
Valencia

7·5

druif: cabernet sauvignon, syrah, tempranillo
alcohol: 13,5%
type: vol BIO
prijs: € 4,99

Bio-trio. Heel aardig gelukt. Geen laffe ingrepen om de smaken naar de mond te zetten. Donker en oorspronkelijk fruit. Een fikse hobbel tannines. Geen zoet-flirterettes.

Marqués de Cáceres

Crianza 2016
Rioja

8·5

druif: tempranillo
alcohol: 13,5%
type: medium
prijs: € 8,99

Markies die met de Franse slag werkt. Oprichter Enrique Forner was in de vijftiger jaren al in het gelukkige bezit van twee domeinen in Bordeaux, Château Camensac en Château Larose Trintaudon. Liefhebbers van Haut-Médoc-wijnen veren nu op. En liefhebbers van goede en buitengewoon betrouwbare rioja doen dat ook. Marqués de Cáceres weet al jaren de juiste accenten te plaatsen, mede dankzij die Franse wijnmaaktechnieken.
Voor *DGH* proefde ik al 2010 en 2011: beide *excelente*. 2012 bleek ook goed: op-en-top beschaafde kersen, lichte specerij, mild zoet en wat gesoigneerde tannines. Vorig jaar verscheen 2014 op de proeftafel. Fruit in de voorhoede, rijpheid, kalmte en overpeinzingen. Opmerkelijk genoeg heb ik 2015 niet gezien, laat staan geproefd.
Maar voilà, 2016. Ondanks een lente vol problemen, een loeihete zomer en regen tijdens de oogst een meer dan correcte crianza. Het zoet van het hout, het zoet van de kersen. Pruimig, laurier, voorzichtig in het zonnetje, nergens een 'gekookt'-sensatie. Veel waar voor het geld.

Ojos del Guadiana

Merlot 2017
La Mancha

7·5

druif: merlot
alcohol: 14,5%
type: vol
prijs: € 4,99

Fijn zoetsappig en enigszins behaagziek. Maar kent voldoende gewicht toe aan lekkere donkere pruimen en laurier.

ZUID-AFRIKA ROOD

Stellenbosch (NIEUW)

Cabernet Sauvignon 2016
Stellenbosch

7·5

druif: cabernet sauvignon
alcohol: 13,5%
type: medium
prijs: € 8,99

Fruit van kersenbomen in het Stellenbosch. Met keurig getrimde tannines en een zonnige afdronk.

FRANKRIJK ROSÉ

Domaine de la Chapelle Saint Victor

2018
Coteaux d'Aix-en-Provence

7+

druif: cinsault, grenache, syrah
alcohol: 12,5%
type: medium BIO
prijs: € 7,99

De miswijn in de kapel blijkt een lichtroze rosé. Dat is te verwachten met Provence op het etiket. En mooi meegenomen is dat deze niet van die nare vlekken op het habijt achterlaat. Knoeien is sowieso zonde. Aardige, fijnkruidige wijn. Lichtrood fruit en een frisbittere afdronk. Dit jaar met hogere halleluja-factor dan voorgaande jaren.

Exhib' (NIEUW)

2018
Côtes de Thau

8

druif: carignan, cinsault, grenache
alcohol: 12%
type: medium
prijs: € 6,99

Prachtige fles. Een luxe glazen stopje. En gelukkig, de rosé zelf laat zich ook genieten. Pipsroze is de modekleur. Licht rood fruit in de mond. Beschaafde zuidkruiderij. Fijnmazig bittertje en koket sap.

ARGENTINIË WIT

Serbal

Chardonnay 2017
Mendoza

8

druif: chardonnay
alcohol: 13,5%
type: medium
prijs: € 8,99

Serbal. Leg 's uit, wijnbaas. Blijkt een boom die het heel goed doet op de hellingen van de Andes. Is daar tevens bekend als *Dama de las montañas*. 'Vijftien meter hoog, het hele jaar door pracht en praal. Siert zich met witte bloemen in de zomer, geeft rode vruchten in de zomer en kleurt prachtig in de herfst.' Een en ander wordt dan weer tot ons gebracht door Bodega Atamisque, die het floratechnisch minder hoog op zoekt: atamisque is slechts een struik die niet hoger reikt dan drie meter en in de buurt van het domein groeit. Onlangs sprak ik in Amsterdam een Argentijn die Nederlands had geleerd door hier op de televisie naar de kinderprogramma's te kijken. Ik ben op mijn beurt weer heel veel te weten gekomen over plaatselijke dieren en planten, de geschiedenis en familietradities door achteretiketten van wijnflessen te lezen. *Twee voor Twaalf*, here I come. Neem ik zo'n flesje mee. Presentator Astrid Joosten houdt wel van een goed verzorgde chardonnay. Met een molligheidje op de heupen, een rijpe fruitpresentatie, appel, ananas (maar discreet), wat anijsbewijs en zachte amandelbitters. Vorig jaar al geproefd: in afwachting van de verse oogst 2018. Maar deze kan nog even mee: het is nog geen vijf voor twaalf.

AUSTRALIË WIT

Williams Creek

Sémillon Chardonnay 2018
South Eastern Australia

7+

druif: chardonnay, sémillon
alcohol: 12,5%
type: medium
prijs: € 4,99

Fris groen-geel met een klein uitstapje richting exotische vruchtenoorden. Goede wijn met een miniprijskaartje.

CHILI WIT

Doña Dominga

Chardonnay Sémillon 2019
Colchagua Valley

8-

druif: chardonnay, sémillon
alcohol: 13,5%
type: medium
prijs: € 6,49

Wederom een lekkere blend. Geurt opmerkelijk genoeg naar winegums. Maar biedt vervolgens kraakdroge groene appels, een spritzje perzik, een kruisbessenknappertje en een citrusspat. Geen zoetje te vinden.

DUITSLAND WIT

Weingut Gröhl

Riesling trocken 2018

Rheinhessen

8.5

druif: riesling
alcohol: 12,5%
type: medium
prijs: € 7,99

Weingut dat ik tot op heden alleen maar in de wijnspeciaalzaken tegen ben gekomen, zo *gut* is het. Thans verbannen/liefdevol omarmd/ontdekt (doorhalen wat niet gewenst is) door Dirck ('Zeg maar Dirck, dan krijg je er III'). Minder van kwaliteit geworden dan? Nee, ik denk dat Dirck zijn ambities naar boven heeft bijgesteld. Uitstekende riesling. Rijpe appel, kleine perzik, iets tropisch, niet beendroog, fijne vulling, pakt gul uit. Dankzij het oogstjaar 2018 komt er zelfs nog wat extra bij. Behalve op het prijskaartje. Voor dat geld zou ik meteen III flessen kopen.

FRANKRIJK WIT

Château de la Vrillère

2017

Muscadet-Sèvre et Maine sur Lie

7.5

druif: melon de bourgogne
alcohol: 12%
type: licht
prijs: € 5,99

Eenvoudig en rechtdoorzee. Richting zee. Zeebanket. Millefeuilles van kraakzuren, knisperappel en jodiumflinters.

Château de Pont

Sauvignon 2018

Touraine

8+

druif: sauvignon blanc
alcohol: 12,5%
type: medium
prijs: € 8,99

Milde sauvignon blanc uit Touraine. Geen knetterend gekraak, maar een salvo zalvende gele grapefruit, groene tafelfdruifjes en verse kruiden.

Domaine de Sérame

Chardonnay 2018

Pays d'Oc

8

druif: chardonnay
alcohol: 13%
type: medium BIO
prijs: € 5,99

Rondborstige bio d'Oc. En die is OK. Sappig geel fruit, ietsjes exoot, een perzikspatje en lekkere citrus na. Wat kruidiger dan de 2017-versie. Wat meer pit en goede zin. Pluspunt. Plus een zilveren medaille op een wijnwedstrijd. Nog een pluspunt: geen eurocent duurder geworden terwijl de prijs van zilver de afgelopen tijd toch flink gestegen is.

Domaine de Sérame

Viognier 2018

Pays d'Oc

7.5

druif: viognier
alcohol: 13%
type: medium BIO
prijs: € 5,99

Smakelijke viognier voor alledag. Vanwege dat vriendelijke prijsje. Maar ook dit jaar weer vanwege de vriendelijke bejegening van de smaakpapillen. Zachtjes fluistert de perzik, vriendelijk lispelt de abrikoos en fris is de afdronk van de limoentjes. Prettig bittertje in de afdronk ook dit jaar. Luid klinkt het applaus dat het domein voor dit geld ook nog eens biologisch kan produceren.

Domaine J.C. Michaut (NIEUW)

Chablis 1er Cru 'Vaucoupin' 2017
Chablis

8+

druif: chardonnay
alcohol: 12,5%
type: medium
prijs: € 19,99

Spannender jaar dan 2016. De eigen chabliszuren melden zich weer. Kalkstrak plus een mini-molligheidje. Oesters openen zich zonder morren.

Famille Helfrich

Gewurztraminer 2018
Alsace

8

druif: gewurztraminer
alcohol: 14%
type: medium
prijs: € 7,99

Mango, rozenblaadjes, lychee, gember en zoete grapefruit tot ons gebracht dankzij de helpende hand van de familie Helfrich, derdegeneratiewijnmakers uit de Elzas. Eerste keuze bij in de Indiase keuken.

François Martenot

Chardonnay 2017
Vin de France

7·5

druif: chardonnay
alcohol: 12,5%
type: medium
prijs: € 8,99

Fatsoenlijke, rechtdoorzeeë chardonnay. Licht, geen gerommel met nephout of smaakjesaanvullingen. Wit fruit, appeltje, citrus en schoon en oprecht afdrinkend.

La Joue du Roy

2016
Pouilly-Fuissé

8

druif: chardonnay
alcohol: 12,5%
type: medium
prijs: € 12,99

Pouilly-Fuissé: het zuiden van de Bourgogne. Wordt nog weleens verward met Pouilly-Fumé. Maar dat ligt in de Loire en staat bekend om zijn sauvignon blanc. Hier hebben we met chardonnay te maken. Uit een appellation die wel als 'de mooiste binnen Macôn' wordt omschreven. Dit is in ieder geval een aangename uitvoering. Fijn wit en geel fruit, lichte zuren, zacht mondgevoel. Prettig. En prettig geprijsd bovendien.

Le Cerf Blanc (NIEUW)

Sauvignon Blanc 2018
Touraine

7·5

druif: sauvignon blanc
alcohol: 13%
type: medium
prijs: € 5,99

Le Cerf Blanc, het witte hert. Mythische verschijning volgens het achteretiket. Wat heeft dat met een sauvignon blanc uit de Loire te maken? Geen idee. De scribent van dienst gaat er ook verder niet op in. Achteretiket met een open einde. Fles met opening aan de bovenzijde. Komt appelzure, limoenfrisse, grapefruity sauvignon blanc uit.

Le Préféré
Chardonnay Reserve 2018
Pays d'Oc

7·5

druif: chardonnay
alcohol: 13%
type: vol
prijs: € 6,99

Wie slank, rank en dartel prefereert, laat 'm links dan wel rechts liggen. Toch bepaald geen middle-of-the-road chardonnay. Eentje die de accenten zet op exotisch, romig en eiken. Ook dit jaar wordt het allemaal weer breed uitgesmeerd.

Mâcon-Villages
Nos Terroirs 'Vieilles Vignes' 2017
Mâcon

7·5

druif: chardonnay
alcohol: 12,5%
type: medium
prijs: € 6,99

Uit de kelders van Viré. Het zuiden van de Bourgogne. Gewoonlijk goed voor een wat zachtere, rondere en rijpere stijl. Romig, zacht, slagroompuntje. Met dit jaar tevens een bolletje vanille-limoenijs aan den einder. Gedijt dan ook goed in de koeler.

Trésor de Loire (NIEUW)
Chardonnay 2018
Val de Loire

7·5

druif: chardonnay
alcohol: 12%
type: medium
prijs: € 5,99

De Loire: normaal gesproken toch schatplichtig aan chenin blanc en sauvignon blanc. Wat doet chardonnay daar dan? Een mild-frisse, opgewekte blanc afleveren. Met wat peer, rijpe appel, iets perzik en wat kalme zuren. Grappig. De sauvignon blanc van dezelfde producent heeft de thuiswedstrijd niet in winst weten om te zetten.

Val St. Pierre (NIEUW)
Chardonnay 2018
Pays d'Oc

8

druif: chardonnay
alcohol: 13,5%
type: medium
prijs: € 6,99

Chardonnay zoals ze die in Zuid-Frankrijk (maar ook elders waar het zonnetje schijnt) kunnen maken. De sleutel tot succes staat op het etiket en ontsluit banaan, mango, wat passievrucht en citrus. Vers drinken, dan is het lekker.

Val St. Pierre (NIEUW)
Viognier 2018
Pays d'Oc

8

druif: viognier
alcohol: 13%
type: medium
prijs: € 6,99

Voorzichtige viognier. Toch met alles wat viognier viognier maakt. Abrikozenzoet, perzikwuft, peperpit, gemberzoet, ananasaanleg en fris en monter laverende citrus. Curryklantje.

ITALIË WIT

Masso Antico
Fiano 'Appassito' 2018
Salento

9-

druif: fiano
alcohol: 13,5%
type: vol
prijs: € 7,99

Appassito. Druiven worden op matten te drogen gelegd. Het vocht in de vrucht verdwijnt deels en de concentratie aan geur en smaak neemt toe. Dat geeft deze fiano van Masso Antico een geweldige punch. Gewurztraminer-touch. Honingtip. Gebakken ananas. Rijpe lychees.

Zoete rode grapefruit. Meyer-citroenen. Nog geen acht eurootjes. De 2017 heel goed. Met de 2018 kun je weer indruk maken.

NIEUW-ZEELAND WIT

Caroline Bay

Sauvignon Blanc 2019

7+

druif: sauvignon blanc
alcohol: 13,5%
type: licht
prijs: € 6,99

Oude klipper op een stuk perkament op het etiket. Aan boord een eveneens droge sauvignon blanc. En dat terwijl er toch sprake is van sappige kruisbessen, grapefruit, passievrucht en citrus. Laten we maar een eindje meevaren. Tot de fles leeg is. Maar waarschijnlijk is er nog meer. Anders monsteren we aan bij de Dirck III.

Kia Ora

Sauvignon Blanc 2019

Marlborough

8

druif: sauvignon blanc
alcohol: 12,5%
type: medium
prijs: € 5,99

Nieuw-Zeelandse sauvignon blanc zoals je 'm mag verwachten op dit prijsniveau maar lang niet altijd krijgt. Krakend sappig, kruisbessig, groene appeltjes, citrusgespetter. Beter dan vorig jaar toen we het met de 2017-oogst moesten doen. Zelfde prijs. Pluspunt. Van 7,5 naar een fijne 8.

Mount Olympus

Sauvignon Blanc 2018

Marlborough

8.5

druif: sauvignon blanc
alcohol: 12,5%
type: medium
prijs: € 10,99

Mild tropisch, galiameloen, rijpe kruisbessen. Passievrucht ook, en nog wat tropenfruit, zachte grapefruitbitters, waaiert uit, en zorgt behalve voor verfrissing ook voor verdieping. Dirck driedubbel in orde.

SPANJE WIT

Marqués de Cáceres

Verdejo 2018

Rueda

8

druif: verdejo
alcohol: 13,5%
type: medium
prijs: € 5,79

Verdejo, het lijkt wel of *iedereen* tegenwoordig Verdejo drinkt. Misschien dat het daarom ook door iedereen lijkt te worden gemaakt. Of zou het andersom zijn? Rueda ligt nou niet direct op loopafstand van het stulpje van de Marqués. Enfin, hij weet er wel wat moois van te maken. Heeft ook een naam hoog te houden. Dus ben je per se op zoek naar een verdejo uit Rueda, kies dan de Markies. Dit jaar rijper, milder en perzikeriger dan voorgaande jaren. Marsepeinen appelpitjes en een aangename kruidigheid. Verdiende een gouden medaille van Mundus Vini.

Ojos del Guadiana

Chardonnay 2018

La Mancha

8

druif: chardonnay
alcohol: 12,5%
type: medium
prijs: € 4,99

Internationale allemansvriend chardonnay heeft ook La Mancha aangedaan en staat daar zijn mannetje. Zacht en fris. Tikje tropen. Perzikabrikoos. Frisse finale. Streepje beter dan de 2017. Van 8- naar een hele 8.

Ojos del Guadiana

Verdejo 2018
La Mancha

8

druif: verdejo
alcohol: 12%
type: medium
prijs: € 4,99

Verdejo uit La Mancha wil nog weleens mollig, wollig en lobbig zijn. Net niet de goede omstandigheden ervoor. Deze Ojos wenst aan al die aannames niet mee te doen. Vorig oogstjaar lekker pittig, groen, sappig, dynamisch en verkwikkend. Thans een lekkere shot grapefruitbitters erbij voor wat meer houvast. Het kan dus wel. Als je er maar oog voor hebt. En wat zie ik nou? Voordeliger geworden? Of heb ik vorig oogstjaar de verkeerde prijs ingetikt?

ZUID-AFRIKA WIT

Stellenbosch (NIEUW)

Signature White 2016
Stellenbosch

7·5

druif: chardonnay
alcohol: 13,5%
type: medium
prijs: € 8,99

Willen de mensen die zeggen niet van chardonnay te houden opstaan? Goed, dan kunnen we nu vrijuit praten. Deze chardonnay kan wat vooroordelen bevestigen. Smaakt als een puddingbroodje. Maar, daar zijn ook liefhebbers van – en het is zeker geen slecht puddingbroodje. Niet te vet ook, en geheel niet muf. Eerder lekker fris en fruitig. Trek je dus maar niets aan van de *haters* en ga ervoor.

AUSTRALIË ROOD

Stoney Creek
Shiraz Grenache Petit Verdot 2018
South Eastern Australia

7

druif: grenache, petit verdot, shiraz
alcohol: 13%
type: medium
prijs: € 5,99

Niet om een gat van in de lucht te springen, maar wel sympathiek. Grappige blend ook. De usual suspect shiraz heeft aan zijn zijde petit verdot en grenache. Rond, soepel, zoetig. Allemansvriend.

Stoney Creek
Shiraz Viognier Fleurieu 'Premium' 2018
South Eastern Australia

7·5

druif: shiraz, viognier
alcohol: 14%
type: vol
prijs: € 8,99

Voor de Premium Hunters. Valt in de categorie 'kijk mij luxe doen'. Speculaaskruiden, vanillestokjes en zoethout zonder dwangnageltjes pootjebadend in een zee aan rijp, romig en zonnig rood fruit. Prima weer dit jaar.

CHILI ROOD

1 De Beste Chili
LITER
Central Valley

8

druif: cabernet sauvignon
alcohol: 13%
type: vol
prijs: € 3,99

Volfruitig. Bij goede Chileense cabernet sauvignons is er geen ontkomen aan, aan die zwarte bessen. Dit is er eentje. Pepermuntfrisje op de afdronk. Literen maar.

Alto Plano
Cabernet Sauvignon Reserva 2018
Central Valley

7·5

druif: cabernet sauvignon
alcohol: 12%
type: medium
prijs: € 3,99

Zwarte bessen, rijpe kersen. Milde wijn, maar met focus, geen gezwabber. Extra pluim voor het ontbreken van de veelvuldig toegediende overdosis aan nephout. En dan die € 3,99... hoe is het mogelijk.

Alto Plano
Merlot Reserva 2018
Central Valley

7

druif: merlot
alcohol: 12%
type: medium
prijs: € 3,99

Vlezige, krachtige, lekker beschaduwde merlot. Donker fruit, zwarte bessen en een flinke bos laurier. Niet op kamertemperatuur uitschenken zoals het achteretiket adviseert. Of u moet u de wandthermostaat in uw woonkamer hebben afgesteld op de waarden die overdag op de Alto Plano worden gemeten: 16 tot 18 graden.

Ecobalance
Cabernet Sauvignon 2018
Central Valley

8

druif: cabernet sauvignon
alcohol: 13,5%
type: vol BIO
prijs: € 5,29

Balans beweegt dit jaar weer ietsjes meer richting fruit. Dat bevalt bedui-dend beter dan in de 2017-editie, waarin het eiken zich wat meer liet gelden. Thans weer kers, bes, cassis en pruim die hun gewicht in de schaal leggen.

Ecobalance

Merlot 2018

Rapel Valley

8

druif: merlot
alcohol: 13,5%
type: vol BIO
prijs: € 5,29

Rapel: en ik val in herhalingen. Wederom een soepele, zachtige, kruidig-donkere, vlezige, stevige en zoetbespecerijde merlot. Wat drie-ster en duidelijker dan vorig oogst-jaar. Wat meer lef. Wat meer in het glas.

Favoritos (NIEUW)

Cabernet Carmenère 'Classic' 2019

Central Valley

7·5

druif: cabernet sauvignon, carmenère
alcohol: 13,5%
type: vol
prijs: € 4,99

De Triple C formule: cabernet car-menère classic. Nog een c van cassis. Verder in het alfabet met bramen, wat mint, espresso, kersenbonbons en zoethout in een fijne light-editie.

Favoritos (NIEUW)

Cabernet Sauvignon 'Reserva' 2018

Colchagua Valley

7·5

druif: cabernet sauvignon
alcohol: 14%
type: vol
prijs: € 5,99

Gemaakt door Luis Felipe Edwards, familiedomein in Colchagua. Favo-riet voor wie van kloeke cassis, bes-sen en laurier houdt. Niet te oaky daarom okay.

Favoritos (NIEUW)

Carmenère 'Reserva' 2018

Colchagua Valley

8

druif: carmenère
alcohol: 14%
type: vol
prijs: € 5,99

Precies wat een kordate carmenère uit Chili moet hebben. Zwart en rood fruit. Koffie en cacao. Spicy, zoet en bitter. Rood voor wie in zijn espresso ook een klein beetje suiker doet.

Favoritos (NIEUW)

Merlot 'Classic' 2019

Central Valley

7·5

druif: merlot
alcohol: 13,5%
type: vol
prijs: € 4,99

Wellicht niet direct een klassieker. Meer een eigentijdse merlot. Niet al te streng. De tannines fijnbesnaard. De pruim slank maar niet anorex. Licht laurier en monter van inborst.

Gato Negro

Merlot 2019

Central Valley

7

druif: merlot
alcohol: 13%
type: medium
prijs: € 4,79

Zwarte kat geeft kopjes, koffie. Katjesdrop erbij en wat lekkere zwarte besjes.

Indomita

Cabernet Sauvignon Carmenère 'Duette' 2016
Maipo Valley

8.5

druif: cabernet sauvignon, carmenère
alcohol: 14,5%
type: vol
prijs: € 6,99

Kloek. Krachtig. Koffie. Cacao. Cassis. Meerstemmig duet. Klinkt ook dit jaar weer luid en duidelijk. Geel valse noot in te ontdekken.

Indomita

Zardoz 2016
Maipo Valley

8

druif: cabernet sauvignon
alcohol: 14%
type: vol
prijs: € 9,99

Als wijnmaker van Zardoz zou ik gaan klagen. 'De zon, de aarde en het water hebben van deze Zardoz een unieke, gesofisticeerde, elegante en ronde wijn gemaakt, met rijpe tannines die van iedere druppel een onvergetelijke gebeurtenis maken,' lees ik op het achteretiket. Daar sta je dan met je vwo, een zes jaar durende vervolgopleiding, twee jaar stage en een werkweek van 60 uur of meer.

Regalo

Merlot 2018
Valle Central

7

druif: merlot
alcohol: 12,5%
type: medium
prijs: € 5,99

Een in Frankrijk gebottelde Chileen. Waarom? In bulk vervoeren is voordeliger dan flessen de zee op sturen. En hoe luidt *the message in the bulk*? Moppige, droppige merlot. Donker fruit, een schaduwrandje tannines en een laurierkraakje. Chileen zonder pretenties maar ook dit jaar weer met voldoende inhoud om de eindstreep te halen.

FRANKRIJK ROOD

Bourgogne

Pinot Noir 'Vieilles Vignes' 2018
Bourgogne

8

druif: pinot noir
alcohol: 12,5%
type: medium
prijs: € 6,99

Terwijl de prijzen in Bourgogne de pan uit rijzen, reizen wij toch even naar Bourgogne om te ontdekken dat een patente rouge geen profvoetbalsalaris verlangt. Opgewekte, door een hoog-kwalitatief werkende coöperatie (Buxy) gemaakte pinot noir. Licht maar toch echte bourgogne. Pak een pan en braad een kip.

Dominique Duclos

Cabernet Sauvignon 2018
Pays d'Oc

7

druif: cabernet sauvignon
alcohol: 13%
type: vol
prijs: € 3,59

Niet groots en meeslepend, daar is het prijskaartje dan ook niet naar. Maar cabernet, dat is het wel. Rond, mild, rijp fruit. Zacht en soepel. Zwarte bessen en rood fruit kleuren goed bij elkaar mede dankzij de zonblosjes op de wangen.

Dominique Duclos

Merlot 2018

Pays d'Oc

7

druif: merlot
alcohol: 13%
type: medium
prijs: € 3,59

Vaste waarde. Altijd keurig in het gelid. Netjes in het schap. Braaf aan tafel. Drinkt zijn glaasje leeg. Zonnig, niet te streng en vol-sappig vanuit de pruimenhoek. Soepel in de heupen en vriendelijk in de benadering.

The Collection

Côtes du Rhone 2018

Côtes du Rhône

7

druif: grenache, syrah
alcohol: 13%
type: medium
prijs: € 5,49

Speelse rode rhône. Knikkert met besjes, ravot wat in de braamstruiken, speelt lekker vrij in de tanninezandbak. Zand in het oog? Dropje erop.

ITALIË ROOD

Codici

Primitivo 'Masserie' 2018

Puglia

8

druif: primitivo
alcohol: 13,5%
type: vol
prijs: € 5,99

Codici: code rood. Kersen, frambozen, lekker rijp. Zonnige en gezonde rosso.

Podere di San Bruno (NIEUW)

2014

Barolo

7

druif: nebbiolo
alcohol: 13%
type: vol
prijs: € 12,99

Kan barolo voor dit geld? Klaarblijkelijk. Al moet je niet zo'n barolo verwachten die wordt bezongen als 'De Koning der Wijnen'. Dit is er eentje uit de hofhouding. Die met het personeel mee-eet in de keuken, waar het sowieso een stuk gezelliger is dan aan het staatsbanket boven. Beneden staan gul de pannen met stoofvlees op tafel, doet men fijn mee met *shared dining*, dat daar gewoon 'mag ik de pan nog even van je?' heet, en worden de glazen nog eens volgeklotst met een kloeke, kranige nebbiolo met rozengeur, bittere pruimen, bonkige bramen, zwarte kersen en diepdonkere keldertanninetjes.

Terrazzano (NIEUW)

Sangiovese 2018

Marche

7

druif: sangiovese
alcohol: 12%
type: medium
prijs: € 4,59

Van de producent die ons al jaar in jaar uit een prettige witte verdicchio in een geruststellend lelijke amforafles met schroefdop schenkt, is hier nu een vieve rode in een fatsoenlijke uitmonstering. Inhoud is dat ook: kwieke, frisse, bes-kersige rosso met een klein kruidengarnituurtje op de afdronk.

The Collection

Chianti 2017

Chianti

7+

druif: sangiovese
alcohol: 12%
type: medium
prijs: € 5,49

The *nieuwe* Collection. Deka's en Dirk's huiswijnen-plus hebben een swingend Engelse naam gekregen. Misschien vanwege de expats die er ook shoppen? En die bijvoorbeeld niet al te veel geld willen uitgeven aan een lichtvoetige chianti. Met kleine kersjes en krentjes, met dito zuren en vriendelijk koel sap. Verzamel ze allemaal voor een rondje Europa, want The Collection doet ook nog Spanje, Frankrijk en Hongarije aan.

SPANJE ROOD

1 De Beste Biologische Huiswijn Rood

LITER

Vino de España

7·5

druif: merlot, syrah, tempranillo
alcohol: 13%
type: vol BIO
prijs: € 3,99

Merlot en syrah nemen minstens een halve liter voor hun rekening en laten zich flink gelden. De extra inspanningen werpen hun vruchten af: de bioliter is beter dan voorgaande edities ondanks het iets lagere alcoholpercentage. Dan kunnen we met goed fatsoen tenminste nog een slokje extra nemen. Donker fruit, laurier, stoer doen, eeltigheid en een werkoverall. Dat laatste is geen overbodige luxe als je biologisch verbouwt.

1 De Beste Huiswijn Rood

LITER

Vino de España

7

druif: bobal, tempranillo
alcohol: 11,5%
type: medium
prijs: € 3,99

Wederom weer soepel in de heupen en dik in orde. Bobal, in goeden doen een fruitbommetje. Tempranillo, bijna onmisbaar in het Spaanse land. Samen goed voor een milde, soepele allemansvriend. Zoetige kersen, wat lichte zuren en voldoende houvast om niet helemaal gedachteloos weg te klokken. We literen thuis rustig verder.

Árbol de Vida (NIEUW)

Tempranillo Non Sulphur Added 2018

La Mancha

7·5

druif: tempranillo
alcohol: 13%
type: medium DYN
prijs: € 4,49

Geen zwavel toegevoegd. Voor diegenen die puur natuur wensen te drinken en vrees hebben voor het conserveringsmiddel zwavel vanwege mogelijke allergische reacties. Voor diegenen die bovendien houden van zoete, zachte rijpe kersen en aaibare tannines is het ook een aanrader.

Finca Labarca

Tinto 2018

Rioja

7·5

druif: tempranillo
alcohol: 13%
type: medium
prijs: € 3,99

Puur, eenvoudig en jeugdig. Veel sappig kersenfruit. Met pit. Kan gekoeld worden gedronken.

Gran Comensal

Tempranillo-Merlot 2018
Vino de España

7

druif: merlot, tempranillo
alcohol: 11,5%
type: medium
prijs: € 4,99

Nederig maar niet naar. Montere, koel te drinken tinto. Kersen, bessen, pruimen en laurier. Een nederige 11,5 procent ook slechts.

The Collection

Rioja 2018
Rioja

7

druif: graciano, tempranillo
alcohol: 13,5%
type: medium
prijs: € 5,49

Het etiket van The Collection geeft instructies: '*Enjoy with great friends. Pairs best with meat & bbq.*' Hmm... Ten eerste is-ie ietwat te vriendelijk om gehakt van een gegrilde steak te kunnen maken. Ten tweede: weet niet of *my best friends* onze langdurige vriendschap onderstreept zien als ik ze deze rioja schenk, maar deze beëindigen zal ook weer niet gebeuren. Aardige soepele, kersen distribuerende snoepjes-rioja. Klein zoetje, vriendelijke zuren. Doet geen kwaad.

ZUID-AFRIKA ROOD

First Cape (NIEUW)

Shiraz 'Special Cuvée' 2019
Western Cape

8

druif: shiraz
alcohol: 13%
type: vol
prijs: € 5,49

Er is van First Cape een sauvignon blanc, een chardonnay en een cabernet sauvignon. Maar er kan maar één First Cape echt de eerste zijn. En op de keper beschouwd is dat deze shiraz. Vol en vrijgevig. Roostertoontjes, dikke pruimen, rijp, zonneschijn en zoete drop.

FRANKRIJK ROSÉ

Crouzet

Les Sariettes 2018
Saint-Saturnin

8

alcohol: 13%
type: vol
prijs: € 7,99

Niet zo'n in elkaar geknutselde snoepjesrosé. Abonnementje op stevig en pront. Bittertje links. Bittertje rechts. Jazeker, er zijn ook aardbeien en frambozen. Maar niet uit een zakje met winegums. Prettige zuidelijke kruiderij, tevens spuitbusvrij. Fris ook. En niet uit een airco.

Les Calandières

2018
Méditerranée

7+

alcohol: 12,5%
type: medium
prijs: € 4,99

DNA onbekend. Normaal gesproken biedt het achteretiket uitsluitsel welke druiven er zijn gebruikt. Maar nu even niet. Caroline Tensen mag echter gewoon lekker op de bank blijven zitten want ik vermoed dat het *usual suspects* in het zuiden grenache en cinsault zijn. En is dat niet het geval dan neemt het niet weg dat het voor dit geld een alleszins smakelijke rosé is. Dit warme oogstjaar met extra vrolijk gebekt rood fruit, een zoetig zetje en wat lichte kruiderij.

Mimi en Provence (NIEUW)

2018
Côtes de Provence

8

druif: grenache, syrah
alcohol: 12,5%
type: medium
prijs: € 8,99

Fijn van kleur. Fijn van smaak. Perzik en abrikoos. Licht rood fruit. Frêle kruiderij. Licht en droog. De jury van het Concours Général Agricole te Parijs vond een en ander een zilveren medaille waard.

AUSTRALIË WIT

Stoney Creek (NIEUW)

Chardonnay 'Premium' 2018
Limestone Coast

8

druif: chardonnay
alcohol: 12,5%
type: medium
prijs: € 8,99

Premium. Premium prijs. Premium presentatie goddank, anders is het ook weer zo sneu. Rijp, rond en gesoigneerd. Suikermeloen, ananas, perzik en grapefruit. Rijk, maar niet overdreven.

CHILI WIT

Alto Plano

Reserva Sauvignon Blanc 2019
Central Valley

7+

druif: sauvignon blanc
alcohol: 12,5%
type: medium
prijs: € 3,99

Grapefruit en kruisbessen in optima forma. Er parkeert ook nog een groene appel in.

Ecobalance

Chardonnay 2018
Casablanca Valley

8

druif: chardonnay
alcohol: 13,5%
type: medium BIO
prijs: € 5,29

Niet mild met mild tropisch fruit, net geplukte perzik en citrusfrissigheid. Prima materiaal voor een balansdag.

Favoritos (NIEUW)

Chardonnay 'Reserva' 2019
Colchagua Valley

8

druif: chardonnay
alcohol: 13,5%
type: medium
prijs: € 5,99

Subtiele, slanke, lichtvoetige chardonnay. Wie meer gewicht in de fruitschaal zoekt, moet deze niet overwegen. Licht tropisch, het zoet van Turks fruit, het zoetzure van een rijpe appel die opmerkelijk genoeg niet ver van de notenboom valt.

Favoritos (NIEUW)

Sauvignon Blanc 'Classic' 2019
Central Valley

7·5

druif: sauvignon blanc
alcohol: 12,5%
type: medium
prijs: € 4,99

Wordt de favoriet voor wie van een wat rijpere soort sauvignon blanc houdt. Tropentikje, vulling, zacht en niet te onstuimig.

Gato Negro (NIEUW)

9 Lives Reserve – Sauvignon Blanc 2018
Central Valley

7

druif: sauvignon blanc
alcohol: 13%
type: vol
prijs: € 6,99

Van sauvignon blanc wordt weleens gezegd dat het een beetje naar kattenpies kan ruiken. Wacht, niet afhaken: lékkere kattenpies. Moeilijk uit te leggen, misschien beter om het zelf maar eens te ruiken. Laat de zwarte kat met de negen levens nu ook in het wit door het poezenluik van talloze supermarkten geslopen zijn.

Indomita

Chardonnay 'Duette' 2016
Casablanca Valley

8

druif: chardonnay
alcohol: 13,5%
type: vol
prijs: € 6,99

Duette. Chardonnay met zijn twee. Dubbelop exotisch fruit. Het duo vol en romig. Karamel en roosternootjes. Twee voor de prijs van één.

Regalo (NIEUW)

Sauvignon Blanc 2018
Central Valley

7

druif: sauvignon blanc
alcohol: 12%
type: licht
prijs: € 5,99

Correcte bulk-sauvignon blanc. Frispeer, limoen, citrus... ja werkelijk, het zit er allemaal in.

FRANKRIJK WIT

1 De Beste Huiswijn Wit Droog

LITER
Côtes de Gascogne

7+

druif: colombard, ugni blanc
alcohol: 10,5%
type: licht
prijs: € 3,99

Gascogne. Sinds jaar en dag een betrouwbare regio om als super je huiswijnliters te halen. Droog. Zoals het etiket belooft. En ook met kwiek en fit wit fruit, citrusbijdrage en een hoge dorst-lest-best-factor. Ofschoon het een liter is, biedt deze Gascogner een uitgelezen kans om al drinkend te minderen: het alcoholpercentage bedraagt net zoals vorig jaar slechts 10,5 procent. Toch is er een kleine verandering: iets beter geworden. Pluspunt.

Bourgogne

Chardonnay 2017
Bourgogne

7.5

druif: chardonnay
alcohol: 13%
type: medium
prijs: € 5,99

Voor wie weleens andere bourgogne wil drinken dan louter die van honderden euro's of meer per fles. U proeft gegarandeerd het verschil. Maar het is een vriendelijke, schone, lichte chardonnay. Dit oogstjaar overtuigender, gevulder en wat tropischer dan voorgaande edities. Bourgogne zonder besognes.

ITALIË WIT

Terrazzano

2018

Verdicchio dei Castelli di Jesi

7·5

druif: verdicchio
alcohol: 12%
type: licht
prijs: € 3,99

De ideale witte Italiaanse huiswijn. Wit fruit, besjes, zachte bitters, milde zuren. Dorstlesser pur sang. Geen geld. De geruststellend lelijke amforafles krijg je op de koop toe.

Villa Cornaro (NIEUW)

Pinot Grigio 2018

Pinot Grigio delle Venezie

7

druif: pinot grigio
alcohol: 11,5%
type: licht
prijs: € 3,29

Eerst maar even de cijfertjes: 11,5 procent. Nipt boven de 3 euro. 7 omdat deze pinot grigio voor dat geld nog drinkbaar is ook. Licht appelig, citrusspatje. Niet om de hele wijnkelder van je villa mee vol te leggen om te wachten tot het beter wordt. Dit is 't.

NIEUW-ZEELAND WIT

Te Waina (NIEUW)

Sauvignon Blanc 2019

Marlborough

8

druif: sauvignon blanc
alcohol: 12%
type: licht
prijs: € 4,99

Tien redenen waarom sauvignon blanc uit Nieuw-Zeeland zo populair is geworden: kruisbessen, kiwi, groene appel, grapefruit, limoen, mango, doperwtjes, passievrucht, energie en een vriendelijk prijskaartje. Tel maar na. En tel uit je winst.

ROEMENIË WIT

I Am

Sauvignon Blanc 2018

7·5

druif: sauvignon blanc
alcohol: 12%
type: licht
prijs: € 3,99

I Am. En wat ben je dan? Een sappige sauvignon blanc met veel perendrups-perzik-meloensnoepjesfruit en een prettig groene, citrusrijke, knisperende frisse afdronk. Dat ben je. Bovendien ben je erg voordelig.

SPANJE WIT

1 De Beste Biologische Huiswijn Wit

LITER

Vino de España

7·5

druif: airén, sauvignon blanc, verdejo
alcohol: 12,5%
type: medium BIO
prijs: € 3,79

Ook dit jaar weer opvallend goedgeluimd. Links en rechts trakterend op peren, suikermeloen, groene appels en citrus. Spat nog wat na. Maar waar je een dreinende kleuter voor dat laatste een dreun voor zijn kanis geeft, vraag je in dit geval of het glas nog even volgeschonken kan worden. Moet geen probleem zijn. Er zit toch een liter in en het kost niks.

Gran Espanoso

Vintage Cuvée Brut
Cava

7

druif: macabeu, parellada, xarel·lo
alcohol: 11,5%
type: droog M
prijs: € 4,69

Keurig voor dit prijsniveau. Niet te streng. Niet te kartonnig. Mollige mousse. Zacht en rijp fruit. Oprecht en eerlijk afdrinkend.

Nava Real

Verdejo 2018
Rueda

7

druif: verdejo
alcohol: 12,5%
type: licht
prijs: € 4,99

Sappige mondverfrisser. Wit fruit, groen spikkeltje, citrus. Eenvoudig, oprecht en de real thing.

The Collection (NIEUW)

Verdejo 2018
Castilla

7

druif: verdejo
alcohol: 12%
type: licht
prijs: € 5,49

Hoewel niet uit *designated verdejo-area* Rueda, toch best frisse variant uit het zonnige Castilla. 'Pairs best with fish & sushi'. Lokaal is anders, maar ach, *the world is your oyster.*

ZUID-AFRIKA WIT

Danie de Wet

Sauvignon Blanc 2019
Robertson

8

druif: sauvignon blanc
alcohol: 12,5%
type: medium
prijs: € 4,99

Voor wie graag een uit de startblokken weg sprintende sauvignon blanc drinkt. Tijdje niet in beeld geweest maar imponeert met een tot de verbeelding sprekende comeback. Doet mee aan 'stand in de wand' en de kleur is... groen! Felle Zuid-Afrikaan, met pittig wit fruit, fiks wat zuren en volstrekt droog finishend.

First Cape (NIEUW)

Chardonnay 'Special Cuvée' 2019
Western Cape

7.5

druif: chardonnay
alcohol: 12,5%
type: medium
prijs: € 5,49

Tropisch uitstapje plus peer, meloen en voldoende citrus om niet plakkerig te worden. Glaasje extra nemen om het allemaal nog eens door te nemen is geen bezwaar: 12,5 procent wordt steeds meer de trend.

First Cape (NIEUW)

Sauvignon Blanc 'Special Cuvée' 2019
Western Cape

7.5

druif: sauvignon blanc
alcohol: 12,5%
type: medium
prijs: € 5,49

Verwacht geen hittepetittende sauvignon blanc die nadrukkelijk net gemaaid gras met condens in je gezicht gooit. Je bestookt met kruisbessen en nat spat met limoen. Rustig, bedaagde Westkaper. Rijpe peer, kalme meloen, een milde verfrissing.

Zuydpunt

Chenin Blanc Viognier 2019

Western Cape

7

druif: chenin blanc, viognier
alcohol: 12,5%
type: medium
prijs: € 5,99

Weet dit keer de puntjes op de i van Zuydpunt te krijgen. Ja, we weten het: die staan daar helemaal niet. Maar toch werd het dit oogstjaar een prima wijn. Kakelverse abrikoos en perzik, vol en rijp en voldoende fris om niet meteen weer dorst te krijgen.

CHILI ROOD

Elemental
Cabernet Sauvignon Reserva 2018
Central Valley

7.5

druif: cabernet sauvignon
alcohol: 14%
type: vol BIO
prijs: € 6,99

Elemental is weer in zin element. Rijp en zacht, wat cassis, de tannines tonen zich mild en een onmiskenbare biosignatuur. Staldeurtje open. Mest op het land. Geuren maar.

Elemental
Carmenère 2018
Central Valley

8

druif: carmenère
alcohol: 14%
type: vol BIO
prijs: € 6,99

Donker fruit, bittere kersen, chocoladekoffieboontje en wat opruwende tannines. Pepermuntje op de afdronk. Gemaakt door het bovenste beste biowijnhuis Viñedos Emiliana.

DUITSLAND ROOD

Gustavshof
Dornfelder 'Vom Berg' 2017
Rheinhessen

9

druif: dornfelder
alcohol: 13%
type: medium DYN
prijs: € 9,49

Biologisch-dynamisch. Demeter. Vegan-friendly. Toch wijn met veel vlees. We schonken 'm onlangs bij een hazenpeper die mevrouw Hamersma bij elkaar had gesudderd. Bovendien: met veel kleur en zachte tannines. Mooi jam-achtig donker fruit, vooral framboos en kers. Zacht, sappig en lichtpeperig bovendien. Dornfelder ten voeten uit.

FRANKRIJK ROOD

Château Chavrignac
Rouge 2017
Bordeaux

8

druif: cabernet sauvignon, merlot
alcohol: 13%
type: medium BIO
prijs: € 9,45

Chavrignac doet wat een kleine bordeaux op dit prijsniveau doen moet, maar dat in veel gevallen achterwege laat. Kordaat cassis-sap, flink wat laurier, niet te strenge tannines. Niet te zwaar. Kleintje bordeaux volgens het boekje. Mag het boek in.

Circulade (NIEUW)
Cabernet Franc 2017
Côtes de Thongue

7.5

druif: cabernet franc
alcohol: 15%
type: vol BIO
prijs: € 7,50

Cabernet franc kom je niet vaak tegen buiten de Bordeaux of de Loire. Maar in dit geval is er dus een wijnboer in het zuiden voor 'm gevallen. De charme van cabernet franc is dat hij vaak een groen zweempje in de smaak heeft. Is dat te veel dan is het alsof je in een onrijpe, groene paprika bijt. Is het op orde dan geeft het net wat bite en karakter aan rood van deze druif. Zoals in deze. Lekker in samenspel met de bramen en de pruimen met een voorliefde voor de schaduw. Let op: geen zonnig watje...

Dame de Cleve (NIEUW)

Vin de France

7·5

alcohol: 13%
type: medium BIO
prijs: € 6,95

Cleve. Da's nu precies wat ze niet doet. Lekkere zurige kersjes en bessen. Zo blijft een dame lekker slank. Kent geen oogstjaar. Een dame vraag je immers ook niet hoe oud ze is.

Domaine Bassac

Le Manpot 2017

Côtes de Thongue

8+

druif: cabernet franc, cabernet sauvignon, merlot, syrah
alcohol: 14%
type: vol BIO
prijs: € 9,50

Heeft ten opzichte van het vorig jaar wat meer spierbundels ontwikkeld. Plus een half procent meer alcohol. Onbekommerde houthakkerswijn. Kapt zich onvermoeibaar een weg door donkere bossen en wilde braamstruiken. Gaat het zweet van in de snor staan. Snel een glas licht gekoelde Le Manpot! Op naar volgend oogstjaar.

Pure

Rouge 2017

Vin de France

7·5

druif: cabernet franc, cabernet sauvignon, cinsault, grenache, merlot, syrah
alcohol: 13%
type: medium BIO
prijs: € 7,25

Donker fruit, mandje kersen, rijpe frambozen, flink wat kruiderij, zachter en milder dan vorig oogstjaar.

ITALIË ROOD

Feudo di Santa Tresa

Classico 2017

Cerasuolo di Vittoria

8·5

druif: frappato, nero d'avola
alcohol: 14%
type: medium BIO
prijs: € 8,95

Gezelligheid kent geen tijd. Cerasuolo maar niet solo. Siciliaanse blend van de kwieke frappato en de veel serieuzere nero d'avola. Kruidig, sappig en opgewekt. Vol rijpe pruim, hoogzure kersen en Siciliaanse zonnigheid. Ondanks de één procent extra alcohol verkwikkend.

Feudo di Santa Tresa

Frappato 2018

Sicilia

8

druif: frappato
alcohol: 13%
type: licht BIO
prijs: € 7,50

De frappato, de meest lichtvoetige van alle Siciliaanse blauwe druiven. Heeft vrolijkheid in de standaarduitrusting. Geurt ook naar kleine rode bosaardbeitjes vroeg in de ochtend. Frisse framboosjes. Jubelende kersjes.

La Corte del Pozzo

Fasoli Gino 2017
Valpolicella Classico

8·5

druif: corvina, rondinella
alcohol: 15%
type: medium BIO
prijs: € 12,00

Corte maar niet kortaf. Warme kersen, zoete specerij, lekker vlezig. Soepel. Opgewekt. Zacht bittertje.

Purato (NIEUW)

Siccari 'Appassimento' 2018
Sicilia

8

alcohol: 14%
type: vol BIO
prijs: € 8,00

Lijkt een trend, de krent. Verschillende appassite wijnen geproefd. Behoorlijk van kwaliteit bovendien. Deels gemaakt met gedroogde druiven. Zodoende lekker zoetig, zacht, smeuïg, weldadig en niet te streng.

OOSTENRIJK ROOD

Diwald

Zweigelt Selektion 2018
Wagram

8·5

druif: zweigelt
alcohol: 13%
type: medium BIO
prijs: € 9,00

Het oogstjaar 2018 was goed en overdadig. De sternotering blijft. Donkere, zwijmelende zweigelt. Kruidig, zacht en rijk met zoete kersen. Een flinterzuurtje houdt de tong alert.

SPANJE ROOD

Abril de Azul y Garanza

2018
Navarra

8·5

druif: cabernet sauvignon, tempranillo
alcohol: 14%
type: medium BIO
prijs: € 8,00

Niet van dat crowd-pleasende zoetsappige. Wel volop kersen, aardbeien en frambozen. Wat zwarte bessen ook. Een puntje paprika en stevige tannines. Echte wijn. Navarra-tinto die jaar in, jaar uit op hoog niveau blijft presteren.

Cabirol

2018
Montsant

8·5

alcohol: 15%
type: vol BIO
prijs: € 8,50

Cabirol. Het plaatselijke jargon voor de pit van de olijf. Een en ander vanwege de structuur van de aarde in de wijngaarden. Ter geruststelling: smaakt gewoon naar wijn. Donker fruit, kracht zonder te duwen, enig lauriervertier, een kraakje uit de pepermolen, wat treuzelende tannines en wat herfstoverpeinzingen.

Fiesta de Azul y Garanza (NIEUW)

Garnacha Tempranillo 2017
Navarra

8·5

druif: garnacha, tempranillo
alcohol: 14%
type: vol BIO
prijs: € 6,50

Fiesta. En het milieu viert mee, want bio. Het etiket heeft zelf eveneens de slingers opgehangen wat ontwerp betreft. Ook daarachter is er sprake van feestelijkheden. Kakelende kersen, toeterende besjes, bramen slechts gekleed in een laurierblaadje, gespetter met mild zurig sap.

Mundo de Yuntero (NIEUW)

Tempranillo Syrah 2018
La Mancha

7·5

druif: syrah, tempranillo
alcohol: 13%
type: medium BIO
prijs: € 5,25

Mild en zacht-zoetig rijp rood fruit. Lekker fris zuurtje, mild bittertje. Mild is gewild.

Ortiga (NIEUW)

2018
Tierra de Castilla

7

druif: tempranillo
alcohol: 13%
type: medium BIO
prijs: € 4,50

Mag ik uit de categorie huiswijnen die gezellige, kersige, soepele, eerlijke? Dan krijg je er van mij wat tapas bij.

Pure

Merlot 2018
Tierra de Castilla

7

druif: merlot
alcohol: 14%
type: medium BIO
prijs: € 5,25

Wederom eerlijke bio-merlot. Doet zijn naam eer aan. Ruim baan voor pruim. Ladinkje laurier. Wat onaangepaste tannines maar niet te streng. Half procentje extra alcohol voor hetzelfde geld.

Pure (NIEUW)

Shiraz 2018
Tierra de Castilla

7

druif: shiraz
alcohol: 14%
type: medium BIO
prijs: € 5,25

Spaanse shiraz debuteert in de Purelijn. Doet dat niet alleen. Heeft zoete pruimen, rijpe kersen, zoete pepertjes en zachte tannines meegenomen.

Quinto Arrio

Crianza 2016
Rioja

8·5

druif: tempranillo
alcohol: 14%
type: vol BIO
prijs: € 9,95

De chique, bedeesde oudoom van de uit de band springende Quinto Arrio die pilletjes krijgt tegen al te druistig functioneren. Maakt graag boswandelingen, combineert zijn ribfluwelen bandplooibroek met een tweedjasje met suèdelook elleboogstukken en is vogelspotter. Hij komt net thuis met opwindend nieuws: hij heeft een lekker kippetje gezien.

Quinto Arrio

2018
Rioja

8

druif: tempranillo
alcohol: 14%
type: medium BIO
prijs: € 6,50

E EKOPLAZA

Keurige, beschaafde met twee woorden sprekende rioja: Quinto Arrio. Neemt een vief aanloopje, springt zonder handen te gebruiken over een hekje om midden in een bedje aardbeien te belanden. Doet nog wat kersen aan, presenteert een zoetje van het eiken, een laurierdropje en geeft een stevige hand als afscheid.

CHILI WIT

Elemental

Chardonnay Reserva 2018

Casablanca Valley

7·5

druif: chardonnay
alcohol: 14%
type: medium BIO
prijs: € 6,99

Ook dit jaar weer verzorgd en prettig. Rijpe appel op appèl, perzikpartje in zijn element en wat tropische inbreng. Prima bitter-frisse afdronk.

DUITSLAND WIT

Gustavs

Blanc de Noir 'Vom Berg' 2018

Rheinhessen

8·5

druif: heroldrebe, st. laurent
alcohol: 11%
type: licht DYN
prijs: € 9,49

Heroldrebe, mijn bijna-naamgenoot. Een lui, vrij nietszeggende, laat rijpende soort. Nomen est omen? Maar, in combinatie met st. laurent weet Gustavs er ieder jaar opnieuw een zinnenprikkelend geheel mee te creëren. Ze kleuren ook zo lekker samen, giechelend op de berg, het schaamrood op de kaken. Proef lichtzure besjes, dikke rijpe perziken en een minzame molligheid.

Gustavs

Grauburgunder 'Vom Berg' 2018

Rheinhessen

9-

druif: grauburgunder
alcohol: 12%
type: medium DYN
prijs: € 9,99

Van een berg. Dezelfde als waar hun steengoeie riesling op groeit namelijk. Grauburgunder maar allesbehalve vijftig tinten grijs. Rijpe appel, perzik, gele pruim. Klinkt zacht en mild maar heeft veel bite, kracht en kwinkelende mineralen. Probeer ook de overige Gutavjes eens voor de verandering.

Gustavs

Riesling 'Vom Berg' 2018

Rheinhessen

9-

druif: riesling
alcohol: 12%
type: licht DYN
prijs: € 9,99

Uit de serie 'best of' bij Ekoplaza. Gustav. Ging eerder als Gustavshof door het leven. Riesling op hoog niveau. 'Vom Berg'. Dat zal het wezen. Oogverblindend zuiver en verkwikkend. Met kwartszuren en bergbeekverfrissing. Onstuimige citrusgolven, met minerale schuimkoppen. En toch weldadig droog. Kopen. Zo ook hun grauburgunder, blanc de noir en rode dornfelder.

FRANKRIJK WIT

Bruno Michel

Assemblée Brut

Champagne

8·5

druif: chardonnay, pinot meunier
alcohol: 12%
type: droog BIO M
prijs: € 30,00

Bruno Bio Brut. Zacht, rond, mild romig. Licht appelig, rijpe peren, een sherrysnuf en licht getoaste amandel. Afdronk fijn. Afdronk fris. Afrekenen: prijs in orde.

Domaine Eugène Meyer

Pinot Blanc 2018

Alsace

8·5

druif: pinot blanc
alcohol: 12,5%
type: medium BIO
prijs: € 9,95

Warm oogstjaar maar toch frisse wijnen. Zacht, rijp, mild, rond en romig. Geef er asperges bij met gerookte zalm. Lekker, dat vettige bij dat zalvende van de blanc.

Pure

Blanc 2018

Côtes de Thongue

7+

druif: muscat, sauvignon blanc
alcohol: 13%
type: medium BIO
prijs: € 7,50

Lekker druivig door de muscatinbreng. Adequate no-nonsense-mondverfrisser met snoeperige appel, citrus, lichte kruidjes en een mini-bitter. Allemansvriend die het midden houdt tussen zacht en zuur.

ITALIË WIT

Borgoletto (NIEUW)

Fasoli Gino 2018

Soave

8·5

druif: garganega
alcohol: 13%
type: medium BIO
prijs: € 8,75

Sappige soave. Fris geel fruit. Gele pruim ook. Zachte amandelbitters. Niet licht en oppervlakkig, maar met gewicht en diepgang. Gastronomisch type. Schuift graag aan bij tortellini met spinazie en ricotta. Vega en bio: we zijn lekker bezig.

OOSTENRIJK WIT

Diwald

ChaGrü 2018

Wagram

8

druif: chardonnay, grüner veltliner
alcohol: 13%
type: medium BIO
prijs: € 9,50

Vast ensemble: gezamenlijk optreden van thuisspeler grüner veltliner en wereldster chardonnay. Licht-fris-tropisch van de chardonnay en knapperig, levendig en nerveus qua grüner.

Diwald

Frühroter Veltliner 'Diebsnest' 2018

Wagram

8

druif: frühroter veltliner
alcohol: 13%
type: medium BIO
prijs: € 9,50

Martin Diwald houdt niet van 'Barbiepuppenweine', volgens eigen zeggen. Experimenteert niet met chemicaliën, maar met vergeten-druivenrassen zoals de frühroter veltliner. Die druif heeft niets van doen met de grüner, is dan ook niet zo stuivend fris. Kruidig met watermeloen en rode appels. 2018 was warm, zodoende wat meer tropische tonen dit jaar.

Diwald

Grüner Veltliner Selektion 2018
Wagram

8

druif: grüner veltliner
alcohol: 13%
type: medium BIO
prijs: € 8,95

Jaar op jaar een patente grüner veltliner. Dit jaar hebben rode appels, milde citrus en het zoet-bittere van asperges de Selektion gehaald.

SPANJE WIT

Azul de Azul y Garanza (NIEUW)

Vitis 2018
Navarra

8

druif: garnacha blanca, viura
alcohol: 13%
type: medium BIO
prijs: € 8,25

Op zich twee brave functionarissen: witte grenache en viura. Gewoonlijk spatten de vonken er dan niet van af. Hoeft ook niet. Daar hebben we in het internationale wijncircus bijvoorbeeld al sauvignon blanc of, wat Spaanser, de verdejo voor. Vitis zorgt voor een lichte rimpeling in het water. Niet door er een steen in te gooien. Om over mineraliteit te beginnen gaat te ver. Wel liggen rijpe peer, dito appel, perzik en meloen voor de hand. Gooien we die toch. En ach kijk, spat er toch nog wat op. Is er toch nog sprake van wat frissigheid in zijn finale.

ARGENTINIË ROOD

Alamos

Cabernet Sauvignon 2017
Mendoza

8·5
druif: cabernet sauvignon
alcohol: 13%
type: vol
prijs: € 10,99

Van Catena, de familie die in de vorige eeuw de malbec heeft laten zij-instromen in Argentinië. En dat heeft een stroom aan rood op gang gebracht. In de slipstream: cabernet sauvignon. King Cab voelt zich ook thuis bij de Argentijnse Wijnkoning. Met veel cassis als resultaat. Zoete kersen als slippendragers. Zoete specerij over de rode loper. Eikenhouten lambrisering door het hele paleis.

Alamos (NIEUW)

Merlot 2018
Mendoza

8·5
druif: merlot
alcohol: 13,5%
type: vol
prijs: € 10,99

De cabernet van Alamos al smakelijk een mooi presterend. Merlot wil ook schouderklopjes. Vooruit, ga maar vast staan dan. Glas in de hand. Gevuld met zachte, beschaafde pruimigheid, opgewreven tannines en een soepele laurieraanzet. Lamsschouder nadat het schouderklopje is uitgedeeld.

Catena (NIEUW)

Malbec 'Lunlunta' 2016
Mendoza

9-
druif: malbec
alcohol: 13%
type: medium
prijs: € 15,99

De 2017 oogst zilver van *Decanter* en 92 punten van de *Wine Advocate*, het huisorgaan van wijnadvocaat Robert Parker dat net verkocht is aan Guide Michelin. Eten en drinken gaan nu eenmaal prima samen. De 2018-oogst vervolgens 91 punten van Vinous. Maar Gall & Gall heeft voor de 2016 gekozen. Kelderdochter? Dacht 't toch even niet, zeg. Vlezige malbec van wijngaarden op 920 meter hoogte. Sappig, zwoel-koel fruit. Rijpe pruimen, donkere kersen, likeurzoet, cacaobittertjes, zachte pepertjes en behaaglijke tannines.
Tijdelijk van € 15,99 voor € 7,99

Trapiche

Malbec 2018
Mendoza

7·5
druif: malbec
alcohol: 13%
type: vol
prijs: € 7,99

Soepel zwierend als de adelaar die op het etiket zwiert. Hopen dat-ie het lammetje niet in de gaten heeft, dat de gedoodverfde favoriet is voor de asado van hedenavond. Hoewel, anders ligt er misschien nog een hamburgertje in de vriezer. Smaakt ook prima bij het zoetsappige, licht spicy rode fruit. Half procentje meer alcohol dan de 2017-oogst zorgt voor meer grip – voor zover dat natuurlijk nodig is met zulke klauwen.

AUSTRALIË ROOD

Leasingham

Shiraz BIN 61 2016
Clare Valley

8·5
druif: shiraz
alcohol: 14,5%
type: vol
prijs: € 13,99

Meestal een en al slobberende zachtheid, zo'n Ozzie-shiraz. Een huispak waar de stretch uit is. Een mohairtrui gewassen met crème-spoeling. Nu staat Leasingham nog steeds niet strak van de tannines. Maar ik zou 'm niet leasen maar kopen. Van een kloeke kordaatheid. Donker fruit uit het koelhuis. Callebaut-bitter uit de koelkast. Frisse pepermuntfinale als afscheid. Rozemarijn dit jaar. Plus een half procentje extra alcohol voor nog wat extra body.

Penfolds

Shiraz Cabernet 'Koonunga Hill' 2017
South Australia

8·5
druif: cabernet sauvignon, shiraz
alcohol: 14,5%
type: vol
prijs: € 12,99

Penfolds. Kan nooit mis. Op alle prijsniveaus de moeite waard. Ook op Koonunga Hill zijn de cabernet sauvignon en de shiraz weer op orde. Fris, niet te zoet donker fruit, houvasttannines maar niet streng. Dit jaar met een snufje extra cacao en een Wilhelminawaasje, een vleugje pepermunt in de finale. Klassieke stijl rood. Voordeel van Penfolds vind ik: chief winemaker Peter Gago houdt niet van al te zoet, zwoel, behaagziek rood. Wijn is om je dorst te lessen. Niet om op je brood te smeren.

Rawson's Retreat

Shiraz-Cabernet 2018
South Eastern Australia

8+
druif: cabernet sauvignon, shiraz
alcohol: 13,5%
type: vol
prijs: € 8,49

Echte Ozzie-blend. Cabernet en shiraz. Tot ons gekomen in de kleuren pruimenpaars, zwarte bessen en kersenrood. Omlijsting van fijne specerij. Jaar in, jaar uit betrouwbaar en meer dan dat.

Wolf Blass

Shiraz Cabernet 'Red Label' 2018
South Eastern Australia

7·5
druif: cabernet sauvignon, shiraz
alcohol: 13,5%
type: vol
prijs: € 7,99

'Made famous by Wolfgang Blass,' zegt het etiket. Bij liefhebbers dan die van zacht, zoetig, mild en rijp houden. 'Keurig, in orde en dank u,' zeg ik ook dit jaar weer. Da's het fijne van dit soort grote merken van grote bedrijven. Daar doen ze er alles aan om ervoor te zorgen dat hun hardlopers ieder oogstjaar precies hetzelfde smaken. Wederom gelukt. Hollen maar.

CHILI ROOD

La Palma

Cabernet Sauvignon 2018
Cachapoal Valley

8
druif: cabernet sauvignon
alcohol: 13,5%
type: medium
prijs: € 7,49

Ingetogen cabernet sauvignon. Niet al te uitzinnige zwarte bessen, spatje kersenzoet, ietsjes bittere chocolade en wat gefluister over mint. Prettig: niet te zoet. Ook: beter dan de voorgaande oogstjaren.

La Palma

Carmenère 2018
Cachapoal Valley

8·5
druif: carmenère
alcohol: 13%
type: vol
prijs: € 7,49

Het donkere fruit luidt. De cacao is daar. Dubbele espresso met een chocoladeboontje. Suiker? Geen suiker. Oprechte bitters. Beduidend beter dan de 2017 die vorig jaar acte de présence kwam geven. Gedoodverfde spareribs-favoriet. Geniet ervan voordat ook hier een vegetarische variant van wordt bedacht.

La Palma (NIEUW)

Carmenère Reserva 2018
Cachapoal Valley

9

druif: carmenère
alcohol: 14%
type: vol
prijs: € 10,59

Bramen met zwarte bessen. Zwarte koffie met donkere chocola. Zwarte peper met donkere thee. Volle aarde en kersenlikeur. Pluim voor La Palma. Dit is wat Chileense carmenère moet zijn.

La Palma (NIEUW)

Merlot 2018
Cachapoal Valley

8

druif: merlot
alcohol: 13,5%
type: vol
prijs: € 7,49

Compacte merlot. Donkere pruimen, zwarte koffie, zwarte bessen, zwarte kersen, minimaal groen randje voor de frissigheid. Lekker veel vlees op het bot en wat paddenstoeltjes erbij bovendien. Ik zou ook overwegen om het erbij te serveren.

La Palma

Merlot Reserva 2018
Cachapoal Valley

8·5

druif: merlot
alcohol: 14%
type: vol
prijs: € 10,59

Goed, aards en dapper. Veel donker fruit, fiks wat laurier plus een onvervalste 'bitter in de mond houdt het hart gezond'-mentaliteit. Is er toevallig wat carmenère bij gedaan? Zou me niks verbazen.

Kleine percentages toevoegen is toegestaan zonder dat de wijnmaker het op het etiket moet vermelden. Dat cacaobittertje op de achterhand is zo karakteristiek voor die druif.

Natura

Cabernet Sauvignon 2017
Central Valley

8-

druif: cabernet sauvignon
alcohol: 13,5%
type: medium BIO
prijs: € 7,49

Natura. Bio-vermoeden. Staat het er ook 'officieel' op? Jazeker. Logo voor akkoord op het achteretiket. 'Biologisch wijngaardenieren resulteert in een wijn van een hogere kwaliteit die beter smaakt,' valt daar eveneens te lezen. Is dat ook zo? Vergelijk ik 'm met prijsgenoten die niet het natuurvriendenstempel hebben dan proef ik geen uitschieters. Gewoon een prima cabernet sauvignon met zwarte bes, braam, een snufje laurier en niet te strenge tannines. Wel beduidend beter dan 2016.

Natura

Merlot 2017
Rapel Valley

7·5

druif: merlot
alcohol: 13,5%
type: medium BIO
prijs: € 7,49

Zoetsappige pruim, prettige zuren en lekker wat houvast door een splintertje hout.

Nuevo Mundo (NIEUW)

Malbec 2018
Maipo Valley

8

druif: malbec
alcohol: 13,5%
type: vol BIO
prijs: € 10,79

Malbec is natuurlijk eigenlijk de lievelingsknuffel van buurland Argentinië, maar in Chili geven ze 'm ook steeds vaker kopjes. De buurlanden lijken weinig op elkaar. Welbeschouwd is Chili is één grote kuststreek, met veel frisse invloeden van de oceaan. Aan de andere kant van de Andes heerst een veel warmer klimaat en regent het meer. Maar ook in stijl zijn ze tegenpolen. In Argentinië is het leven één groot chaotisch feest. Chilenen daarentegen worden ook wel de Duitsers van Zuid-Amerika genoemd. Dat proef je in deze malbec. Binnen de lijntjes. Geen overdreven houtparade. Zuren. Aangenaam beheerst. Frisse kustwind. Koel rood fruit.

Oveja Negra (NIEUW)

Cabernet Sauvignon Carmenère 'Winemakers Selection' 2018
Central Valley

8+

druif: cabernet sauvignon, carmenère
alcohol: 13%
type: vol
prijs: € 9,99

Er is al een gewone Oveja Negra, zwart schaap. Maar deze is door de wijnmaker nog zwarter gemaakt. De zwarte bessen en bramen van cabernet sauvignon hebben gezelschap gekregen van de donkere cacao en diepduistere espresso, de karakteristieken van carmenère.

Oveja Negra

Cabernet Sauvignon Syrah Reserva 2018
Central Valley

7·5

druif: cabernet sauvignon, syrah
alcohol: 13%
type: vol
prijs: € 7,49

La Oveja Negra. Het zwarte schaap. Geen zwartkijker. Blaat wederom zonder blad voor de mond te nemen over rijpe zwarte bessen, zoete kersen en soepel sap. Ook dit oogstjaar dat pepermuntje op de adem. Kan geen kwaad als je schaap bent.

Palo Alto

Reserva II 2018
Maule Valley

8·5

druif: merlot, shiraz, tempranillo, viognier
alcohol: 13,5%
type: vol
prijs: € 11,59

Ratjetoe aan druiven. Maar het is geen rommeltje geworden. Sombermans etiket: rouwkaart uit de standaardcollectie van Monuta. Maar na de plechtigheid toch liever deze wijn met een lekkere stoofschotel dan koffie met cake. Rondborstig rood, rijp fruit. Frisse zuren. Nootjeskraakje. 'Wil er iemand anders misschien nog iets zeggen. Niemand? Dan verzoek ik u nu om mij naar buiten toe te volgen. Richting glasbak.'

Santa Rita

Carmenère Reserva Especial '120' 2018
Central Valley

7·5

druif: carmenère
alcohol: 13%
type: vol
prijs: € 7,49

120. Het aantal soldaten dat na een lange en natuurlijk harde strijd (er werd niet met klapperpistooltjes geschoten) om de onafhankelijkheid van Chili de domeinen van Santa Rita bereikte. Daar werden ze natuurlijk liefdevol opgevangen en gelaafd met toen al fijne wijnen. 'Ter ere van...' heet deze wijn nu 120. Een succesnummer. Want te koop over de hele wereld. Vooral omdat de kwaliteit altijd behoorlijk goed en constant is. Neem deze carmenère. Die volgens het etiket overigens carménère heet. Waarschijnlijk om aan te geven dat de accenten erin op zwarte, sterke koffie en bittere chocola liggen. Zo eigen voor de druif. Verder ook bramen, cassis en wat lichter dan het vorige oogstjaar.

Undurraga

Cabernet Franc T.H. 'Terroir Hunter' 2013
Maipo Valley

9-

druif: cabernet franc
alcohol: 14%
type: vol
prijs: € 21,99

Undurraga. Van oorsprong Baskische familie. In 1881 in Chili begonnen met wijn maken en daar een grote naam geworden. En niet met bulk. De vierde en vijfde generatie (vader en drie zoons) kennen de plaatselijke omstandigheden ook dermate goed dat zij op jacht zijn gegaan naar de ultieme expressie per postcode. Die menen zij te hebben gevangen in deze line-up Terroir Hunter, die wordt gezien als het magnum opus van wijnmaker Rafael Urrejola. Zijn jacht op de ultieme omstandigheden om de van oorsprong notoire Loire-brompot cabernet franc te vermurwen, heeft in de Catemito-wijngaard (2,25 hectare), gelegen langs de Maipo-rivier, geresulteerd in 351 kistjes van twaalf. Da's veel als het vies is en onverkoopbaar. Maar wereldwijd gezien weinig als het goed is. En goed – en zelfs nog beter dan dat – is deze rode uit 2013. Rijpe bramen, donkere pruimen, laurierdrop, het zoet van gebrande paprika en hier en daar een flardje zonsverduistering voor die zo karakteristieke, aantrekkelijke donkere partijen. Het onvermijdbare Nieuwe Wereld-zoetje zet de vriendelijke toon. Herproefd voor deze editie van *DGH* en de Hunter blijft ons vriendelijk bejegenen.

Undurraga

Carignan T.H. 'Terroir Hunter' 2015
Maule Valley

9-

druif: carignan
alcohol: 14,5%
type: vol
prijs: € 21,99

Zestig jaar oude stokken. En niks mantelzorg. Moeten gewoon zelf voor hun water zorgen, want geen druppelirrigatie. Wijngaarden in de buurt van Cauquenes (tevens voor al uw microterroir cabernet sauvignon; zie de Terroir Hunter voor die druif) en Loncomillo. Om te zorgen dat de druiven zich een beetje thuis voelen: wijn gelagerd op oude, gebruikte vaten. Niet te nadrukkelijk eiken daardoor. Houdt carignan namelijk helemaal niet van. Gevoelig type. Wil zijn rode fruit laten schitteren zonder smaakmakers als vanille en doordruktannines. Toonbeeld van elegantie en frisheid. Framboos, kleine aardbeien, besjes met een korreltje suiker. Vorig jaar al geproefd. Zonder morren nogmaals mij in de baan van het schot geworpen.

Valdivieso

Carmenère 'Valley Selection' 2018
Rapel Valley

8·5

druif: carmenère
alcohol: 14,5%
type: vol
prijs: € 14,99

Kloeke, donkerhuidige, leergebonden carmenère. Gitzwarte koffie. Bramen uit het donkere bramenbos. Callebaut-cacao. Schuurpapiertannines van de kwaliteit extra fijn. Oprecht, compact en karafwaardig. Neem er eentje van gepantserd glas.

Valdivieso (NIEUW)

Malbec 'Single Vineyard' 2011
Curicó Valley

8·5

druif: malbec
alcohol: 13%
type: vol
prijs: € 16,99

Meestal gedoemd om door kindermoord te sterven: rood wordt vaak veel te jong gedronken. Buitenkansje om eens mee te maken wat een kwaliteitswijn zoal vermag als je 'm zijn jaren gunt. Valdivieso zet met zijn malbec direct de spanning erop. Gedroogde tabak, truffel, cacao, juten zak in een dekenkist, bramen, pruimen en pruimen uit een weckpot. Geef er het mooiste rode vlees bij en bereid dit eenvoudig. Dat tilt de wijn naar een nog hoger niveau.

Valdivieso (NIEUW)

Malbec 'Winemaker Reserva' 2018
Curicó Valley

8·5

druif: malbec
alcohol: 14%
type: vol
prijs: € 10,59

Argentijnse trots die de oversteek over de Andes heeft gewaagd. Toch niet het land uitgezet? Zou beslist onterecht zijn. Zorgt in het Chileense Curicó ook voor mooi rood. Donker en vlezig, beetje het aardse van mourvèdre, de hoogtijdruif van Bandol. De herfststorm is gaan liggen. Van de afgewaaide takken wordt een vuur gemaakt. Worsten en groot vlees wachten.

Valdivieso (NIEUW)

Merlot 'Winemaker Reserva' 2017
Rapel Valley

8·5

druif: merlot
alcohol: 13,5%
type: vol
prijs: € 10,59

Merlot met de verduisteringsgordijnen gesloten. Goed donker, zwarte pruim, schaduwlaurier, donkerekamertannines, aangenaam bitterstoer. Bevalt me beter dan de 2015-editie die *DGH 2018* aandeed. Minder oaky, meer fruit, wat meer licht op de donkere partijen.

Valdivieso (NIEUW)

Shiraz 'Single Vineyard' 2015
Limarí Valley

8·5

druif: syrah
alcohol: 14,5%
type: vol
prijs: € 16,99

Single luck. Rood met zacht fruit uit de pruimen-, kersen- en frambozenhoek. Tevens daar te vinden – en niet voor straf – een rolletje pepermunt, een laatje met zoete specerij en zachte tannines, thans in de aanbieding per strekkende meter.

Wave Series by Carmen (NIEUW)

Pinot Noir 'Right Wave' 2017
Leyda Valley

9-

druif: pinot noir
alcohol: 13%
type: medium
prijs: € 7,99

De sauvignon blanc 'left wave' was al zo'n vondst. Op de golven van dat succes is daar nu ook de pinot noir 'right wave'. Koele, spetterende en spattende cassis, kersen en bessen. Bovendien sympathiek voordelig.

FRANKRIJK ROOD

Arrogant Frog
Cabernet Sauvignon 'Les Calades' 2018
Pays d'Oc

8

druif: cabernet sauvignon
alcohol: 13,5%
type: vol
prijs: € 10,59

Etiket als een verduisteringsgordijn. Maar dan wel met een druivendessin. Van cabernet sauvignon, afkomstig van single vineyards in de Hérault. Lekkere wijn. Wederom tot ons gekomen zonder de zoetjes waar de firma die Arrogant Frog maakt zijn wijnen mee uitrust. Aangenaam donkere, zwart bebeste, gelaurierde rouge. Met ruweschors-tannines en wat vriendelijk brommerigs. Dat zwartleren motorpak staat die cocky kikker goed.

Arrogant Frog
Malbec-Syrah 'Ribet Red' 2018
Vin de France

7.5

druif: malbec, syrah
alcohol: 13,5%
type: medium
prijs: € 7,99

Deze kikker springt uit de kruiwagen van Paul Mas, wijngrootmacht in het zoete zuiden. Maakt daar verzorgde, goed geoutilleerde wijnen en geeft ze een lollige naam met een dito etiket. Gezond rood en zwart fruit, lichte specerij en zontevreden tannines. Wat frisser en levendiger dan het voorgaande oogstjaar.

Big Red Beast
The Wine Legend 2018
Pays d'Oc

7.5

druif: alicante bouschet
alcohol: 12,5%
type: medium
prijs: € 6,99

Loodzware fles die in het kader van het terugdringen van de CO2-uitstoot tot Kamervragen zou kunnen leiden. De naam: Big Red Beast. Een wezen dat dat moet voorstellen staat ook op het diepdonkere zwart-rode etiket. Lijkt op de Verschrikkelijke Sneeuwman, de yeti. De artiest van dienst die ingehuurd is door de plaatselijke wijncoöperatie heeft er een harig monster van gemaakt dat met twee flessen in de klauwen de wijngaard uit sneakt. Maar het blijkt een aaibaar beestje. Haartjes netjes gekapt, nog fijn geurend van de Andrélon 'Verrassend Volume'. Hairextensions. Bikinilijn enigszins bijgewerkt. Niet te veel natuurlijk. Anders gaat het monsterimago verloren. Nageltjes van de klauwen keurig gemanicuurd. Ondanks alle signalen van zwaarte, nadrukkelijkheid en heftigheid: 12,5 procent alcohol. En vriendelijk lispelend, vrolijk fluitend en zoetsappig. Pluchen beest. De legende duurt voort. Anders zou het ook geen legende zijn, dacht ik plots, de fles legende door ook de buren nog een glas in te schenken. Die hadden net de barbecue aangestoken waar een big red beast op lag te sissen.

Cap au Sud
Syrah Mourvèdre 2017
Pays d'Oc

7.5

druif: mourvèdre, syrah
alcohol: 13,5%
type: vol BIO
prijs: € 7,99

Eerdere oogstjaren een lekker bonkige bio. Ruig rood fruit. Vers geplukte kruiderij. Bitter zonder te grommen. Asfaltweggetje in de zon. In 2016 een vriendelijkheidstraining gedaan. Tijd voor assertiviteit. Coach ingehuurd. Die liggen tegenwoordig voor het oprapen. Opvallend: de meesten komen over of ze zelf een coach nodig hebben. Maar we dwalen af. Richting wat charcuterie, ons uit het hoofd gepraat door onze lifestylecoach, maar na een weekje ontgiften met pijnboompitten, gojibessen en scharrelsla doen we een moord voor een paar plakken worst. Dus hij moet oppassen met wat-ie zegt. Ook de drank gaat vloeien. Bessen, bramen, zoete nootjes en zachte zuren. Wat lichter dan de 2016 oogst. Eet nog wat. Schenk nog eens in. En weet dat de balans helemaal wordt teruggebracht door de geruststellende dienstmededeling op het etiket: 'biodynamie'.

Cap Royal

Élévé en futs de chêne 2015

Bordeaux Supérieur

8.5

druif: cabernet sauvignon, merlot
alcohol: 13,5%
type: vol
prijs: € 12,99

Élévé en futs de chêne. Hout opgevoed. En daar geen frustraties aan overgehouden. Wel een gouden medaille van het Challenge du Vin 2017. Plus al eerdere schouderklopjes (voor de 2010- en 2014-oogst) van *De Grote Hamersma*. Ook in 2015 Jean René Magnon, die zich ook met de wijnen van 2e grand cru classé Château Pichon-Baron in Pauillac bezighoudt, weer de Cap Royal beklommen, de oudste vuurtoren van Europa. Vanuit die positie heeft hij een superieur uitzicht op wat merlot en cabernet sauvignon in Bordeaux te bieden hebben. Aldus laat hij zijn licht schijnen op cassis, braam, roosternootjes en vanilletonen. Een ster schittert in de donkere nacht.

Chapelle de Potensac (NIEUW)

2015

Médoc

9

druif: cabernet franc, cabernet sauvignon, merlot, petit verdot
alcohol: 13,5%
type: vol
prijs: € 19,99

Tweede wijn van de eerste categorie. Gemaakt op Potensac, Médoc-domein van de familie Delon die ook nog eens Léoville Las Cases (persoonlijke favoriet van *De Grote Hamersma* zelf), Clos du Marquis en Château Nénin in portefeuille hebben. Kortom, die kun je wel om een flesje rode wijn sturen. Dan kunnen ze zomaar eens terugkomen met deze Médoc uit een buitengewoon goed jaar. Met klassieke donkere partijen, braambossen, frisse cassis, een spoortje tuigleer, kloeke tannines en laurierdrop mee voor onderweg als we richting een behoorlijk lange afdronk gaan. We branden een kaarsje: de Chapelle hebben we er al voor.

Château de la Roulerie (NIEUW)

2018

Anjou

8+

druif: cabernet franc
alcohol: 13,5%
type: vol BIO
prijs: € 8,99

Uitstekende Les Terrasses van dit domein in omloop: een witte van chenin blanc. Maar in Anjou gedijt ook de cabernet franc. Geeft ter plekke een karakteristieke uitvoering. Donkerte, schaduw, groene randjes, paprikazoet en dichtgetimmerde tannines. Wat decanteren om een voorzichtige opening voor een goed gesprek over rood en zwart fruit te bewerkstelligen strekt tot aanbeveling. Helemaal dit oogstjaar: trakteert op nog meer tannines.

Château Lynch-Moussas (NIEUW)

2016

Pauillac

9+

druif: cabernet sauvignon, merlot
alcohol: 13,5%
type: vol
prijs: € 47,99

5e grand cru classé. Groot domein waarvan 60 hectare wijngaard is. Eentje uit de hoofdmacht van Pauillac, misschien wel de meest tot de verbeelding sprekende appellation in Bordeaux vanwege de aanwezigheid van Latour, Lafite-Rothschild en Mouton-Rothschild. Nog niet eens al te lang geleden vond ik Moussas vaak een beetje wiebelig. Maar de laatste tien jaar heeft er een behoorlijke inhaalslag plaatsgevonden op kwaliteit. Consistenter, beter vooral. Verwacht overigens niet een te zware, te nadrukkelijke, donkere pauillac. Kersen, pruimen en bramen op kamertemperatuur, net geroosterde nootjes, donkere chocolade met een sinaasappelschilletje, specerij op rij, een vanillevermoeden (nieuw eiken wordt niet geschuwd) en beschaafd uitgerolde tannines. Uit een oogstjaar dat 'bewaren leidt niet tot bezwaren' als motto heeft. Duimen gingen ook omhoog bij *Platter* (92-94) en *Decanter* (94).

Château Roc de Cazade

2018

Bordeaux

7·5

druif: cabernet sauvignon, merlot
alcohol: 13,5%
type: vol
prijs: € 6,49

Chateau dat niet onder stoelen of banken steekt dat er helemaal geen sprake is van een kasteel. Op het etiket (type gravure) twee loodsen. Meer kan ik er echt niet van maken. Gelukkig staan ze wel tussen de wijngaarden. Rechts voorin een gipsen Gamma-bloembak op zo'n pootje. Ook dat nog. Wat struweel (wanneer kun je zo'n woord als schrijver gebruiken, welaan, hier dan) achter het verst gelegen gebouw. Een spar naast het voorste. Op de achtergrond nog een godshuis. O.L.H. zal zich er weer eens niet tegenaan willen bemoeien. En de wijn? Klein kordaat doordouwertje. In alles een wilsbekwame bordeaux. Donkervruchtig, voldoende laurier, oprechte tannines, geen gefriemel met zoetjes en nootjes. Geen geld bovendien.

Connétable Talbot (NIEUW)

2016

Saint-Julien

9

druif: cabernet franc, cabernet sauvignon, merlot
alcohol: 13,5%
type: vol
prijs: € 39,99

Talbot: legendarische flop van de Franse auto-industrie. Roestte al in de folder. Startte alleen in de showroom. Château Talbot, een eersteklas Saint-Julien (4e grand cru classé). Al sinds jaar en dag producent van een geslaagde, gewilde, charmante en vooral ook prettig drinkbare saint julien. Sinds 2018 is ook nog eens wijnmaker Jean-Michel Laporte (voorheen La Conseillante) aan boord. En daarmee zwaaien de deuren nog wat verder open. In ieder geval krijgt hij prima basismateriaal tot zijn beschikking. Kerngezonde cabernet-merlot blend van de tweede wijn van het domein. Kordate cassis, bramen, eucalyptus en nog wat onaangepaste tannines die manieren zijn bij te brengen door op tafel Connétable toch maar eerst even te karaferen.

Domaine de la Presle

2016

Fleurie

8·5

druif: gamay
alcohol: 13%
type: medium
prijs: € 13,99

Uit de bijkans onbegrensde voorraden van de firma Mommessin. Daar zijn na de overname door bourgogneproducent Boisset in de negentiger jaren ook de grenzen verlegd wat betreft kwaliteit. Bovendien werd de focus van Mommessin naar Beaujolais verlegd. Wat leveren al die inspanningen op? Vorig oogstjaar een niet heel lichtvoetige fleurie. In plaats van bloemen vleeskersen, paddenstoel en eikentoetsje. Kordaat, rijk en gevuld. Thans frisser, vrolijker, fleuriger.

J. de Villebois

2017

Sancerre

8·5

druif: pinot noir
alcohol: 13%
type: medium
prijs: € 19,59

Ook dit jaar weer groen licht voor de sancerre-rouge van Villebois. Koelfrisse, schoon-zuivere, bes-kruidige, krokant-fitte, talmend-kwistige pinot noir. Vederlicht gekruid kersenrood, jonge aardbeien op bedjes van gerookt stro en dan toch die kittige sancerre-zuren. Biedt wat meer vrolijkheid dan 2016. En daarvan kun je in deze tijden nooit genoeg hebben.

J. de Villebois (NIEUW)

2017
Vin de France

8·5

druif: pinot noir
alcohol: 12,5%
type: medium
prijs: € 9,29

Echte Loire-pinot noir. Koel rood fruit. Een groen randje. Schaduw op het gazon. Snufje kruiderij en bessen in de rij.

Jean-Claude Boisset (NIEUW)

Au Clou 2016
Côte de Nuits-Villages

8·5

druif: pinot noir
alcohol: 13,5%
type: medium
prijs: € 25,89

Fijn rood fruit. Zeer fit, fris en mineraal. Rijpe tannines. Opvallend: mooie, ronde, sappige donkere bittertjes. Het zal de Nuits-component zijn. Je kunt niet beweren dat Boisset geen clou heeft hoe een goede villages gemaakt moet worden.

Jean-Claude Boisset

Dames Huguettes 2017
Hautes-Côtes de Nuits

8·5

druif: pinot noir
alcohol: 12,5%
type: medium
prijs: € 19,99

Appellation die bekendstaat om zijn jong te drinken wijnen. Met 2017 lopen we niet achter de feiten aan. Mooie, rijpe bourgogne met wat roostertonen op de achterhand. Geeft 'm wat chics en beschaafds. Geef 'm vervolgens nog een jong konijntje en je hoort 'm helemaal niet meer. Konijntje om in een pan te stoppen welteverstaan. Niet in een hok.

Jean-Claude Boisset

2017
Hautes-Côtes de Beaune

8+

druif: pinot noir
alcohol: 12,5%
type: medium
prijs: € 19,69

Afkomstig van de dorpen achter de Côte de Beaune. Prettig presterende haut. Met niet al te veel hout overigens. Lichte pinot noir, fijnbesnaarde kers, een terugleunende paddenstoel en een schuchtere truffel.

Joseph Drouhin (NIEUW)

2016
Mercurey

9-

druif: pinot noir
alcohol: 13%
type: medium DYN
prijs: € 22,99

Mercurey in Côte Chalonnaise. Vroeger een beetje de Jupiler League van Bourgogne. Thans steeds beter en beter. Ook de biodynamisch werkende Drouhin schittert. Fijngevoelige, naar lelies geurende rode Bourgogne. Voorzichtig, aards, schuchter en met flink wat zoete kersen en paddenstoeltjes. Zuren trippelen mee.

Joseph Drouhin

2015
Santenay

8·5

druif: pinot noir
alcohol: 13%
type: medium DYN
prijs: € 22,99

Santenay, het zuidpuntje van Côte de Beaune. Moet het voornamelijk van zijn rood hebben maar wil overigens nog weleens onder de maat blijven. Maar zo zijn ze bij Drouhin niet getrouwd. Ondanks de relatieve grootte van het bedrijf is iedere wijn puntgaaf. Zo ook deze ruimhartige, bossige pinot noir. Kleine zoete kersen, bramen en scharrelnootjes. Wat nadrukkelijker door de bosschages gaand dan de 2014-editie. In het algemeen wordt de 2015-oogst links en rechts geduid als 'van harte aanbevolen', 'extra de moeite waard' en 'don't miss them'.

Joseph Drouhin

Pinot Noir 2017
Bourgogne

8·5

druif: pinot noir
alcohol: 12,5%
type: medium DYN
prijs: € 13,99

Biodynamische bourgogneboer. Zorgt dat ook zijn kleintjes goed ter wereld komen. En de wijde wereld ook in kunnen. Het oogstjaar 2016 dat vorig jaar werd beoordeeld: vriendelijk bessensap, zure kersen, fijne besnaring. 2017 wat meer vlees op het bot en toch keurig op die lichtvoetige 12,5 alcohol gebleven. Rode bourgogne is om van te drinken, niet om van te geeuwen.

Les Hauts de Lynch-Moussas (NIEUW)

2016
Haut-Médoc

8·5

druif: cabernet sauvignon, merlot
alcohol: 13,5%
type: vol
prijs: € 24,99

Gall heeft zich al ontfermd over de eerste wijn van dit chateau, Lynch-Moussas. Maar er bleek nog plek inde truck met oplegger. Voor de tweede wijn uit hetzelfde jaar. Gemaakt van druiven uit het belofte-team, soms afkomstig uit delen van de wijngaard die als net niet perfect worden beschouwd, vaak ook jonger en met nog niet voldoende 'inhoud' voor de selectie. Maar ook deze Les Hauts maakt zijn belofte waar. Heeft de signatuur al van de grote meester (de familie Castéja zwaait de scepter op Moussas) en presenteert behaaglijk rood en zwart fruit (cassis: Castéja houdt van cabernet sauvignon), rijpe, volle tannines, een aangename zoetigheid van vanille en specerijen. Les Hauts is op weg naar de weg omhoog.

Les Pensées de La Tour Carnet (NIEUW)

2015
Haut-Médoc

9-

druif: cabernet sauvignon, merlot
alcohol: 13,5%
type: vol
prijs: € 19,99

Château La Tour Carnet. Zo'n domein dat al mijn pad kruist sinds mijn vroegste wijnjeugd. Destijds vooral ook omdat je een 4e grand cru classé kon drinken zonder dat het meteen grotemensengeld werd. Kan het nog voordeliger? Zekers. Neem hun tweede wijn. Geconcentreerd, weelderig, gevuld. Zich breed presenterend donker fruit, de te verwachten laurierbijdrage en mild opruwende tannines.

Mathilde Chapoutier

Sélection 2017
Duché d'Uzès

8·5

druif: grenache, syrah
alcohol: 14%
type: medium
prijs: € 11,69

Chapoutier. Grote naam in de noordelijke Rhône. Een wonder van biodynamie. Ook verder vrij geniaal. Kocht in de Provence, Beaujolais, Elzas en in het Portugese Estremadura wijngaarden. En heeft joint ventures down-under. Kortom, die is boven Jan. Gelukkig vergeet-ie na het geld tellen ook niet om lekkere wijn te maken. Dan deze Mathilde. Is het zijn dochter/nicht/zuster? Of is het gewoon een 'bedacht merk' om de aaibaarheidsfactor nog wat verder te verhogen? Ik ben er nog niet achter gekomen. Wel achter het feit dat dit een mooie rode is uit de Rhône. Vol pronte bessen, bitterzoete kersen, sappigheid, een zoet pepertje, zwarte olijf dit jaar en ruimvallende tannines. Opvallend genoeg niet bio. Hoe dan ook, een Uzès waar je U tegen zegt.

Mirabeau en Provence (NIEUW)

2015
Côtes de Provence

8·5

druif: grenache, syrah
alcohol: 14,5%
type: vol
prijs: € 10,99

Ofschoon 2015 erg rijp fruit opleverde toch niet log. Frisse, open rouge. Met koket rood fruit (cassis, bes en kers), een kwartiermakende pruim die zeker al een halfuur doende is om herbes de Provence te verzamelen en zonnige, fluwelen tannines.

Mommessin (NIEUW)

Les Charmes 2014
Morgon

9-

druif: gamay
alcohol: 13%
type: medium
prijs: € 16,99

De stoerste en meest krachtige van de tien cru's die de Beaujolais telt. Wat donkere en stevige rode. Heeft wat tannines en stevigheid. Serieus zonder zijn vrolijkheid te verliezen. Immers: Les Charmes. Nu: op dronk. Steak tartare: erbij.

Mommessin

2018
Côte de Brouilly

8·5

druif: gamay
alcohol: 14%
type: medium
prijs: € 16,99

Mommessin, grote naam die niet al te lang geleden liefdevol is geannexeerd door het nog grotere Boisset. Ondertussen wordt er flink aan de kwaliteit gewerkt. Want – eerlijk is eerlijk – er was sprake van wat achterstallig onderhoud. Hoe dan ook, het begin is er met deze Côte de Brouilly. Er is een boeketje rozen, een viooltje geurt, kersenfruit meldt zich, een klein pepertje in aangenaam vlezig sap. Aandachtspuntje: het alcoholpercentage. Beaujolais moet het van zijn lichtvoetigheid en doordrinkfactor hebben.

Mommessin (NIEUW)

2017
Fleurie

8·5

druif: gamay
alcohol: 13%
type: medium
prijs: € 16,99

Fleurige Fleurie. Rood dat de bloemetjes buitenzet. Naast kersen, bessen en een vrolijk gemutste zuurhuishouding. Aan de hagel ontsnapt die in 2017 de regio bombardeerde.

Mommessin

Vieilles Vignes 2017
Beaujolais-Villages

8+

druif: gamay
alcohol: 14%
type: vol
prijs: € 7,99

Bracht me een beetje van de leg. Lekkere dikkerd uit een uitbundig jaar. Voluptueuze kersen en bessen, omgeven door een donzen tanninedekbedje. Van levenslustige oude stokken.

Moulins de Citran

2009

Haut-Médoc

9-

druif: cabernet sauvignon, merlot
alcohol: 13,5%
type: vol
prijs: € 18,99

Lees meer over Moulins de Citran waarvan ook de 2010 op de proeftafel kwam. Is er verschil met dit oogstjaar, behalve die halve procent meer alcohol die deze op de teller heeft? Beide jaren strijden om het predicaat: 'Ik ben de beste'. Claim to fame van 2010: uitmuntend voor cabernet sauvignon, ruimschoots vertegenwoordigd in beide oogstjaren overigens. Wat nu liet 2010 noteren? 'Beschaafd, sjiek rijp fruit. Fiks bes, vol braam, laurier. Donker zonder duister te worden. Stevig zonder op planken te trakteren. Serieuze kandidaat om vanuit de molen richting het kasteel te vertrekken.' Ik zou zeggen: neem een flesje 2009 mee voor onderweg. Spoortje meer rijpheid, wat meer rondeur, guller in zijn fruitpartijen, de tannines wat vermalst. Welke is beter? Welke is lekkerder? Oordeel zelf. We zetten ze nog even naast elkaar. *Tijdens de Gall & Gall Bordeauxmarkt van €18,99 voor €9,99 (18 november t/m 31 december 2019)*

Moulins de Citran (NIEUW)

2010

Haut-Médoc

9-

druif: cabernet sauvignon, merlot
alcohol: 13%
type: vol
prijs: € 18,99

Moulins de Citran, uit de jeugdopleiding van Château Citran, cru bourgeois uit de Haut-Médoc. Vaak van druiven van jonge stokken of van percelen die nog aan het proefdraaien zijn. Neemt niet weg dat zo'n tweede wijn eerste keus kan zijn. Kwaliteit in ogenschouw nemend. Het prijskaartje wegend. Een jaar dat bekendstaat als 'uitmuntend'. Beschaafd, sjiek rijp fruit. Fiks bes, vol braam, laurier. Donker zonder duister te worden. Stevig zonder op planken te trakteren. Serieuze kandidaat om vanuit de molen richting het kasteel te vertrekken.

Prélude de Fombrauge (NIEUW)

Grand Cru 2011

Bordeaux, Saint-Émilion

8.5

druif: cabernet franc, merlot
alcohol: 14%
type: vol
prijs: € 21,99

Tweede wijn van grand cru classé Fombrauge. Vrienden van merlot en de kleine koppigerd cabernet franc. 2011: lastig jaar dat dan toevallig dan weer erg goed uitpakte voor laatstgenoemde druif. Karakteristieke, licht knauwende rouge. Heeft een tijdje op slot gezeten – ik proefde 'm vorig jaar al nota bene bij iemand die een partijtje op Catawiki had gekocht – maar opent zich thans van harte. De cabernet franc karakteristiek is duidelijk daar (onder andere het zoet van gebrande paprika en plintje groen), donkere pruimen, een flinke lading laurier en tannines die zich niet makkelijk opzij laten schuiven. Prelude vormt een mooie opmaat richting Fombrauge.

Saint-Émilion

2016

Bordeaux, Saint-Émilion

8+

druif: cabernet franc, merlot
alcohol: 14%
type: vol
prijs: € 17,49

De familie Moeuix die tekent voor deze wijn kun je wel om een boodschap sturen in Pomerol en Saint-Émilion. Eigenaar van een aantal toonaangevende domeinen en 'verdeler' van het legendarische Pétrus. En als ze dan ook nog zelf een 'gewone' saint-émilion maken, wordt er evenmin aan de kwaliteit getornd. Rijp, stoer, stevig donker fruit, pruim, vanillestokje, laurier. De 2016-oogst wat minder kordaat en donker dan de 2015, die ik voor de vorige *DGH* proefde. Meer zon dat jaar: dikkere schillen.

Vidal-Fleury (NIEUW)

Brune et Blonde de Vidal-Fleury 2016
Côte-Rôtie

9

druif: syrah, viognier
alcohol: 13,5%
type: vol
prijs: € 47,99

Brune et Blonde. Sexy, zwoel en zacht aantrekkelijk. Voluptueus rood rijp fruit, zonnige specerij, een notenkruimeltje en een splintertje vanillestok, een spiekend pepertje verwijst naar syrah. Côte-rôtie op dit niveau wordt weleens met hoge, heel hoge rode bourgognes vergeleken. In beide kampen zijn ze daar niet blij mee. Wijndrinkers zitten er gewoonlijk wat minder mee.

Vidal-Fleury

2015
Côtes du Rhône-Villages, Cairanne

8.5

druif: grenache, mourvèdre, syrah
alcohol: 14,5%
type: vol
prijs: € 12,79

Cairanne, een van de betere wingewesten in de Côtes. Vanaf 2015 zelfs een cru-status. Daar heeft deze oogst aan bijgedragen. Stallig, bosgeuren, aardse kwaliteiten, lage zon. Nergens pushy, nergens zwaar of alcoholisch. Kloek donker rijp fruit, krentenzoet en flink uitpakkend. Wat peperiger dan de voorgaande oogsten.

Vidal-Fleury

2015
Côtes du Rhône-Villages

8.5

druif: grenache, mourvèdre, syrah
alcohol: 14,5%
type: vol
prijs: € 11,99

Groot handelshuis, voorheen saaie wijnen. Fijn: nieuwe kelders, frisse blik, nieuw elan. Thans goede, heldere, op fruit gemaakte wijnen. Zoals deze rondom gevulde villages. De 2014 die ik vorig jaar proefde: roosterrandje en fiks sap. Veel fruit, veel vulling, veel inhoud. En dakjes van de o's die er maar net op bleven zitten. Deze een likeurzoetje, rijpe kersen, volle bessen, handje peper, zoet kruiden en een weldadige finale.

Vidal-Fleury

2017
Ventoux

8+

druif: grenache, mourvèdre, syrah
alcohol: 14,5%
type: vol
prijs: € 7,49

Fijne Ventoux van Vidal-Fleury. Vriendelijke framboos. Velours en fluweel en keuvelende kers. Niet te heftig. Niet te streng. Geen haken. Geen ogen. Geen ophaaltjes noch dwangnagels. Geen geld ook.

ITALIË ROOD

Alasia (NIEUW)

Nebbiolo 2016
Langhe

8+

druif: nebbiolo
alcohol: 14%
type: vol
prijs: € 10,99

De 2013-oogst die we vorig jaar noteerden, had even tijd nodig. Nu maken we nu een sprongetje richting 2016. Topjaar van het hoge Italiaanse noorden. Hoge kwaliteit. Grote hoeveelheden. Onbeperkt genieten. Ook omdat de prijs meevalt. Duisterfruit, schaduwbitters en de opruiende zuren. Officieuze herfst-winterwijn die lente en zomer iets voor doetjes vindt.

A-Mano (NIEUW)

Negroamaro 2017
Puglia

8.5

druif: negroamaro
alcohol: 14%
type: vol
prijs: € 6,99

Erg veel wijn voor dit geld. Stoerzwart fruit, bittere kers, donkere pruim, viriele zuren. Veel zon en een handje zwarte peper. Pugliaan met haar op zijn tanden. Zijn moeder heeft ze erboven.

A-Mano (NIEUW)

Primitivo 2017
Puglia

8+

druif: primitivo
alcohol: 14%
type: vol
prijs: € 9,49

Oude bekende meldt zich wederom voor actieve dienst. Een paar jaar geleden zochten we voor *Het Parool* naar een wijn die het beste combineerde met lasagne. Weliswaar is lasagne als Italiaan een beetje verhollandst, het weerhield de inzenders voor de blindproeverij er destijds niet van om alleen maar flessen uit de Laars in te sturen. Logisch eigenlijk. Wie wijn goed wil laten combineren met een gerecht, kan het in de meeste gevallen het beste een beetje in de buurt zoeken. Immers, de lokale vissen, koeien, varkens, kippen, groenten én wijndruiven trekken gewoonlijk al eeuwen met elkaar op. Die zijn opgegroeid op dezelfde gronden, in hetzelfde klimaat, vullen elkaar aan, en kennen elkaar uit de plaatselijke horeca. In dit geval resulteerde dit in smakelijke een-tweetjes met bijvoorbeeld rood van de lokale primitivo die tijdens deze proefsessie het hoogst scoorde bij de driekoppige jury. 'Vrolijk maar niet onbenullig. Prettige wijn met een open karakter. Beetje pinot noir-achtig. Sappige kersen, snufje specerij, zoetje, milde zuren,' las ik terug in mijn proefnotities.

Angoris (NIEUW)

Pignolo Riserva 2014
Colli Orientali del Friuli

9

druif: pignolo
alcohol: 13,5%
type: vol
prijs: € 19,99

Pignolo. Bijzonder. Uiterst lokaal. En zeer kleinschalig aangeplant: meer dan 40 voetbalveldjes stonden er in Noord-Italië nog aangeplant. Lastig ballen tussen de ranken. Daarom gaan we maar drinken. Afkomstig van dat ene hectaretje dat Angoris heeft. Goed voor 900 flessen rood dat vier jaar heeft gelagerd op grote houten vaten. Opwindend. Donker, driest en druistig. Barolo-associaties dienen zich aan. Schaduwvorming, lappen leer, asfaltweggetje, viooltjes in de berm, lonkend naar verdwaalde zonnestralen.

Angoris

Schioppettino 2016
Colli Orientali del Friuli

8

druif: schioppettino
alcohol: 13,5%
type: medium
prijs: € 14,99

Een van de vele 'vergeten' druiven waarin Italië grossiert, schioppettino. Het hoge noorden heeft 'm uit de vergeethoek gehaald en duwt 'm zachtjes richting transparant rood, aangefruite paddenstoel, vlaai met kersen, rode bessen, hooi en pruimelarij. Niks vergeten? Vast wel. Niet vergeten wat te koelen in ieder geval.

Ascheri (NIEUW)

2015
Barolo

9-

druif: nebbiolo
alcohol: 14%
type: vol
prijs: € 33,99

Donkere wouden, donkere vruchten, donkere schaduwen en toch beslist geen sombere wijn. Stevige rijpe kersen, zuren, bitters, een zwemeltje groen en een beetje truffeltjes. Die laatste waren er vorig jaar toen ik dit oogstjaar proefde nog niet. De tijd hielp een handje mee, want nu gevonden. En zonder varken.

Cantina di Verona

Valpolicella 2018
Valpolicella

7·5

druif: corvina, molinara, rondinella
alcohol: 12,5%
type: medium
prijs: € 6,99

Prima Cantina. Schenken ze als huiswijn deze valpolicella. Eerlijk en niet nadrukkelijk. Opgewekt fruit. Pronte kersjes klessebessend over besjes. Zacht bittertje. Verkwikkend. Kan koeler gedronken worden. Sterker nog, ik zou het doen.

Castiglioni

2017
Chianti

8·5

druif: sangiovese
alcohol: 13%
type: vol
prijs: € 13,99

Van Frescobaldi. Wijnmakers sinds de middeleeuwen. Hedendaagse chianti overigens. Goede bekende. Wederom vol in de rijpe kersen, met fijne zuren, juist gedoseerd hout, fluisterende specerij en tannines op kousenvoeten. Wat meer body en kracht dan de 2014 terwijl 2017 toch ook niet bepaald een jubeljaar was.

Ca' Bolani (NIEUW)

Cabernet Franc 2016
Friuli

8+

druif: cabernet franc
alcohol: 13%
type: vol
prijs: € 9,79

In Italië altijd in gezelschap van andere druiven en verschijnt welbeschouwd nooit alleen: cabernet franc. Maar deze is frank en vrij in zijn eentje op pad en is daarbij niet verdwaald. Het stekelige van natuurbramen, het kattige van pure bessen, het zoet van gebrande paprika en de licht knorrende tannines.

Ca' Bolani (NIEUW)

Merlot 2016
Friuli

8+

druif: merlot
alcohol: 13,5%
type: vol
prijs: € 9,79

Donker, pruimig en met een voorzichtig zoetje. Hapklare tannines. Neem 'm niet al te luchthartig op. Decanteren helpt. Stoofschotels in de nabije omgeving eveneens.

De Stefani

Solèr 2014
Veneto

9-

druif: cabernet sauvignon, carmenère, marzemino, merlot, refosco
alcohol: 12,5%
type: vol
prijs: € 25,89

Solèr. Dialect in Veneto voor de zolder van de wijnboer. En daar bewaart-ie niet zijn oude slaapkamerkast of de urn met as van zijn grootmoeder. Druiven vinden we daar. Een handvol om precies te zijn. Lokale helden refosco en marzemino en internationals carmenère, merlot en cabernet sauvignon. Die worden daar op een droogje gelegd om uiteindelijk onze dorst te lessen. Ofschoon Solèr ook bijna op brood te smeren is. Zwartebessenconfiture, bramenjam en chocopasta en toch en toch en toch, ook die hoognodige zuren om de verfrissingsfactor in stelling te brengen. Verrassing: toch maar 12,5 procent.

Di Majo Norante

Sangiovese 2016

Terre degli Osci

8·5

druif: sangiovese
alcohol: 14%
type: vol
prijs: € 13,49

Het domein schittert met onbekende inheemse druivensoorten maar maakt ook fijn rood met de druif van nationale eenheid, sangiovese. Rijpe kersen, zoetigheid van dadel en wat vijg, zonnige specerij en fijne zuren, ook een lichte eikentouch.

Genesi

2016

Aglianico del Vulture

8·5

druif: aglianico
alcohol: 14,5%
type: vol
prijs: € 12,99

Gemaakt door de firma Piccini die de firma Gall & Gall wel meer wijnen levert. Deze mag op het plankje 'heel goed'. Uit de regio Basilicata in Campania waar het motto luidt: 'Gaan met die vulkaan!' Zorgt in dit geval niet voor aswolken, vliegverboden en lavastromen, maar voor bijzondere wijn van de aglianicodruif. Lekker bessig, kruidig, zonnig, wat rokerig (hoe kan het ook anders), nadrukkelijke zuren, een muntafdrukje op zijn afdronk voor wat extra frissigheid en tannines die op een aangename manier flink blijven hangen. Misschien wat minder lang dan een aswolk, maar toch... Bovendien: twee euro voordeliger dan vorig jaar.

Inycon

Nero d'Avola 'Growers Selection' 2017

Sicilia

7·5

druif: nero d'avola
alcohol: 13,5%
type: vol
prijs: € 7,99

De growers hebben ook voor 2017 prima nero d'avola geselecteerd. Is wederom zonnig, soepel, rijp en zacht-sappig. Passagierende zwarte kersen, dropjes in de zak, milde tannines per el. Wat stoerder en kloeker dan voorgaande selections.

Kellerei-Cantina Andrian

Lagrein 'Rubeno' 2018

Alto Adige-Südtirol

8·5

druif: lagrein
alcohol: 13,5%
type: vol
prijs: € 12,99

De eigenwijze, volstrekt oorspronkelijke lagrein. Voelt zich alleen in deze contreien fijn. En als-ie zich dan extra goed voelt, levert dat een extra opvallende rosso op. Geurend naar viooltjes en trakterend op een mondvol donker fruit dat zich in de schaduw tot rijpheid heeft weten te worstelen. Zure pruimen en bittere kersen. Een zoetje van gebrande paprika en bittere chocola. Lauwerkrans laurier tot besluit. Doet me vaak een beetje aan cabernet franc denken. Liefhebbers zullen ook deze aanpak waarderen. Proefde al eerdere oogstjaren van deze cuvée. Vaste waarde. Opmerkelijk dat Gall's wijnadviseur van dienst 'm aanbeveelt bij kalf of kip. Rood met een dergelijke nadruk zou ik naast rundvlees parkeren. Profiteer er nog even van. Binnenkort zijn we helemaal in de bonen.

Kellerei-Cantina Andrian

Pinot Noir 2018

Alto Adige-Südtirol

9-

druif: pinot noir
alcohol: 13,5%
type: medium
prijs: € 16,99

Anders dan de andere Andrians. Heeft geen extra naam meegekregen op het etiket. Ambtenaar van de wijnburgerlijke stand een vrije dag? Weliswaar geen naam, wel wat te bieden. Een vrij donkere, vlezige rode. Boerse editie, vol sap en donker fruit, aards, een herfstoverpeinzing, bieden op een eerste druk van *Paulus en de eikelmannetjes*, lichte roostertoon en koket balancerende zuren.

---

la Barbera

Superiore 2016

Barbera d'Asti Superiore

8-

druif: barbera
alcohol: 14,5%
type: medium
prijs: € 9,99

Zoals barbera zijn moet. Sappig en fris rood fruit. Zure kersen en sappige bittertjes. Niet te zwaar. Drinkt lekker door. Ondanks die 0,5 procent meer alcohol waar-ie mee op pad is.

La Braccesca

2015

Vino Nobile di Montepulciano

8·5

druif: merlot, prugnolo gentile
alcohol: 13,5%
type: vol
prijs: € 20,99

Uit de megastal van de familie Antinori die zowel instapmodelletjes als Super Tuscans huisvest. Deze bevindt zich ergens halverwege. Zachte, elegante montepulciano uit een erg smakelijk jaar. Beduidend beter dan de 2014 die in de vorige editie kwam buurten. Steviger, overtuigd en aanwezig. Rijpe kersen. Fijne tannines. Mooie zuren. En die prugnolo gentile waar u nog nooit van heeft gehoord? Da's gewoon een van de vele aliassen van sangiovese, u welvertrouwd. Merlot veronderstel ik bekend.

LaVis

Marzemino 2018

Trentino

8

druif: marzemino
alcohol: 12,5%
type: medium
prijs: € 9,29

Marzemino. Stokoud druivenras uit het Italiaanse noorden. Blijkt overigens nog springlevend en kwiek. Vitale bosvruchtjes die een sapkuurtje hebben gedaan. Rank, slank en elegant. En alert kwispelende zuren. Half procentje minder alcohol. Doet 'm goed.

Le Bignele

2016

Valpolicella Classico Superiore

8+

druif: corvina, corvinone, molinara, rondinella
alcohol: 13,5%
type: medium
prijs: € 13,79

Boutique winery met acht hectaren. Staat gelijk aan zestien voetbalvelden. De broers Aldrighetti zijn daar echter niet aan het overpassen. Of het moet de mand zijn met geplukte druiven. Bestemd voor deze vriendelijke valpolicella vol zacht, zoet fruit. Rijpe pruimen en geroosterde aardbeitjes. Beduidend beter dan het oogstjaar 2014 dat ik al eens proefde.

Le Vigne di Zamò (NIEUW)

Refosco 2015

Colli Orientali del Friuli

9-

druif: refosco
alcohol: 13,5%
type: medium
prijs: € 16,99

Een van de vele eigengereide druiven die Italië kent. Dit is er dan weer zo eentje die zich eigenlijk alleen maar op zijn gemak voelt in het noordoosten van het land. Geeft daar donkergekleurde wijn, met een hoop bessen, een zachte grassigheid en aantrekkelijke zuren. Klinkt alsof het een donkere mopperkont is maar is dat verre van. Deze refosco kent een aantrekkelijke opgewektheid, is prettig doordrinkbaar, aangenaam verfrissend. En ja, dat bittertje, maar dat is toch echt wat anders dan wrang. En ja, zoet is anders, maar daar hebben we al zat van die onbenullige nieuwe wereldwijnen voor die opzitten en pootjes geven op commando.

Librandi (NIEUW)

Asylia 2016
Melissa

8·5

druif: gaglioppo
alcohol: 14%
type: vol
prijs: € 11,79

Gaglioppo. Postcode-eenkennig. Komt alleen in Calabrië voor, waar de druif zich voor het gemak verschuilt achter een vijftal aliassen. Heeft-ie soms wat te verbergen? Zo te proeven niet. Schuift zonder aarzelen dik donker fruit naar voren, stort een partij bosbessen, deelt laurierdrop uit, verstrekt tannines per el en klost met de bergschoenen aan richting een fors stuk rood vlees. Aan vega en vegan doen ze in deze hoek van Calabrië nog niet.

Librandi (NIEUW)

Duca Sanfelice 2014
Cirò

8·5

druif: gaglioppo
alcohol: 14%
type: vol
prijs: € 13,39

Wijn met een verleden. Werd naar verluidt 2000 jaar geleden door de Grieken geschonken aan zegevierende olympische atleten. Is tegenwoordig met minder inspanningen te pakken te krijgen. Op naar Gall & Gall. Daar hoef je bovendien niet vier jaar mee te wachten. Enfin, Duca Sanfelice is er eentje in de categorie krachtsporten. Zwarte olijf. Donker fruit. Duistere laurierpartijen. Wat kaneelzoet en kogelstoottannines. Voor wie het zware werk niet schuwt: om door een ringetje te halen.

Librandi (NIEUW)

Magno Megonio 2015
Val di Neto

9

druif: magliocco
alcohol: 15%
type: vol
prijs: € 19,99

Magno Megonio. Romeins krijgsheer. Zag toch liever wijn vloeien dan bloed. Was de eerste die in de regio de potentie zag om druivenranken aan te planten. Eerste duim omhoog. En meteen ook de tweede. Of gaan we dan al te veel op Nina Brink lijken? Willen we niet. Om te bekomen van de schrik schenken we het glas maar eens flink vol. Geen World Online maar World Onwine. Prachtdruif, die magliocco. Dikke schil, rijpt laat, veel tannines. Lichtvoetig is het daarom allemaal niet. Krijgsheer met zijn maliënkolder nog aan. Dikke kersen, pruimachtig, wasachtige sensatie, chocola, bramentaart. Vondst.

Mandrarossa (NIEUW)

Timperosse 2017
Sicilia

8·5

druif: petit verdot
alcohol: 13,5%
type: medium
prijs: € 13,29

Laat ik het op zijn minst 'curieus' noemen. Wanneer ik dit woord bezig, wordt het meestal voorafgegaan door een al licht geïrriteerd klinkend: 'Mmm.... Mijn vrouw, zoon en dochter weten wat dat betekent: hij is weer eens wat kwijt. Wat er daarna gebeurt, gaat meestal als volgt: eerst ga ik nog eens kijken waar ik al gekeken heb. Gewoonlijk gaat dit gepaard met driftig heen en weer lopen, de trap op- en afstormen en het hard open- en dichttrekken van kasten of laden. Niet veel later klinkt er dan 'Mmm... curieus', gevolgd door de vraag aan mijn huisgenoten of zij toevallig mijn voetbalschoenen (komt ook voor) hebben gezien. Als er dan als antwoord klinkt: 'Ik zou gewoon op de lucht afgaan', ga ik proberen een schuldige aan te wijzen. Om mij gewoonlijk niet veel later duizendmaal te verontschuldigen als mijn vrouw – na een zuchtend 'Zal ik ze dan maar even zoeken?' – deze uit mijn voetbaltas haalt. Ze zaten – heel curieus – gewoon in het zijvak. Bij deze Mandrarossa kan mijn vrouw rustig blijven zitten, maar curieus blijft het. Petit verdot. En dan niet als blenddruif in eikenhouten bordeaux maar als solist afkomstig uit Siciliaans roestvrij staal. Gemaakt door dezelfde producent die – ook al zo curieus – fiano met chenin blanc heeft geblend. Gelukkig niet alleen opmerkelijk door de druifkeuze maar ook door geur en smaak. Koele pruimen, frivole viool en met een sappige zest & drive. Wie wordt de bob?

Marchesi Antinori

Pèppoli 2017

Chianti Classico

8·5

druif: merlot, sangiovese, syrah
alcohol: 13,5%
type: vol
prijs: € 19,69

Vorig jaar had ik de 2016 op het podium staan. Robijnrood, nog nat achter de oren. Maakte een goed verzorgde indruk. Keurig jurkje met viooltjesprint. Houten oorbellen en een sigarenpeuk in de mondhoek voor een robuuste touch. De 2017 meer verfijning en intelligentie. Zacht-smeuïge, fijn-rijpe rondom gevulde classico. Ronde kersen, frambozen erbij, leunend tegen wat hout, flirtend met wat zoete specerij.

Masi (NIEUW)

Campofiorin 2016

Rosso Veronese

8·5

druif: corvina, molinara, rondinella
alcohol: 14%
type: vol
prijs: € 17,59

Etiket dat doet denken aan het gouden bordkarton uit de feestwinkel met 'Leve Het Bruidspaar'. Maar er is dan ook wat te vieren. Heerlijke 'Super Venetian' namelijk. Op basis van de lokale druiven (corvina, molinara en rondella) plus wat van hun gedroogde soortgenoten is er een mooi 'zalfje' ontstaan. Rijpe, zachtzure kersen, zonnige kruiderij, karakteristieke zuren. De gedachte 'engeltjes' en 'tong' dient zich aan. Hulde! Want ook wat slanker dan de 2013, het oogstjaar dat ik eerder proefde. Paste de jurk nog beter.

Masi

Campofiorin 'Oro' 2015

Rosso Veronese

8·5

druif: corvina, oseleta, rondinella
alcohol: 14%
type: vol
prijs: € 22,69

Rood wordt in het vat nog even te rusten gelegd op de droesem van amarone di valpolicella. Valpolicella-familietrekjes. Zwoelheid, luxe bonbons, kersenlikeur en noot-in- en uitgangen. Smaakpapillen maken overuren met deze – volgens het etiket – 'nectar angelorum hominibus'.

Masi (NIEUW)

Costasera 2013

Amarone della Valpolicella Classico

9-

druif: corvina, molinara, rondinella
alcohol: 15%
type: vol
prijs: € 39,99

Geen last gehad van de regen en hagel pal voor de oogst. Wel mooie frisheid en zuren. Bovendien voor een amarone een alcoholpercentage dat niet uit de bocht vliegt. Inmiddels heb ik ze al met 17 procent op de teller gehad. Vijgen, dadels, pruimen op sap, kersenvlaaikersen, warme nootjes van de notenbar worden vrij kwiek en vol elan aangereikt.

Masi

Frescaripa 2018
Bardolino Classico

8,5

druif: corvina, molinara, rondinella
alcohol: 12%
type: medium
prijs: € 9,99

Kokette zure kersjes, vrolijk van inborst. Goed doordrinkbaar. Helemaal als-ie licht gekoeld geschonken wordt. Moeten ze nog even veranderen op het achteretiket. Daar staat nu: drinken op 18 graden.

Mastroberardino (NIEUW)

2016
Lacryma Christi del Vesuvio Rosso

8,5

druif: piedirosso
alcohol: 12,5%
type: medium
prijs: € 19,99

Lacryma Christi. De tranen van Christus. Niks te huilen hier echter. Elegante rosso van lokale zuiddruif piedirosso. Mals, knipogend, naar de meisjes fluitend, al dan niet maagd, niet meteen van plan om een gezinnetje te stichten maar lekker nog even flierefluitend door het leven. Kneepje in de billen hier, bordje pasta daar, en regelmatig toch tranen in de ogen – van het lachen.

Mastroberardino (NIEUW)

RediMore 2016
Irpinia

8+

druif: aglianico
alcohol: 13,5%
type: vol
prijs: € 19,99

Wordt wel de nebbiolo van het zuiden genoemd, aglianico. Soms is-ie wat hoekig, maar karakter kun je 'm niet ontzeggen. Dikke, donkere zuurbittere kersen, kruidigheid en raskatjesdrop.

Mazzei (NIEUW)

Badiola 2016
Toscana

8,5

druif: merlot, sangiovese
alcohol: 13%
type: vol
prijs: € 12,99

De familie Mazzei is al een tijdje doende: anno 1435. Met die 641 jaar ervaring zorgden ze ervoor dat er op hun domein in 2016 een warmbloedige, rijk gevulde Toscaan van thuisspeler sangiovese en importklant merlot werd gemaakt. Ronde pruim, dikke kersen en wat weldadige specerij.

Mazzei

Fonterutoli n.10 2016
Toscana

8,5

druif: merlot, sangiovese
alcohol: 13%
type: vol
prijs: € 14,59

Wijn van Nummer 10. Downing Street? No, no. Castello di Fonterutoli, Via Puccini, 4, in Castellina Chianti. James Suckling is ook al langs geweest. Proefde rode kersen. Lichte notigheid. Heeft een sticker met 92 punten achtergelaten. En die zit nu op de fles.

Mazzei

Ser Lapo 2016
Chianti Classico Riserva

druif: merlot, sangiovese
alcohol: 13%
type: vol
prijs: € 20,99

Chianti ook oldskool. Logisch eigenlijk: Mazzei anno 1435. Riserva uit een jaar met een hete zomer en een koele herfst, met name september. Leverde minder wijn op maar wel van een geweldige kwaliteit. Beschaafd, warm rood fruit en ingehouden zoetig. Lekker nonchalante kersen, bittertjes en karakterzuren. Het truffelt dat het een aard heeft. De rokerigheid van een fijne cubaan, opgestoken in een gelambriseerde salon met jachttrofeeën boven de open haard. Wild zwijn straks op het bord. Het Engelse *Decanter* is ook al langs geweest. Heeft voor dit oogstjaar een sticker met een platina medaille achtergelaten. En daar mag nu mee gepronkt worden.

Mazzei

Serrata 2016
Toscana

druif: alicante bouschet, sangiovese
alcohol: 13%
type: vol
prijs: € 12,99

Lollig en onverwacht een-tweetje van puur Italiaanse sangiovese en Frans-Portugese alicante bouschet. Leidt wederom tot een smakelijk samenzijn. Rijpe, zwoele stijl. Dikke pruimen, volle kers, zoete specerijen en revitaliserende zuren. Half procentje minder alcohol ten opzichte van de 2015-oogst die vorig jaar ter *DGH* kwam. Maakt 'm wat kwieker.

Piccini (NIEUW)

Collezione Oro 2015
Chianti Riserva

druif: cabernet sauvignon, sangiovese
alcohol: 13,5%
type: medium
prijs: € 12,99

Sangiovese met cabernet sauvignon combineren: gouden greep. Karaktervolle, machtige en toch o zo verfijnde chianti. Elegant, kruidig, zoet, zuur en toch fris. Klassiek-moderne riserva. Gouden beoordelingen door *Decanter* bovendien.

Piccini (NIEUW)

Memoro 2013
Vino Rosso d'Italia

druif: aglianico, cabernet sauvignon, nero d'avola, sangiovese
alcohol: 14%
type: vol
prijs: € 11,29

Alle druiven verzamelen! Uit alle hoeken en gaten waar Piccini zijn wijngaarden heeft: Basilicata, Toscane, Sicilië en Veneto. Feestje vieren vanwege het 150-jarig jubileum van de staat Italië. Wijn zelf staat ook. Als een huis met in alle kamers een eikenhouten lambrisering. Zon in de serre. Slingers door de gang. Kersenlikeur in het kabinetkastje. Volle bak feestvieren.

Piccini

2017
Chianti

druif: canaiolo, ciliegiolo, sangiovese
alcohol: 12,5%
type: medium
prijs: € 5,99

a b c d e f G GALL & GALL h i j k l m n o p q r s t u v w x y z

Chianti van onder de zes euro. Kan dat nou smaken? Ja hoor. Niet van dat sap waar een stoelpoot in is uitgeknepen die in het water heeft gestaan. Maar gewoon lekker veel kerngezond kersenfruit. Kekke zuren. Verwacht geen gelaagde dimensies die van afdronk naar afdronk laveren, maar een mondvol overtuiging.

Piccini

Sasso al Poggio 2015
Toscana

8·5
druif: cabernet sauvignon, merlot, sangiovese
alcohol: 14%
type: vol
prijs: € 12,99

Donkerhuidige Italiaan die internationale betrekkingen onderhoudt met cabernet en merlot. Haar op de handen. Haar op de tanden. Doorgroeiende wenkbrauwen maar niet vuurwapengevaarlijk. Nonchalant bladerend door wat tannines. Eiken beteugelend en donker fruit de sporen gevend. Stevig glaswerk gewenst. Herproefd voor deze *DGH*. Nog steeds code rood.

Planeta

La Segreta 2017
Sicilia

8·5
druif: merlot, nero d'avola, syrah
alcohol: 13,5%
type: vol
prijs: € 9,99

Lekker eigenzinnig rood. De mengelmoesjes-blend met local nero d'avola plus wat vinologische bijdragen uit de internationale wijngemeenschap dragen daartoe bij. Zonnig rood met een donker knauwtje. Lekkere tannines dollen wat zoet rijp en donker fruit. 'Smaakt goed bij mediterrane gerechten. Zo ook erg veelzijdig inzetbaar, van smakelijke voorgerechten tot vlees,' belooft het achteretiket. Joehoe! Dan staat er vast ook nog wel ergens dat-ie eigenlijk elke dag wel lekker smaakt. En jawel hoor: 'ideal companion for every day drinking'. We gaan vast beginnen.

Planeta

2017
Cerasuolo di Vittoria

8·5
druif: frappato, nero d'avola
alcohol: 13%
type: medium
prijs: € 15,99

Een van de meest opvallende en 'eigen' rode wijnen van het eiland. Van nero d'avola en frappato. Onalledaagse voorstelling van over elkaar tuimelende kersen, aardbeien, frambozensnoepjes, zachte zuren, een mild bittertje, slankheid, sap en frisheid.

Poliziano (NIEUW)

2017
Rosso di Montepulciano

8·5
druif: sangiovese
alcohol: 14,5%
type: medium
prijs: € 13,49

Oer-Italiaan. Nog het soort met een Vespa van voordat de makelaars uit Oud-Zuid ermee door de PC gingen rijden. Weerbarstig rood, met zuur en tannines voor de drinker die niet voor al te smooth & easy gaat. Niks voor die baksteenpooiertjes op hun 21e-eeuwse brommertjes. Die doen maar een proseccootje op een terrasje terwijl ze hun broekjes bestuderen waar de pijpen een beetje van zijn opgerold. 'Mankles' schijnt dat te heten. Krijgen we dat weer.

Renato Ratti (NIEUW)

Battaglione 2017
Barbera d'Asti

8·5
druif: barbera
alcohol: 14,5%
type: vol
prijs: € 12,99

Renato Ratti. Geeft toe: klinkt als een *character* in de zoveelste Joop van den Ende-musical. Glansrol van Alex Klaassen die na al die showpony's toe was aan een knaagdier. Ik zou in dit geval dan overigens haas nemen. Gaat goed bij nebbiolo, de druif voor de barolo's waarmee de producent een naam weet hoog te houden. Met zo'n eenvoudiger barbera kan-ie ook uit de voeten. Jeugdig en onbezonnen. Heerlijk rijpe, doch zure kersen. Bramen ook. Eveneens met prettige zuren als van een fijne aceto balsamico. Gedroogde pruimen, krent, wat laurier. Plus nog wat andere, delicate bijdragen uit het kruidenrekje.

Renato Ratti

Ochetti 2017

Langhe

8·5

druif: nebbiolo
alcohol: 14%
type: vol
prijs: € 18,99

Montere kijk op de druif die zijn wijngaardje (Ochetti) in Roero zag staan, waar ook van die lekkere arneis voor wit wordt verbouwd. Prettige jeugd-nebbiolo. Nadruk op cassis. Smakelijk bittertje maar niet zo streng dat deze beginnende Noord-Italië-ontdekkers afschrikt. Een klein zoetje valt hen zelfs ten deel. Probeer 'm vooral eens bij een carne cruda, de Italiaanse kijk op steak tartare, met alleen olijfolie, zout, peper en citroensap. Voor de vitamientjes nog een licht aangemaakte rucolasalade erbij.

Renato Ratti (NIEUW)

Rocche dell'annunziata 2015

Barolo

9

druif: nebbiolo
alcohol: 14%
type: vol
prijs: € 59,00

Aan de ene kant kolenhokzwarte klei, bramen, cassis, maanloze nacht, tuigleertannines, antraciet, zwartlofbitters en een dubbel geblindeerde kamer. Maar dan gaan de verduisteringsgordijnen open en druppelen rijpe frambozen, kersen, bosbessenlikeur, kersenbonbons en rozenwater binnen.

Rocca Sveva (NIEUW)

Nottefonda 2016

Rosso Veronese

8·5

druif: corvina, merlot, pinot nero
alcohol: 13,5%
type: medium
prijs: € 14,49

Merlot, pinot nero en corvina op matten gedroogd. Beproefde methode om wijn wat meer concentratie mee te geven. Even goed concentreren nu. Wat proeven we dan? Kersen, bramen, wat zoete specerij en wie zich heel diep concentreert kan nog iets ontdekken dat zich het beste laat omschrijven als een zweempje groen van kroos.

San Silvestro (NIEUW)

Serra dei Turchi 2015

Barolo

9-

druif: nebbiolo
alcohol: 14,5%
type: vol
prijs: € 24,99

Vaak zijn barolo's in de mediumprijsrange van die hielenlikkers, allemansvrienden en meelopers. 'Nee, laten we nou niet de ware aard van de nebbiolo aan al die lieve mensen presenteren. Laten we 'm zoeter maken, zachter, ontwarsen en 'm volledig opschuren tot-ie glimt en glanst, opzit en pootjes geeft.' Karaktermoord, want zo is rechtgeaarde barolo helemaal niet. Vandaar dat we zo verbaasd waren dat deze onaangepast gromt, zich in duister hult, geen *crowd-pleasende* slappe handjes geeft. Er is mokka op een ruw leren zwarte bank, met als

a b c d e f G GALL & GALL h i j k l m n o p q r s t u v w x y z

plaid een paardendeken (recent gebruikt). Bramenstruiken langs een net geteerde B-weg. Een napuffende rookoven. Het laatste slokje espresso met een korreltje zoet. Tannines als machines. 2015: topjaar. Wie zijn nieuwsgierigheid kan bedingen, bewaart wat.

Tasca d'Almerita (NIEUW)

Tascante 'Ghiaia Nera' 2014
Sicilia

8·5

druif: nerello mascalese
alcohol: 13,5%
type: vol
prijs: € 19,79

Nerello mascalese. Etna-etniciteit. Een jonge versie heb ik ooit eens omschreven als vulkaanwoesteling. Met de hand gehouwen donker fruit. Bitterbrigade. Winnaar van de Tannine Trofee. Deze leidt niet tot dergelijke uitbarstingen. Kalmer al. Het zullen de jaren zijn. Milder, zonniger en fijn kruidig.

Tenuta Ca' Bolani (NIEUW)

Refosco 'Alturio' 2013
Friuli

8·5

druif: refosco
alcohol: 13%
type: vol
prijs: € 17,99

Ca' Bolani: de basiswijn van dit domein. Tenuta Ca' Bolani: de bovenbaas. Presenteert zich zodoende niet met een lichte, vrolijke, dansende, tierelantijnende refosco, thans zo geliefd vanwege koel te drinken en lage alcoholpercentages. Wil graag wat serieuzer genomen worden, wat meer met beide beentjes op de grond en graag een beetje aanschurken tegen noordelijk Loire-rood. Donkerder fruit. Een bitterrandje. Groenzweempje. Truffels, tabak en een cilinder-directiebureau van mahonie.

Tenuta Moraia (NIEUW)

Gattabuia 2014
Bolgheri

8·5

druif: cabernet sauvignon, merlot
alcohol: 13,5%
type: vol
prijs: € 11,99

Buia. Doet me overigens denken aan hoe onze nationale weervrouw Willemijn Hoebert 'buien' uitspreekt. Betekent echter in het Italiaans 'donker'. Verwijzing naar de tijd dat de Laars-bewoners hun mooiste vlezen, kazen en wijnen onder de grond bewaarden. En die werden alleen opgediept voor speciale gelegenheden. Enfin, u hebt de boodschap: wijn met ambitie. En dan valt zo'n prijskaartje wel weer mee. Veel donker fruit, duisterekelder-tannines en flink wat spierballengerol. Trek gezellig een flesje open als u toevallig een regiohoofd van Lega Nord op visite krijgt.

Torre Mora (NIEUW)

Scalunera 2016
Etna Rosso

9-

druif: nerello mascalese
alcohol: 13,5%
type: medium
prijs: € 16,99

Misschien wat makkelijk om bij vulkaanwijnen associaties met rokerigheid te maken, maar die zijn er wel degelijk. In dit geval slierten draaiend rondom pruim, bitterzure kersen, zwarte peper, specerijen en vanillestokjes. De Etna is een nog immer werkende vulkaan. De wijnboeren op de flanken zitten gelukkig ook niet stil.

When We Dance

2017
Chianti

8

druif: canaiolo, colorino, sangiovese
alcohol: 12,5%
type: vol BIO
prijs: € 12,99

'Message In A Bottle', de rode Toscaan van Sting. 'When We Dance' zijn biologische chianti. Voetjes van de vloer. Is het geval op het etiket. Een soort Catwoman in een balletpakje balanceert met de punten van haar spitzen op de halzen van twee wijnflessen. Dat doe ik haar niet na. Ik heb al moeite om met mijn Timberlands boven op een glasbak te blijven staan. Hoe is de wijn? Sympathiek. Als Sting. Die lijkt me ook wel oké. Moeiteloos tokkelend, aanschuivend en ontspanning biedend. Kom, speel nog 's wat en zing unplugged (want bio) over dat kersengetrippel, het onbekommerde van het leven tijdens een Toscaanse zomer, de inwaaiende geuren van rozemarijn, knoflook in de koekenpan en een kippetje dat tot ovenschotel aan het transformeren is. Wat lichtvoetiger dansend dan het voorgaande oogstjaar.

NIEUW-ZEELAND ROOD

Clearwater Cove (NIEUW)

Merlot 2016
Hawke's Bay

8·5

druif: merlot
alcohol: 13%
type: medium
prijs: € 13,99

Uit de stal van Peter Yealand, wijnmagnaat te Nieuw-Zeeland. Lijkt qua uiterlijk op een kruising tussen de Kerstman en Sinterklaas. Houdt van dieren. En niet rendieren of een schimmel maar van kippen. Die houdt-ie ook. Om op natuurlijke wijze schadelijke insecten in de wijngaarden te bestrijden. En dan niet zomaar kippen maar modelletjes die hij heeft gered uit legbatterijen. Merlot met een goed verhaal kortom. Gelukkig is de wijn zelf ook prima. Hoogglans pruimen, beste bramen, de te verwachten laurier, milde tannines en een Nieuwe Wereld-zoetje. Lekker bij kip, volgens Gall & Gall zelf. Heeft dat beestje net zo haar best gedaan.

Clearwater Cove (NIEUW)

Pinot Noir 2016
Marlborough

8-

druif: pinot noir
alcohol: 13,5%
type: medium
prijs: € 13,99

Kersen vooraan. Pruim op de bagagedrager. Een lekker ertussendoor schooierend groen frissigheidje. Minisnufje specerij.

OOSTENRIJK ROOD

Domäne Wachau

Blauer Zweigelt 'Terrassen' 2018
Wachau

9-

druif: zweigelt
alcohol: 13%
type: medium
prijs: € 9,49

Zweigelt. Wordt wel omschreven als een 'boersige' pinot noir. Een herenboer in dit geval. Zacht en krachtig. Kersen op sap, een likje pruimenjam, rodebesjeszuur en kalfslederen tannines. De terrassen zitten vol.

Gruber Röschitz (NIEUW)

Blauer Zweigelt 'Lauschen' 2016
Niederösterreich

8·5

druif: blauer zweigelt
alcohol: 13,5%
type: vol BIO
prijs: € 15,99

Beste biologische blauer. Licht rood fruit. In de flanken een spoortje groen. Pitje waar je op bijt. Aangenaam, ongecompliceerd en sappig.

Gruber Röschitz (NIEUW)

Pinot Noir 'Galgenberg' 2017
Niederösterreich

8·5

druif: pinot noir
alcohol: 12%
type: medium BIO
prijs: € 15,99

Een slok en je hangt: lekker bosbessig, zacht maar niet zoet, viriele zuren en behalve die bosbessen ook nog meer bossigheden. Serveer er een mooi stuk ribeye bij. Goed afgehangen, dat spreekt.

Winzer Krems (NIEUW)

Blauer Zweigelt 'St. Severin' 2017
Niederösterreich

8+

druif: zweigelt
alcohol: 13%
type: vol
prijs: € 6,79

De meest aangeplante blauwe druif van Oostenrijk laat proeven waarom-ie zo populair is. Donkere, bittere kersen met zachte zuren, zwarte bessen, bramen. Zalvend, pruimig, het zachtzoete van kaneel, laurier schuift aan, romige tannines.

PORTUGAL ROOD

Altano (NIEUW)

Organic 2017
Douro

8·5

druif: tinta barroca, touriga nacional
alcohol: 14%
type: vol BIO
prijs: € 8,99

We hebben wat te vieren. Precies tien jaar geleden was deze wijn de winnaar van de blindproeverij voor *Het Parool* met als onderwerp biologisch rood. Verrassend dat de nummer 1 uit Portugal kwam, waar men destijds nog niet zo druk doende was met bio. Panellid Petra Possel liet noteren: 'Veel donker fruit, lekkere zuren, stevig in de laurier. Maar ruikt bij grote uitzondering nu eens niet alsof er een hele stal koeien voorbij is gekomen. Puur zonder te stinken.' En hoe zit het met deze verste oogst? Die is wat beschaafder en komt wat minder bio over. Zachter in de mond. Lichter fruit. Blijft een aanrader. Ook voor niet-lezers van *Het Parool*.

Altano

Reserva 2016
Douro

8·5

druif: touriga franca, touriga nacional
alcohol: 13,5%
type: vol
prijs: € 10,99

Bepaald geen lichtvoetig, frivool, slapsoepel, fruitig niemendalletje. In de Douro vinden ze dat de internationale wijnmarkt daar al voldoende in voorziet. En waarom zou je ook dergelijke allemansvrienden maken, als het hele land, de Douro incluis, vol staat met authentieke druiven die een volstrekt eigen karakter hebben? Altano maakt er met twee locals eentje van reservakwaliteit. Een en ander resulteert in kersenlikeurchocoladebonbons, fijn aangezette bessenzuren en een snufje specerij. Gemaakt bij Symington, onder andere bekend van Graham's, Warre's en Dow's port. Maar dat kan daarna altijd nog.

Vale do Bomfim (NIEUW)

2014
Douro

8·5

druif: tinta barroca, tinta roriz, touriga franca, touriga nacional
alcohol: 14%
type: vol
prijs: € 9,99

Portpoducent die zich – net zoals menig andere – ook op onversterkt rood heeft gestort. Levert overigens wel een sterk staaltje wijn maken af. Voor dit geld ver boven het maaiveld uit. Krachtig, zonnig en vlezig. Likeurzweem, behaaglijkheid, openhaardassociaties, gebakken biefstukken van afgehangen, doodgeknuffelde koeien, specerijen met een VOC-mentaliteit, gelukzalige glimlachen en boswandelingen in een ongerept bos.

SPANJE ROOD

Castillo Rioja (NIEUW)

Crianza 2015

Rioja

8·5

druif: tempranillo
alcohol: 14%
type: vol
prijs: € 12,49

Huis van een Castillo. Met een fikse hoeveelheid zwarte kersen, pruimen en niet te zoete specerij. Huis van een jaar bovendien.

Chivite

Finca de Villatuerta 2015

Navarra

8

druif: grenache, syrah
alcohol: 13,5%
type: vol
prijs: € 11,99

Chivite. De wijnkoning van Navarra. Paleistuinen vol met met name niet typisch Spaanse druivenrassen. Maakt er zonder uitzondering altijd goede wijnen mee. Geen wereldveroveraars of grensverleggers. Maar nimmer teleurstellend. Ziehier een fijne blend van syrah en grenache. Chivite blijkt hier ook zonnekoning. Warm en rijp rood fruit, zoete cassis, zachte tannines, satijnen cape en rode loper van hoogpolig fluweel. Krachtiger dan de voorgaande versie ik proefde. Ook een krachtig aankoopargument: twee euro voordeliger geworden.

Conde Valdemar (NIEUW)

Gran Reserva 2010

Rioja

9

druif: tempranillo
alcohol: 14%
type: vol
prijs: € 18,99

Drie jaar op eiken. Twee jaar op fles. En deze vijf jaar eenzame opsluiting heeft 'm niet eenkennig gemaakt. Presenteert zich joyeus. Viert zijn vrijlating met zonnig rood en zwart fruit, zoete specerij, chocola en behaaglijke aanleuntannines. Uit een wijnjaar dat 'excelente' is en zijn voortbrengselen een lange adem geeft.

Contino

Reserva 2015

Rioja

9

druif: garnacha, graciano, mazuelo, tempranillo
alcohol: 14%
type: vol
prijs: € 23,99

Het hele rioja-kwartet laat zich horen. Garnacha, graciano, mazuelo en tempranillo verenigden hun krachten vorig jaar in de oogst 2014 toen alles weer gewoon was na twee voorgaande jaren vol gedoe en gehannes. Krachtige, zich breed makende rioja met mooie zuren vooral en niet te heftige houtinvloeden. In 2015 nog beter presenterend omdat het in dat jaar helemaal meezat. Ruimhartige rioja reserva.

Diego de Almagro

Tempranillo 2017

Valdepeñas

7·5

druif: tempranillo
alcohol: 12,5%
type: medium
prijs: € 4,29

Keurige doordeweekse tempranillo die wat zondagsrust heeft genoten: 'aged in new oak for two months'. In wijnjargon betekent dat: heel kort. Net voldoende om 'm een zoetje en een steuntje in de rug mee te geven. Soepele kersenbeweging, de bessenbrigade salueert en de lamskoteletjes proberen zich uit de voeten te maken. Ze hebben een jaar mogen oefenen maar ook deze nieuwe 2017-oogst krijgt ze te pakken.

Dominio de Punctum (NIEUW)

Lobetia 2017
Tierra de Castilla

7·5

druif: tempranillo
alcohol: 14%
type: vol BIO
prijs: € 9,29

Vlinder op het etiket. Veelal biosymboliek. En jawel, ook in La Mancha heeft de packaging designer de fladderaar bij de kladden gepakt. De wijnmaker van dienst is ook niet met lege handen van huis gegaan. Hij maakte een dartele, sappige, kersentuimelende jeugdrode met fijn veel pit en goede zin. Wat meer power dan de 2016-oogst die ik eerder proefde. Vlinder met de turbo erop.

Faustino 1 (NIEUW)

Gran Reserva 2008
Rioja

8·5

druif: graciano, mazuelo, tempranillo
alcohol: 13,5%
type: vol
prijs: € 19,99

Icoon-bodega. Uitmonstering die oogt alsof deze is vormgegeven voordat Rioja Rioja werd. Netje om de fles. Etiket als een sigarenbandje. Traditionele line-up van de drie riojadruiven bovendien: tempranillo, mazuelo en graciano. Huppekee, nog even 26 maanden op Amerikaans eiken (voor extra zoet) en voorts nog drie jaar de kelder in. Dan het oogstjaar: koele omstandigheden, thans op dronk maar kan nog wel even als we het zo proeven. Zacht, rijpe, kersenconfiture, soezerige specerij, vanillestokjes, karamelmelkchocla (voor de verandering nu eens zonder zeezout) en mildheid, beschaafdheid, kalmte.

Merinas

Old Vine Tempranillo 2018
Uclés

7·5

druif: tempranillo
alcohol: 14%
type: vol BIO
prijs: € 4,29

Uit Uclés, een zich snel verbeterende wijnregio in Castilië, tot voor kort voor al uw onbestemde bulkwijn. Behalve druiven ook thuisland voor *merinas*, schapen. Omdat dit – ondanks hun gelaatsuitdrukking – toch leuke beesten zijn, staan er drie op het etiket: een zwarte en twee rode. Moeten we hun vlees erbij eten? Maar welke slachten we dan? Het zwarte omdat-ie nou eenmaal het zwarte schaap is van de familie? Maar voor je het weet kom je dan weer in allerlei discussies terecht. Over kleur. En dan is Zwarte Piet – die toch ook aan Spanje gelinkt kan worden – nooit ver weg. Over al dan niet vlees eten. Maar dan kunnen ook die rode weer niet. Enfin, het duivelse dilemma wordt door Gall & Gall ontweken. 'Tapas of gerechten met chorizo,' lekkerbekt hun website. Maar alleen drinken kan wat mij betreft ook. Ook dit nieuwe oogstjaar weer frisse, pittige, houtvrije rode met zoete kersen, kittige zuren, klein handje kruiderij en milde tannines. Mild prijskaartje bovendien.

Parador

Crianza 2015
Navarra

8

druif: cabernet sauvignon, garnacha, tempranillo
alcohol: 13,5%
type: medium
prijs: € 7,99

Goed uitgerijpte blend van cabernet sauvignon, tempranillo en garnacha. Vrij elegant, vooral kersen. Niet te zoet ondanks een jaartje hout. Prima wijn van Julian Chivite, een van de toonaangevende producenten in de streek. Extra nootje en wat meer frisheid dit oogstjaar, dat zich sowieso in Navarra van zijn beste kant liet zien.

Torres
Celeste Crianza 2016
Ribera del Duero

9-

druif: tempranillo
alcohol: 14%
type: vol
prijs: € 17,99

Het Ribera del Duero-avontuur van Miguel Torres loopt via een weg die geplaveid is met eiken. Aan weerskanten kersenboomgaarden, pruimen volop en welig tierende bermkruiden. Veel zon en ietsjes verderop een uitspanning die gekend is om zijn lamskoteletjes van de barbecue. We schuiven aan. Ook al omdat de 2016-oogst beter is dan ooit.

Torres
Coronas 2016
Catalunya

8

druif: tempranillo
alcohol: 13,5%
type: vol
prijs: € 10,99

Zwarte bessen, flink wat sap en zachte laurier. En dat in het Engels, Frans en Duits. En dan ontbreken er nog 117 talen op het achteretiket. Coronas wordt in 120 landen verkocht. En niet omdat het niet lekker is. Vergis je overigens niet bij het kopen of bestellen: anders zit je met een fles bier.

Torres
Gran Coronas 2015
Penedès

8·5

druif: cabernet sauvignon, tempranillo
alcohol: 14%
type: vol
prijs: € 14,99

Wereldburger cabernet sauvignon wordt de wijde wereld ingestuurd door 'familia Torres', die er ook in slaagt om over de hele wereld haar wijnen te slijten. Doet ze ook dit oogstjaar weer met mooi rijp rood. Ingetogen cassis, bramen, niet te zoet. Al vele oogstjaren van geproefd. Deze editie pakt wat steviger uit.

Valdemar
Tempranillo 2017
Rioja

8+

druif: tempranillo
alcohol: 13%
type: medium
prijs: € 9,99

Valdemar. Drinken maar. Ieder jaar betrouwbaar. Ook in een jaar waarin de vorst in mei nog even kwam buurten. Minder liters maar meer smaak. Stevigheid, kruidigheid, vette kersen, vlezige pruim, peperigheid en een vanilletoets. Valdemar met een behoorlijk soortelijk gewicht.

Viña Mayor
Crianza 2015
Ribera del Duero

8·5

druif: tempranillo
alcohol: 14,5%
type: vol
prijs: € 15,49

Spanjaarden houden van hout. Anytime, anyplace, anywhere. Waar wij ingewikkeld doen met wijnarrangementen in exclusieve restaurants om daar ieder fijnbesnaard gerechtje van een bijpassende wijn te voorzien, bestelt de Spanjaard één fles om overal bij te drinken. Bijna altijd rood – wit is voor watjes – en graag met zo veel hout als mogelijk. Crianza's, reserva's en gran reserva's bij schaal- en schelpdieren, vis en de salade. De Spanjaard timmert er graag een eikenhouten hek omheen. En deze Mayor laat eiken blijken. Al moet gezegd worden: fijn in balans, mooi verweven en nergens op de voorgrond tredend.

Viña Mayor

Tinto Roble 2018
Ribera del Duero

8·5

druif: tinta de país
alcohol: 14%
type: vol
prijs: € 10,59

Donkere pruim, vlezige kersen, fijne bittertjes, iets vanille en aangename laurier. Wat Frans eiken voor de sjiek. Wat Amerikaans voor het zoet. Fijne Viña met vlees.

Viña Salceda

Reserva 2014
Rioja

8+

druif: tempranillo
alcohol: 14,5%
type: vol
prijs: € 15,99

'Weer op niveau,' luidde het oordeel over het oogstjaar 2014 in Rioja na twee schamele vertoningen daaraan voorafgaand. Salceda blijft niet achter. Reserva-inspanningen gedaan op hun mooiste fruit: achttien maanden op Amerikaans eiken. Geeft rioja van formaat. Toch: niet zwaar of nadrukkelijk. Ook het hout houdt zich in: geen kokosnotenbombardement en geen vanillevlaworsteling. Mooi, gevuld, uitgebalanceerd rood fruit. Kersen leunen, pruimen rijpen, fluweel gedrapeerd. Lam wacht.

Zestos (NIEUW)

Garnacha 'Old Vines' 2017
Vinos de Madrid

8

druif: garnacha
alcohol: 14%
type: vol
prijs: € 8,99

Garnacha wenst warmte. Ruim voorradig in de buurt van Madrid. Oude stokken (1960-1970) zijn wel wat gewend. Die hadden beter verdiend dan het wat schamel ogende flesje waarin de wijn is beland. Na gebruik snel de glasbak in. Daar brandt toch het licht niet. In de wijn wel overigens. Zonnig, stralend, glanzend rood fruit, hoog opgetast, breed uitgestald. Aangereikt door wat knoestige knuisten die het geheel een aangename stevigheid geven. Veel fijns van de Old Vines.

VERENIGDE STATEN ROOD

Bernardus (NIEUW)

Pinot Noir 2015
California

9-

druif: pinot noir
alcohol: 14,5%
type: medium
prijs: € 25,99

Behalve bekend als importeur van onder andere Volkswagen, Audi en Porsche is de familie Pon ook actief in andere branches. Zo schijnen er lijntjes richting Caterpillar en Continental-banden te lopen. En bovendien bestiert zij – letterlijk en figuurlijk – een van de grootste particuliere organisaties op het gebied van melkveehouderij en fokkerij. Naar verluidt is Koepon (de firma heet daadwerkelijk zo), dat gerund wordt door Wijnand Pon, de belangrijkste leverancier van stierensperma ter wereld. Nu is dit overigens niet de enige vloeibare waar uit de portfolio van de Ponnetjes. Er wordt en werd ook in wijn gedaan. Voor de hand liggend zou zijn geweest als Wijnand daar bij was, maar dat is niet het geval. De een aantal jaren geleden overleden Mijndert is bekend van Salentein in Argentinië.

Maar broer Ben Pon is nog steeds actief in Californië en maakt in Carmel chardonnay, sauvignon blanc en pinot noir. Overigens heeft hij onlangs wel de helft van zijn bedrijf overgedaan aan Robbert van der Wallen, een landgenoot die fortuin heeft gemaakt met een bedrijf dat wereldwijd grootschalige spaaracties voor supermarkten ontwikkelt en uitvoert. Enfin, daar zul je deze wijnen in ieder geval niet tegenkomen. Stuk voor stuk hebben we hier te maken met zeer ambitieuze uitvoeringen die al jaren onder het label Bernardus op de wijnkaart zijn te vinden van toprestaurants over de hele wereld. Als er al gespaard moet worden dan is het om een flesje te kunnen aanschaffen. Neemt niet weg dat deze pinot noir uit Santa Lucia Highlands zijn geld dubbel en dwars waard is. On-Amerikaans fijnbesnaard. Het oogstjaar 2014 dat voor de vorige editie van *DGH* werd geproefd met specerijen geparfumeerde kersen, pruimen en aardbeien. Nu frisser en wat minder nadrukkelijk met het Nieuwe Wereld-zoet flirtend.

Geyser Peak Winery

Zinfandel 2016

California

7·5

druif: zinfandel
alcohol: 14%
type: vol
prijs: € 8,99

Het rijpste zoete rode fruit. Kaneel- en vanillestok. Karamelfudge met chocolate chip cookies. Wie heeft er suiker in de pruimenpap gedaan? Tannines tot hoogglans opgeschuurd. Zwoel, soepel en gelikt? Zwoel, soepel en gelikt.

Ironstone

Merlot 2017

California

8

druif: merlot
alcohol: 14,5%
type: vol
prijs: € 11,99

Merlot op Amerikaanse leest geschoeid. Veel zoet, veel smaak, veel zon, heel zacht. Pruimen op sap, frambozentaart, sweet chilisaus, de roosterrandjes van gemarineerde spareribs, sweet spices. Als je ervan houdt, vind je het heerlijk. Goed in zijn soort.

Ironstone (NIEUW)

Old Vine Zinfandel 2017

Lodi

8·5

druif: zinfandel
alcohol: 14,5%
type: vol
prijs: € 11,99

The Heritage Vineyard in Oakville beslaat nog geen hectare van het 'experimental station' van de wijnuniversiteit van Davis. Hier, in het Californische Napa Valley, wordt het Amerikaans vinologisch erfgoed bewaakt, bestudeerd en vertroeteld. Rij aan rij staat zinfandel aangeplant, de druif die tijdens de 19e-eeuwse Gold Rush in de rodewijnvoorziening van de gouddelvers voorzag. Tot verdriet van het chauvinistische deel van Amerika is 'zin' overigens minder 'eigen' dan gewenst. DNA-onderzoek verklapte dat de nationale troeteldruif al eerder Italië, Kroatië en Oostenrijk aandeed. Echter, de oudste stokken zijn alleen nog in Californië te vinden. Sinds 1995 fungeert 'Davis' als uitvalbasis voor 'zin'-safari's. Wijnwetenschappers trekken er op uit om wijngaarden op te sporen met stokken die voor 1930 zijn aangeplant. Loten hiervan worden vervolgens liefdevol in The Heritage Vineyard opgekweekt, waarna ieder jaar een lid van Zinfandel Advocates & Producers (ZAP) er wijn van maakt. Deze nonprofitorganisatie heeft zich tot doel gesteld om 'de wijndrinker en het grote publiek te wijzen op de impact die zinfandel heeft gehad op de Amerikaanse cultuur en de manier waarop wij tegenwoordig wijn omarmen'. Bij dit 'science-teach research' staat overigens dan niet de dubieuze white zinfandel centraal die tot laffe, halfzoete supermarktrosé leidt, maar het unieke rood met de geur en smaak van zwarte bessen, bramen, kersen, peper, laurier, anijs, ceder, chocola en kruiderijen. Helaas zijn de

ZAP-zins alleen in Amerika te koop. De kleine oogst gaat op ZAP-activiteiten als bijvoorbeeld het jaarlijkse Zinfandel Festival Grand Tasting. Zinfandel uit de eigen wijngaarden van ZAP-lid Ironstone (al vier generaties doende) is hier overigens wel te koop. En dit vinologisch erfgoed is van een prima kwaliteit. Met de geur en de smaak als hierboven beschreven. Lekker. Tijdens een wijnmakersdiner op Ridge Vineyards at ik er ooit eens braised short ribs 'dolce forte' bij en dat was een match made in heaven. Maar ik weet zeker dat de oud-Hollandse stooflappen à la mijn oma Miegie Paardenvliegie zaliger er ook prima bij smaken. Ook dan zappen we niet weg.

Raymond (NIEUW)

Cabernet Sauvignon 'Family Collection' 2016
North Coast

8·5

druif: cabernet sauvignon
alcohol: 13,5%
type: vol
prijs: € 29,99

Het domein van Jean-Charles Boisset in Napa. Daar woont-ie niet alleen. Mevrouw Boisset heet van zichzelf Gina Gallo, Californisch wijnmeisje van oorsprong. Want kleindochter van Julio Gallo, de man die, samen met broer Ernest, E & J Gallo heeft opgericht, een van de grootste wijnbedrijven ter wereld. Kortom, die hoeven nooit naar de avondwinkel om een fles te halen als er onverwachte visite komt. Wie boft, krijgt dan overigens deze cabernet sauvignon te drinken. Dit is er eentje uit de Family Collection, gemaakt van druiven uit Napa, Sonoma en Lake County, noordelijk van San Francisco. Een verademing tussen al die volgehangen, dikbezoete power packs die je daar gewoonlijk gepresenteerd krijgt onder het motto 'obese moet het wezen'. Jean-Charles, zelf geen gram te veel, houdt van slank – is Gina ook, zelfs nog na het krijgen van hun tweeling – en maakt zijn wijnen op Europese leest geschoeid. Verfijnd kersig, lichtvoetige cassisstructuur, fijne zuren, zoetvermoeden, rank hout en aangenaam elegant. En wie dan die Raymond is? Geen idee. In ieder geval niet de vader van Jean-Charles. Die heet namelijk Jean-Claude.

ZUID-AFRIKA ROOD

Badenhorst

Vintage Red Wine 'Secateurs' 2018
Swartland

8·5

druif: cabernet sauvignon, carignan, cinsault, grenache, shiraz
alcohol: 13,5%
type: vol
prijs: € 9,99

Een soort freestyle Rhôneblend van hoog niveau. Minstens net zo fijn en met een vleugje exotique. Rank, slank, fijn rood fruit, en klein zwart. Verfijnd, verfrissend en met verdieping. De rode vruchten pittig, opwekkende zuren, wat sweet spices. Niet dominant maar meer de mond binnenwaaiend. Elegante tannines en nergens lompe of zware zoetzonnigheid. Badenhorst in weelde.

Beyerskloof

Pinotage 2018
Stellenbosch

8·5

druif: pinotage
alcohol: 13,5%
type: medium
prijs: € 9,99

Domein van Beyers Truter. Toen hij in 1988 deze plek in Stellenbosch als ideale postcode zag om wijnranken te gaan aanplanten, was er niets anders te vinden dan wat gras, een paar eenden en een ezel. Dat laatste is hij zelf zeker niet. Truter wordt beschouwd als een van de grote keldermeesters van de Kaap, stond aan de wieg van het toonaangevende pinotage-domein Kanonkop (ook een *DGH*-habitué) en heeft ook zijn eigen Beyerskloof nadrukkelijk op de kaart gezet. Met dank aan zijn eerste liefde pinotage. Is er een rookmelder in de buurt, dan gaat-ie af. Geurend als een barbecue bij de buren terwijl de dichtstbijzijnde toch een kloof verderop wonen. Maar ook vol in het rode, rijpe fruit. Met frambozen, zoete kersen, pruimen en cassis en een snufje specerij. Gul en zwoel.

Boschkloof
Cabernet Sauvignon-Merlot 2017
Stellenbosch

8

druif: cabernet sauvignon, merlot
alcohol: 14,5%
type: vol
prijs: € 11,29

Bordeauxblend rondom het kampvuur. Donker fruit, lauriergeluier en inwaaiende rokerigheid. In Zuid-Afrika adviseren ze er springbok bij. Hier er een aardsluie scharrelkoe bij serveren vraagt beduidend minder inspanning.

Boschkloof (NIEUW)
Cabernet Sauvignon 2016
Stellenbosch

8+

druif: cabernet sauvignon
alcohol: 14,5%
type: vol
prijs: € 13,79

Ook verkrijgbaar met wat extra steun van vaste bordeaux-associé merlot. In deze editie is die nog even in de kloof achtergebleven. Zoektocht niet nodig. Puike donkerfruitverschijning. Cassis, bramen, wat te verwachten lauriervertier. Nergens gekookt fruit ondanks de Zuid-Afrikaanse zonneschijn.

Groot Constantia
Constantia Rood 2017
Constantia

8·5

druif: cabernet sauvignon, merlot, pinotage
alcohol: 14%
type: vol
prijs: € 12,49

De groten der aarden dronken al Groot Constantia. Koning Lodewijk Filips van Frankrijk, Frederik de Grote en Napoleon. Ik kan het niet controleren maar het zou kunnen. Het domein kent immers al een anno van 1685. Enfin, als *De Grote Hamersma* bevinden we ons in goed gezelschap. Kloeke Kaapse bordeauxblend: merlot, cabernet en pinotage. Weer volop ruimte voor bessen, bramen, pruimen, peperigheid, laurier, cacao, roostertonen en espresso met een paar korreltjes suiker. Grootschalige tannines ook. Rood waar de rode loper voor uit kan.

Kanonkop (NIEUW)
Pinotage 2010
Stellenbosch

9

druif: pinotage
alcohol: 14,5%
type: vol
prijs: € 29,99

Met dank aan ons eigen ministerie van Defensie. Zij het van een tijdje terug: de tijd dat wij als Hollanders de Kaap gekaapt hadden. Destijds klonken er kanonschoten als de Nederlandse koopvaardijschepen de haven van Kaapstad binnenvoeren, gelost vanaf de heuvel met de naam Kanonkop. Het wijnmerk schiet in ieder geval niet met losse flodders. Kanonkop wordt gezien als pinotagespecialist. Buitenkansje om eens een wat oudere te drinken. De scheepsklok slaat vijf glazen. Wijnglazen, dat spreekt. De karakteristieke rokerigheid kondigt rijp rood zacht fruit aan, tabakszweem en truffels. Tannines talmen en komen pas in beweging als het fluitje van de bootsman klinkt.

Secateurs
2018
Coastal Region

8·5

druif: cabernet sauvignon, carignan, cinsault, grenache, shiraz
alcohol: 13,5%
type: vol
prijs: € 9,99

Heraldisch etiket. Soort ridderschild met familiewapen. Van de familie Badenhorst. Die heeft in ieder geval gevoel voor humor. Want nadere bestudering van het wapen onthult dat het een ouderwets vormgegeven snoeischaar is. Waar snoeit deze dan zoal in? Voornamelijk in shiraz, en een beetje in cinsault, cabernet sauvignon, grenache en carignan. In eerdere oogstjaren zat er ook nog weleens wat mourvèdre in maar die mocht deze keer wat voor zichzelf doen waarschijnlijk. Hoe dan ook, klinkt als een mengelmoesje, maar het is geen rommeltje geworden. Integendeel. Ouderwets gevinificeerd in kleine betonnen tanks. Wijn 14 maanden te rusten gelegd op gebruikt Frans eiken. Ontwaakt als intens en zeer elegant rood. Waarin paddenstoelen zijn te ontdekken, hazelnootjes, beschaafd rood fruit dat nu eens niet kwettert dat het een lieve lust is, maar converseert. Over onmisbare zuren bijvoorbeeld in plaats van schmierend tuttifruttizoet. Over die karakteristieke Zuid-Afrikaanse rookgeur, associërend met een kampvuur waar vast wel wat aardigs op gebraden wordt. Mooi meegenomen: euro voordeliger geworden ten opzichte van vorig jaar. Randgevalletje? De Zuid-Afrikaanse munt staat laag.

The River Garden (NIEUW)

Merlot 2016
Stellenbosch

8+

druif: merlot
alcohol: 14,5%
type: vol
prijs: € 10,59

Rivier met aan de oever vruchtbare aarde. Chardonnay doet het er goed. Sauvignon blanc tiert welig. Shiraz laat zich smaken. En ook merlot heeft er de juiste plek gevonden. Donker fruit, pruimigheid, roostertonen en milde tannines.

The River Garden (NIEUW)

Shiraz 2016
Stellenbosch

8

druif: shiraz
alcohol: 14,5%
type: vol
prijs: € 10,59

'Leader in energy conservation,' meldt het etiket. In ieder geval is er een hoop energie gestoken in deze Stellenbosch syrah. Spicy wijn. Donker fruit. Kersenlikeur. Peperig. Vleugje mint. Niet te zoet.

Tokara

Red 2016
Stellenbosch

8

druif: cabernet sauvignon, merlot
alcohol: 14,5%
type: vol
prijs: € 11,99

Tokara, gelegen in Helshoogte. Voor de verandering nu eens geen zoetig, zondoorstoofd fruit (een karaktertrekje van veel rode Zuid-Afrikanen) maar pittig fris en vol fit en puntig rood en zwart fruit. Pepertje houdt de boel scherp. Heb het idee dat er dit oogstjaar toch ook wat pinotage is gebruikt: de karakteristieke rokerigheid waait binnen. Ach ja, Helshoogte...

Tokara (NIEUW)

Syrah 'Reserve Collection' 2014
Stellenbosch

8·5

druif: syrah
alcohol: 15%
type: vol
prijs: € 21,99

Shiraz verkoopt beter dan syrah. In ieder geval wel in Engeland. Daar werd in een supermarkt bij wijze van test een fles Franse wijn voorzien van twee verschillende etiketten. Eentje waarop 'syrah' stond. En een met 'shiraz'. Verder was de inhoud dezelfde, zo ook de prijs. Na de proefperiode bleek dat de wijn met 'shiraz' op het etiket tweemaal beter had verkocht dan de 'syrah'. Kan te danken zijn aan het feit dat in Engeland wijnland Australië by far het populairste wijnland is. Maar nu zijn we in de Hollandse Gall & Gall. Daar tref ik een gewone Tokara met 'shiraz' op het etiket. Maar bij de luxe editie gaan we plots deftig Frans praten:

G GALL & GALL
a b c d e f h i j k l m n o p q r s t u v w x y z

syrah. Reserve Collection bovendien. Zou gezien het prijskaartje zomaar kunnen dat er ook van deze minder verkocht worden dan van de shiraz. Prachtwijn overigens. Rijp, zacht, kersen, cassis, zoete specerij, tikje zoet, associaties met noordelijke Rhône dienen zich aan. Behalve wat het alcoholpercentage betreft: die ontstijgt in die regio de 12,5 procent bijna nooit.

Warwick (NIEUW)

The First Lady 2017

Western Cape

8·5

druif: cabernet sauvignon, syrah
alcohol: 13,5%
type: vol
prijs: € 9,99

Van de cabernet-sauvignonpionier in Zuid-Afrika. En heeft nog steeds een geweldige reputatie. Niet omdat hij van die zoetsappige, overdadig rijpe wijnen maakt, maar door veel frisser te werken. The First Lady is een zeer elegante dame. Slank in de zwarte bessen, licht laurier, fijne tannines.

FRANKRIJK ROSÉ

Amour de l'Amaurigue

2018

Var

8

druif: cinsault, grenache
alcohol: 12%
type: medium
prijs: € 9,49

Amour zorgt voor een roze bril. De Var-versie van het Provence-domein Domaine de l'Amaurigue. Fijn kruidig, geen snoeptafel, prettig gesoigneerd. Half procentje minder alcohol: houden we ook van.

Domaine de Luc

Merlot Cabernet 2018

Pays d'Oc

7·5

druif: cabernet sauvignon, merlot
alcohol: 12,5%
type: medium BIO
prijs: € 7,79

Keurig in de modekleur: bleekroze. Maar in het zuiden gemaakt van cabernet sauvignon en merlot, dat tref je niet vaak. Wereld van verschil wanneer usual suspects grenache en syrah waren gebruikt? Nou nee. Smakelijke, lichtrood-fruitige, discreet kruidige en aangename zuiderling.

Domaine de l'Amaurigue

2018

Côtes de Provence

9-

druif: cinsault, grenache, syrah
alcohol: 13%
type: medium
prijs: € 11,99

Constant goede rosé van onze landgenoten Eugenie en Dick de Groot. En ook dochter Fleur is aan boord om de belangstelling rondom wijn en domein te stroomlijnen. De liefde voor goede rosé heeft ook tot Amour de l'Amaurigue geleid, tevens bij Gall & Gall in de schappen, een uitvoering uit de Var. Heet geen Provence, is dus wat voordeliger, maar zorgt ook voor groot plezier. En hoe is de domeinwijn dit jaar? Wederom teerbesnaard rood fruit met een sinaasappelschilbittertje en herbes de Provence. Tikje beter zelfs nog dan de 2017-oogst. Aanrader.

Domaine Lamourie (NIEUW)

Cabernet Sauvignon 2018

Pays d'Oc

8·5

druif: cabernet sauvignon
alcohol: 12,5%
type: medium
prijs: € 9,99

Lamourie heeft de liefde verklaard aan cabernet sauvignon. Kom je niet vaak tegen in het Franse zuiden als roséganger. Meestal rood. Meestal braaf. Frivole rosé echter. Met buitelend bessenfruit, zomerkoninkjesdefilé, fijne kruiderij en een beschaafd droge afdronk.

Famille Bougrier (NIEUW)

Le Rosé 2018

Vin de France

7·5

druif: cabernet franc, gamay
alcohol: 12,5%
type: medium
prijs: € 4,99

Anjou, ooit berucht vanwege blindmakende, maar voortdurend doorstarts kennende rosé d'Anjou. In zijn uppie was deze wijn er debet aan dat Nederland in de jaren tachtig en negentig van de vorige eeuw de rosé helemaal afzwoer. Rosé d'Anjou heeft zijn leven niet gebeterd. Zijn kwaliteit ook niet trouwens. Heel af en toe kom ik het nog tegen. Als een rare kiloknallende slijterij er plots mee gaat stunten. Vermijden blijft het devies. Al geven ze het gratis weg. Dan maar liever wat meer betalen voor een charmante blend van cabernet franc en gamay. Zonder suiker tot ons gebracht door de familie Bougrier, die wel meer aardige dingen in de Loire doet. Niet grensverleggend of hemelbestormend maar gewoonlijk wel voor menselijke consumptie geschikt. Zo ook hun Le Rosé. Fris rood fruit, een zweempje groen en zonder spoortje zoet.

M. Chapoutier (NIEUW)

2018

Côtes du Rhône

8·5

druif: cinsault, grenache, syrah
alcohol: 13,5%
type: medium
prijs: € 9,99

Chapoutier rosé. Uitstekende rhône. Kracht, inzet, peper, donker fruit en kreupelhout. Gaat toch niet mank aan een overdaad aan zoetstoffen. Fraai droog en serieus.

Mathilde Chapoutier (NIEUW)

Sélection 2018

Duché d'Uzès

8+

druif: cinsault, grenache
alcohol: 12,5%
type: medium
prijs: € 11,69

Eén groot fruitfeest. Met bessen die de slingers ophangen. Kersen in feestkostuum. Bramen met een kraag van laurier. Sap, zachtzoet, peperig en vol energie. Mathilde zwiert mee.

Mirabeau en Provence

Pure 2018

Côtes de Provence

8·5

druif: grenache, syrah
alcohol: 12,5%
type: medium
prijs: € 13,99

Het bekende toonbeeld van Côtes de Provence-beschaving. De karakteristieke pipszweem. De transparante look. Het tere fruit. De lichte kruidigheid, De juiste droogheid. Het gelikte kleine zoetje. Om onverwacht de vingers bij af te likken: Côtes de Provence-rosé combineert verbluffend goed met witte schimmelkazen als brie en camembert.

Miss Valentine (NIEUW)

2018

Méditerranée

8·5

druif: grenache, syrah
alcohol: 13%
type: medium
prijs: € 11,99

Zal opvallen tijdens een missverkiezing. Geen graatmager modelletje waar je dwars doorheen kijkt als ze langs een gloeilamp loopt. Lekker bolbuikig flesje, volop gevuld met kruidig, sappig en vlezig sap. Vrolijk van inborst. Mediterrane rosé van een hoog soortelijk gewicht. Pro-ana-coaches kijken de andere kant op.

Pink Flamingo

Tête de Cuvée 2018

Sable de Camargue

8

druif: grenache gris, grenache noir
alcohol: 12,5%
type: medium
prijs: € 8,99

Bij voldoende wijnconsumptie ga je een roze olifant zien. Nu moet ik nog beginnen en verschijnt er al een roze flamingo. Uit de Camargue. Die diertjes zijn daar net zo gewoon als duiven hier. Hoe dan ook, toch lijkt het een voorrecht dat juist de flamingo het etiket heeft gedaan. Op Domaine Royal de Jarras, waar deze rosé is gemaakt, zijn niet minder dan 178 verschillende vogelsoorten gespot. Perfecte plek lijkt mij voor vogelaars Hans Dorrestijn en Nico de Haan (ik maak geen grappen over zijn achternaam), die als 'De Baardmannetjes' op tv verschenen, immer geboeid door alles wat vliegt. Persoonlijk ben ik altijd pas geboeid als de diertjes, al dan niet gevlinderd, op mijn bord liggen. Met een bijpassend glas wijn erbij. Zo dronk ik laatst bij anjouduif een geweldige cabernet franc van Jacky Blot. Maar we dwalen af. Die rosé. De 2017-oogst proefde ik vorig jaar. Da's prima waar. Lekker, licht en transparant zoals dat tegenwoordig hoort. En bijkans verplicht als je uit het Franse zuiden komt. Ook dit jaar weer een en al lichtvoetigheid (hoe kan het ook anders met zulke poten als de flamingo), fijne herbes en gedroogd geel en wit fruit. Mooi droog ook. De Pink Flamingo is waarschijnlijk al een tijdje uit het water.

Pommery (NIEUW)

Brut Rosé Royal

Champagne

8·5

alcohol: 12,5%
type: droog M
prijs: € 42,99

De brut rosé van Pommery. Prachtige mousse. Transparant peachy van kleur. Perzik ook in het glas. Rijk van smaak, diep appelig, mineraal, hart van staal. Geeft een klein snoepje mee bij het weggaan.

Studio by Miraval (NIEUW)

2018

Méditerranée

8·5

druif: cinsault, grenache
alcohol: 13%
type: medium
prijs: € 12,99

Studio by Miraval. Hollywood Studio. Is een wijn van Angelina Jolie en Brad Pitt. En zijn die nou wel of niet uit elkaar? Geen idee. Volgende keer beter opletten als *RTL Boulevard* voorbijzendert. Overigens verwijst de studio hier naar de opnamestudio waar grote artiesten als AC/DC, Sade en Pink Floyd hun muziek opnamen. Qua Pink Floyd: hoe toepasselijk is zo'n rosé dan? Goede, pittige vulling overigens. Met aantrekkelijk, vers rood fruit. Een puntje perzik en het zachtkruidige van de Zuid-Franse ambiance.

Vidal-Fleury (NIEUW)

2018

Côtes du Rhône

8·5

druif: cinsault, grenache, syrah
alcohol: 13%
type: medium
prijs: € 9,99

Rhône-rosé wil nog weleens streng zijn. Op een droogje zitten. Of wat al te nadrukkelijk in de buurt van een kruidenrek hebben rondgehangen. Zo verbaas ik mij al jarenlang over Tavel, een soort signature-rosé van de streek. Eerlijk gezegd moet ik de eerste Tavel nog treffen die ik met plezier op tafel zet. Serieus, te serieus. Fruitarm. Zo droog dat je er dorst van krijgt. Deze Vidal-Fleury – een nederige Côtes du Rhône – is in alles het tegenovergestelde. Volop rood en oranje fruit. Vers, vrolijk, dorstlessend. Mandarijn, perzik, citrus en toch ook zeer karaktervol. Vidal-Fleurig.

X de Mirabeau en Provence (NIEUW)

2018
Coteaux d'Aix-en-Provence

8

druif: grenache, syrah
alcohol: 12,5%
type: medium
prijs: € 9,99

Prima provence. Niet te zacht en te frêle. Fijn wat houvast. Van stevig rood fruit, kruidentakjes. Geen snoepjeszoetjes die voor uitglijers zorgen. De X vanwege de Aix.

NIEUW-ZEELAND ROSÉ

Lawson's Dry Hills (NIEUW)

Pinot Rosé 2018
Marlborough

8+

druif: pinot noir
alcohol: 12,5%
type: medium
prijs: € 12,99

Curieus. Nieuw-Zeelandse rosé tref je niet vaak. Voor wie de heuvels van de Provence wat te mainstream vindt worden is er nu Lawson's Hill. Ook met een geruststellend stevig prijskaartje, en verdieping, luxe en weldadig rood fruit en zachte kruiderij biedend.

SPANJE ROSÉ

Just

Rosé 2018
Cariñena

7

druif: garnacha
alcohol: 13%
type: medium
prijs: € 3,29

Geen geld. Wel framboos. Kers. Aardbei en een kruidigheidje. Kom er maar om voor krap aan drie euro.

Torres

Viña Sol 2018
Origen Mediterráneo

8

druif: garnacha
alcohol: 12,5%
type: medium
prijs: € 8,29

Torres trekt zich niets aan van de pipsbeweging waarvan het lijkt dat die de roséwereld in de tang heeft. Knalrode rosé wilden ze maken. Gelukt. En de smaak knalt ook dat het een lieve lust is. Wie uit hun voegen barstende aardbeien blieft, ultrarijpe frambozen, bolle kersen en frisse bessen, lust 'm. Lekker vlezig, gevuld, stevig, kruidig en droog.

Viña Esmeralda (NIEUW)

2018
Catalunya

8

druif: garnacha
alcohol: 12,5%
type: medium
prijs: € 9,99

Esmeralda. Smaragd. Beetje een overbelofte maar wel betrouwbaar materiaal uit de Torres-stal. Licht, droog, kruidig en niet zoet. Snoepen doen we in de snoepwinkel.

ARGENTINIË WIT

Alamos

Chardonnay 2018
Mendoza

8

druif: chardonnay
alcohol: 13%
type: vol
prijs: € 9,99

The Alamo, westernklassieker met John Wayne. Alamos, hedendaags wijnmerk van Catena, bedwinger van de Andes. Malbec-pionier. Chardonnay-kenner. Al sinds jaar en dag betrouwbaar. Lichttropisch, oranje citrusfruit, passievrucht, mango, perzik, een flirt met abrikoos en citrus. Aangenaam fris en roomboterbabbelaarvrij.

Alamos (NIEUW)

Viognier 2018
Mendoza

8

druif: viognier
alcohol: 13%
type: vol
prijs: € 10,99

Modedruif viognier heeft zich ook in Mendoza gevestigd. Aardt aardig. De verplichte abrikoos-met-perzikfiguren, het discrete gemberzoet, het lichte peperige en het zoet-bittere van sinaasappelmarmelade.

Catena

Chardonnay 'High Mountain Vines' 2017
Mendoza

8·5

druif: chardonnay
alcohol: 13%
type: vol
prijs: € 15,99

Catena wordt wel gezien als de redder van de Argentijnse malbec. Zijn inspanningen hebben deze druif tot serieuze wijn weten te verleiden. In Catena's portfolio bevindt zich overigens ook de onvermijdelijke chardonnay. In dit geval overigens een druif met een verhaal, want ooit door hem de Andes ingestuurd om juist kwartier te maken voor de malbec. Catena wilde onderzoeken hoe chardonnay – die een kortere rijpingstijd kent dan malbec – zich op grote hoogte houdt. Goed, zo blijkt. Heel goed. Normaal gesproken benader ik deze wereldwijd gemaltraiteerde druif met de nodige argwaan. Ik heb een allergie ontwikkeld voor exotisch fruit, vrees de tropenkolder en houd niet van de abrikoos-perzikenromigheid van een Mona-toetje die vooral veel Nieuwe Wereld-chardonnays karakteriseren. Een tijd terug proefde ik al eens met Mariela Molinari, een van de vrouwelijke wijnmakers van Catena, een nieuwe oogst. Op mijn vraag of ze de stijl hadden veranderd, antwoordde zij dat dit niet zo was. Ik heb er echter mijn eerdere proefnotities op nageslagen en zag dat ik de chardonnays van het huis Catena altijd wat aan de tropische kant vond. De afgelopen jaren – en ook nu weer – rook ik echter een lichte notigheid van een klein beetje hout. En proefde ik fris wit fruit, montere zuren, elegant, knapperig, doordrinkbaar en beheerst gemaakt. Andes-chardonnay smaakt anders. 'Ain't no mountain high...'

Catena (NIEUW)

Chardonnay 'Tupungato' 2018
Tupungato

9

druif: chardonnay
alcohol: 13%
type: vol
prijs: € 15,99

De uitlopers van de Andes waar de meeste wijngaarden te vinden zijn al bepaald niet de begane grond. Maar er zijn wijnmakers die het nog hogerop zoeken. Richting Tupungato bijvoorbeeld: 1200-1500 meter. Koeler, dat spreekt. Frissere en mineralere chardonnay. In het geval van Catena wel rondom in het eiken getimmerd. Aldus: mooie zuren, zoute boter, karamel met nootjes, mango en perzik. Rijke, rijpe stijl. Voor wie weleens wat anders wil drinken dan luxe bourgognes dan wel zich laat afschrikken door de prijs daarvan.

Zorzal (NIEUW)

Chardonnay 'Terroir Único' 2018
Mendoza

8+

druif: chardonnay
alcohol: 12,5%
type: medium
prijs: € 9,99

Van een wijnmaker die niet dweept met hoge alcoholpercentages, een euvel waar ze in het Argentijnse nog weleens aan lijden. Zelfs zijn malbec scoort maar 13,5 procent. Deze chardonnay: 12,5. Dan hoef je 'm tenminste niet op je brood te smeren. Koel, fris, fijne zuren, lichte bittertjes.

AUSTRALIË WIT

Penfolds

Chardonnay 'Koonunga Hill' 2018
South Australia

8·5

druif: chardonnay
alcohol: 12,5%
type: medium
prijs: € 12,99

Koonunga Hill. Behalve chardonnay staan er ook eiken aangeplant. Fris, levendig wit. Meloen doet 't. Perzik zacht wat mee. Citrus. En licht geroosterde nootjes voor het complete beeld. Beduidend beter dan vorige oogstjaren.

CHILI WIT

Chilensis

Chardonnay 'Selección Especial' 2018
Central Valley

7+

druif: chardonnay
alcohol: 13%
type: medium
prijs: € 5,29

Keurige chardonnay. Haartjes gekamd. Vouw in de broek. Fris geschoren. Alles op zijn plek. Eerdere oogsten – ook keurig en welopgevoed – hadden slechts 'chardonnay' op het etiket staan. Deze mag plots pronken met de toevoeging 'Selección Especial'. Want?

La Palma

Chardonnay Reserva 2018
Cachapoal Valley

8+

druif: chardonnay
alcohol: 13,5%
type: medium
prijs: € 10,59

Geen geroom. Eiken op de reservabank: wordt een kort invalbeurtje gegund. Veel zest, pit en drive. Niet te tropisch. Perzik, kleintje ananas, grapefruit en wat meer citrus dit jaar. Beproefd en geproefd recept. Een 8+ van *DGH*, brons van *Decanter*, 88 punten van *Peñin* – ziehier de palmares voor de prestaties van La Palma.

Natura

Sauvignon Blanc 2018
Central Valley

7·5

druif: sauvignon blanc
alcohol: 12%
type: medium BIO
prijs: € 7,49

Duurzaam en biologisch geproduceerd. Een veelheid van akkoordvignetjes achterop. Wijn zelf? Ook in orde. Zachte, niet te wilde sauvignon blanc. Eerder geel dan groen. Eerder licht-tropisch dan koel-fris. Puur natura.

Palo Alto (NIEUW)

Sauvignon Blanc Reserva 2018
Maule Valley

8

druif: sauvignon blanc
alcohol: 12,5%
type: licht
prijs: € 10,99

Sauvignon blanc die alle kleuren groen biedt. Limoen. Groene appel. Kiwi. Kruisbessen. Groene paprika. Gras. Jammer dat-ie niet bio was. Dan was-ie nog groener geweest.

Undurraga

Chardonnay T.H. 'Terroir Hunter' 2014
Limarí Valley

9

druif: chardonnay
alcohol: 13,5%
type: medium
prijs: € 21,99

Limarí, cool climate. Quebrada Seca, klein wijngaardje (2,39 hectare) op de noordelijke oever van de Limarírivier. Tekent voor een kleine zevenduizend flesjes. Laten we 'm maar even leuk met een erg goede witte bourgogne uit Puligny-Montrachet vergelijken. Kunnen de puristen over ons heen vallen. En terwijl zij proberen op te staan, drinken wij de fles leeg. Verleidelijk en rijp, fijn en met prachtige lichte zuren, roostersnufje, truffelgetrippel, transparant maar met een geweldige houvast.

Valdivieso

Chardonnay 2018
Central Valley

8

druif: chardonnay
alcohol: 13%
type: medium
prijs: € 7,49

Vorige editie vol rondingen, romigheid en exotisch fruit. De 2018 is fris gedoucht van huis gegaan met citrus, mango en wat passievrucht in de handbagage. Mag het land binnen zonder een inburgeringscursus te hoeven volgen. Is al jaren een welkome gast.

Valdivieso (NIEUW)

Sauvignon Blanc 'Winemaker Reserve' 2018
Aconcagua Valley

8·5

druif: sauvignon blanc
alcohol: 12%
type: medium
prijs: € 10,59

Stuivend, groen, grassig, kruisbessen, grapefruit en granny smith. Mag ik het een Nieuw-Zeelandse stijl noemen? Of krijg ik dan last met de winemaker?

Wave Series by Carmen (NIEUW)

Sauvignon Blanc 'Left Wave' 2018
Leyda Valley

8·5

druif: sauvignon blanc
alcohol: 13,5%
type: medium
prijs: € 7,99

Afkomstig uit Leyda. Een heerlijke kustregio, geliefd om zijn levendige wit met veel inhoud. In dit geval grassigheid, kruisbessen, sappige bitters en gecontroleerd onstuimig. Wave zonder fouten.

DUITSLAND WIT

Karl Erbes(NIEUW)

Riesling Spätlese trocken 'Ürziger Würzgarten' 2017

Mosel

9

druif: riesling
alcohol: 12,5%
type: licht
prijs: € 15,79

Een gewaarschuwde rieslingdrinker telt voor twee. Maar dan geniet-ie ook voor twee: er is ook een vrij zoete uitvoering van Erbes in omloop. Maar dan natuurlijk niet, zoals dat de kwaliteits-Riesling van een kwaliteitsproducent betaamt, platzoet. Rozeleggingzoet. Doktersromannetjeszoet. Kauwgomballenzoet. Er is dan wel sprake van banketbakkerszoet. Rijpeperenzoet. Zoet van rijpe suikermeloen. Mandarijnenzoet. Rozepepertjeszoet. Dat is zoet maar niet te. Dat is zoet en heerlijk. Dat is natuurlijk zoet, met een immer ragfijn zuurtje. Zodat het weer niet te zoet wordt. Maar voor wie nu juist op dat droogje wil komen te staan, neemt deze. Daar staat niet voor niets *trocken* op het etiket. Rijp, rokerig, dromerig. Peer, rijpe appel, rode grapefruit met een klein schepje suiker. Kortom, nog steeds niet been- en beendroog. Wie daar geen been in ziet, kan dus voor deze Erbes kiezen.

Max Mann

Pinot Blanc 2018

Nahe

7·5

druif: pinot blanc
alcohol: 11,5%
type: medium
prijs: € 6,99

Mann met zachte handen, een vriendelijke inborst en een onthaarde rug. Luistert naar gedichten en heeft een elektrische fiets. Zet zonder het te vragen de vuilnis buiten. Is dit jaar helemaal de ideale schoonzoon. Zag zijn alcoholpercentage dalen van 12,5 naar 11,5 procent.

Schloss Johannisberg(NIEUW)

Riesling Kabinett 'Rotlack' 2017

Rheingau

9

druif: riesling
alcohol: 11%
type: licht
prijs: € 22,99

Zie vooral ook de Bronzelack. En weet dat die verre van droog is al wordt er *trocken* beloofd. Kabinett in dit geval: medium dry. Soezerig, zacht, mango en papaja. Sweet dreams. Het is vast geen toeval dat het domein in het bezit is van de Duitse multinational Dr. Oetker die met Henkell ook nadrukkelijk in de wijnwereld doende is.

Schloss Johannisberg(NIEUW)

Riesling trocken 'Bronzelack' 2018

Rheingau

9-

druif: riesling
alcohol: 12,5%
type: medium
prijs: € 22,99

Schrik niet van het etiket: kan zo een poesiealbum in. En als de kindjes dan lekker aan het plakken zijn, gaan wij lekker aan de riesling. Hoog niveau, en niet alleen omdat deze van een berg afkomstig is. Schloss Johannisberg is rieslingexpert. Is droog maar waaiert breed uit. Zes maanden sur lie op 1200 liter eiken. Vanilletik. Honingbeloning. Tropisch, exotisch, zacht en beschaafd. Erg fraai. Blieft u 'm nog zoeter: neem de Rotlack.

FRANKRIJK WIT

André Stuber

Pinot Blanc Réserve 2018

Alsace

8

druif: pinot blanc
alcohol: 12,5%
type: medium
prijs: € 7,29

'Lekkere vriendelijke borrelwijn,' volgens Gall & Gall. Borrelen. Bestaat dat nog? Ken het nog uit de tijd dat ik met mijn vader en moeder meeging naar de verjaardag van tante Emmie. 'Gaan we lekker borrelen.' Toen stonden er ook al wijnglazen op tafel maar dan wel gevuld met oneigenlijke waar: in de ene sigaren (gematteerde bolknaks) en in de andere sigaretten, met en zonder filter. Stond feestelijk. Blokje kaas met – heel exotisch – een stukje gember erop gepriemd. Cervelaatworst gevuld met een partje augurk. Een asperge uit blik ingerold in een doorkijkplakje ham. Gezellig! Borrelen. 'Hilversum bestond nog niet,' zou Herman van Veen zingen. Enfin, borrelwijn. Fris, rijp, appelig, peer, fijne zuren en verkwikkend. Ouderwets prijsje ook, zou je bijna kunnen zeggen. Ik haal vast de bolknaks.

André Stuber

Pinot Gris Réserve 2018

Alsace

8+

druif: pinot gris
alcohol: 13%
type: medium
prijs: € 10,29

Heeft wat exotisch meegekregen van de baas dit jaar. Misschien heeft André inspiratie opgedaan tijdens zijn tripje naar de tropen. Het zoet en de zweem van passievrucht en mango. Maar voordat het te dol wordt weer snel overgeschakeld naar rijpe peer en appeltjes. Extra shot frisse afdronk dit jaar. Pluspuntje.

André Stuber

Riesling Réserve 2018

Alsace

7·5

druif: riesling
alcohol: 12,5%
type: licht
prijs: € 7,99

Als je moet kiezen, neem ceviche. Stuber heeft er een frisse, droge, licht-appelige riesling bij die de zuren en het pittige aankan.

Arrogant Frog

Sauvignon Blanc 'Ribet White' 2018

Pays d'Oc

7·5

druif: sauvignon blanc
alcohol: 12,5%
type: medium
prijs: € 7,49

De zuidelijke wijngigant Paul Mas bedacht ooit Arrogant Frog. En daarmee kust hij een slim merk wakker. Uitdijend als kikkerdril in een gezonde sloot. Dient zich inmiddels aan in tientallen verschijningen. Rood, wit, rosé. To bio or not to bio. Dit is dan toevallig weer een 'gewone'. Van sauvignon blanc. Een druif die van nature niet in het zuiden thuishoort, maar in het geval van 'vaardige handen' toch aardige wijn kan voortbrengen. En met het vakmanschap zit het bij Mas wel goed. Daar zijn de belangen ook veel te groot voor. De kikker tekent hier in plaats van voor een krakendgroene, knisperverse witte zoals we die uit de Loire kennen, ook dit jaar weer voor een zachte, lichtgele enigszins exotische uitvoering.

Blason de Bourgogne

2016

Bourgogne

7·5

druif: chardonnay
alcohol: 13%
type: medium
prijs: € 9,99

Waarschijnlijk van druiven uit het zuiden van de Bourgogne. Daar is het wat warmer. En dan gaat de chardonnay zich ook wat losbandiger gedragen. Begint wat te strooien met peer, perzik, abrikoos en hangt links en rechts nog wat exotisch aandoende slingers op. Oppassen, want nu komt-ie ook nog met de slagroomspuit...

Cap Royal

Sauvignon Blanc 2017
Bordeaux

8+
druif: sauvignon blanc
alcohol: 13%
type: licht
prijs: € 12,99

Wit van een grootmeester in het maken van rood. Cap Royal is een project van de wijnmaker van Pichon Longueville, een grand cru classé uit Pauillac. Maar hij komt ook klasse uit de hoek zetten met zijn sauvignon blanc. Royaal uitpakkend met doperwtjes, tuinbonen, gazonnetje, grapefruit, citrus en groene appels.
Tijdelijk van € 12,99 voor € 6,49

Château de la Roulerie

Les Terrasses 2017
Anjou

9+
druif: chenin blanc
alcohol: 13,5%
type: medium BIO
prijs: € 21,99

Niet schrikken: is een domein dat in handen is van Bacardi. Die rumboeren azen wel vaker op pareltjes in wijnland. Gevonden, in ieder geval. Schoolvoorbeeld van wat mooie chenin blanc in de Loire vermag. Heb al eens 2014 in het glas gehad. Genieten van rijpe meloen, peer, honing, citrus, ananas, banaan, kandij, appelflapjes en poedersuiker. Beter dan ik me kan herinneren. Veel beter. Een ster schittert in Anjou.

Château du Jaunay

2017
Muscadet-Sèvre et Maine sur Lie

7·5
druif: melon de bourgogne
alcohol: 11,5%
type: licht
prijs: € 9,99

Muscadet van grootmacht Bougrier, een bedrijf dat door de hele Loire druiven tot wijn weet te brengen. Bijkans immer met een fatsoenlijk resultaat. Zo ook met melon de bourgogne, de muscadetdruif. Blijkt ontsnapt te zijn aan de vorst die in april deze wijnregio in de buurt van Nantes nog even met een bliksembezoek verraste. Niet te streng, niet te strak, niet te ziltig. Mosselmaniak. Oesteradept. Zeebanketbakker.

Château Hautes Terres (NIEUW)

Saint-Martin 2018
Bordeaux

8·5
druif: muscadelle, sauvignon blanc, sémillon
alcohol: 12,5%
type: licht
prijs: € 10,99

Witte bordeaux zoals het bedoeld is. Onbetamelijk stuivend en verfrissend. Witte besjes volle kracht vooruit. Tuinman is met de buxus bezig en het geurt volop. Kleine grapefruit, leuke citrus, granny smith neemt de benen en finisht als eerste. Beloning: gouden medaille bij het Concours de Bordeaux 2019.

Colombelle

L'Original 2018
Côtes de Gascogne

8+
druif: colombard, ugni blanc
alcohol: 10,5%
type: licht
prijs: € 5,49

Zuiver, schoon en monter wit. Met een spatje geel fruit en een spikkeltje groen op de afdronk. Eenvoudig maar altijd lekker. Ook lekker: maar 10,5 procent alcohol en toch 100 procent in orde. Pluspuntje: 30 cent voordeliger geworden. Levert een pluspuntje op. Van 8 naar 8+.

De Laumont (NIEUW)

Chardonnay 2018
Pays d'Oc

7·5

druif: chardonnay
alcohol: 13%
type: medium
prijs: € 5,49

'Een ideale witte wijn bij feestjes!' jubelt de website van Gall. Smaakt ook nadat de slingers weer zijn opgeborgen. Zacht, rijp, perzik, peer, zuidzonnetje.

Domaine de l'Amaurigue (NIEUW)

2018
Côtes de Provence

8·5

druif: rolle, ugni blanc
alcohol: 14%
type: medium
prijs: € 10,99

Wat anders dan hun rosé, maar probeert zelfs voor te dringen als het om kwaliteit gaat. Strooit met bloesem, wilde perzikjes, jonge tijm en limoenschilletjes. Eist zo zelfs de eerste plek op bij een op zuidelijke leest geschoeide mul.

J. de Villebois

2017
Sancerre

8·5

druif: sauvignon blanc
alcohol: 13%
type: medium
prijs: € 19,59

Sancerre die met gewichten heeft geoefend, maar zonder een dommekracht te worden. De mineraalkraal geregen. Grapefruit. Vlierbessen. Zuren. Meer stevigheid en diepte dan de 2016-oogst. Half procentje alcohol extra heeft voor wat extra gewicht gezorgd.

J. de Villebois

Sauvignon Blanc 2018
Val de Loire

8·5

druif: sauvignon blanc
alcohol: 12%
type: licht
prijs: € 9,29

Hedendaags sprookje van vier Nederlandse heren die met een in sauvignon blanc gespecialiseerde Franse wijnmaker binnen vijf jaar in de Loire jaloersmakend wit maken. Knapperige, kokette witte. Passievrucht, kruisbessen, rijpe appel, roze grapefruit, sappige citrus. Deed mij destijds denken aan een goede Nieuw-Zeelander. Kan misschien wel kloppen: de wijnmaker van de heren heeft daar lange tijd ervaring opgedaan. Ondertussen hebben de mannen de smaak te pakken en annexeren ze links en rechts nieuwe wijngaarden in de regio. En het goede nieuws is: kwantiteit gaat niet ten koste van kwaliteit.

Jean-Baptiste Adam (NIEUW)

Auxerrois 'Vieilles Vignes' 2017
Alsace

8·5

druif: auxerrois
alcohol: 13%
type: medium BIO
prijs: € 12,49

Auxerrois. Tref je niet vaak. Ook opvallend: om er een bijzondere wijn van te maken. Bijna zwoele geur. Enorm rijk en rijp. Exotisch avontuur. Maar ook smaken en geuren van dichter bij huis: peer, appel en zoete witlof. Neigt naar dikke chardonnay, maar is aardser, steviger, droger en mineraliger. En toch: anders. Wit met een soort x-factor.

Jean-Baptiste Adam

Gewurztraminer Réserve 2018
Alsace

8+

druif: gewurztraminer
alcohol: 13%
type: medium
prijs: € 12,59

Gewurztraminer. Lychees, grapefruit, rozenbottels, marmeladebittertjes. En bovenal mooi droog. Gall & Gall heeft ook een iets rijkere, rijpere en zwoelere die wat duurder is, maar bovenal biologisch.

Jean-Baptiste Adam

Gewurztraminer 'Les Natures' 2018
Alsace

8·5

druif: gewurztraminer
alcohol: 13%
type: medium BIO
prijs: € 13,49

Adam puur natuur. Nog in adamskostuum. Een *naked wine*. Onkruid- en insectenverdelingsmiddelenvrij. Wat milder, rijper en ananasseriger dan de 'gewone' Adam.

Jean-Baptiste Adam

Pinot Blanc Réserve 2018
Alsace

8

druif: pinot blanc
alcohol: 12,5%
type: medium
prijs: € 9,29

Adam. Dan is appel niet ver weg. Bovendien ook peer en zachte zuren. Licht van gewicht, plezierig vegetaal en een lauriertinteltje.

Jean-Baptiste Adam

Pinot Gris Réserve 2017
Alsace

8+

druif: pinot gris
alcohol: 13%
type: medium
prijs: € 13,29

Pinot Gris Réserve, maar geenszins gereserveerd. Soepele Elzasser. Bloesems, wit fruit en nergens opdringerig. Eerder opdrinkerig. Advies dat niet helemaal ter harte is genomen. Ik proefde dit oogstjaar al voor de vorige editie van *DGH*. En Gall heeft nog, zo blijkt.

Jean-Claude Boisset

Vieilles Vignes 2017
Mâcon-Villages

8·5

druif: chardonnay
alcohol: 12,5%
type: medium
prijs: € 16,39

Het zuiden van de Bourgogne. Van oude stokken. Met een roompje, vetje, vullinkje, maar zonder té te worden. Frivool fruit en fris stevig. Mooi rijp en gevuld maar toch heeft Boisset zijn oudjes in ieder geval niet laten zuchten onder het gewicht. Lichtvoetige finale. Fitte en koele stijl.

Jean-Marc Brocard (NIEUW)

Beauregard 'Premier Cru' 2014
Chablis

8·5

druif: chardonnay
alcohol: 13%
type: medium DYN
prijs: € 24,99

Beauroy van Brocard hebben we. En Beauregard van Brocard is er ook. De eerste strak in de lak en ketsend als een keitje over een rimpelloos meer. Beauregard heeft de blik wat meer op anijs, gras en romigheid gericht.

Jean-Marc Brocard

Beauroy 'Premier Cru' 2016
Chablis

8·5

druif: chardonnay
alcohol: 13%
type: medium DYN
prijs: € 23,99

Premier-cru-wijngaard Beauroy. Levert mooi wit op. Roestvrijstalen chablis. Kalkstrak. Rechtdoor snijdend wit fruit. Witte peper. Zuren als een strak gespannen elastiekje. Pats! Herproefd voor deze editie: elastiekje staat nog steeds strak gespannen.

Jean-Marc Brocard (NIEUW)

Mont de Milieu 'Premier Cru' 2014
Chablis

8·5

druif: chardonnay
alcohol: 13%
type: medium DYN
prijs: € 21,89

Chablis uit een uitstekend milieu. Eerste keuze Premier Cru. Uit een heerlijk, vrolijk stemmend oogstjaar. Ook om vrolijk van te worden: Jean-Marc heeft recentelijk het domein overgedragen aan zijn zoon, aanhanger van de biodynamie. Zouden de wijnen nog eens lekkerder kunnen worden. En we hebben nu al geen klagen. Chardonnay voor de helft opgevoed op roestvrij staal, de andere helft kreeg wat eiken. Licht romig, een zweverijtje ziltigheid, een kalkricheltje voor extra houvast, wat onbestemd rokerigs, zuiver, verkwikkend en een licht roosternootje.

Joseph Drouhin

Chardonnay 2017
Bourgogne

8·5

druif: chardonnay
alcohol: 13%
type: medium DYN
prijs: € 12,99

Altijd smakelijke en betrouwbare wijnen. Bovendien biologisch-dynamisch zonder dat daarmee gekoketteerd wordt. Ook deze relatief eenvoudige witte bourgogne is weer op-en-top in orde. Fris, elegant en très bourgogne blanc. Beschaafd fruit, welvaartsvetje om de heupen en een krokant-schonende afdronk. Tikje slanker en kwieker dan de 2016.

Joseph Drouhin

2017
Rully

9-

druif: chardonnay
alcohol: 13%
type: medium DYN
prijs: € 18,99

Voor eenieder die zijn Rully graag wat ronder en rijker heeft. Ik noteer een tropennotitie, gemberroom, zoete amandeltjes en strakke zuren dit oogstjaar. Bovendien: biologisch-dynamisch. Staat niet op fles of etiket maar is het wel. Drouhin vindt al het papierwerk dat de officiële instanties verlangen te veel gedoe. 'Mensen die onze wijnen kopen, weten dat we zo werken.'

Joseph Drouhin

Vaudon 'Premier Cru' 2017
Chablis

8·5

druif: chardonnay
alcohol: 12,5%
type: medium DYN
prijs: € 25,99

Vorig jaar proefde ik 2016, het jaar van kou, regen, hagel en vorst. Ze lieten Joseph koud. Mooie zuren zonder schraal te worden. Koel en krokant wit fruit. De kalk geconcentreerd. 2017: ook weer een jaar van grimmige weersomstandigheden. Vorst regeerde met strenge hand. Wanhopige chablisboeren, verloren oogsten. Resultaat: degenen die overleefden pakten de prijstang om de verliezen in de wijngaarden te compenseren. Ik ben geen chablis tegengekomen die niet euro's duurder is geworden. Vaudon is het waard.

Kuehn (NIEUW)

Pinot Blanc 2017
Alsace

8·5

druif: pinot blanc
alcohol: 13%
type: medium
prijs: € 11,49

Kuehn toont zijn kunnen en weet van werkpaard pinot blanc een dressuurpaard te maken. Foutloos over de oxer. Peer en appel bewegen maar blijven liggen. Karamel kraakt maar breekt niet. Foutloos en voor een slow wine keurig binnen de tijd.

Kuehn

Pinot Gris 2017
Alsace

8·5

druif: pinot gris
alcohol: 13%
type: vol
prijs: € 13,99

Kuehn. Rijke stijl. Breed uitpakkend. Rijp fruit per strekkende meter. Abrikozen aan de rol. De ananasschijf van vijf. Peren met amandelspijs. Suikermeloen met lychees op sap. Beetje rozenblaadjes ook dit jaar. Voor wie niet al te droog wenst te drinken. En een Thaise curry wil eten.

La Chablisienne (NIEUW)

Côte de Léchet 'Premier Cru' 2015
Chablis

8·5

druif: chardonnay
alcohol: 13%
type: medium
prijs: € 22,19

La Chablisienne is zo'n beetje het lichtend voorbeeld van kwaliteitswijn maken op een massale manier. Niet minder dan één op de drie flessen chablis komt uit de kelders van deze coöperatie die beschouwd wordt als de beste van Frankrijk. Misschien zelfs wel een van de beste van de wereld. Supermarkten bestellen er hun eigen labels. Maar ook onder eigen naam durft La Chablisienne zijn wijnen aan de man te brengen. Zo ook deze Côte de Léchet. Strakke en minerale chardonnay. Toch ook wat volheid en een mild botertje, mede dankzij de warme, lange zomer van 2015.

La Chablisienne (NIEUW)

Les Fourneaux 'Premier Cru' 2015
Chablis

8·5

druif: chardonnay
alcohol: 13%
type: medium
prijs: € 23,79

Lees meer over La Chablisienne bij de Côte de Léchet. En begrijp dan waarom Gall & Gall niet minder dan veertien soorten van deze producent in zijn assortiment heeft. Jammer dat ze er maar drie ingestuurd hebben. Les Fourneaux ook weer zo prettig uitgemonsterd. Die onmiskenbare chablis-kittigheid. Fel en fris in de aanzet. Kwiek en krokant afdrinkend. Nergens creamy ondanks het eikenhoutregime.

La Chablisienne (NIEUW)

Vaillons 'Premier Cru' 2015
Chablis

9-

druif: chardonnay
alcohol: 13%
type: medium
prijs: € 21,49

Lees meer over La Chablisienne bij Côte de Léchet. Persoonlijk vond ik dit de meest indrukwekkende terwijl de andere twee van La Chablisienne ook al zo goed waren. Alle uit 2015 overigens. Warme zomer. Rijpe wijnen maar zonder de chablis-strakheid geweld aan te doen. Sur lie gerijpt. Jaartje eiken. Rondingen op de flanken, rijp geel fruit, krokant en koel blazend in de middenpartij. Premier Cru waar je u tegen zegt.

La Robinière

2017
Sancerre

8

druif: sauvignon blanc
alcohol: 12,5%
type: medium
prijs: € 18,99

Prototype sancerre van keurige komaf. Niet groots en verheffend. Wel karakteristiek. Eigenzinnig wit fruit, pasgemaaide-gazonsinvloeden, kruisje achter kruisbessen, kneepje grape. De aprilvorst richtte geen schade aan.

Laroche

2017

Chablis

8·5

druif: chardonnay
alcohol: 12,5%
type: medium
prijs: € 17,99

Michel Laroche. Grote naam in Chablis. Ooit protagonist van de schroefdop. Maar die is weer afgezworen. En *en passant* werd ook het geloof in biologisch-dynamisch opgezegd. Lelijke confectie-chablis dus? Zeker niet. Laroche is benchmarkmateriaal. Zelfs al is de hele handel in 2009 verkocht aan Jeanjean, wijngrootmacht in het zuiden van Frankrijk. Maar het DNA van Laroche is nog immer daar. Heeft ondanks de hellevorst in 2017 toch weten te oogsten. Niet te strenge, niet te benige, niet te snibbige chablis. Krijtje op een wit bord. Sepia in de branding. Ingelegde citroen, het zure en het zilte. En dit thans allemaal onder een kunststof kurk. Dat dan weer wel.

Les Courtelles

2018

Picpoul de Pinet

7·5

druif: picpoul
alcohol: 12,5%
type: medium
prijs: € 7,99

Een van de vele prima Picpouls die koers hebben gezet naar Nederland. Het ontloopt elkaar allemaal niet veel. Ook deze mollig, lichtblozend en met mild geel fruit. Leuk voor de botenliefhebbers: er staat een tweemaster op het etiket. Ahoi en aanmonsteren maar. Misschien gaat-ie wel uit vissen en ligt er straks een dorade met een grillruit op het bord naast het glas.

Les Esperons

Chardonnay 2018

Pays d'Oc

8+

druif: chardonnay
alcohol: 13%
type: medium
prijs: € 5,99

Wat heeft de zoveelste chardonnay toe te voegen aan het enorme contingent Zuid-Franse chardonnays? Een frisse blik, een fitte afdronk en tussenliggend wat puntig wit en geel fruit bijvoorbeeld. En het feit dat-ie wat beter is dan die van het oogstjaar 2017.

Les Hauts Lieux

Sauvignon 2018

Touraine

7·5

druif: sauvignon blanc
alcohol: 12,5%
type: licht
prijs: € 9,99

Lichtvoetig, frivool, dartel. Kruisbes, groene appel, citrus. Krijtstrakke sauvignon blanc van een groot, maar nog steeds ambachtelijk werkend familiebedrijf.

Louis Bernard (NIEUW)

2018

Côtes du Rhône

8

druif: bourboulenc, clairette, grenache blanc
alcohol: 13%
type: medium
prijs: € 7,99

Aangename, zachte, fijn geparfumeerde witte Rhône met een vermoeden van viognier. Aandacht voor abrikoos. Partje perzik. Fijnbesnaard.

M. Chapoutier (NIEUW)

Schistes d'Agrumes 2016
Condrieu

9+

druif: viognier
alcohol: 13,5%
type: medium
prijs: € 34,99

Probaat middel tegen een dreigende chardonnay-overdosis. Delicaat geurend naar bloesem, honing en tuttifruit, de smaak van gedroogde abrikoos en perzik, een fijne peperigheid plus een flinterdunne lijn zachte zurigheid zoals in crème fraîche die constant de mond opfrist en andere smaken annonceert. Gember op een bedje van rozemarijn. Bevriend met schaal- en schelpdieren. Onvergetelijk bij de allergrootste gamba's in roomboter. Zoekt ook graag zijn heil bij heilbot met een mooi bakrandje.

Mathilde Chapoutier

Sélection 2017
Duché d'Uzès

8·5

druif: grenache blanc, marsanne, roussanne, viognier
alcohol: 13,5%
type: medium
prijs: € 11,69

Fijn geurend naar lentebloesem, rijp fruit in de zon, tijm en bodymilk. Wat dat laatste betreft: romigheid in de mond ook, maar zonder vet te worden. Perzik, rijpe appel, zachte zuren en milde bitters. Streepje meer inhoud en volume dan de vorige oogst. Het lijkt verdorie wel een reclame voor Andrélon. Maar ik zou toch liever dit in mijn glas doen.

Pommery (NIEUW)

Brut Royal
Champagne

8·5

druif: chardonnay, pinot meunier, pinot noir
alcohol: 12,5%
type: droog M
prijs: € 33,99

Pommery. Een van de grote namen. Nu onderdeel van een nog groter geheel: de groep Vranken, waar ook Heidsieck Monopole deel van uitmaakt. Nu wil monopoliën nog weleens ten koste gaan van kwaliteit. Return on investment. Beknibbelen op mensen en kwaliteit. Maar Pommery heeft daar niet onder te lijden gehad. Gezonde, smakelijke aperitief-champagne. Zacht gistig, rond wit fruit, mild en romig, serene afdronk. U gaat wel langs af. U ontvangt € 33,99 en daarvan kunt u mooi deze champagne kopen om het te vieren.

Pommery (NIEUW)

Grand Cru Brut Royal 2008
Champagne

8·5

alcohol: 12,5%
type: droog M
prijs: € 42,99

Pomtiedom... Chic bij Gall: vintage champagne 2008 van Pommery. Forse mousse. Transparant, licht citroengeel gekleurd. Citrus ook in het glas. Dan... toast, gebrande hazelnoot, bloemen, koriander. Afdronk om op te sabbelen.

Pommery (NIEUW)

Royal Blue Sky
Champagne

7·5

alcohol: 12,5%
type: lichtzoet M
prijs: € 48,99

Pommery voor 'sur Glace'. De champagneversie van Holiday On Ice. De fles ziet er ook zo uit. Is bedoeld om te serveren in een glas met ijsblokjes. Modedingetje. Ontstaan – wordt wel gefluisterd – uit een marketingtruc om de wat minder geslaagde champagne van het huis toch nog voor een flinke prijs aan de man te kunnen brengen; hoe kouder je iets drinkt, hoe minder je proeft namelijk. Met verfijning heeft dit dan ook weinig te maken. Heeft grappig genoeg ook zonder ijsblokjes al iets weg van Festini light.

St. Désir

Sauvignon Blanc 2018
Côtes de Gascogne

8

druif: sauvignon blanc
alcohol: 11,5%
type: licht
prijs: € 7,29

Zo horen Gascogners te smaken. Strak wit dat voor enorme speekseltoevoer zorgt. Kruisbessen, maar niet van het stuivende soort. Groene asperges, citrustonen en fiks rondom de grapefruit hangend. Wie zelf ook nog even blijft hangen, schenkt nog een glas in. Moet kunnen: maar 11,5 procent.

Vidal-Fleury (NIEUW)

2018
Côtes du Rhône

8·5

druif: clairette, grenache blanc, roussanne, viognier
alcohol: 14%
type: vol
prijs: € 9,99

Witte rhône. Je ziet 't steeds vaker. Kwaliteit stijgt bovendien. Vidal-Fleury maakt mooi materiaal. Grote naam (en niet alleen omdat het een dubbele is). Lekker mollig, rond geel wit. Abrikoos, perzik, sinaasappelbittertje, zonnige kruiderij en fris afdrinkend.

Vidal-Fleury

2017
Crozes-Hermitage

8·5

druif: marsanne, roussanne
alcohol: 13%
type: vol
prijs: € 15,99

Dat tref je niet veel. Crozes meldt zich gewoonlijk met rood. Kan komen omdat ook het 'gewone' wit uit de Rhône aan een wedergeboorte bezig is. En dan ontstaat er ook ruimte voor het betere werk. Is deze ook. Sur lie gerijpt. De abrikoos koel. De perzik fris. Het gele fruit vers. De kruiden zacht. De bitters mild. Meer geur en meer smaak dan de 2016 van vorig jaar.

ITALIË WIT

Angoris (NIEUW)

Ribolla Giala 2017
Friuli Colli Orientali

8·5

druif: ribolla gialla
alcohol: 13%
type: medium
prijs: € 14,99

Friuli. Uit het koele noorden van Italië. Vrij zeldzame druif, de ribolla gialla. Combineert rijp geel fruit en mandarijn met iets van walnoten. Mooie zuren houden 'm springlevend.

Angoris

Sauvignon Blanc 2017
Friuli Colli Orientali

8·5

druif: sauvignon blanc
alcohol: 13,5%
type: medium
prijs: € 14,99

Ook dit oogstjaar weer geen stuiverij, trippelende danspasjes of wuft gewuif met wat nadrukkelijke parfummetjes. Grasmaaimachine blijft op stal. Kruisbessen en lychees snipperen. Een aangenaam soort ingetogen bitterheid vaak, in die Noord-Italiaanse sauvignon blancs. Rauwe witlof. Gele grapefruit. Anijs. Venkel. Sap. Kracht. Diepte en inhoud.

Argiolas (NIEUW)

Merì 2018

Vermentino di Sardegna

8·5

druif: vermentino
alcohol: 13%
type: medium
prijs: € 13,99

De Sardijn is fijn. Vermentino heeft hier meer in zijn mars dan alleen maar zuurtjes uitdelen. Spannend bitterig, met uitstapjes naar sinaasappelmarmelade, kruisbes, gedroogde abrikoos, een milde kruidigheid en een tropenhint, maar toch met de immer gewenste zuurtjesfrisse afdronk.

Bramìto del Cervo

2017

Umbria

8·5

druif: chardonnay
alcohol: 12,5%
type: vol
prijs: € 17,99

Bramito: de brul van een hert in de bronsttijd. Dat is wat anders dan de brul van een hert in de bronstijd. Enfin. Eentje uit de categorie 'een wijn moet toch een naam hebben'. Maar wat zit er nu eigenlijk in die fles? Geen gebrul maar een zacht sprekende chardonnay met een hoge vorm van beschaving. Deels op eiken, deels sur lie gerijpt. Vanilleroomijsgevulde-frisse witte met notensprinkle plus een tropische versfruitsalade.

Cantina LaVis (NIEUW)

Gewürztraminer 'Clinga' 2015

Trentino

8·5

druif: gewürztraminer
alcohol: 14,5%
type: medium
prijs: € 13,99

Gewürztraminer speelt een thuiswedstrijd in de regio. En dan sta je meteen op voorsprong. Kent zijn oorsprong in het plaatsje Tramin in Trentino. En daar weten ze hoe deze moet smaken. Naar rozenbottels, lychees, dikke kruisbessen, honing, rozen en een spatje limoen.

Cantina LaVis (NIEUW)

Pinot Grigio 2018

Trentino

9

druif: pinot grigio
alcohol: 12,5%
type: medium
prijs: € 9,29

Bergwit. Bianco met laagjes. Schitterend en koel als smeltwater, keitjes en kiezeltjes mee spoelend richting het dal. Daar maar even zo'n glaasje drinkend, uitkijkend naar de forel die ons door de ober, die het hier nog toeristloos heeft meegemaakt, is beloofd. Amandeltjes in de bereiding lijkt mij in deze contreien niet erg voor de hand liggen al is het een klassieke aanpak. Met venkel en tomaat uit de oven misschien waarschijnlijker. Een cantina met een ster, waar kom je die nou tegen?

Cantina LaVis (NIEUW)

Pinot Grigio 'Arcadia' 2015

Trentino

8·5

druif: pinot grigio
alcohol: 13,5%
type: medium
prijs: € 12,99

Breed uitdijende pinot grigio. Een jaar sur lie zorgt voor meer geur, smaak en diepgang. En voordat-ie naar de uitgang mag moet-ie ook nog een halfjaar in het donker de kelder in. Het wachten waard. Het smachten waard. Dikke peren, sap, grapefruit, venkelzoet, nectarines op sap, bergkruiden en gletsjerwaterverfrissing.

Castello di Albola (NIEUW)

Poggio alle Fate 2017
Toscana

8+

druif: chardonnay
alcohol: 12,5%
type: vol
prijs: € 11,79

Chianti-streek. Chardonnay mag er wel, maar niet onder die noemer. Is welbeschouwd nu niet meer dan een 'landwijn.' Maar wel eentje die het hogerop zoekt. Wijngaarden op bijna 700 meter boven de zeespiegel. Met een compacte chardonnay tot gevolg. Stoer, vlezig, kruidig met koel wit en geel fruit.

Ca' Bolani

Chardonnay 2017
Friuli

8

druif: chardonnay
alcohol: 13%
type: medium
prijs: € 9,79

Waarom zou je in Italië niet met chardonnay aan de slag gaan als je er een heel patente, licht kruidige, verkwikkende, op geel fruit trakterende bianco van weet te maken? En met een vitello tonnato erbij is het plots weer helemaal Italiaans wat de klok slaat.

Ca' Bolani (NIEUW)

Friulano 2017
Friuli

8+

druif: friulano
alcohol: 12,5%
type: medium
prijs: € 9,79

Friulano uit Friuli. Heette vroeger tocai, maar de Hongaren staken daar een stokje voor na hun toetreding tot de EU, bang dat er verwarring zou ontstaan met hun tokaji. De Italianen boden nog even verzet maar in 2007 gaven ze zich gewonnen en doopten de druif om tot friulano. Sauvignonasse, zoals hij in Frankrijk wordt genoemd, vonden ze niks blijkbaar. Deze komt uit Friuli, waar Ca' Bolani nadrukkelijk aanwezig is. Onder andere met hun kijk op friulano. Verkwikkend venkelfruit, meloenmootjes en die kenmerkende stoer-sappige amandel-, lof- en grapefruitbitters. Doet de speekselmotor op volle toeren draaien.

Ca' Bolani (NIEUW)

Pinot Bianco 2017
Friuli

8.5

druif: pinot bianco
alcohol: 13%
type: medium
prijs: € 9,79

Sur lie gerijpt voor meer geur, smaak en plezier. Pak uit die peer en perzik. Zachte kruidigheid, beschaafd-bitters en een rinse frisheid.

Ca' Bolani (NIEUW)

Pinot Grigio 2018
Friuli

8

druif: pinot grigio
alcohol: 13%
type: medium
prijs: € 9,79

Circus Bolani laat in dit geval pinot grigio door een hoepeltje springen. Belandt op rijpe peer, meloen en citrus en jongleert vervolgens met wat amandeltjes. Encore!

Ca' Bolani (NIEUW)

Traminer 2017

Friuli

8·5

druif: traminer
alcohol: 13,5%
type: medium
prijs: € 9,79

Een en al bedruivigheid, ananas, lychees, gember, rozemarijn, sappigheid en toch mooi droog. De Indiase keuken lonkt. De Thaise knipoogt. Wat wordt het?

Di Majo Norante

Falanghina 2017

Molise

8·5

druif: falanghina
alcohol: 13%
type: medium BIO
prijs: € 10,59

Leuke vondst. Niet zozeer omdat er 'biorganic' op het etiket staat. Nog niet eerder gezien. Voor de mond is er ook veel te beleven. Gedroogd geel fruit, abrikoos, perzik, mandarijn en grapefruit. Wufte kruiderij bovendien, een lichte peperigheid en zachte zuren op de afdronk. En dat Molise? Dat is de op een na kleinste regio van Italië en ligt vlak bij de Abruzzen.

Falesco (NIEUW)

Poggio dei Gelsi 2017

Est!Est!!Est!!! di Montefiascone

8·5

druif: malvasia, roscetto, trebbiano
alcohol: 12,5%
type: medium
prijs: € 10,79

Nu eens niet zo'n waterige halfzachte witte uit Lazio met een prijskaartje dat ver boven zijn stand leeft, maar een keurig geprijsde bianco. Sappig! Appelig!! Amandeltjes!!!

Frescobaldi (NIEUW)

Benefizio 2017

Toscana

9

druif: chardonnay
alcohol: 14,5%
type: medium
prijs: € 31,79

Frescobaldi. Oude wijnadel. Al een generatietje of tien. Maken zeer tot de verbeelding sprekende chianti rufina op hun wijngoed Nippozano en brunello op Castelgiocondo. En what about bianco? Kunnen ze ook, op Pomino, hun domein in Toscane. Met chardonnay? Met chardonnay. Plichtmatig nummertje? Dacht het niet. Heel voorzichtig in het eikenhout gezet. Aarzeling van karamel. Roomboterend, vanille fluitend en exoten duidend. Ogen dicht. Dan zou het een hoge witte bourgogne kunnen zijn. Maar wie beledig je dan? Frescobaldi? Of de bourgogneboer?

Inycon (NIEUW)

Grillo 2017

Sicilia

8

druif: grillo
alcohol: 12,5%
type: medium BIO
prijs: € 8,29

Eenvoudige, maar smakelijke grillo. Leuke Siciliaanse druif waar vroeger marsala van werd gemaakt. Nu fris droog, citrusrijk wit. Met een flinke body. Staat 'm goed. Smaakt nog beter. Goed voor het milieu bovendien. Helemaal als u de lege fles ook in de glasbak gooit.

a b c d e f G GALL & GALL h i j k l m n o p q r s t u v w x y z

Kellerei-Cantina Andrian

Chardonnay 'Somereto' 2017
Alto Adige-Südtirol

8.5

druif: chardonnay
alcohol: 13,5%
type: medium
prijs: € 12,99

Koele, compacte chardonnay. Jeugd op roestvrij staal doorgebracht. Word je kloek en stevig van in zijn geval. Goudrenettenvruchtvlees. Hard en sappig. Gele grapefruit. Niet te rijpe meloen. Hard in de remmen knijpende witlof. Aspergebitters. Iets ronder, romiger en gevulder dan 2016. Verder weinig gezwier en getralala. Dat laat deze chardonnay aan zijn tropische collegaatjes over.

Kellerei-Cantina Andrian

Sauvignon Blanc 'Andrius' 2017
Alto Adige-Südtirol

9

druif: sauvignon blanc
alcohol: 14%
type: licht
prijs: € 27,69

Andrius. Anders dan de 'Floreade' sauvignon blanc van Andrian. Rijper fruit. Speciale selectie. Andere wijngaard. Mocht even achter hout wonen bovendien. Zodoende. Rijpere stijl en toch nog dat grasfrissige. Mango op bezoek in het hoge Italiaanse noorden. In het gevolg nog een handje exoten. Rode grapefruit is alweer wat gewoner. Maar de wijn blijft heel bijzonder. Tandje beter dan de voorgaande editie.

La Battistina

Nuovo Quadro 2018
Gavi

8.5

druif: cortese
alcohol: 12,5%
type: medium
prijs: € 13,59

Het bekendste wit uit Piemonte. In veel gevallen vraag je je af: waarom? In trek bij ramptoeristen? Maar de eenvoudige soort van La Battistina is al heel behoorlijk. Gall heeft die ook. Deze Nuovo Cadro kadert het nog wat preciezer af. Fit, knapperig en kalkig. Oprecht wit fruit. Limoen vol goede moed. Ingetogen bittertje en schoon afdrinkend.

Le Pòggere (NIEUW)

2017
Est!Est!!Est!!! di Montefiascone

8

druif: malvasia, roscetto, trebbiano
alcohol: 12,5%
type: licht
prijs: € 8,99

Nooit kom je 'm tegen, de witte Italiaan met de drie uitroeptekens. En nu hebben ze er bij Gall & Gall maar liefst twee in het assortiment. Een wat kostbaardere van net onder elf euro en deze. Ook geen fiasco, deze Montefiascone. Kwiek wit fruit, limoenspritz en verkwikkend.

Librandi (NIEUW)

Cirò Bianco 2018
Cirò

8.5

druif: greco bianco
alcohol: 12,5%
type: licht
prijs: € 11,99

Calabrisch wit. Ondanks de fikse hoeveelheid zonuren in het Italiaanse zuiden opmerkelijk vief en monter. Citrus, koele granny, mandarijn, perzik, peer en een grapefruitbittertje. Slechts 12,5 procent alcohol verhoogt de doordrinkfactor. Onbetamelijk sappig.

Mandrarossa (NIEUW)
Santannella 2017
Sicilia

9-

druif: chenin blanc, fiano
alcohol: 13,5%
type: medium
prijs: € 16,59

Onalledaagse verschijning. Die fiano mag dan wel een usual suspect in die zuidelijke contreien zijn maar wat doet een chenin blanc daar? Die is wel heel erg ver van huis. Normaal gesproken verdedigt die toch Loire-belangen dan wel die van de Zuid-Afrikaanse regenboognatie. Nu bekent-ie kleur in Sicilië. En die is experimenteel wit. Geslaagd wat mij betreft. Houden zo. En met belangstelling volgen. Halfjaar op klein eiken. Ten minste vier maanden op fles. Amandelen met perzik. Peer met hazelnoot. Gentiaan en gele kruiden. Zachte zuren, milde bitters. En een zweempje rokerigheid. Het zal toch niet de invloed van de Etna zijn?

Masi
Moxxé 2017
Vino Spumante Brut

8+

druif: pinot grigio, verduzzo
alcohol: 12%
type: droog M
prijs: € 16,69

Wie dol is op die zoetige prosecco-prik, komt van een koude kermis thuis. Vorig jaar 2016. Fris- en vriesdroge spumante. Peren, onrijpe perzik, amandelen, citrus en bittertikjes. Het oogstjaar 2017 wat milder, rijper en wat zoeter.

Mastroberardino (NIEUW)
Morabianca 2017
Irpinia

8.5

druif: falanghina
alcohol: 13,5%
type: medium
prijs: € 16,99

Welkom in Campania, omgeving Napels om nog wat preciezer te zijn. Nu schijn je dat eerst te moeten hebben gezien voor je mag sterven. Ik zou zeggen: wacht sowieso nog even. En zorg dat je voor die tijd ook niet van de dorst omkomt. Bianco van de lokale falanghina biedt uitkomst. Werd in de Oudheid gebruikt om de meest prestigieuze wijn die er bestond te maken, falernum. Tegenwoordig doet-ie dus weer van zich spreken. Zoetzurige mandarijntjes, grapefruit, roze pepertjes, de onvermijdelijke citrus, een zuchtje rozemarijn en wat romigheid. We want Morabianca.

Mastroberardino (NIEUW)
2017
Lacryma Christi del Vesuvio Bianco

8+

druif: coda di volpe
alcohol: 12,5%
type: medium
prijs: € 15,99

De tranen van Christus. Je zou er boeken over vol kunnen schrijven. En nee, dan hebben we het niet over de Heilige Schrift. Ofschoon Harry Mulisch zijn *De pupil* ooit op hetzelfde niveau inschatte. Daarin speelde deze wijn een rol. Niet bepaald uniek, want in *De graaf van Monte Cristo* van Alexandre Dumas werden ook al wat flesjes ontkurkt. Kortom, Lacryma Christi met de hoofdletter C van Cultuur. Tissues bij de hand? Dan gaan we wat drinken. Bijzondere bianco van een bijzondere druif, de coda di volpe. Wie de coda kraakt, ontvangt licht tropisch wit, met iets meloen, aangename bitters, amandel en een verkwikkende afdronk. De Vesuvius rookt er wat bij.

Message In A Bottle
2017
Bianco Toscana

8

druif: sauvignon blanc, trebbiano, vermentino
alcohol: 13%
type: medium
prijs: € 13,99

Message In A Bottle. Hit en wit van Sting. Vriendelijke meezinger. Meloen, peer, appel en citrus. SOS op de kurk. Ik had het onder in de fles geëtst in het geval van leeg.

Rocca Sveva

Chiaropura 2017

Soave Classico

8+

druif: garganega, incrocio manzoni, moscato, trebbiano
alcohol: 12,5%
type: medium
prijs: € 14,49

Veldboeket van aromatische druivenrassen, waaronder de incrocio manzoni. *Incrocio* betekent niets anders dan 'kruising' in het Italiaans, en de incrocio manzoni is een kruising van twee druiven, gemaakt door professor Manzoni, een beroemde druivenkruiser uit de eerste helft van de 20e eeuw. Eigenlijk wil je weten met welke incrocio we hier te maken hebben, want zonder nummertje zegt het eigenlijk nog niks. Tot dit is opgehelderd maar blijven nippen van deze mild ronde Soave. Smaakt ook dit oogstjaar weer als een bloemlezing.

Rocca Sveva (NIEUW)

Ciondola 2017

Soave Superiore Classico

8·5

druif: garganega
alcohol: 13%
type: medium
prijs: € 10,49

Van Rocca Sveva al Soave in verschillende soorten en maten geproefd. Thans is de eer aan hun Soave Superiore Classico. Mondvol. En dat blijkt ook in het glas. Geel fruit, iets meloen, een griesmeelpuddinkje met zijn amandeltjes, en een frisse afdronk.

Tasca d'Almerita (NIEUW)

Malvasia 'Didyme' 2014

Sicilia

8·5

druif: malvasia
alcohol: 12,5%
type: medium
prijs: € 21,99

Malvasia. Gewoonlijk toch een notoire saaipiet. Sandalen, witte sokken en een Dacia Duster. Maar kijk aan, bij Tasca hebben ze de malvasia ontsaaid. Limited edition bloemetjeshemd, de pijpen van de designerjeans iets opgerold, geen sokken natuurlijk. Wat een bianco zeg. Koele meloen, druivigheid, ongetemde zuren, rozemarijn, perzik en een linoleumsnufje.

Tenuta di Monterufoli (NIEUW)

2018

Vermentino di Toscana

8+

druif: vermentino
alcohol: 12,5%
type: licht
prijs: € 8,99

Vermentino. Vaak slechts een zuurpiet. Maar goeie wijnmakers weten de zuren te besturen. Richting appels en citrus. Parkeren rozemarijn en salie in. En halen uit de achterbak een koelbox met zeebaars.

Tenuta Guado al Tasso

Vermentino 2018

Bolgheri

8·5

druif: vermentino
alcohol: 12,5%
type: medium
prijs: € 19,19

Aubergine. Gegrild of uit de oven. Het alternatief voor de 'niet-meer'-vleeseters. Hopelijk hebben die de drank niet afgezworen. Vermentino is een zeer tot de verbeelding sprekende tafelgenoot. Met name deze uit Bolgheri, een schilderachtig dorpje in Toscane. Bekend om de rode Super Tuscans die er vandaan komen, groot en nadrukkelijk rood, gevreesd en gevierd om hun hoge prijskaartjes. Wijnmultinational Antinori heeft er zijn gaardjes. Ook met wat vermentino om daar fascinerend wit van te maken. De voormalige hulpdruif die ooit slechts een rolletje kende om met name wat zongeeuwige uitvoeringen wat op te frissen, levert solo al fijn materiaal op op Sardinië. En ook alhier. Laagjes wit fruit. Citruscraquelé. Blanco besjes. Een grapefruitzest. Precies en koket. Bolgheriwaardig. Ook wat prijskaartje betreft.

Tenuta Moraia (NIEUW)

Cala Sera 2018
Rosso Toscana

8·5

druif: vermentino
alcohol: 12,5%
type: medium
prijs: € 9,79

Van het huis Piccini. Daar maken ze mooie chianti. Maar kijk aan, ook bianco van de vermentino levert punten op. Spannend bitterig, met uitstapjes naar sinaasappelmarmelade, gedroogde abrikoos, een milde kruidigheid en een tropenhint, maar toch met de immer gewenste frisse afdronk. Erg fijn.

Tenuta Regaleali (NIEUW)

Grillo 'Cavallo delle Fate' 2017
Sicilia

8·5

druif: grillo
alcohol: 13%
type: medium
prijs: € 15,49

Sicilië grossiert in eigen druiven. Recent onderzoek registreerde er al meer dan vijfhonderd (wit en blauw) en men is nog niet uitgeteld. De nero d'avola is het uithangbord wat rood betreft. Een druif die niet bang is om zich zonder in te smeren in de zon te begeven. Wat wit betreft is grillo de troef. En Regaleali speelt die in deze Cavallo delle Fate met overtuiging uit. Frisse citrus, mandarijntjes, strak, delicaat, mineraal en met een prettige peperigheid.

Tenuta Regaleali (NIEUW)

Leone d'Almerita 2017
Sicilia

8·5

druif: catarratto, pinot bianco, sauvignon blanc, traminer
alcohol: 12,5%
type: medium
prijs: € 16,69

Kwartetten met vier druiven. Catarratto is de local. De rest is van elders. Maar met name de traminer doet van zich spreken. Ananas, lychees, directe druivigheid. Catarratto voor de kruidigheid. Sauvignon blanc voor de zuren en pinot bianco voor zachtheid en vulling. Mooi in balans overigens. Er worden oesters bij geadviseerd. Zou ik niet doen. Of het moet om gegratineerde oesters met saffraan gaan.

Tenuta Regaleali (NIEUW)

Nozze d'Oro 2017
Sicilia

9

druif: Inzolia, sauvignon tasca
alcohol: 13%
type: medium
prijs: € 23,29

Sicilië. In zijn eentje al goed voor meer dan vijftig verschillende druivensoorten. In Nozze melden zich er twee voor actieve dienst. Inzolia, kind van het eiland. Fijne, aromatische, lichtkruidige druif. Zonnig geel fruit, mandarijntjes, abrikoos en grapefruit. Als-ie solo gaat. Regaleali laat 'm echter flankeren door sauvignon tasca, ook een local volgens de laatste berichtgeving. Stapelt door richting kruiderij, honing, appel en notigheid. Mevrouw Hamersma kon zich nog een visgerecht herinneren dat ze nota bene uit *Trouw* had gehaald en waar ze nog steeds trouw aan is. Zwaardvis met oregano, sinaasappel en ansjovis. Bijna een reden om een abonnement op die krant te nemen. Misschien beter: op die wijn.

Villa Locatelli (NIEUW)

Chardonnay 2018
Isonzo del Friuli

8·5

druif: chardonnay
alcohol: 12,5%
type: medium
prijs: € 9,99

De gordijnen van de villa zwaaien open en onthullen een eikenhouten lambrisering met daarboven een fluwelen behangetje met fruitdessin: perzik, ananas en banaan. Ook de deur naar de wijnkelder staat open.

Villa Locatelli

Pinot Bianco 2018
Isonzo del Friuli

8+

druif: pinot bianco
alcohol: 12,5%
type: medium
prijs: € 9,79

Hoge-noorden-pinot grigio. Is vaak wat compacter, frisser en krokanter. Aldus ook in de Villa. Happen in niet te rijpe peer, koelkastmeloen, witte bessen en een kneepje uit de limoenschil. Wat meer pit dan de 2017-oogst.

Villa Locatelli (NIEUW)

Sauvignon Blanc 2017
Isonzo del Friuli

8+

druif: sauvignon blanc
alcohol: 12,5%
type: licht
prijs: € 9,99

Villa Locatelli huisvest groene appels en citroenen. Niet zo'n modelletje dat met deuren en ramen slaat. Kalm, rustig, ingetogen.

Zonin (NIEUW)

Pinot Grigio 2018
Friuli

7·5

druif: pinot grigio
alcohol: 12%
type: licht
prijs: € 6,99

Zin in Zonin. Een en al sappigheid. Spattend met peer, appel en citrus. Amandelvrolijkheid. Laat maar komen, die vijf in de klok.

NEDERLAND WIT

Hoeve Nekum (NIEUW)

Rivaner 2018
Limburg

8·5

druif: rivaner
alcohol: 13%
type: medium
prijs: € 10,29

Rivaner, ook wel bekend als müller-thurgau. Prettig mildbitter. Gele appel, peer en puur. Prachtcombi met asperges. Hebben ze ook volop in Limburg.

NIEUW-ZEELAND WIT

Breaker Bay

Sauvignon Blanc 2018
Marlborough

8

druif: sauvignon blanc
alcohol: 13%
type: medium
prijs: € 9,49

Have a break, have a Breaker Bay. Krijg je in de pauze rijp fruit, passievrucht, mango, en in de nasleep wat gras, kruisbessen, citrus en een grapefruitbittertje. Sympathiek en aardig geprijsd.

Clearwater Cove (NIEUW)

Pinot Grigio 2018
Marlborough

7·5

druif: pinot grigio
alcohol: 12,5%
type: medium
prijs: € 13,59

Pinot grigio is ook in Nieuw-Zeeland geland. De trots van Italië trakteert daar de kiwi's om het ijs te breken op peer, appel, citrus en amandeltjes. Komt goed. Zal nog beter worden.

Lawson's Dry Hills

Pinot Gris 2018
Marlborough

9

druif: pinot gris
alcohol: 13%
type: medium
prijs: € 12,99

Vondst van de firma Gall & Gall. Pinot gris uit Nieuw-Zeeland. Daar hebben ze al eentje van Clearwater Cove maar dit is toch wel een tandje spectaculairder. Veel meer op Elzasleest geschoeid dan zijn landgenoot, die de leest van de Laars volgt en zijn versie ook pinot grigio heeft genoemd. Hier laat de druif zijn ware gezicht zien. Rijp, rond, gevuld, niet zo dry als de naam doet vermoeden. Rijpe peren, een hang naar ananas, een vermoeden van kruidenrek en de aarzelende landing van een honingbij na een succesvolle vlucht.

Lawson's Dry Hills (NIEUW)

Pinot Gris Reserve 2018
Marlborough

8·5

druif: pinot gris
alcohol: 13%
type: medium
prijs: € 14,99

Diep onder de indruk van de basispinot gris van Lawson's. Misschien wel de beste pinot gris die ik op dit prijsniveau proefde uit Nieuw-Zeeland. Toegegeven, de druif is daar wat minder gemeengoed dan sauvignon blanc – die daar tot op de dakterrassen wordt aangeplant – maar er wordt toch flink mee geoefend. Enfin, de gewone ongewoon goed, deze reserve pakt nog wat nadrukkelijker uit. Mango, papaja, rijpe peer, ananas en toch vrolijk fris fluitend afscheid nemend.

Lawson's Dry Hills (NIEUW)

Sauvignon Blanc 2018
Marlborough

8·5

druif: sauvignon blanc
alcohol: 13%
type: medium
prijs: € 12,99

Niet van dat gejaagde, nerveuze. Niet dat knetterende, vaak onrijpe groen. Forse sauvignon blanc met stevig wit en geel fruit, milde grapefruit-afdronk. De heuvels liggen er droog bij. Nathouden is het devies.

Paddle Creek (NIEUW)

Sauvignon Blanc 2018
Marlborough

8+

druif: sauvignon blanc
alcohol: 13%
type: medium
prijs: € 12,59

a b c d e f G GALL & GALL h i j k l m n o p q r s t u v w x y z

Een wat bedaagdere wat kalmere stijl sauvignon blanc. Rijpe kruisbessen, rode grapefruit, een lycheespatje. Groene appel, wat tropisch fruit, venkel en citrus. En zo peddelen we nog even door. Vergeet u de gids niet straks?

Station Creek

Sauvignon Blanc 2018
Marlborough

8+

druif: sauvignon blanc
alcohol: 12,5%
type: medium
prijs: € 12,99

Kloek, stevig en met een kneepje rode grapefruit. Station met een glasbak.

Whale's Tale

Sauvignon Blanc 2018
Marlborough

8

druif: sauvignon blanc
alcohol: 12,5%
type: medium
prijs: € 13,59

Wat heeft een walvis met sauvignon blanc te maken? Aha, ik zie daar achter in de klas een vingertje omhoog gaan. Ja? 'Omdat een carpaccio van het buikgedeelte daar zo lekker bij smaakt.' Reken ik ook goed. Evenals de verklaring op het achteretiket dat deze wijn zijn naam dankt aan de bultrug, de walvis die habitué is voor de kust waar de wijngaarden zijn gelegen. De mare wil dat een lokale 'warrior chief' ooit bevriend is geraakt met zo'n dier. Niet veel later zal-ie waarschijnlijk door blanken zijn vermoord dan wel in een reservaat zijn gestopt. Maar laat ik de idylle niet verstoren. 'Sinds die tijd hebben deze enorme dieren zich ontfermd over dit deel van de zee. En af en toe zwaaien zij met hun enorme staarten, voor onze wijngaarden een teken van geluk.' We pinken even een traantje weg. Kan ook zeewater zijn, want het is zout. Snel weer een slok Whale's Tale. De 2017-oogst al geproefd. Ook deze is weer prima. Een te verwachten Marlborough-sauvignon blanc. Grassig, grapefruit, groene kruiden, passievrucht, citrus, levendig en spetterend. Maar dat laatste kan ook door de whale's tail komen.

OOSTENRIJK WIT

Baumgartner

Grüner Veltliner 2018
Niederösterreich

7.5

druif: grüner veltliner
alcohol: 12%
type: medium
prijs: € 5,99

Baumgartner met druivenranken. Kan-ie ook goed mee uit de voeten. Appelig, perzik, niet te strak.

Domäne Wachau

Grüner Veltliner Axpoint 'Smaragd' 2017
Wachau

9-

druif: grüner veltliner
alcohol: 13,5%
type: medium
prijs: € 25,59

Axpoint. Wijngaard in het westen van Wachau. Resideert in de hoogste kwaliteitscategorie: Smaragd. En om dan even wat verwarring te zaaien: in dit geval is dat niet de edelsteen maar een verwijzing naar de kleur van een salamander die daar rondkruipt. Dit is er zo eentje waar de bouw van een snelweg of kerncentrale voor wordt stilgelegd, mocht deze worden aangetroffen tijdens het bouwrijp maken van de grond. Terecht. Waar die beesten lopen, wordt lekkere wijn geproduceerd. In dit geval zelfs heel lekkere. Van de beste coöperatie van het land. Die jaar in, jaar uit massieve beoordelingen verdient in *De Grote Hamersma* en ook elders op deze aardkloot. Hup, op naar Axpoint. Klinkt vrij stoer, vindt u ook niet? Associaties met vuistbijlen uit lang verloren gewaande verledens dienen zich aan. Tijden waarin salamanders als fingerfood dienden in de aanloop naar een carpaccio van everzwijn of een stoverij van oeros. Enfin, we dwalen af. Kun je beter niet doen in de oertijd. Voor je het weet, vind je de weg naar het heden niet meer terug. En daar staat nu net een knappe fles wit te wachten. Vorig jaar de 2016. Mango, groene kruidenzweem, meloenspat, peperkraakje, honingzoetje, citruskneepje, vuursteentje. Benig, lenig, kalkig, droog en krakend. Nu een zweempje frivoler, lichter en transparanter.

Domäne Wachau

Grüner Veltliner Federspiel 'Weissenkirchen' 2017
Wachau

9-

druif: grüner veltliner
alcohol: 12,5%
type: licht
prijs: € 11,99

2017. Een jaar waarin de wijnbouwers niets bespaard bleef. Regen. Hagel. Vorst. Hitte. Droogte. Maar aan het eind, toen we richting de oogst bewogen, kwam toch nog alles goed. Of zoals mevrouw Hamersma daar dan altijd aan toevoegt: 'En als dat niet het geval is dan is dat nog niet het einde.' Het is dat ze niet borduurt anders had ze er vast een mooi ingelijst 'tegeltje' van gemaakt en aan de muur gehangen. Nu laat ze zich nog eens inschenken terwijl ze doende is met het bakken van een wienerschnitzel, waarvan ze het kalfsvlees zonder uitzondering bij slagerij Van Dam haalt. Grüner veltliner wordt het, de vaste favoriet van deze bakwaar. Net zo sappig en krokant als de schnitzel zelf. Mooi de zuren oppikkend van de citroen die eroverheen wordt gesprenkeld, vaardig het zout van de ansjovis partij gevend die traditioneel bij deze Oostenrijkse *signature dish* wordt geserveerd.

Domäne Wachau

Grüner Veltliner Federspiel 'Weissenkirchen' 2018
Wachau

9

druif: grüner veltliner
alcohol: 12,5%
type: licht
prijs: € 11,99

De 2017 kwam ook al buurten. Deur wijd opengezwaaid. Welkom. Mocht meteen aanschuiven bij de wienerschnitzel die mevrouw Hamersma had gemaakt. Kan het zijn dat deze net een streepje beter was? Het weer zat weer mee. De zuren nog fraaier. De bitters in balans. Een ster begon te stralen.

Domäne Wachau (NIEUW)

Grüner Veltliner Kaiserberg 'Federspiel' 2018
Wachau

9

druif: grüner veltliner
alcohol: 12,5%
type: medium
prijs: € 11,49

Federspiel. Vernoemd naar een lokale valkensoort. Heeft als natuurlijke biotoop de Kaiserberg. Kan geen slechtvalk zijn. Onmogelijk bijkans. Sterker nog, ik heb nog nooit een mispeer van ze in het glas gehad. Op geen enkel prijsniveau bovendien. Zodoende ook meer dan groen licht voor deze grüner. Sappig, compact, mooie zuren, vieve bitters, volop energie. Heerlijke spielerei.

Domäne Wachau (NIEUW)

Grüner Veltliner Kirnberg 'Smaragd' 2017
Wachau

9

druif: grüner veltliner
alcohol: 13,5%
type: medium
prijs: € 25,79

Buitengewoon geslaagde grüner uit een jaar met klimatologische uitdagingen. Smaragd, de hoogste kwaliteitscategorie in Wachau wist vorst, buien, hagel en ander Kuipers Munnike-onheil echter te pareren. Breed uitwaaierend, mooie bitters, amandeltjes en wit fruit. Mineralen, suikerspin en een vuursteenrokerigheid. Fijne zuren geven deze Smaragd extra glans.

Domäne Wachau

Grüner Veltliner Smaragd 'Weissenkirchen' 2017
Wachau

9

druif: grüner veltliner
alcohol: 13,5%
type: medium
prijs: € 25,59

Smaragd. Hoogste kwaliteit in Wachau, volgens de Vinea Wachau, sinds 1983 de club van wijnbouwers die het 't beste voorhebben met de streek. Wellicht ten overvloede: moet ten minste 12,5 procent alcohol bevatten en ten hoogste 14 procent. Is altijd droog, kan goed ouderen en meldt zich nadrukkelijk in neus en mond. Voor deze Smaragd gaan we in de Weissenkirche weer een kaarsje branden. Rijpe appel, honingdrup, milde zuren, roze grapefruit, het peperige van radijs en sushigember. Combineer met sushi en word blij.

Domäne Wachau (NIEUW)

Riesling Federspiel 'Weissenkirchen' 2018
Wachau

9-

druif: riesling
alcohol: 12,5%
type: licht
prijs: € 11,89

Het zoveelste hoogstandje van een van de beste coöperaties ter wereld. In dit geval met riesling doende. Brug geslagen naar fruit en mineraliteit. Strakheid en vulling. Zuren en zoet. Rokerigheid en fraîcheur. Abrikozen en gele pruimen. Lokt ongelovigen weer terug de kerk in. Vergeet na consumptie niet een duit in het zakje te doen.

Domäne Wachau

Riesling Smaragd 'Weissenkirchen' 2017
Wachau

9

druif: riesling
alcohol: 13%
type: licht
prijs: € 16,59

Domäne Wachau. Uiterst coöperatieve coöperatie als het gaat om het behagen van liefhebbers van kwalitatief wit. Als ik mij niet vergis produceren ze wel twintig verschillende soorten, en op verschillende prijsniveaus. Behalve hun kwaliteit is er nog een overeenkomst. Stuk voor stuk zijn ze hun geld dubbel en dwars waard. Droog, strak, compact en fascinerend. Lancetmes wordt nog even extra aangezet. De karakteristieke riesling-rokerigheid. Mineralen glinsteren. Maar het kan ook de smaragd zijn geweest. Helemaal schitterend: een euro voordeliger geworden dan voorgaande oogstjaren terwijl-ie ten minste net zo goed is.

Domäne Wachau (NIEUW)

Weissburgunder 'Federspiel' 2018
Wachau

9-

druif: weissburgunder
alcohol: 12%
type: medium
prijs: € 9,49

Nu beginnen ze bij Wachau ook al buitengewoon goede weissburgunder te maken, elders ook wel bekend als pinot blanc. Mooi dat in deze de koelte is gevangen. Fijn droog. Niet te rijpe peer, gele appel, wat kalkig en met een onstuitbaar enthousiasme.

Gruber Röschitz (NIEUW)

Chardonnay Auslese 2015
Niederösterreich

8.5

druif: chardonnay
alcohol: 13%
type: licht
prijs: € 19,99

'Laten hangen'-cultuur. Laat geoogste chardonnay. Overrijp. Verdampt noch mal! Vochtgehalte neemt af. Concentratie van smaak en geur neemt toe. Roombroodje met mango, kokos, passievrucht, peren met honing. Maar dan als wijn. Fraai.

Zie zijn grüner voor meer informatie over zijn manier van wijn maken. Niet schrikken. Tegen de schrik een glaasje riesling drinken kan. Prima, strakke, rokerige riesling, fiks in de zuren, levendig en pittig. Ben je zo weer de ouwe.

Gruber Röschitz (NIEUW)

Grüner Veltliner 'Reipersberg' 2018
Weinviertel

8·5

druif: grüner veltliner
alcohol: 13%
type: medium BIO
prijs: € 12,29

Ewald Gruber. Willie Wartaal. 'Spiritus vinosi Gruberialis,' roept hij vanaf een etiket, waarop nog drie fantasiedieren een poging doen tot een ménage à trois. Volgens Gruber zijn dat wijngeesten die hem een handje helpen tijdens het wijn maken. 'Maar ze zijn alleen zichtbaar onder de microscoop!' haast hij zich te zeggen. 'En ze bestaan echt!' 'Weet je wat ik zie als ik gedronken heb? Allemaal beestjes.' Was in 1967 een hitje van Ronnie en de Ronnies. Wist niet dat dit ook in Oostenrijk is gedraaid. Enfin, laten we snel de wijn van die man drinken voordat-ie onder een spanlaken wordt afgevoerd, roepend dat-ie een afbeelding van Jezus Christus heeft gezien in de schimmel die zich op een jodenkoek heeft gevormd. Los, trinken wir etwas. Gute Grüner. Fris, pittig, wit fruit, pfefferl en lekkere bitters. Liever geen jodenkoek erbij? (Waarom heeft niemand daar eigenlijk nooit over geklaagd en moesten wel de negerzoenen verboden worden?) Kies dan wienerschnitzel of Thai beef salad, volgens de wijn-spijsconsultant van Gall & Gall.

Gruber Röschitz

Riesling trocken 2018
Niederösterreich

8+

druif: riesling
alcohol: 12%
type: licht BIO
prijs: € 12,29

Winzer Krems (NIEUW)

Grüner Veltliner Spätlese 'Sommerains' 2017
Niederösterreich

8·5

druif: grüner veltliner
alcohol: 13%
type: medium
prijs: € 9,79

Sommerains. Klinkt als zomerregen. Maar 2017 was juist een jaar van hagel, vorst, droogte en hitte. De weersomstandigheden stonden een gesoigneerde spätlese niet in de weg. Rondom gevuld, sappig geel fruit, rijp en stevig. Niet van dat jachtige en nerveuze.

Winzer Krems (NIEUW)

Riesling 'Von den Terrassen' 2018
Niederösterreich

8+

druif: riesling
alcohol: 13%
type: medium
prijs: € 9,29

Oostenrijkse riesling is veelal wat ronder van stijl. Ook de Winzer winden er geen doekjes om. Lekker bloesemend, rijpe, gele appels, partje mandarijn. Lekker gevuld en drinkt droog af. Smaakt ook als u niet op het terras zit.

PORTUGAL WIT

Altano

Branco Malvasia 2018
Douro

8·5

druif: côdega de larinho, malvasia fina, moscatel galego, rabigato, viosinho
alcohol: 12,5%
type: medium
prijs: € 8,99

Kwinkelerend, kwinkslagend en kwiek. Waar komt die citrus vandaan? Dat onstuimige? Dat grassige? Die groene appel? Nectarine? Grapefruit? Volle kracht druivigheid dit oogstjaar. Heeft alleen malvasia als druif op het etiket staan maar die doet het niet in zijn eentje. Handvol zorgt voor een mondvol. Onverwacht koel en fris voor een witte douro, uit een vallei waar het zomers zomaar boven de veertig graden kan worden. Ik weet nu een branco waar je de dorst mee kunt lessen.

Casa de Compostela

Alvarinho 2018
Minho

8·5

druif: alvarinho
alcohol: 12,5%
type: licht
prijs: € 10,39

Alvarinho uit Minho, de beste regio om de betere vinho verde te maken. Onbetwist uw frissewitspecialist. En frisheid betekent niet 'verzengend zuur', zoals bij veel vals schuimende budgetmodelletjes vaak het geval is. Deze wappert mooi langs meloen, rijpe appels, peren en citrus en de koele zeewind geeft nog een extra zetje in de rug. Dit is een Compostela die de wandeltocht richting een Gall & Gall-filiaal meer dan waard is. Ook dit jaar kunnen de wandelschoenen weer uit de kast gehaald worden. Zo ook de wijnglazen.

Quinta do Crasto (NIEUW)

Crasto 2017
Douro

8·5

druif: gouveia, rabigato, viosinho
alcohol: 13%
type: vol
prijs: € 9,99

Snufje linoleum en kamille. Op een bedje van stevig wit en geel fruit (perzik, peer, appel), amandeltjes met een honingtipje, plus wat milde bitters. Gouveio. Rabigato. Voisinho. O, o, o, o, wat wordt die wijn toch lekker met de lokale druiven van Do Crasto.

SPANJE WIT

Cune (NIEUW)

Monopole 2018
Rioja

7·5

druif: viura
alcohol: 13%
type: medium
prijs: € 9,99

Cune vertoont zijn kunsten met viura, een druif met een niet al te spectaculair trackrecord. Vaak wat middle-of-the-road. Deze steekt echter boven de middelmaat uit. Ruim perzik, wat rijpe appel en niet te zuur.

Cune (NIEUW)

Verdejo 2018
Rueda

7·5

druif: verdejo
alcohol: 13%
type: medium
prijs: € 7,99

Wat je verwachten mag van een goede rueda. Lekker onstuimig, een diepladertje met krakend groene appels en onbedaarlijk veel citrus. Vers, sappig en krokant.

Dominio de Fontana

2018
Uclés

7·5

druif: sauvignon blanc, verdejo
alcohol: 12,5%
type: medium BIO
prijs: € 7,99

Prima in orde weer. Druk peerverkeer, overstekende suikermeloenen en een goede citrusaansluiting. Vergeet u niet in te checken? Uitchecken kan bij iedere glasbak.

Just (NIEUW)

Wit 2018
Cariñena

7

druif: macabeo
alcohol: 13%
type: medium
prijs: € 3,29

Juist genoeg appel, peer, perzik en sappigheid om precies voldoende punten binnen te halen om in *De Grote Hamersma* te belanden. En als-ie leeg is in de glasbak. Want ook voordelige wijnen doen aan recycling. Sterker nog, daar zit de glasbak het volst mee.

Marqués de Riscal

Sauvignon Blanc 2018
Rueda

8+

druif: sauvignon blanc
alcohol: 12,5%
type: medium BIO
prijs: € 10,99

Bio. Groen dus. Maar veel groener ook in smaak. Schoon, krakend en een snippertje groene kruiden op een bedje van pas gemaaid gras waar iemand een granny smith ligt te eten.

Marqués de Riscal

Verdejo 2018
Rueda

8

druif: verdejo
alcohol: 13,5%
type: medium
prijs: € 9,99

Riscal. No risk at all. De markies weet ook van verdejo. Heeft de druif ooit herontdekt en Rueda daardoor in de vaart der volkeren omhoog gestuwd. Jaar in, jaar uit een fitte, fonkelende verdejo. Citrus, venkel en groene appels. Tikje snoeperiger dit oogstjaar. Ook: een extra procent alcohol. Attentie, attentie markies! We willen wel kunnen blijven doordrinken.

Martin Códax

Albariño 2018
Rías Baixas

8·5

druif: albariño
alcohol: 13%
type: licht
prijs: € 11,39

Dankzij de Códax-code in Spanje zo'n beetje de best verkochte albariño. Lekker meloen, peer en citrusfruit en een geweldige actieradius. Verfrist tot in de achterste smaakpapil. Beduidend beter dan vorig jaar. Frivoler en zuiverder.

Mathilde Chapoutier (NIEUW)

Sélection 2017
Rueda

8·5

druif: verdejo
alcohol: 13%
type: medium
prijs: € 11,49

Mathilde Chapoutier, la reine du Rhône, laat het ook op niveau stromen in Rueda. Daar maakte zij een selectie van puike verdejodruiven. Wit fruit met een knisper. Het krakend witte van lof met zijn bittertje. Rijpe appel. Tropentoon. Rode grapefruit doet ook nog mee. Het groen van een komkommertje. Dorstlessende zuren.

Pagos de Galir

Godello 2018
Valdeorras

8·5
druif: godello
alcohol: 13,5%
type: medium
prijs: € 11,99

Godello. Herontdekte druif in Galicië, het groene noorden van Spanje. In Bierzo hebben ze 'm opnieuw opgepakt. In Monterrei is er sprake van een comeback. En ook in Valdeorras waar Pagos del Galir resideert, geeft hij acte de présence via mooi, krachtig, stevig en vooral sappig wit. Met tuttifruttiperzik, fijne bitters van een sinaasappel-grapefruitmarmelade en een licht vetje dat gepareerd wordt door felle zuren. De verse oogst beter dan ooit en euro voordeliger: pluspuntje.

Pazo das Bruxas (NIEUW)

Albariño 2017
Rías Baixas

8
druif: albariño
alcohol: 12,5%
type: licht
prijs: € 11,29

Uit de het oneindige druivenareaal van grootmacht Torres, de Spaanse wijnfamilie die maar geen ondermaatse wijnen wenst te maken. Groene appeltjes, geel, wat mandarijn, meloen, abrikoos, perzik flinterend en dansend. Elegant en verkwikkend.

Pere Ventura

Reserva Brut 'Colección Privada'
Cava

8·5
druif: macabeo, parellada, xarel·lo
alcohol: 11,5%
type: droog M
prijs: € 10,49

Pere Ventura (vertaald: Piet Geluk; de man heet echt zo) werkt met het klassieke trio xarel·lo, parellada en macabeo. Maar hij vat het drietal in een eigentijdse stijl. Niet ruikend en smakend naar de goedkope kartonnen doos waarin veel budget-cava's verpakt worden. Maar fris, zuiver, kwiek en opwekkend en zijn € 10,49 driedubbel en dwars waard.

Torres (NIEUW)

Gran Viña Sol 2017
Penedès

8+
druif: chardonnay, parellada
alcohol: 13,5%
type: vol
prijs: € 12,99

Bijzonder smakelijke witte van Torres. Chardonnay met wat lokale hulptroepen van het parellada-regiment. Met prettige perzik, aardig wat abrikoos, een touch of the tropics en wat steun van beschaafd eiken. Luxe blanco.

Torres (NIEUW)

Sons des Prades 2017
Conca de Barberà

8·5
druif: chardonnay
alcohol: 13,5%
type: vol
prijs: € 23,79

Sons des Prades. 'De geluiden van het verleden'. Die klonken vanuit Bourgogne zo te proeven. Het gehamer van de tonnelier die met Frans eiken in de weer is, rustplaats voor fraaie chardonnay. Gefluister over een 'grand vin'. Lichte roostertoontjes, rijpe perzik, romige vulling maar o zo verteerbaar. Er klinkt een vraag, bijna beschaamd: 'Hoe goed moet de Milmanda van Torres dan wel niet smaken, hun vliegdekmoederschip-chardonnay uit Penedès?'

Valdemar

Inspiración 2017
Rioja

8·5

druif: tempranillo blanco
alcohol: 12,5%
type: medium
prijs: € 12,99

Jawel, witte tempranillo bestaat ook. Tijdje geleden uit de vergetelheid getrokken. Vanwege minder alledaags. En omdat de vraag naar Spaans wit in Spanje zelf en daarbuiten toenam. Een speciaal dankwoord gaat daarbij uit naar de verdejo. Wat mogen we ons bij tempranillo blanco voorstellen? Banaan, perzik, ananas, appel en citrus. Flink wat body bovendien. Fijne kruiderij. Proefde deze ook al van eerdere oogstjaren. Wordt met het jaar beter. Wijnmaker krijgt waarschijnlijk steeds meer inspiratie.

Viña Salceda (NIEUW)

Verdejo 2018
Rueda

8·5

druif: verdejo
alcohol: 13%
type: medium
prijs: € 8,99

Beproefd recept. Volop bloesemend, gul met groene appels, kruisbessen, grapefruit en limoen om 'm fit en fris te houden. Fris, droog en dorstlessend. Ook een beproefd recept: met Thaise mosselen.

URUGUAY WIT

Garzón

Pinot Grigio 2018
Maldonado

8

druif: pinot grigio
alcohol: 13%
type: medium
prijs: € 10,99

Allemansvriend pinot grigio is de afgelopen jaren warm onthaald door wijnmakers over de hele wereld. Maar dat levert niet overal vrienden op. Veel parodieën en beledigingen geproefd. Flubberflut. Waswater. Prietprut. Argwanend het vorige oogstjaar van deze Uruguees geopend. Vooral na een aantal Zuid-Amerikaanse inspanningen uit Argentinië en Chili. Maar kijk aan: mooi materiaal. Ook dit jaar weer. De frisheid, het leven en de zuiverheid. Jongens, wie wil er een Garzón?

VERENIGDE STATEN WIT

Bernardus

Chardonnay 2016
Monterey

8·5

druif: chardonnay
alcohol: 14,5%
type: medium
prijs: € 22,99

Met deze chardonnay heeft polder-Pon (zie ook zijn pinot noir overigens) zijn naam als wijnmaker gevestigd. Dat was nog in de tijd dat we met zijn allen dol waren op fiks beboterde, gulle, notige, rijk gestoffeerde, hoog opgetaste, luxe uitstralende witte wijnen, pronkend voor eikenhouten lambriseringen. En daar zijn nog steeds liefhebbers voor te vinden. Goed in zijn soort.

ZUID-AFRIKA WIT

Badenhorst Family Wines

Chenin Blanc 'Secateurs' 2018
Swartland

9-

druif: chenin blanc
alcohol: 13%
type: medium
prijs: € 9,99

Wit uit Swartland. En ook dit jaar weer buitengewoon geslaagd. Van een druif die een thuiswedstrijd speelt in Zuid-Afrika. Op beton en groot hout gelagerd. Gemaakt door een familie die dat al drie generaties doet. Stevige body. Perencompliment. Suikermeloen zonder zoet te zijn. Perzik, gele pruim en bijzonder goede zin. Mooie wijn. Beter dan de 2017-oogst. Iets meer intrige, iets meer spanning, klein rookgordijntje? Zouden ze er stiekem soms wat sémillon in hebben gedaan? Pluspunt: euro voordeliger geworden.

Boschkloof
Chardonnay 2018
Stellenbosch

8+

druif: chardonnay
alcohol: 13%
type: medium
prijs: € 9,99

Veel Zuid-Afrikaanse mannetjesputter-chardonnays geproefd. Macho's met 14 procent. Het lijkt of we eerst boterbergen dienen te verzetten. Tropische fruitkramen moeten voortduwen. Boschkloof is daarentegen fijn, fijnmazig en fijnzinnig. Frisheid verschijnt. Transparantie zet in. De tropen zijn licht vertegenwoordigd. Goede balans. Ook op die van de boekhouder: anderhalve euro voordeliger geworden dan voorgaande oogstjaren.

Boschkloof
Sauvignon Blanc 2018
Stellenbosch

7·5

druif: sauvignon blanc
alcohol: 13%
type: medium
prijs: € 12,09

Wat groeit er dit oogstjaar zoal in die Boschkloof? Zon heeft er in ieder geval goed de ruimte gekregen. Veel en zacht tropisch fruit. Mango, papaja, een flanerend ananasje, achter hun hand geeuwende zuren.

Klein Constantia (NIEUW)
Chardonnay 2016
Constantia

9-

druif: chardonnay
alcohol: 13,5%
type: medium
prijs: € 23,99

Klein Constantia. Grote chardonnay. Frisheid maar ook een honingverdenking. Zachtkruidig en vanilleroom. Geroosterde nootjes, limoentjes. Perzik, marmelade en beschaafd gefluister. Van een domein waar de grootste dessertwijn van Zuid-Afrika wordt gemaakt. Tevens een van de beste van de wereld. Favoriete snoepje van Napoleon, Charles Dickens en Jane Austen. Maar eerst die fles chardonnay leeg drinken.

Klein Constantia
Sauvignon Blanc 2018
Constantia

9-

druif: sauvignon blanc
alcohol: 13,5%
type: medium
prijs: € 13,99

Kraakgroen en goed. Knappend vers. Dubbelgedopte tuinbonen in de ochtendmist. Citroenzest en grapefruitvrienden. Mineraal en zo strak als een crosspass van Hakim Ziyech over 80 meter. Over sterren gesproken.

Lanzerac
Chardonnay 2018
Stellenbosch

8·5

druif: chardonnay
alcohol: 13,5%
type: vol
prijs: € 13,99

Consequente stijl. Rijkelijk uitgevoerde Stellenboscher. Met het zoet van zoete popcorn. De karamel op vanille-ijs. Mango op kamertemperatuur, citrus uit de koelkast, kaneelzoet en gembertjes. Laat ik zo'n chardonnay uit Zuid-Afrika nu eens met eentje uit de zuidelijke Bourgogne vergelijken.

Mulderbosch (NIEUW)

Steen op Hout 2017
Western Cape

8·5

druif: chenin blanc
alcohol: 13,5%
type: medium
prijs: € 9,99

Steen: de Zuid-Afrikaanse benaming voor chenin blanc. Hout: het eiken waar een deel van het sap op heeft mogen rijpen. Resultaat: vanille, rijpe perzik, abrikoos, mango, ananas, rijpe appel plus een lichtkruidige citrusfinale.

The River Garden

Chardonnay 2017
Western Cape

8+

druif: chardonnay
alcohol: 14,5%
type: medium
prijs: € 10,59

Tuin van Lourensford, waar ook patent rood wordt gemaakt dat het boek heeft gehaald. De witte ook prima. Geldt voor de sauvignon blanc en voor deze chardonnay. Koele ananas, limoen, lekkere frisse binnenvoering. Over de rivier dobbert een roombootje met wat nootjes aan boord.

The River Garden (NIEUW)

Sauvignon Blanc 2018
Stellenbosch

8

druif: sauvignon blanc
alcohol: 13%
type: medium
prijs: € 10,59

Wat groeit er zoal in die tuin nabij de rivier? Alles wat een jonge sauvignon blanc behaagt. Gras. Kruisbessen. Grapefruit. Limoen. Verderop: schaduwplekje. Daar maar even gaan zitten. Koeltas binnen handbereik.

Tokara

Chardonnay 2018
Western Cape

8·5

druif: chardonnay
alcohol: 13,5%
type: medium
prijs: € 9,99

Chardonnay die in zijn beginjaren als Zondernaam door het leven ging. Gelukkig ging dat destijds al niet zonder smaak gepaard, maar de kwaliteit is steeds beter geworden. Mooie, luxe chardonnay. Met de dientengevolge noodzakelijke nootjestouch, ingetogen wit fruit, een ticket to the tropics maar dan niet van Gerard Joling, beschaafde zuren, vrij van vettige room- en yoghurtinvloeden.

Warwick (NIEUW)

The First Lady 2018
Western Cape

8·5

druif: chardonnay
alcohol: 13%
type: medium
prijs: € 9,99

The First Lady is al eerste keuze met haar rood. Maar ook met wit kan ze prima uit de voeten. Licht tropisch, zachte zuren, gemanicuurd en verder ook keurig verzorgd.

ARGENTINIË ROOD

Tanto (NIEUW)

Malbec 2018
Mendoza

8

druif: malbec
alcohol: 13,5%
type: vol
prijs: € 6,50

Hema had nog plek voor een malbec. En in de fles bleek voldoende plaats voor ruim uitpakkend rood fruit, pruimen en zachte tannines aan de rol.

CHILI ROOD

Chicken Run

Carmenère Reserva 2018
Colchagua Valley

8

druif: carmenère
alcohol: 14%
type: vol BIO
prijs: € 6,50

Stoere kip. Al loopt-ie hard weg op het etiket. Achtervolgd door een wijnliefhebber waarschijnlijk die wel van een stevige portie donker fruit, cacao, donkere koffie, pepers en tannines in zijn glas houdt.

G7 The 7th Generation

Cabernet Sauvignon 2019
Loncomilla Valley

7.5

druif: cabernet sauvignon
alcohol: 13,5%
type: medium
prijs: € 5,50

Patente Chileense cabernet dit oogstjaar. De 2018 kantje boord een 7. Nu beter zijn best gedaan. Wordt dat 7'tje zomaar een 7,5. Lekker veel cassis en ander donker fruit. Links en rechts lauriervertier.

G7 The 7th Generation

Carmenère Reserva 2017
Loncomilla Valley

8+

druif: carmenère
alcohol: 14%
type: vol
prijs: € 7,50

Ook dit jaar weer zoals goede carmenère hoort te smaken. Dat diepduistere, donkere fruit, dat stroperige restantje espresso onder in het kopje, dat kruimeltje van de bitterste chocola. Spoortje paprikagroen deze reis. Dik in orde. Scoort beduidend hoger dan de 7 op het etiket. Ook voor het oogstjaar 2017 weer een G8+.

G7 The 7th Generation

Merlot 2019
Loncomilla Valley

7.5

druif: merlot
alcohol: 13,5%
type: medium
prijs: € 5,50

De afgelopen oogstjaren ontbraken in *De Grote Hamersma*. Maar daar is-ie dan, de merlot. Net zo overtuigend van kwaliteit als zijn kompaan cabernet. Cassis om het te vieren. Pruimen hangen de slingers op. Milde tannines maar verre van saai.

DUITSLAND ROOD

Karl Kaspar
Dornfelder 2018
Nahe

7·5

druif: dornfelder
alcohol: 12,5%
type: medium
prijs: € 4,75

Ook dit jaar weer een bardolino-*body double*. Zoetzure kersjes, lachende besjes, wat lauriervertier. Koel geschonken is het een onvervalste dorndrinker.

FRANKRIJK ROOD

Château Aimée (NIEUW)
2017
Médoc

8

druif: cabernet sauvignon, merlot, petit verdot
alcohol: 13%
type: vol
prijs: € 7,50

Hartje Médoc, Bégadan. Gehucht: nog geen duizend inwoners. De familie Reich is er al generaties lang bekend. Niet omdat het zo opvallend is dat zij een Duitse achternaam hebben maar omdat zij op Château Aimée zulke lekkere en betaalbare médoc maken. Helemaal zoals ie hoort: donker fruit, kloeke laurier, flink wat tannines. Aimée: goede naam. Geef toe, Château Reich hadden we toch een beetje vreemd gevonden.

Château Fourreau
2018
Bordeaux

8

druif: cabernet sauvignon, merlot
alcohol: 13,5%
type: vol
prijs: € 6,00

Meer inhoud dan 2017, het 'ach en wee'-jaar. Weergoden vertoornd. Kou, water, zonluw. En toen werd het worstelen in het zuidwesten om er nog wat fatsoenlijks van te maken. Nu zat het mee ondanks een hagelbuitje links en rechts. Fourreau bleef gespaard en schenkt om het te vieren een kloeke, kordate bordeaux met de juiste schaduwwerking en een sympazoetje.

Domaine Saint Martin
Cuvée Angélique 2017
Côtes du Rhône

8+

druif: carignan, grenache, syrah
alcohol: 13%
type: medium
prijs: € 6,00

Saint Martin. Een goeie heilige. Wijnliefhebber bovendien. Kracht, kruiden en karakter. Zwarte bessen in het donker. Kersen in de schaduw. Zon op de schouders. Het Franse leven in de hand. En gezellig dat Angélique er ook weer is, de vrouw van de Nederlandse eigenaar van het domein.

Jean-Pierre Moueix (NIEUW)
2016
Bordeaux, Saint-Émilion

8·5

druif: merlot
alcohol: 14%
type: vol
prijs: € 15,00

De sjieke neef van de Bordeaux die Jean-Pierre Moueix ook al aan Hema levert (zie ook daar). Hier spreekt merlot tot ons. Met hoog opgetaste pruimen, zwarte bessen, bramen, laurier en pronte bitterpartijen. Fraai, donker, kruidig en sappig. Luxe waar die je niet een-twee-drie in Hema zou verwachten.

Jean-Pierre Moueix (NIEUW)

2016
Bordeaux

8·5

druif: cabernet sauvignon, merlot
alcohol: 13,5%
type: vol
prijs: € 9,50

De familie Moueix. Grote naam in Bordeaux. Anno 1937 al. Ooit nota bene werkzaam in de zuivel. Je kunt het je nauwelijks voorstellen. Enfin, *du vin*. En niet eens witte. Patriarch Jean-Pierre Moueix present tot 2003 toen hij zijn laatste adem uitblies. Weet zijn bezit in de vaardige handen van zoon Christoph en kleinzoon Édouard. Die boffen, want zij hebben een schitterende portfolio aan domeinen in de omgeving (onder andere Petrus, Hosanna en Trotanoy) tot hun beschikking. Daarbij 20.000 vierkante meter wijnkelders om een en ander even te parkeren. Kom, we lopen er even doorheen. Tik Google Maps in voor het geval je bang bent dat je de uitgang niet meer kunt vinden maar neem in ieder geval een kurkentrekker mee. Kijk nou 's: een bordje Hema. Geen vestiging, ofschoon de Hollandsche Eenheidsprijzen Maatschappij tegenwoordig ook in *la douce France* doende is, maar een aanduiding dat deze Bordeaux voor hen bestemd is. Boffen. Goede compacte, donkere, cassisrijke rouge, met mooi afgerichte tannines en flink wat kracht voor nog geen tientje. Da's overigens geen eenheidsprijs. Voor € 16,50 ligt er onder dezelfde naam ook nog een Saint-Émilion onder de rook van de rookworsten die ook de moeite waard is.

Le Petit Chat

Malin 2017
Vin de France

7·5

druif: grenache, syrah
alcohol: 13%
type: medium
prijs: € 5,50

Rode kater. Goed humeur. We hebben wel eens andere katers meegemaakt. Gewoonlijk van minder goede wijn dan deze. Opgewekt, zonnig, vrolijk rood fruit. Fris, kwiek en sappig.

Les Cazalets (NIEUW)

Merlot 2017
Pays d'Oc

8

druif: merlot
alcohol: 13%
type: medium
prijs: € 4,00

Klein maar met keurige merlotmanieren. Schoongepoetste donkere kersen, hoog glanzende cassis, sappige pruim, zachte tannines. Beduidend beter dan zijn prijskaartje deed vrezen.

Les Cazalets (NIEUW)

Merlot 2018
Pays d'Oc

7·5

druif: merlot
alcohol: 13%
type: medium
prijs: € 4,00

Maar vier euro. Zacht, soepel, rond en pront uitpakkend. Haal Cazalets in de casa. Dan houd je geld over om de door Hema aanbevolen mediterrane gerechten, kaasplateaus, groenten of tapas te kopen.

Mas Coustan (NIEUW)

Les Origines 2018
Saint-Christol

8·5

druif: carignan, grenache, mourvèdre, syrah
alcohol: 14,5%
type: vol
prijs: € 7,00

Van de kiezels in de buurt van Saint-Christol. Ondanks de hitte in de Languedoc onvermoeibaar rood fruit en kordate, koele cassis. Een pruim en een laurierdropje. Op de achtergrond rozemarijn en tijm, van origine uit de regio en zodoende ruim voorhanden. Wie nog wat overheeft, stopt het in de bijbehorende stoofschotel. Die pruttelt wat maar niet tegen.

Wijn voor 2 (NIEUW)

Merlot (0,5 liter)
Pays d'Oc

7·5

druif: merlot
alcohol: 13,5%
type: medium
prijs: € 4,50

Droppig en laurier. Flink wat tannines. De bramenbezorger is geweest. De pruimruimer. En de tanninetegelaar. De stoerste, de dapperste, de meest kordate. De Roel van Velzen onder de rode halve HEMA litertjes.

ITALIË ROOD

Bonicelli (NIEUW)

2015
Chianti Riserva

8+

druif: sangiovese
alcohol: 13%
type: vol
prijs: € 7,50

Bonicelli ging vorig oogstjaar nog als Chianti Classico door het leven. De 2015 is Riserva geworden. Niet schrikken: zelfde prijs. Dankzij het wat beter uitpakkende jaar ruimer trakterend op vol rijp rood en mollig fruit. Warme kersen, vanille, zoete specerij en fijnere zuren.

Luna Argenta

Negroamaro Primitivo 'Appassite' 2018
Puglia

8·5

druif: negroamaro, primitivo
alcohol: 14%
type: vol
prijs: € 8,50

Appassite. Deels met gedroogde druiven gemaakt. Daarom: lekker zoet krenterig. Nadrukkelijker dan de 2016 die vorig jaar op de proeftafel kwam. Gewelde pruimen. Kersenlikeurzoet. Laurierleug en wat cacao. Zacht, fluwelig en mild decadent. Zie de maan schijnt bij de Hema.

Tesoruccio

Montepulciano d'Abruzzo 2018
Montepulciano d'Abruzzo

8

druif: montepulciano
alcohol: 13%
type: medium
prijs: € 6,50

Montepulciano met geen andere pretenties dan gewoon lekker zijn. Rinse kersen, kleine besjes, frisse zuren, niet te streng.

Tesoruccio

Primitivo 2018
Puglia

7+

druif: primitivo
alcohol: 13,5%
type: vol
prijs: € 6,50

Wijnmaker heeft met succes De Hogere Eikenschool gevolgd. Al een aantal oogstjaren fiks tegen de planken leunend. Ook in 2018 cum laude geslaagd. Zoete kersen, aardbeienvlaai en cassisconfiture met zonspecerijen en nog wat voor de vorm tegenspartelende zuren.

Wijn voor 2 (NIEUW)

Primitivo (0,5 liter)
Puglia

7

druif: primitivo
alcohol: 13%
type: vol
prijs: € 4,50

Uit de halveliterserie waar in de categorie rood ook cabernet sauvignon, merlot en tempranillo deel van uitmaken. Zonnige, zachte Italiaan bestoven met speculaaskruiden.

OOSTENRIJK ROOD

Domäne Wachau

Blauer Zweigelt 2018
Wachau

8.5

druif: zweigelt
alcohol: 12,5%
type: medium
prijs: € 7,50

Zweigelt. Maar het etiket zwijgt niet. 'Zweigelt is het belangrijkste blauwe druivenras van Oostenrijk. Op de steile terrassen van de Wachau langs de Donau geeft hij een sappige en soepel smakende rode wijn. Een wijn met veel fruit als rijpe kersen en frambozen. Heerlijk om zo te drinken of als begeleider van pastagerechten, zalm, eend of kalfsvlees.' Zo! Dat voorkomt de noodzaak om er ook nog een achteretiket op te plakken. En dat is er dan ook niet. Wat de spijsadviezen betreft: daar zou ik niet helemaal blind op varen, maar die smaakduiding die klopt wel. Vrolijk, fruitig en fris. Met aardig wat zuren en een achtergrondkoortje kruiderij ook. Tikje steviger en voller dan de 2017 die zich vorig jaar meldde. Nog meer veranderingen? Vorig jaar stond er alleen maar Zweigelt op het etiket. Nu staat er Blauer Zweigelt. Zelfde druif overigens.

SPANJE ROOD

A4

Bodegas Anta 2017
Ribera del Duero

8

druif: tempranillo
alcohol: 13,5%
type: vol
prijs: € 9,00

Dik in orde weer. Vaste klant in De Grote Hamersma. Kloek en krachtig. Cassis, pruimen en bessen. Vlezige tannines en lekker wat laurier. Je zou een A4 kunnen volschrijven met proefnotities maar we schenken liever nog een glas in.

Hema

Organic Red Wine
La Mancha

8

druif: tempranillo
alcohol: 12%
type: medium BIO
prijs: € 3,75

Opgewekte biokersen, wat bessiger dit jaar, licht kruidig, zachte tannines, koeler drinken. Pure, eerlijke, prettige tinto gemaakt met druiven van onbesproken komaf.

Hema

Red Wine
Vino de España

7.5

druif: garnacha, mazuelo, tempranillo
alcohol: 13%
type: medium
prijs: € 3,00

Tijdens de jaarlijkse terraswijnentest voor *Het Parool* moeten we vaak met minder genoegen nemen. En betalen we vaak meer per glas dan in dit geval voor een hele fles. Doeltreffend en vriendelijk kersig rood. Met een zoetje, een handje kruiderij. Rijp, monter en eerlijk tot de laatste druppel. Spreekt Engels maar is Spaans. Associaties met Manuel in *Fawlty Towers* dienen zich aan.

Miraflores (NIEUW)

Coupage Tinto 2018
Tierra de Castilla

8

druif: bobal, petit verdot, tannat
alcohol: 13,5%
type: vol BIO
prijs: € 6,00

Onalledaags triootje. Wanneer tref je petit verdot, tannat en bobal samen? Pruimen en kersen delen een handje katjesdrop. Beetje bonkig, lijkt even wat bitterig te mokken, maar laat zich toch al snel van zijn wat vriendelijker kant zien. Eigenwijze vertoning.

Navajas

Crianza 2015
Rioja

8·5

druif: tempranillo
alcohol: 13,5%
type: vol
prijs: € 12,50

Luxe Rioja die door Hema in een fraaie cadeaukoker wordt geleverd. Dat is overigens geen gasvrij Dutch Design-stoofje om aan een milieuvriend te schenken, maar een kartonnen omhulsel in sfeervol grijs, goud en rood. Na gebruik wel gaarne in de papierbak doen. Misschien komt-ie dan wel weer terug als presentje. Nu mag de wijn dan wel in een koker komen, zelf is-ie niet gekookt. Dat wil in Rioja met zijn loeihete zomers nog weleens voorkomen. Dan krijg je gewelde pruimen, kersen op sap en aardbeienvlaaivulling in je glas. Voor de vorige editie van *DGH* de 2013 geproefd, een jaar van kou en nattigheid. Toen wist de wijnmaker de zonluwte te pareren door waarschijnlijk een cadeau te gebruiken dat hij zelf had gekregen: nieuw eiken. En daar was hij zo blij mee dat hij het, zes jaar na dato, nog ruimschoots deelde. Zodoende een ruim ingetimmerde rioja. Met vanille, romigheid en nootjes en links en rechts tegen de lambrisering klotsend kersensap. Het vijgt wat, het dadelt wat, de zuren fluisteren zacht tegen de tannines dat ze het rustig aan kunnen doen. Thans 2015: veel fijner, beschaafder en minder met zijn hout flirtend. Smakelijker, verfijnder, doordrinkbaarder. Cadeauwaardig. Ruilen alleen met bon. En als koker en/of fles niet al leeg zijn.

Navajas

Tinto 2018
Rioja

7·5

druif: mazuelo, tempranillo
alcohol: 13,5%
type: vol
prijs: € 6,00

De Tinto van Navajas moet het in tegenstelling tot hun crianza zonder koker doen. Is dan ook meer dan de helft voordeliger. Maar zeker niet de helft minder prettig. De crianza had pruimpjes aan de bomen. En hier is het dit oogstjaar een beschaafd optreden van het kersenkwartet.

Neleman

Monastrell Cabernet Sauvignon 2018
Valencia

8+

druif: cabernet sauvignon, monastrell
alcohol: 13,5%
type: vol BIO
prijs: € 6,00

Dark but fruity. Hardrocker met vrolijke, rode, zoete inborst. Rockt bramen, kersen en mollig-bollige tannines. Dit oogstjaar weer met een muntafdrukje op de afdronk. Plus wat cacaobitters. Chocolademuntje dus eigenlijk.

Neleman

Tempranillo Monastrell Organic 'Crianza' 2015
Valencia

8+

druif: monastrell, tempranillo
alcohol: 14%
type: vol BIO
prijs: € 15,00

Neleman gaat sjiek doen, man. Hoogpolige kersen. Bramen in fluweel. Kruiden in het struweel. Fijn gepolitoerd eiken. En een muntafdrukje in de afdronk op een zilveren blaadje. Crianza in cadeau-uitmonstering.

Niche de Torre Oria

Petit Verdot Merlot 2015
Valencia

8+

druif: merlot, petit verdot
alcohol: 13%
type: vol
prijs: € 6,50

Een niche ontdekt bij Hema. Spaans rood dat voor de verandering nu eens niet is gemaakt met die eeuwige tempranillo en/of garnacha. Donker, kloek en vol rood. Met de geur van viooltjes, de smaak van zwarte pruimen en zelfgeplukte bramen, groene kruiden en ellebogende tannines. Kwam vorig jaar al ter tafel. In die tussenliggende periode zijn de ellebogen wat minder puntig geworden.

The Boho Life (NIEUW)

Tempranillo Cabernet Sauvignon 2018
Tierra de Castilla

7·5

druif: cabernet sauvignon, tempranillo
alcohol: 12,5%
type: medium BIO
prijs: € 5,50

'Let's have fun whilst we save the planet.' Het valt me wel vaker op dat bij met name de voordeliger biowijnen er een joviaal toontje wordt aangeslagen op de etiketten. Schoolborden-eetcafé typografie. Joelen maar. Semi-aanmoediging. Prietpraat-protest. Op niets gestoelde belofte: 'unique blends from 100% organic wines'. Dat schijnt The Boho Life te zijn. Enfin, aan een blend van tempranillo en cabernet sauvignon is echt niks bijzonders. De inhoud? Prima. Had ook zonder wereld verbeterende boodschap de eindstreep wel gehaald.

Vrolijk kersensap, cassis-spoortje, zachte tannines, lichte kruiderij. Wie in wit de wereld wil verbeteren, kan met een unique blend van verdejo en sauvignon blanc een kruispuntje blokkeren.

Wijn voor 2 (NIEUW)

Cabernet Sauvignon (0,5 liter)
Vino de España

7

druif: cabernet sauvignon
alcohol: 13%
type: vol
prijs: € 4,50

Soms is zo'n hele fles van driekwart liter net te veel. Niet bij de familie Hamersma overigens maar da's een ander verhaal. Als de glasbak bij ons op de hoek zou kunnen praten... Maar goed, dat mag-ie niet met zijn mond vol. Enfin, voor niet-wijnschrijvers en hun partner heeft Hema halve maatregelen genomen: lekkere wijn in halveliterflesjes. In wit en rood. Ziehier de cabernet sauvignon. Eentje uit Spanje. Kloek-kloek-rood. Klok-klok-rood. Kordate cassis. Klein van stuk maar stevig stoer.

Wijn voor 2 (NIEUW)

Tempranillo (0,5 liter)
Vino de España

7·5

druif: tempranillo
alcohol: 13,5%
type: vol
prijs: € 4,50

Halve liter. Wijn voor twee. Smaak voor drie. Laat zich niet kleineren en pakt uit met een gespierde, pittige tempranillo met vleeskersen en de hand aan de pepermolen.

ZUID-AFRIKA ROOD

Wonderlijk (NIEUW)
Pinotage-Shiraz 2019
Western Cape

8

druif: pinotage, shiraz
alcohol: 14,5%
type: vol
prijs: € 6,00

Wonderlijk. Het enige dat wonderlijk is, is de naam. Voor de rest is het rood zoals je dat verwacht wanneer dat gemaakt is van pinotage en shiraz. Veel rijp rood en zwart fruit, zoete specerijen, een zuchtje Zuid-Afrikaanse rook, opgepoetste tannines en een zachte, niet te lang talmende afdronk. Wonderlijk? Misschien bedoelen ze de mevrouw op het etiket die een hoed op heeft van allemaal fruit. Maar op Prinsjesdag zien we wel wonderlijker exemplaren. Om maar te zwijgen over wat er soms onder zit.

FRANKRIJK ROSÉ

Domaine Saint Martin
Cuvée Juliet 2018
Côtes du Rhône

8.5

druif: grenache, syrah
alcohol: 13,5%
type: medium
prijs: € 6,00

Lekker veel kleur in de snuit. Veel smaak in de mond. Aardbeien koude grond. En toch de zon van hartje Rhône. Koele kersen. Fijn, droog en kruidig. Steekt de 2017-oogst van vorig jaar (Sterwijn) naar de kroon.

Lavendette
2018
Alpes-de-Haute-Provence

8

druif: cinsault, grenache, syrah
alcohol: 12,5%
type: medium
prijs: € 6,50

Pico bello in orde wederom. Zonneschijn. Rijp rood fruit. Snoepzoetje. Op tijd droog afdrinkend. Professioneel gemaakte provence. Is mooi uit de klauwen van de prijstang gebleven. Rosé uit die contreien wordt maar duurder en duurder.

SPANJE ROSÉ

Copa Sabia
Brut Rosé
Cava

8

druif: trepat
alcohol: 11,5%
type: droog M
prijs: € 7,50

Bosaardbeitjes, rode besjes. Sappig en droog. Bijzonder smakelijke rosado-cava. Koop Copa.

Hema
Rosé
Cariñena

8

druif: garnacha, mazuelo, tempranillo
alcohol: 13%
type: medium
prijs: € 3,00

Drie euro. Drie druiven. Een prijs van drie keer niks. Frambozen, aardbeien en niet te zoet. Zit de drie al in de klok?

Neleman

Tempranillo 'Organic' 2018
Valencia

7.5

druif: tempranillo
alcohol: 12%
type: medium BIO
prijs: € 6,00

Er staat 'fresh' op het label. Maar dat kan hoogstens voor de drinktemperatuur gelden. De wijn zelf is rijk van smaak en mollig, romig zelfs. Met gele appeltjes, steenvrucht en lofbitters. Meer gastronomische dan wegklok-rosé.

Viña Mas (NIEUW)

2018
Vino de España

7.5

druif: bobal
alcohol: 12,5%
type: medium
prijs: € 4,00

Explosievenopruimingsdienst is te laat: het fruitbommetje is al ontploft. Frambozen, kersen en aardbeien maken er een knalfeest van.

CHILI WIT

Chicken Run

Chardonnay Reserva 2018
Central Valley

7.5

druif: chardonnay
alcohol: 12,5%
type: medium BIO
prijs: € 6,50

Duurzaam gehouden kip. En die scharrelt niet, die rent. Door zijn ren, lekker ruim, dat dus wel. Is daar op een dieet van appel, perzik, citrus en een wolkje room.

G7 The 7th Generation

Chardonnay 2019
Loncomilla Valley

8

druif: chardonnay
alcohol: 13,5%
type: medium
prijs: € 5,50

Ruim bemeten, goed fruitige witte met flink wat exotische avonturen. Passie voor passievrucht. Aandacht voor ananas. Manie voor mango.

G7 The 7th Generation

Chardonnay Reserva 2017
Loncomilla Valley

8

druif: chardonnay
alcohol: 13,5%
type: vol
prijs: € 7,50

De toezegging vanaf het achteretiket dat G7-wijnen heerlijk smaken bij gerechten uit de Chileense keuken. Kijk, daar heb je wat aan bij een chardonnay die je koopt bij een winkel wiens gastronomische reputatie wordt geschraagd door rookworsten, saucijzen en slagroomtaarten. Laten we sowieso links liggen omdat je doende bent met het paleodieet dan wel anderszins een dieetbevlieging in de praktijk aan het brengen bent. Geniet dan van het fruitregime van G7. Mango, passievrucht, meloen, peer en citrus in een wat romige omgeving. Wat dat laatste betreft: veganistisch moet je dan ook weer niet zijn.

G7 The 7th Generation

Sauvignon Blanc 2019
Loncomilla Valley

7.5

druif: sauvignon blanc
alcohol: 13,5%
type: licht
prijs: € 5,50

Druiven zijn afkomstig uit Loncomilla Valley in plaats van uit wijnschuur Central Valley. Ook dit jaar weer goed fris en kruisbesachtig. Groene appel, citrus, grapefruit. Tikje meer bite dan 2018. Alles wat een onbezorgde sauvignon blanc in huis moet hebben. G7,5.

FRANKRIJK WIT

Bourgogne

Chardonnay 2018

Bourgogne

7·5

druif: chardonnay
alcohol: 13%
type: medium
prijs: € 8,00

Chardonnay op het zuiden. Rijker, rijper en zonniger. Tropenhoedje, vrolijk hemd aan met exotisch fruit en het bovenste knoopje open voor de hoognodige frissigheid.

Chablis

2018

Chablis

8-

druif: chardonnay
alcohol: 12,5%
type: medium
prijs: € 12,50

Chablis zonder naam. Doet wat-ie moet doen. Citrus, kruidigheid en de strakdroge trekjes van een chablis die wel een naam mag hebben.

Famille Bougrier

Sauvignon Blanc 2018

Touraine

8

druif: sauvignon blanc
alcohol: 12%
type: licht
prijs: € 6,50

Een spatje passievrucht, grannysmithappels, kruisbessen en rode grapefruit. Vorig jaar stuivend, wuivend en verfrissend. Thans compacter en strakker. Witlof, grapefruit, harde appel. Geen suikergesjoemel. Oprechte verkwikkende sauvignon blanc uit het Loire-dal van een familie die er al sinds 1885 doende is.

Hema

White Wine Dry

Côtes de Gascogne

8

druif: colombard, gros manseng
alcohol: 11,5%
type: medium
prijs: € 3,00

Nog steeds voor de Hollandse Eenheidsprijs van drie euro. Als ik terugkijk in de database: al jaren. Ook de kwaliteit is ongewijzigd: koket, knapperig, kwinkelerend wit. Dorstlesser op zijn best.

Le Petit Chat

Malin 2018

Vin de France

7·5

druif: grenache, marsanne, rolle, roussanne
alcohol: 12,5%
type: licht
prijs: € 5,50

Wit met een hoge aaibaarheidsfactor. Zacht, mild, geeft kopjes. En is dol op een stukje dorade. Gegrild, gebakken, uit de oven....Het maakt Le Petit Chat niks uit.

Wijn voor 2 (NIEUW)

Chardonnay (0,5 liter)

Pays d'Oc

7

druif: chardonnay
alcohol: 13%
type: medium
prijs: € 4,50

Vlezig, stevig, kruidig en een handje snoepjesfruit. Schroeft en gij zult vinden.

Wijn voor 2

Sauvignon Blanc (0,5 liter)
Côtes de Gascogne

7·5
druif: verdejo
alcohol: 13%
type: licht BIO
prijs: € 4,50

Een koele halve liter. Schoolvoorbeeld van een sauvignon blanc uit Gascogne, het frisse Franse zuidwesten. 14-karaats goudrenet, knapperige witlof en greep uit de bak met grapefruit. Verkwikkend en dorstlessend. Hou de inhoud van de fles in de gaten.

ITALIË WIT

Tesoruccio

Pinot Grigio 2019
Sicilia

7·5
druif: pinot grigio
alcohol: 12%
type: medium
prijs: € 6,50

Siciliaan die niet meer weg te denken is bij onze Hema. Prima peer weer. Rijpe appel wederom aan zet. Kruidje. Kwiek bittertje. Lichte zuren.

Wijn voor 2 (NIEUW)

Pinot Grigio (0,5 liter)
Sicilia

7·5
druif: pinot grigio
alcohol: 12%
type: medium
prijs: € 4,50

Fris & Fruitig belooft het etiket. Maar daar kan nog wel wat aan toegevoegd worden: Kruidig & Zonnig. Kloek & Moedig. Sappig & Serieus. Maar ja, dat past er allemaal niet bij. Dat etiket is al zo klein.

NIEUW-ZEELAND WIT

Rata Road

Sauvignon Blanc 2019
Marlborough

8
druif: sauvignon blanc
alcohol: 12,5%
type: medium
prijs: € 7,00

Lekker uitbundige sauvignon. Vol stoelendansende passievrucht, meloen, grapefruit en citrus. Als de muziek stopt, moet je zorgen dat je zit. Maar doe dat niet midden op de Rata Road.

OOSTENRIJK WIT

Domäne Wachau

Grüner Veltliner 2018
Wachau

9
druif: grüner veltliner
alcohol: 13%
type: medium
prijs: € 7,50

Van een domein dat Wachau heet en in Wachau ligt, hét wijnbouwgebied waar de beste veltliners vandaan komen. Het begint een beetje eentonig te worden. Nog steeds de beste grüner veltliner die voor dit geld te koop is.
Fris, met drive en pit. Wit fruit, zweempje anijs, venkel en vooral een streepje groen erbij dit jaar, verder met citrus, witte peper en volop sap en zuiverheid.
De ster straalt helderder dan ooit.
Sla vooral ook toe als Hema 'm weer eens in de aanbieding doet.

a b c d e f g H i j k l m n o p q r s t u v w x y z

Domäne Wachau
Pinot Blanc 2018
Wachau

8·5
druif: pinot blanc
alcohol: 12,5%
type: medium
prijs: € 7,50

Een nieuwe Wachau Weisswein in het Hema-assortiment. De grüner van deze producent heeft voor een fanatieke schare fans gezorgd in Nederland. En dat succes smaakt naar meer. Naar pinot blanc bijvoorbeeld. Die het in Wachau duidelijk ook goed doet. Frisse peer, rijpe appel, milde bitters en een aaneenschakeling van kwiek presterende zuren. Lekker bij rookworst overigens.

SPANJE WIT

Alectum
2018
Rías Baixas

8-
druif: albariño
alcohol: 12,5%
type: medium
prijs: € 7,50

Van de peren in de drup. Van de perzik in het sap. Van de meloen naar de suiker. Van de citrus in de afdronk. Streepje beter dan vorig jaar. Rondom gevulde, ook nog eens in druiven grossierende albariño met een – geef toe – wat wonderlijke naam. 'Jij nog een glaasje Alectum?'

Copa Sabia
Brut Reserva
Cava

8
druif: macabeo, parellada, xarel·lo
alcohol: 11,5%
type: droog M
prijs: € 7,50

Zacht wit fruit en een heel mild molligheidje. Niet helemaal venijnig droog. Maakt de Copa wat minder streng. Hema's betrouwbare en lekkere cava. Jaar in jaar uit dik in orde.

Hema
Organic White Wine Dry
La Mancha

7·5
druif: macabeo
alcohol: 12,5%
type: medium BIO
prijs: € 3,75

Gezellige nieuwe uitmonstering. In de fles nog steeds echter die olijke, vrolijke Spanjaard van de mollige macabeodruif. Met licht geel fruit. Perzikzweem. Wat peerverkeer. Bitterkruimeltje. Milde zuren. Wederom een ster vanwege goede bio voor opmerkelijk weinig geld. Moet de eer overigens dit jaar delen met zijn rode biobroer.

Neleman
Chardonnay Sauvignon Blanc 2018
Valencia

7·5
druif: chardonnay, sauvignon blanc
alcohol: 12,5%
type: medium BIO
prijs: € 6,00

Zet fruitig in, met meloen, citrus en romige papaja. Eindigt echter strak droog en doet wat ingeblikt aan.

Neleman
Viognier Chardonnay 2018
Valencia

8
druif: chardonnay, viognier
alcohol: 12,5%
type: medium BIO
prijs: € 6,00

Unoaked. Eikenvrije abrikoos en perzik met een amandelbittertje en zachte zuren. Plus dit jaar een portie frisse peer. Goed gelukt weer. Verder voor de liefhebbers: CO_2-neutraal geproduceerd en vegan.

Neleman

Winemakers Blend Organic 2017
Valencia

8·5

druif: chardonnay, macabeu, marsanne, roussanne, sauvignon blanc, verdil, viognier
alcohol: 12,5%
type: medium BIO
prijs: € 15,00

Aan druiven in ieder geval geen gebrek. Aan eikenhout evenmin. Rijke, rondom gevulde blanco. Perzikjes, rijpe peer, notenbarretje, zachte citrus, zuidkruiden en vanillestokjes. De ambities kunnen maar net in bedwang gehouden worden door de cadeauverpakking die tot de standaarduitrusting behoort.

The Boho Life (NIEUW)

Verdejo Sauvignon Blanc 2018
Tierra de Castilla

7·5

druif: sauvignon blanc, verdejo
alcohol: 12,5%
type: medium BIO
prijs: € 5,50

The Boho Life. Pico bello. Meloen, groene appel, peer en citrus. 'Stands perfectly on it's own,' belooft het achteretiket. Maar wie vrienden heeft, kan deze ook uitnodigen voor een goed gesprek: 'Great for talking with friends.' Welk gespreksonderwerp zullen we eens aansnijden? Vegetarisch eten misschien. Schakelen we meteen door en wijzen we wederom op de achterzijde van de fles: The Boho heeft het vegan-logo.

Wijn voor 2 (NIEUW)

Verdejo (0,5 liter)
Vino de España

7

druif: verdejo
alcohol: 12,5%
type: licht BIO
prijs: € 4,50

Halve liter. De 'Wijn voor 2'-serie van Hema. Rood is leverbaar in drie varianten. Wit ook, waaronder een bio. Blanco zonder plichtplegingen maar met appeltjes, besjes en citrus.

ZUID-AFRIKA WIT

Goedverwacht

Sauvignon Blanc 'Great Expectations' 2018
Robertson

8

druif: sauvignon blanc
alcohol: 12,5%
type: medium
prijs: € 10,00

Met een eigen geschenkkoker en zo'n naam is enig zelfvertrouwen je waarschijnlijk niet vreemd. Dat geldt ook voor het uitbundige fruit van deze Zuid-Afrikaan. Loopt te pronken met rijpe asperges, ananassen en gele appels. Wat frisser en kwieker dan 2017 die vorig jaar de verwachtingen waarmaakte.

Wonderlijk (NIEUW)

Chenin Blanc-Chardonnay 2019
Western Cape

7·5

druif: chardonnay, chenin blanc
alcohol: 14,5%
type: medium
prijs: € 6,00

Er is ook een Wonderlijk rood. En daar is net zo weinig wonderlijk aan als aan deze witte. Blend van chardonnay en chenin blanc: volstrekt alledaags. Niks geks aan een keurige balans tussen tropisch fruit, een greep uit de Betuwe en een correcte citrusmanifestatie. Prijs: ook niet mal.

ARGENTINIË ROOD

Casa de Campo

Malbec-Shiraz 2019
Mendoza

7·5

druif: malbec, syrah
alcohol: 13,5%
type: vol
prijs: € 3,89

Bereikte jarenlang de overkant van het water als pure malbec. Was toen slank, soepel, sappig en helemaal niks mis mee. Maar wel wat braaf. Heeft dankzij de inzet van een vuist syrah (volgens het etiket dit jaar: shiraz) wat meer kracht en eigenwijzigheid meegekregen. Er komt ook nog wat hout bovendrijven. Vrees niet voor splinters, maar je kunt je vastklampen aan een vanillestokje links en rechts.

AUSTRALIË ROOD

Stoney Creek

Shiraz Grenache Petit Verdot 2018
South Eastern Australia

7

druif: grenache, petit verdot, shiraz
alcohol: 13%
type: medium
prijs: € 5,99

Niet om een gat van in de lucht te springen, maar wel sympathiek. Grappige blend ook. De usual suspect shiraz heeft aan zijn zijde petit verdot en grenache. Rond, soepel, zoetig. Allemansvriend.

Stoney Creek

Shiraz Viognier Fleurieu 'Premium' 2018
South Eastern Australia

7·5

druif: shiraz, viognier
alcohol: 14%
type: vol
prijs: € 8,99

Voor de Premium Hunters. Valt in de categorie 'kijk mij luxe doen'. Speculaaskruiden, vanillestokjes en zoethout zonder dwangnageltjes pootjebadend in een zee aan rijp, romig en zonnig rood fruit. Prima weer dit jaar.

CHILI ROOD

Favoritos (NIEUW)

Cabernet Sauvignon 'Reserva' 2018
Colchagua Valley

7·5

druif: cabernet sauvignon
alcohol: 14%
type: vol
prijs: € 5,99

Gemaakt door Luis Felipe Edwards, familiedomein in Colchagua. Favoriet voor wie van kloeke cassis, bessen en laurier houdt. Niet te oaky daarom okay.

Favoritos (NIEUW)

Merlot 'Classic' 2019
Central Valley

7·5

druif: merlot
alcohol: 13,5%
type: vol
prijs: € 4,99

Wellicht niet direct een klassieker. Meer een eigentijdse merlot. Niet al te streng. De tannines fijnbesnaard. De pruim slank maar niet anorex. Licht laurier en monter van inborst.

Hoogvliet Chili

LITER
Central Valley

8

druif: cabernet sauvignon
alcohol: 13%
type: vol
prijs: € 3,79

Volfruitig. Bij goede Chileense cabernet sauvignons is er geen ontkomen aan, aan die zwarte bessen. Dit is er eentje. Pepermuntfrisje op de afdronk. Literen maar.

Indomita

Cabernet Sauvignon Gran Reserva 2018
Maipo Valley

7·5

druif: cabernet sauvignon
alcohol: 14%
type: vol
prijs: € 5,49

Vorig oogstjaar een serieuze bak cabernet voor dit geld. De onvermijdelijke zwarte bessen hadden gezelschap gekregen van bramen, bessen en kersen. Nu is er ook weer flink uit de jampot gesnoept. Zoetje hier, likje daar, poetsen maar.

Tunupa

Cabernet Sauvignon Carmenère 2019
Colchagua Valley

7·5

druif: cabernet sauvignon, carmenère
alcohol: 13%
type: vol
prijs: € 4,99

Getemde cabernet en carmenère uit Colchagua. Koningskoppel van een kraakverse oogst. Viooltjes, cassis en cacaopoeder. Prima Nieuwe Wereld Wijn voor Vijf.

Tunupa

Carmenère Reserva 2018
Colchagua Valley

8

druif: carmenère
alcohol: 13,5%
type: vol
prijs: € 6,49

Hoogvliet. Plus de hoge lijn van Tunupa. Daarom: een hogere prijs. Schept zodoende ook hogere verwachtingen. Worden ook dit jaar weer ingelost. Gerookte paprika, wat groene tonen, viooltjes, koffie, cacao en zwarte bes. Carmenère doet begère.

Tunupa

Merlot Cabernet Sauvignon 2018
Colchagua Valley

8-

druif: cabernet sauvignon, merlot
alcohol: 13%
type: vol
prijs: € 4,99

Cabernet mag hier met bordeaux-bondgenoot merlot aan de slag. Vertrouwd terrein beplant met rijpe pruimen, zwarte bessen, laurierstruikjes en omzoomd door warm-klimaattannines. Wat slanker dan voorgaande jaren. Dik in orde overigens.

Tunupa

Merlot Reserva 2018
Colchagua Valley

8·5

druif: merlot
alcohol: 13,5%
type: vol
prijs: € 6,49

Misschien wel het beste uit de line-up van Tunupa, terwijl de claim to fame van de firma toch carmenère is. Enfin, van die laatste hebben de Chilenen heel lang gedacht dat het de merlot betrof. Misschien is-ie daarom wel zo goed. Kloek en moedig. Donker fruit en laurier. Hand-en-spandienst-tannines van de hulpvaardige soort. Helpen bij de smaakbeleving en een langdurige afdronk.

Tunupa

Pinot Noir Gran Reserva 2018
Colchagua Valley

8-

druif: pinot noir
alcohol: 13%
type: medium
prijs: € 7,99

Smakelijke, niet al te overdonderende, frisse pinot noir. Cassiscamaraderie, Bourgondische herfstbossen zonder overdosis hout. Koelte toewuivend en dorstlessend.

Tunupa

Syrah Gran Reserva 2018
Colchagua Valley

8

druif: syrah
alcohol: 14,5%
type: medium
prijs: € 7,99

Swingend feestje aan de gang in huize Tunupa. De dansvloer vers in de boenwas. Syrah hangt de slingers op in fluwelen dansschoentjes en velours broek, hoogglanzend maar niet omdat de pantalon versleten is. Prettig mild gepeperd rood fruit arriveert. De pruim, de framboos, de bessen. Jetzt geht's looosssss.

FRANKRIJK ROOD

Bourgogne

Pinot Noir 'Vieilles Vignes' 2018
Bourgogne

8

druif: pinot noir
alcohol: 12,5%
type: medium
prijs: € 6,99

Terwijl de prijzen in Bourgogne de pan uit rijzen, reizen wij toch even naar Bourgogne om te ontdekken dat een patente rouge geen profvoetbalsalaris verlangt. Opgewekte, door een hoog-kwalitatief werkende coöperatie (Buxy) gemaakte pinot noir. Licht maar toch echte bourgogne. Pak een pan en braad een kip.

Charles Vienot

Bourgogne Pinot Noir 2018
Bourgogne

8

druif: pinot noir
alcohol: 13%
type: medium
prijs: € 9,79

Pinot noir en Bourgogne, *a match made in heaven*. Of in Bourgogne dus eigenlijk. Waar de prijs per vierkante meter grond inmiddels ook tot de hemel reikt. In deze wijnen zit dus altijd een paar euro voor het 'terroir' verrekend, wees je daarvan bewust. In wijnen van dezelfde prijs uit minder chique gebieden worden die euro's besteed aan andere zaken: het vertroetelen van de stokken of het selecteren van de beste druiven bijvoorbeeld. Dit gezegd hebbende: hier hebt u ook een keurig verzorgde Bourgondiër. Ook dit jaar weer vol frambozenvreugd. Knap voor deze prijs.

Charles Vienot

Hautes-Côtes de Nuits 2017
Bourgogne Hautes-Côtes de Nuits

8-

druif: pinot noir
alcohol: 12,5%
type: medium
prijs: € 11,99

Hoger geclassificeerd dan de gewone 'Bourgogne', van wijngaarden op de hogere hellingen van de noordelijke Côte d'Or. Toch legt de Hautes-Côtes 2017 het op dit moment af tegen de Bourgogne 2018. En hoewel 2017 niet slecht was voor rode bourgogne, dat laatste jaar was 'epic'. Dus als je er nu een wilt opentrekken, raden we je die andere aan. Leg je deze nog even in de kelder.

Charles Vienot(NIEUW)

Mâcon rouge 2017
Mâcon

7·5

druif: pinot noir
alcohol: 13%
type: medium
prijs: € 8,99

Lichtrood met lekkere braampartij voor de deur. Zuren verpakt in een lach, makkelijk in de omgang.

Château Peypelat(NIEUW)

2016
Haut-Médoc

8

druif: cabernet franc, cabernet sauvignon, merlot
alcohol: 13,5%
type: vol
prijs: € 8,99

Peypelat, Haut-Médoc met ruggengraat. Heeft van alles wat. Cassis zet zijn beste beentje voor. Koffieboon toont zijn sixpack. Tannines doen rek-en-strek-oefeningen en zuren laten zien dat alle ingrediënten als een soepele machine door de keel geleid kunnen worden.

Jean Sablenay

Cabernet Sauvignon 2018
Pays d'Oc

7

druif: cabernet sauvignon
alcohol: 13%
type: medium
prijs: € 3,79

Niet groots en meeslepend, daar is het prijskaartje dan ook niet naar. Maar cabernet, dat is het wel. Rond, mild, rijp fruit. Zacht en soepel. Zwarte bessen en rood fruit kleuren goed bij elkaar mede dankzij de zonblosjes op de wangen.

Jean Sablenay

Merlot 2018
Pays d'Oc

7

druif: merlot
alcohol: 13%
type: medium
prijs: € 3,79

Jean Sablenay. Zeg je geen nee tegen. Vaste waarde. Altijd keurig in het gelid. Netjes in het schap. Braaf aan tafel. Drinkt zijn glaasje leeg. Zonnig, niet te streng en vol-sappig vanuit de pruimenhoek. Soepel in de heupen en vriendelijk in de benadering.

Sensas

Cabernet-Syrah 2018
Pays d'Oc

7

druif: cabernet sauvignon, syrah
alcohol: 13,5%
type: vol
prijs: € 4,89

Flink wat hulp vanuit de houtzagerij. Daarom zonnig, vlezig en donker fruit met behoorlijk wat gevuldespeculaasinvloeden. Het is een stijl die zijn liefhebbers kent.

Terres Moraines

2016
Madiran

7·5

druif: tannat
alcohol: 13%
type: vol
prijs: € 7,69

Voor we het over de wijn hebben, eerst iets over de druif. Is gemaakt van de tannat, de gezondste blauwe druif van allemaal. In Harolds boek *Wijnreis door mijn lichaam: Over de positieve effecten van wijndrinken*, komt hij uitgebreid aan bod. Vanwege de ruime portionering resveratrol. Dat zorgt onder andere voor de aanmaak van het goede HDL-cholesterol, qua ezelsbruggetje Hoop Doet Leven. Daarnaast verwijdert het 't slechte LDL-cholesterol. Het ontdoet de aderwanden van aanslag, werkt ontstekingsremmend, fungeert als een soort ANWB voor DNA (het herstelt beschadigde cellen) en het helpt veroudering voorkomen. Zet maar een container voor de deur, zou je zeggen. Helaas dient de consumptie beperkt te blijven, tot een glas of wat. Afhankelijk van of je man of vrouw bent. En hoe je je levenspad verder bewandelt. Geniet met mate is ook van toepassing voor de wijndrinker. Al zijn daar de meningen ook weer over verdeeld. Je zou er een boek over kunnen schrijven. Dat heb ik in 2017 dan ook weer gedaan: *Dagboek van een gezonde wijndrinker*, waarin voor- en tegenstanders, met name voedingswetenschappers, elkaar in de haren vliegen en 'welles, nietes' roepen. Waarheid ligt in het midden. En wat treffen we daar? Deze madiran bijvoorbeeld. Dat is weliswaar niet de beste, maar in zijn prijsklasse wel aardig goed. Boers, kordaat en krachtig. Wat een concentratie! Beetje vreemd. Gemalen koffie? Bramen uit de schaduw, laurier en tannines. Kan heel goed ouderen. Zal geen toeval zijn met zoveel resveratrol.

ITALIË ROOD

Conte del Brigante

Amarone 2016

Amarone della Valpolicella

7·5

druif: corvina, rondinella
alcohol: 15%
type: vol
prijs: € 18,99

De Conte zelf drinkt uiteraard alleen maar zijn Amarone. De wijn der wijnen, althans volgens een groepje Italo-vinofielen. Houden van ciliegie, espresso en gelato al cioccolato. Vind je ook allemaal in deze Brigante. *Salute!*

Conte del Brigante

Valpolicella Ripasso 2018

Valpolicella Ripasso

7+

druif: corvina, rondinella
alcohol: 13,5%
type: vol
prijs: € 7,69

Voor nog geen negen euro tuttifruttifruit, dadel en vijg, zoete rijpe kersen, wat chocola en fijne zuren. Verrassend luxe Italiaan voor een buurtsuper. Normaal gesproken kom je die in aangeharkte Italiaanse restaurants tegen die je een truffelrisotto proberen aan te smeren. Alleen zit er dan een heel ander prijskaartje op. Hou deze naam in de gaten voor het geval ze deze proefnotitie ook lezen.

Pemo (NIEUW)

Montepulciano d'Abruzzo 2017

Terre di Chieti

7·5

druif: montepulciano
alcohol: 13,5%
type: medium
prijs: € 5,99

Wijn van het Abruzzisch front. Marcherende tannines, gekleed in glanzend rood fruit, degens van zuur in de hand. Het vaste escortteam van de tagliatelle al ragù.

Sant Ilario
2016
Chianti

7·5

druif: sangiovese
alcohol: 13%
type: medium
prijs: € 6,99

Kleine chianti uit een groot jaar. Doet zijn best en toont zijn kersen, zijn zuren en zijn frisse karakter.

Sensi
2018
Chianti

7·5

druif: sangiovese
alcohol: 12,5%
type: medium
prijs: € 4,49

Sensi zonder pretentie. Ranke, slanke chianti. Maar wel met lekker sap vol rood fruit en met een kwiek zuurtje. Bezorgpizzawijn.

Tor del Colle
Riserva 2017
Montepulciano d'Abruzzo

8+

druif: montepulciano
alcohol: 13,5%
type: vol
prijs: € 5,99

Kijk nou eens: in de koopjeshoek van de supermarkt. Maar zou in een wijnspeciaalzaak niet misstaan in het rek 'exclusieve vondsten'. Een heuse volwassen riserva met een kinderachtig prijskaartje. Vraag niet hoe het kan maar profiteer ervan. Luxe kersen in dure bonbons. Cassislikeur. Geen kliklaminaat maar duur eiken. In overvloed.

SPANJE ROOD

Árbol de Vida
Merlot 2017
La Mancha

8

druif: merlot
alcohol: 13,5%
type: medium DYN
prijs: € 3,99

Echte merlot. Gelukkig niet van die zoetige slapperdepap. Árbol de Vida, de levensboom, geplant door de familie Parra, de biopionier alhier. Heeft lekker wat knoesten, zijtakken bieden voldoende houvast en doet in de vruchtenhoek flink aan pronte pruimen. Het grondgevecht speelt zich af in de tannine- en lauriersferen. Winst voor de smaakpapillen. Beter dan voorgaande oogstjaren.

Árbol de Vida (NIEUW)
Tempranillo Non Sulphur Added 2018
La Mancha

7·5

druif: tempranillo
alcohol: 13%
type: medium DYN
prijs: € 4,49

Geen zwavel toegevoegd. Voor diegenen die puur natuur wensen te drinken en vrees hebben voor het conserveringsmiddel zwavel vanwege mogelijke allergische reacties. Voor diegenen die bovendien houden van zoete, zachte rijpe kersen en aaibare tannines is het ook een aanrader.

Finca Labarca
Crianza 2016
Rioja

7·5

druif: tempranillo
alcohol: 13,5%
type: medium
prijs: € 4,99

Uit Rioja Alavesa, de beste regio. Crianza die tijdens de bevoorrading niets te raden overlaat. Volop vanille, fijne specerijen en rijpe, zoete, opgewreven kersen. Om van in de handen te wrijven: het prijskaartje. Voor dat geld ook nog een gouden medaille op de fles. Maar die hebben ze er zelf op geplakt: *local grower* staat erop. Hoera.

Finca Labarca

Tinto 2018

Rioja

7·5

druif: tempranillo
alcohol: 13%
type: medium
prijs: € 3,99

Puur, eenvoudig en jeugdig. Veel sappig kersenfruit. Met pit. Kan gekoeld worden gedronken.

Hoogvliet Biologische Huiswijn Rood

LITER

Vino de España

7·5

druif: merlot, syrah, tempranillo
alcohol: 12,5%
type: vol BIO
prijs: € 3,79

Merlot en syrah nemen minstens een halve liter voor hun rekening en laten zich flink gelden. De extra inspanningen werpen hun vruchten af: de bioliter is beter dan voorgaande edities ondanks het iets lagere alcoholpercentage. Dan kunnen we met goed fatsoen tenminste nog een slokje extra nemen. Donker fruit, laurier, stoer doen, eeltigheid en een werkoverall. Dat laatste is geen overbodige luxe als je biologisch verbouwt.

Hoogvliet Huiswijn Rood

LITER

Vino de España

7

druif: bobal, tempranillo
alcohol: 11,5%
type: medium
prijs: € 3,79

Wederom weer soepel in de heupen en dik in orde. Bobal, in goeden doen een fruitbommetje. Tempranillo, bijna onmisbaar in het Spaanse land. Samen goed voor een milde, soepele allemansvriend. Zoetige kersen, wat lichte zuren en voldoende houvast om niet helemaal gedachteloos weg te klokken. We literen thuis rustig verder.

Marqués de Cáceres

Crianza 2016

Rioja

8·5

druif: tempranillo
alcohol: 13,5%
type: medium
prijs: € 8,99

Markies die met de Franse slag werkt. Oprichter Enrique Forner was in de vijftiger jaren al in het gelukkige bezit van twee domeinen in Bordeaux, Château Camensac en Château Larose Trintaudon. Liefhebbers van Haut-Médoc-wijnen veren nu op. En liefhebbers van goede en buitengewoon betrouwbare rioja doen dat ook. Marqués de Cáceres weet al jaren de juiste accenten te plaatsen, mede dankzij die Franse wijnmaaktechnieken.
Voor *DGH* proefde ik al 2010 en 2011: beide *excelente*. 2012 bleek ook goed: op-en-top beschaafde kersen, lichte specerij, mild zoet en wat gesoigneerde tannines. Vorig jaar verscheen 2014 op de proeftafel. Fruit in de voorhoede, rijpheid, kalmte en overpeinzingen. Opmerkelijk genoeg heb ik 2015 niet gezien, laat staan geproefd.
Maar voilà, 2016. Ondanks een lente vol problemen, een loeihete zomer en regen tijdens de oogst een meer dan correcte crianza. Het zoet van het hout, het zoet van de kersen. Pruimig, laurier, voorzichtig in het zonnetje, nergens een 'gekookt'-sensatie. Veel waar voor het geld.

Monasterio de las Viñas

Reserva 2015
Cariñena

8

druif: cariñena, garnacha, tempranillo
alcohol: 13,5%
type: vol
prijs: € 7,99

Romige zachte monnikswijn, uit het Monasterio de las Viñas. Zou men daar Bacchus vereren? Ze snappen wel waar ze mee bezig zijn in ieder geval. Deze 2015 ligt al een paar jaar in de kelders, en heeft inmiddels van die lekkere rode sinaasappeltrekjes vergaard.

CHILI ROSÉ

Tunupa (NIEUW)

Rosé Cabernet Sauvignon 2019
Colchagua Valley

7+

druif: cabernet sauvignon
alcohol: 12,5%
type: vol
prijs: € 4,99

Waar is de gegrilde zalm? Rosé met veel en vooral stevig cabernetfruit – zit een koppie op zou opoe zeggen. Heeft dringend wat te eten nodig.

FRANKRIJK ROSÉ

Mimi en Provence (NIEUW)

2018
Côtes de Provence

8

druif: grenache, syrah
alcohol: 12,5%
type: medium
prijs: € 8,99

Fijn van kleur. Fijn van smaak. Perzik en abrikoos. Licht rood fruit. Frêle kruiderij. Licht en droog. De jury van het Concours Général Agricole te Parijs vond een en ander een zilveren medaille waard.

AUSTRALIË WIT

Stoney Creek (NIEUW)

Chardonnay 'Premium' 2018
Limestone Coast

8

druif: chardonnay
alcohol: 12,5%
type: medium
prijs: € 8,99

Premium. Premium prijs. Premium presentatie goddank, anders is het ook weer zo sneu. Rijp, rond en gesoigneerd. Suikermeloen, ananas, perzik en grapefruit. Rijk, maar niet overdreven.

CHILI WIT

Ecobalance

Chardonnay 2018
Casablanca Valley

8

druif: chardonnay
alcohol: 13,5%
type: medium BIO
prijs: € 4,99

Niet mild met mild tropisch fruit, net geplukte perzik en citrusfrissigheid. Prima materiaal voor een balansdag.

H HOOGVLIET

Favoritos (NIEUW)

Chardonnay 'Reserva' 2019
Colchagua Valley

8

druif: chardonnay
alcohol: 13,5%
type: medium
prijs: € 5,99

Subtiele, slanke, lichtvoetige chardonnay. Wie meer gewicht in de fruitschaal zoekt, moet deze niet overwegen. Licht tropisch, het zoet van Turks fruit, het zoetzure van een rijpe appel die opmerkelijk genoeg niet ver van de notenboom valt.

Favoritos (NIEUW)

Sauvignon Blanc 'Classic' 2019
Central Valley

7.5

druif: sauvignon blanc
alcohol: 12,5%
type: medium
prijs: € 4,99

Wordt de favoriet voor wie van een wat rijpere soort sauvignon blanc houdt. Tropentikje, vulling, zacht en niet te onstuimig.

Indomita

Chardonnay Gran Reserva 2018
Casablanca Valley

7.5

druif: chardonnay
alcohol: 14%
type: vol
prijs: € 5,49

Vorig jaar al beoordeeld. Toen rank en fris. Het jaartje extra flessenrust heeft 'm wat rijper en ronder gemaakt. De tropen gaan open. Vanille vanuit de flanken. Een bewijs van anijs.

Tunupa

Chardonnay Gran Reserva 2018
Colchagua Valley

8

druif: chardonnay
alcohol: 14%
type: medium
prijs: € 7,99

Gran Reserva. Verloochent zijn affiche niet. Flink en rondom rijp en rijk. De tropen liggen open. Perziken op sap. De zuren mild. De vanille fluistert.

Tunupa

Chardonnay Sémillon 2019
Colchagua Valley

7.5

druif: chardonnay, sémillon
alcohol: 13%
type: medium
prijs: € 4,99

Milde blend uit de Andes. Harmonieus, met aangename kruidigheid, doorwinterde citrus en zachte aspergebitters.

Tunupa

Sauvignon Blanc Chardonnay 2019
Colchagua Valley

7.5

druif: chardonnay, sauvignon blanc
alcohol: 13%
type: medium
prijs: € 4,99

Pronte blend van popiejopies sauvignon en chardonnay, die dit keer samen op vakantie zijn naar Chili. Monter, bloemig wit. Meloentje hier, citrusshotje daar, ja, de dames vermaken zich wel.

Tunupa

Sauvignon Blanc Reserva 2019
Colchagua Valley

7.5

druif: sauvignon blanc
alcohol: 13%
type: medium
prijs: € 6,49

Licht-tropische sauvignon blanc van wijngaarden rond de voet van de Andes. Niet te stuivend, mild en inschikkelijk. Bij een bordje bloemkoolrisotto bijvoorbeeld.

FRANKRIJK WIT

Bailly-Lapierre

2018
Bourgogne Saint-Bris

8.5

druif: sauvignon blanc
alcohol: 12,5%
type: medium
prijs: € 9,99

Witte bourgogne is welbeschouwd altijd van chardonnay gemaakt. Akkoord, hier en daar produceert een wijnboer nog wat van aligoté. Maar deze wordt toch een beetje als tweede keus geafficheerd. Plant in diezelfde wijngaard chardonnay aan en je krijgt betere wijnen die bovendien meer opbrengen. Saint-Bris moet het hebben van de uitzondering die de regel bevestigt. Is de buurstreek van Chablis en ook hier wordt strak wit gemaakt. Alleen niet van chardonnay, maar van sauvignon blanc. Vorig jaar een onverwacht vondstje bij Hoogvliet. Verraste toen met stuivende zuren en suizende citrus. Kiwi, limoen, groene appels. De verwachting was hooggespannen, maar het wordt alleen maar mooier. Perenijsjes. Sappig en zwoel als een tropisch zwemparadijs. Spetter, pieter, pater...

Bourgogne

Chardonnay 2017
Bourgogne

7.5

druif: chardonnay
alcohol: 13%
type: medium
prijs: € 5,99

Voor wie weleens andere bourgogne wil drinken dan louter die van honderden euro's of meer per fles. U proeft gegarandeerd het verschil. Maar het is een vriendelijke, schone, lichte chardonnay. Dit oogstjaar overtuigender, gevulder en wat tropischer dan voorgaande edities. Bourgogne zonder besognes.

Charles Vienot

Chablis 2018
Chablis

8+

druif: chardonnay
alcohol: 12,5%
type: medium
prijs: € 13,99

Chablis van Vienot, een van de grote producenten in de streek. Verstaat zijn vak, en het weer werkte ook lekker mee in 2018. Daarom overdadige geurpartijen en een overvloed aan smaak. Tropisch fruit, gelukkig met intelligente citruskwinkslag. Zou niet misstaan bij een Rolex.

Charles Vienot

Chardonnay 2018
Bourgogne

8

druif: chardonnay
alcohol: 12,5%
type: medium
prijs: € 9,79

Milde, doch gevulde chardonnay met laaghangend tropisch fruit, voluptueuze perzik, een ingehouden roomdrup en een dikke citroen.

Hoogvliet Huiswijn Wit Droog

LITER
Côtes de Gascogne

7+
druif: colombard, ugni blanc
alcohol: 10,5%
type: licht
prijs: € 3,69

Gascogne. Sinds jaar en dag een betrouwbare regio om als super je huiswijnliters te halen. Droog. Zoals het etiket belooft. En ook met kwiek en fit wit fruit, citrusbijdrage en een hoge dorst-lest-best-factor. Ofschoon het een liter is, biedt deze Gascogner een uitgelezen kans om al drinkend te minderen: het alcoholpercentage bedraagt net zoals vorig jaar slechts 10,5 procent. Toch is er een kleine verandering: iets beter geworden. Pluspunt.

Jean Sablenay

Chardonnay 2018
Vin de France

7
druif: chardonnay
alcohol: 12%
type: medium
prijs: € 3,79

Soms een uitschieter naar boven. Maar belandt tot op heden nooit onder de streep. Schone, frisse, niet te uitzinnige, dorstlessende witte wijn die toevallig van de chardonnaydruif is gemaakt en die we allemaal zo goed kennen.

Lacheteau

2018
Touraine

7·5
druif: sauvignon blanc
alcohol: 12,5%
type: licht
prijs: € 7,29

Nee, dit is niet gemaakt door een wijnboer met dyslexie of een Hollandse ondernemer die een kasteeltje op de kop heeft getikt ergens en doet alsof-ie wijnboer is. Nee, de naam is een verkleinwoord van de vrij gangbare Weense achternaam Lachet – en heeft dus niets met chateaus te maken. Neemt verder niet weg dat dit een keurige strakke sauvignon blanc is. Veel wit fruit, sappige goudrenet, kalkig en volstrekt en volledig honderd procent droog.

ITALIË WIT

Pemo

Pecorino 2019
Terre di Chieti

8
druif: pecorino
alcohol: 13%
type: medium
prijs: € 5,99

Net in de fles. Met zachte hand erin gestopt. Een pecorino zo zacht en schuchter dat-ie bijna aaibaar is. Daarentegen ook weer fris. Klein geel en oranje fruit, citrus en bonsaikruiderij.

Terrazzano

2018
Verdicchio dei Castelli di Jesi

7·5
druif: verdicchio
alcohol: 12%
type: licht
prijs: € 4,59

De ideale witte Italiaanse huiswijn. Wit fruit, besjes, zachte bitters, milde zuren. Dorstlesser pur sang. Geen geld. De geruststellend lelijke amforafles krijg je op de koop toe.

Tor del Colle (NIEUW)

Pecorino 2018
Terre di Chieti

8

druif: pecorino
alcohol: 13%
type: medium
prijs: € 5,99

Mark heeft zijn torentje. En *DGH* heeft er nu ook een: Tor del Colle. Kunnen we altijd heen als we het even niet meer weten in de supermarkt. Rood en wit dik in orde. Mooie zware fles. En voor dat geld ook nog met een verrassend smakelijke inhoud. Waarlijke pecorino vol *limone e citrone*. Sappig in aanzet, met genoeg body voor de maaltijd. *Linguine al salmone* bijvoorbeeld.

NIEUW-ZEELAND WIT

Te Waina (NIEUW)

Sauvignon Blanc 2019
Marlborough

8

druif: sauvignon blanc
alcohol: 12%
type: licht
prijs: € 4,99

Tien redenen waarom sauvignon blanc uit Nieuw-Zeeland zo populair is geworden: kruisbessen, kiwi, groene appel, grapefruit, limoen, mango, doperwtjes, passievrucht, energie en een vriendelijk prijskaartje. Tel maar na. En tel uit je winst.

The Founder

Sauvignon Blanc 2018
Marlborough

8

druif: sauvignon blanc
alcohol: 13%
type: licht
prijs: € 9,99

De naam doet denken aan een LinkedIn-profiel. The Founder. De oprichter. Van wat dan precies? Van onder meer het label Misty Cove, een succesvolle Marlborough-sauvignon blanc (dat verdacht veel weg had van Cloudy Bay), bedacht door de Nieuw-Zeelandse expat Andrew Baily voor de Nederlandse markt. Als ik me niet vergis, was dat een kwestie van een etiket plakken op een aangekochte wijn van iemand anders en is Andrew met The Founder een nieuw avontuur aangegaan in zijn geboorteland. Zit nu daadwerkelijk zelf tussen de stokken. En weet daar een erg lekkere Nieuw-Zeelandse sauvignon blanc te fabriceren. Uit de juiste kruisbessen gesneden. Ook de buurtkiwi geeft acte de présence. Passievrucht betuigt wat liefde, groene appel vertolkt een glansrol en de citrus stuift wat rond.

Villa Maria

Sauvignon Blanc Organic 2019
Marlborough

8+

druif: sauvignon blanc
alcohol: 13%
type: medium BIO
prijs: € 8,99

Think global, drink local. Makkelijker gezegd dan gedaan als het om wijn gaat. Maar nog even en de klimaatverandering zet dusdanig door dat we voor een goede sauvignon blanc niet meer buiten de landsgrenzen hoeven te zoeken. Laat staan aan de andere kant van de wereld. Toch zal Nieuw-Zeelandse 'savvy' altijd zoiets unieks blijven dat geen enkele andere SB die kan vervangen. De aroma's van het gras zijn er grassiger. De kruisbessen frivoler. Het groen groener. De asperges rijper. De passievrucht met meer passie. Nieuwe oogst van lokale grootmeester Villa Maria. Drinkt u toch nog 'local'. En gelukkig allemaal onbespoten: bio.

OOSTENRIJK WIT

Green
Grüner Veltliner trocken 2018
Niederösterreich

7

druif: grüner veltliner
alcohol: 12,5%
type: licht
prijs: € 4,99

Groene appels, meloen en limoen. Vriendelijke grüner die goed zijn best doet om lekker gevonden te blijven worden.

SPANJE WIT

Árbol de Vida
Verdejo 2018
La Mancha

7·5

druif: verdejo
alcohol: 12,5%
type: licht DYN
prijs: € 4,99

Daar is de levensboom weer, de Árbol de Vida. Groene appels. Ze hangen er strak bij dit jaar. Je hoort ze bijna knapperen. Kiwi en limoen bemoeien zich verder met de sapstroom, en die vloeit rijkelijk.

Gran Espanoso
Vintage Cuvée Brut
Cava

7

druif: macabeu, parellada, xarel·lo
alcohol: 11,5%
type: droog M
prijs: € 4,69

Keurig voor dit prijsniveau. Niet te streng. Niet te kartonnig. Mollige mousse. Zacht en rijp fruit. Oprecht en eerlijk afdrinkend.

Hoogvliet Biologische Huiswijn Wit
LITER
Vino de España

7·5

druif: airén, sauvignon blanc, verdejo
alcohol: 12,5%
type: medium BIO
prijs: € 3,79

Ook dit jaar weer opvallend goedgeluimd. Links en rechts trakterend op peren, suikermeloen, groene appels en citrus. Spat nog wat na. Maar waar je een dreinende kleuter voor dat laatste een dreun voor zijn kanis geeft, vraag je in dit geval of het glas nog even volgeschonken kan worden. Moet geen probleem zijn. Er zit toch een liter in en het kost niks.

ZUID-AFRIKA WIT

Zuydpunt
Chenin Blanc Viognier 2019
Western Cape

7

druif: chenin blanc, viognier
alcohol: 12,5%
type: medium
prijs: € 5,99

Weet dit keer de puntjes op de i van Zuydpunt te krijgen. Ja, we weten het: die staan daar helemaal niet. Maar toch werd het dit oogstjaar een prima wijn. Kakelverse abrikoos en perzik, vol en rijp en voldoende fris om niet meteen weer dorst te krijgen.

ARGENTINIË ROOD

Casa de Campo
Malbec-Shiraz 2019
Mendoza

7·5

druif: malbec, syrah
alcohol: 13,5%
type: vol
prijs: € 3,89

Bereikte jarenlang de overkant van het water als pure malbec. Was toen slank, soepel, sappig en helemaal niks mis mee. Maar wel wat braaf. Heeft dankzij de inzet van een vuist syrah (volgens het etiket dit jaar: shiraz) wat meer kracht en eigenwijzigheid meegekregen. Er komt ook nog wat hout bovendrijven. Vrees niet voor splinters, maar je kunt je vastklampen aan een vanillestokje links en rechts.

AUSTRALIË ROOD

Stoney Creek
Shiraz Grenache Petit Verdot 2018
South Eastern Australia

7

druif: grenache, petit verdot, shiraz
alcohol: 13%
type: medium
prijs: € 5,99

Niet om een gat van in de lucht te springen, maar wel sympathiek. Grappige blend ook. De usual suspect shiraz heeft aan zijn zijde petit verdot en grenache. Rond, soepel, zoetig. Allemansvriend.

CHILI ROOD

Favoritos (NIEUW)
Cabernet Carmenère 'Classic' 2019
Central Valley

7·5

druif: cabernet sauvignon, carmenère
alcohol: 13,5%
type: vol
prijs: € 4,99

De Triple C formule: cabernet carmenère classic. Nog een c van cassis. Verder in het alfabet met bramen, wat mint, espresso, kersenbonbons en zoethout in een fijne light-editie.

Favoritos (NIEUW)
Cabernet Sauvignon 'Reserva' 2018
Colchagua Valley

7·5

druif: cabernet sauvignon
alcohol: 14%
type: vol
prijs: € 5,99

Gemaakt door Luis Felipe Edwards, familiedomein in Colchagua. Favoriet voor wie van kloeke cassis, bessen en laurier houdt. Niet te oaky daarom okay.

Favoritos (NIEUW)
Carmenère 'Reserva' 2018
Colchagua Valley

8

druif: carmenère
alcohol: 14%
type: vol
prijs: € 5,99

Precies wat een kordate carmenère uit Chili moet hebben. Zwart en rood fruit. Koffie en cacao. Spicy, zoet en bitter. Rood voor wie in zijn espresso ook een klein beetje suiker doet.

Favoritos (NIEUW)

Merlot 'Classic' 2019
Central Valley

7,5
druif: merlot
alcohol: 13,5%
type: vol
prijs: € 4,99

Wellicht niet direct een klassieker. Meer een eigentijdse merlot. Niet al te streng. De tannines fijnbesnaard. De pruim slank maar niet anorex. Licht laurier en monter van inborst.

Indomita

Cabernet Sauvignon Gran Reserva 2018
Maipo Valley

7,5
druif: cabernet sauvignon
alcohol: 14%
type: vol
prijs: € 5,29

Vorig oogstjaar een serieuze bak cabernet voor dit geld. De onvermijdelijke zwarte bessen hadden gezelschap gekregen van bramen, bessen en kersen. Nu is er ook weer flink uit de jampot gesnoept. Zoetje hier, likje daar, poetsen maar.

Indomita

Pinot Noir Gran Reserva 2018
Casablanca Valley

8
druif: pinot noir
alcohol: 14%
type: medium
prijs: € 5,29

Gran Reserva. Klein prijsje. Sympathieke pinot noir. Rondom pruimen, kersen op sap, lichte kruiderij en soepele tannines. Lekker aards, bossig en herfstinzet dit oogstjaar.

Landenwijn Chili

Rood LITER
Central Valley

8
druif: cabernet sauvignon
alcohol: 13%
type: vol
prijs: € 3,99

Volfruitig. Bij goede Chileense cabernet sauvignons is er geen ontkomen aan, aan die zwarte bessen. Dit is er eentje. Pepermuntfrisje op de afdronk. Literen maar.

DUITSLAND ROOD

J. Meyer (NIEUW)

Pinot Noir 2018
Pfalz

7,5
druif: pinot noir
alcohol: 13,5%
type: medium
prijs: € 3,99

Wie zoekt naar het zachte, zoete, zonnige, pruimige wat Duitse pinot noirs vaak hebben, neemt niet deze. Kloek, moedig, donkere partijen en stoer. Eigenlijk überhaupt nergens karakteristiek pinot noir maar wel een lekkere Rotwein. Helemaal voor dit geld.

FRANKRIJK ROOD

Bourgogne

Pinot Noir 'Vieilles Vignes' 2018
Bourgogne

8
druif: pinot noir
alcohol: 12,5%
type: medium
prijs: € 5,99

Terwijl de prijzen in Bourgogne de pan uit rijzen, reizen wij toch even naar Bourgogne om te ontdekken dat een patente rouge geen prof-voetbalsalaris verlangt. Opgewekte, door een hoog-kwalitatief werkende coöperatie (Buxy) gemaakte pinot noir. Licht maar toch echte bourgogne. Pak een pan en braad een kip.

Jean Sablenay

Cabernet Sauvignon 2018
Pays d'Oc

7

druif: cabernet sauvignon
alcohol: 13%
type: medium
prijs: € 3,59

Niet groots en meeslepend, daar is het prijskaartje dan ook niet naar. Maar cabernet, dat is het wel. Rond, mild, rijp fruit. Zacht en soepel. Zwarte bessen en rood fruit kleuren goed bij elkaar mede dankzij de zonblosjes op de wangen.

Jean Sablenay

Merlot 2018
Pays d'Oc

7

druif: merlot
alcohol: 13%
type: medium
prijs: € 3,59

Jean Sablenay. Zeg je geen nee tegen. Vaste waarde. Altijd keurig in het gelid. Netjes in het schap. Braaf aan tafel. Drinkt zijn glaasje leeg. Zonnig, niet te streng en vol-sappig vanuit de pruimenhoek. Soepel in de heupen en vriendelijk in de benadering.

La Boiseraie

Saint Mont Rouge 2016
Saint-Mont

8-

druif: cabernet sauvignon, pinenc, tannat
alcohol: 13%
type: vol
prijs: € 4,99

Soms zijn we al blij als de wijn die we proeven ook daadwerkelijk naar wijn smaakt en niet naar een knap gecomponeerd chemisch hoogstandje. La Boiseraie stelt ons niet teleur. Blijmoedig, schoon-fruitig, zacht en bijna weldadig, rode sinaasappel-indachtig sap. Met milde tannines, een blik op de zon en een zoetige kruiderij. Dank.

Sensas

Cabernet-Syrah 2018
Pays d'Oc

7

druif: cabernet sauvignon, syrah
alcohol: 13,5%
type: vol
prijs: € 4,89

Flink wat hulp vanuit de houtzagerij. Daarom zonnig, vlezig en donker fruit met behoorlijk wat gevulde-speculaasinvloeden. Het is een stijl die zijn liefhebbers kent.

ITALIË ROOD

Borgo al Pino (NIEUW)

2015
Chianti Riserva

7.5

druif: sangiovese
alcohol: 13%
type: vol
prijs: € 6,99

Zich bepaald niet gereserveerd opstellende riserva. Flink wat kersen, herfstimpressies, goeie zuren en een gezonde eetlust. Wat dat laatste betreft: vegetarisme is 'm onbekend. Biefstukken moeten het worden. Bij voorkeur met een grillruit.

Conte del Brigante

Valpolicella Ripasso 2018
Valpolicella Ripasso

7+

druif: corvina, rondinella
alcohol: 13,5%
type: vol
prijs: € 7,99

Voor nog geen negen euro tuttifruttifruit, dadel en vijg, zoete rijpe kersen, wat chocola en fijne zuren. Verrassend luxe Italiaan voor een buurtsuper. Normaal gesproken kom je die in aangeharkte Italiaanse restaurants tegen die je een truffelrisotto proberen aan te smeren. Alleen zit er dan een heel ander prijskaartje op. Hou deze naam in de gaten voor het geval ze deze proefnotitie ook lezen.

Podere di San Bruno (NIEUW)

2017
Barbera d'Asti

7

druif: barbera
alcohol: 13%
type: vol
prijs: € 4,99

Uit Italië's hoge noorden. Geen hoogvlieger maar wel een adequate rosso voor zijn geld biedend. Geen zoetig allemansvriendje, u zijt gewaarschuwd. Bittere kersen, zure besjes, treuzeltannines en eigen voor de regio. Iets koeler drinken vinden sommigen *cool* en is aan te bevelen.

Podere di San Bruno (NIEUW)

2014
Barolo

7

druif: nebbiolo
alcohol: 13%
type: vol
prijs: € 12,99

Kan barolo voor dit geld? Klaarblijkelijk. Al moet je niet zo'n barolo verwachten die wordt bezongen als 'De Koning der Wijnen'. Dit is er eentje uit de hofhouding. Die met het personeel mee-eet in de keuken, waar het sowieso een stuk gezelliger is dan aan het staatsbanket boven. Beneden staan gul de pannen met stoofvlees op tafel, doet men fijn mee met *shared dining*, dat daar gewoon 'mag ik de pan nog even van je?' heet, en worden de glazen nog eens volgeklotst met een kloeke, kranige nebbiolo met rozengeur, bittere pruimen, bonkige bramen, zwarte kersen en diepdonkere keldertanninetjes.

Sensi

2018
Chianti

7·5

druif: sangiovese
alcohol: 12,5%
type: medium
prijs: € 4,49

Sensi zonder pretentie. Ranke, slanke chianti. Maar wel met lekker sap vol rood fruit en met een kwiek zuurtje. Bezorgpizzawijn.

Terrazzano (NIEUW)

Sangiovese 2018
Marche

7

druif: sangiovese
alcohol: 12%
type: medium
prijs: € 4,49

Van de producent die ons al jaar in jaar uit een prettige witte verdicchio in een geruststellend lelijke amforafles met schroefdop schenkt, is hier nu een vieve rode in een fatsoenlijke uitmonstering. Inhoud is dat ook: kwieke, frisse, bes-kersige rosso met een klein kruidengarnituurtje op de afdronk.

SPANJE ROOD

Biologische Huiswijn Rood

LITER

Vino de España

7·5

druif: merlot, syrah, tempranillo
alcohol: 12,5%
type: vol BIO
prijs: € 3,99

Merlot en syrah nemen minstens een halve liter voor hun rekening en laten zich flink gelden. De extra inspanningen werpen hun vruchten af: de bioliter is beter dan voorgaande edities ondanks het iets lagere alcoholpercentage. Dan kunnen we met goed fatsoen tenminste nog een slokje extra nemen. Donker fruit, laurier, stoer doen, eeltigheid en een werkoverall. Dat laatste is geen overbodige luxe als je biologisch verbouwt.

Finca Labarca

Tinto 2018

Rioja

7·5

druif: tempranillo
alcohol: 13%
type: medium
prijs: € 3,99

Puur, eenvoudig en jeugdig. Veel sappig kersenfruit. Met pit. Kan gekoeld worden gedronken.

Huiswijn Rood

LITER

Vino de España

7

druif: bobal, tempranillo
alcohol: 11,5%
type: medium
prijs: € 3,99

Wederom weer soepel in de heupen en dik in orde. Bobal, in goeden doen een fruitbommetje. Tempranillo, bijna onmisbaar in het Spaanse land. Samen goed voor een milde, soepele allemansvriend. Zoetige kersen, wat lichte zuren en voldoende houvast om niet helemaal gedachteloos weg te klokken. We literen thuis rustig verder.

Marqués de Cáceres

Crianza 2016

Rioja

8·5

druif: tempranillo
alcohol: 13,5%
type: medium
prijs: € 8,99

Markies die met de Franse slag werkt. Oprichter Enrique Forner was in de vijftiger jaren al in het gelukkige bezit van twee domeinen in Bordeaux, Château Camensac en Château Larose Trintaudon. Liefhebbers van Haut-Médoc-wijnen veren nu op. En liefhebbers van goede en buitengewoon betrouwbare rioja doen dat ook. Marqués de Cáceres weet al jaren de juiste accenten te plaatsen, mede dankzij die Franse wijnmaaktechnieken.
Voor *DGH* proefde ik al 2010 en 2011: beide *excelente*. 2012 bleek ook goed: op-en-top beschaafde kersen, lichte specerij, mild zoet en wat gesoigneerde tannines. Vorig jaar verscheen 2014 op de proeftafel. Fruit in de voorhoede, rijpheid, kalmte en overpeinzingen. Opmerkelijk genoeg heb ik 2015 niet gezien, laat staan geproefd.
Maar voilà, 2016. Ondanks een lente vol problemen, een loeihete zomer en regen tijdens de oogst een meer dan correcte crianza. Het zoet van het hout, het zoet van de kersen. Pruimig, laurier, voorzichtig in het zonnetje, nergens een 'gekookt'-sensatie. Veel waar voor het geld.

ZUID-AFRIKA ROOD

Serengeti
Shiraz – Kifaru 2018
Western Cape

7+

druif: shiraz
alcohol: 13,5%
type: vol
prijs: € 5,49

Een slok en je bent op safari in Zuid-Afrika. In het Nationale Wijnpark Serengeti. Daar doet pinotage in giraffen. En de shiraz heeft de neushoorn geannexeerd. Binnen de hekken komen mag. Om de fles open te maken. Voederen mag evenzeer. Lekker hamburgertje braden (gewoon van koe) en zo'n glas van deze krachtige en stoere (kan bijna niet anders), nootachtige, rokerige rode schenken.

FRANKRIJK ROSÉ

Mille Bisous XXX (NIEUW)
2018
Pays d'Oc

8

druif: grenache
alcohol: 12,5%
type: medium
prijs: € 5,99

Het begint met mille bisous, duizend kusjes, en we vervolgen met een triple x-waarschuwing. Wees niet bevreesd. Hoogstens verschijnen er wat blosjes op de wangen door kirrende frambozen, lichtzinnige kersen en kokette kruiderij.

Mimi en Provence (NIEUW)
2018
Côtes de Provence

8

druif: grenache, syrah
alcohol: 12,5%
type: medium
prijs: € 8,99

Fijn van kleur. Fijn van smaak. Perzik en abrikoos. Licht rood fruit. Frêle kruiderij. Licht en droog. De jury van het Concours Général Agricole te Parijs vond een en ander een zilveren medaille waard.

SPANJE ROSÉ

Biante (NIEUW)
Rosé 2018
Campo de Borja

7

druif: garnacha
alcohol: 12%
type: medium
prijs: € 3,29

Goede rosado hoeft helemaal niet veel te kosten. Droog, volop rood fruit, kruidig en sappig. Van harte aanbevolen.

CHILI WIT

Ecobalance
Chardonnay 2018
Casablanca Valley

8

druif: chardonnay
alcohol: 13,5%
type: medium BIO
prijs: € 4,99

Niet mild met mild tropisch fruit, net geplukte perzik en citrusfrissigheid. Prima materiaal voor een balansdag.

Favoritos (NIEUW)

Chardonnay 'Reserva' 2019
Colchagua Valley

8

druif: chardonnay
alcohol: 13,5%
type: medium
prijs: € 5,99

Subtiele, slanke, lichtvoetige chardonnay. Wie meer gewicht in de fruitschaal zoekt, moet deze niet overwegen. Licht tropisch, het zoet van Turks fruit, het zoetzure van een rijpe appel die opmerkelijk genoeg niet ver van de notenboom valt.

Favoritos (NIEUW)

Sauvignon Blanc 'Classic' 2019
Central Valley

7·5

druif: sauvignon blanc
alcohol: 12,5%
type: medium
prijs: € 4,99

Wordt de favoriet voor wie van een wat rijpere soort sauvignon blanc houdt. Tropentikje, vulling, zacht en niet te onstuimig.

Favoritos (NIEUW)

Sauvignon Blanc 'Reserva' 2019
Leyda Valley

8

druif: sauvignon blanc
alcohol: 12,5%
type: medium
prijs: € 5,99

Beweegt zich in het groenspectrum. Doperwtjes, broccoli, tuinboontjes, groene appel, kiwi en limoen die gezamenlijk onder een koude douche hebben gestaan. Toch: goed droog.

Indomita

Chardonnay Gran Reserva 2018
Casablanca Valley

7·5

druif: chardonnay
alcohol: 14%
type: vol
prijs: € 5,29

Vorig jaar al beoordeeld. Toen rank en fris. Het jaartje extra flessenrust heeft 'm wat rijper en ronder gemaakt. De tropen gaan open. Vanille vanuit de flanken. Een bewijs van anijs.

Indomita (NIEUW)

Viognier Gran Reserva 2018
Bío-Bío Valley

7·5

druif: viognier
alcohol: 13,5%
type: medium
prijs: € 5,29

Bío-Bío en toch niet bio. Nu hoef je voor herbiciden en pesticiden niet te vrezen in Chili. Die worden daar niet of nauwelijks gebruikt. Niet nodig. Ook een gevoelig typetje als de viognier verlangt daar geen extra bescherming. Onbezorgde perzikpresentatie, een dartele abrikoos, een fluisterend stemgembertje en een fijn bittertje bij het afscheid vallen ons ten deel.

Viña Maipo

Chardonnay 2018
Central Valley

7·5

druif: chardonnay
alcohol: 12,5%
type: medium
prijs: € 4,49

Heet wel Maipo, komt echter niet uit deze vallei maar uit Chili's centrale druiven meld- en regelkamer Central Valley. Van daaruit is een zachte witte afgeleverd. Met een spoortje exotische vruchten, scheutje room en een mildzure afdronk. Heeft ingeleverd op zijn alcoholpercentage (van

13 naar 12,5) maar niet op kwaliteit: beduidend meer inhoud dan de 2017-oogst.

DUITSLAND WIT

J. Meyer (NIEUW)

Pinot Gris 2018
Pfalz

7·5

druif: pinot gris
alcohol: 12,5%
type: medium
prijs: € 3,99

Mals uit de Pfalz. Zachte appel, milde amandel, rijpe peer en fris romig.

FRANKRIJK WIT

Bourgogne

Chardonnay 2017
Bourgogne

7·5

druif: chardonnay
alcohol: 13%
type: medium
prijs: € 5,99

Voor wie weleens andere bourgogne wil drinken dan louter die van honderden euro's of meer per fles. U proeft gegarandeerd het verschil. Maar het is een vriendelijke, schone, lichte chardonnay. Dit oogstjaar overtuigender, gevulder en wat tropischer dan voorgaande edities. Bourgogne zonder besognes.

Huiswijn Wit Droog

LITER
Côtes de Gascogne

7+

druif: colombard, ugni blanc
alcohol: 10,5%
type: licht
prijs: € 3,99

Gascogne. Sinds jaar en dag een betrouwbare regio om als super je huiswijnliters te halen. Droog. Zoals het etiket belooft. En ook met kwiek en fit wit fruit, citrusbijdrage en een hoge dorst-lest-best-factor. Ofschoon het een liter is, biedt deze Gascogner een uitgelezen kans om al drinkend te minderen: het alcoholpercentage bedraagt net zoals vorig jaar slechts 10,5 procent. Toch is er een kleine verandering: iets beter geworden. Pluspunt.

Jean Sablenay

Chardonnay 2018
Vin de France

7

druif: chardonnay
alcohol: 12%
type: medium
prijs: € 3,59

Soms een uitschieter naar boven. Maar belandt tot op heden nooit onder de streep. Schone, frisse, niet te uitzinnige, dorstlessende witte wijn die toevallig van de chardonnaydruif is gemaakt en die we allemaal zo goed kennen.

La Boiseraie

2017
Saint-Mont

8-

druif: arrufiac, gros manseng, petit courbu
alcohol: 13%
type: medium
prijs: € 4,99

Frisser, kwieker en krokanter dan voorgaand jaar. Geel, wit en groen fruit kunnen het in 2017 goed met elkaar vinden. Zuchtje kruiderij, een klein bittertje en lekker.

La Boiseraie

Saint Mont 2017
Saint-Mont

8-

druif: arrufiac, gros manseng, petit courbu
alcohol: 13%
type: medium
prijs: € 4,99

Frisser, kwieker en krokanter dan voorgaand jaar. Geel, wit en groen fruit kunnen het in 2017 goed met elkaar vinden. Zuchtje kruiderij, een klein bittertje en lekker.

Patrice Moreux (NIEUW)

Pouilly-Fumé 2018
Sancerre

8·5

druif: sauvignon blanc
alcohol: 12,5%
type: medium
prijs: € 11,99

Grappig. Wat ik eerder in Moreux' Sancerre 2017 proefde, herken ik nu terug in zijn Pouilly-Fumé 2018: wat dat is? Kom ik zo op. Patrice voegt niks toe, zijn druifjes mogen zelf bepalen wanneer ze starten met gisten. Houdt ze alleen een beetje in bedwang door ze in de betonnen tanks goed koud te houden. Dan kan het toch weleens gebeuren dat er tweede fermentatiefeestjes plaatsvinden als Patrice even niet oplet. Gaan ze allemaal opeens aan de malo bijvoorbeeld. Resultaat: Franse kaasjes in de neus. Voilà, nu ook in de PF. Misschien niet naar iedereens smaak, maar het zijn *lieve* kaasjes, geen stinkers. Van de Alpage-soort, waar je steeds aan wilt snuffelen. De wijn houdt zich verder ook kalm. Perzikzacht, met gele appeltjes en opfriswindjes van grapefruit en limoen. Een *wild ride*, en een mooie impressie van de streek.

ITALIË WIT

Terrazzano

2018
Verdicchio dei Castelli di Jesi

7·5

druif: verdicchio
alcohol: 12%
type: licht
prijs: € 4,59

De ideale witte Italiaanse huiswijn. Wit fruit, besjes, zachte bitters, milde zuren. Dorstlesser pur sang. Geen geld. De geruststellend lelijke amforafles krijg je op de koop toe.

Veduta (NIEUW)

Pecorino 2018
Terre di Chieti

7·5

druif: pecorino
alcohol: 13%
type: medium
prijs: € 4,99

Pico pecorino, weinig pecunia. De bite van granny smith. De frisheid van een rijpe peer. Koele meloen. Een zweempje limoen. Sappig bittertje.

NIEUW-ZEELAND WIT

Te Waina (NIEUW)

Sauvignon Blanc 2019
Marlborough

8

druif: sauvignon blanc
alcohol: 12%
type: licht
prijs: € 4,99

Tien redenen waarom sauvignon blanc uit Nieuw-Zeeland zo populair is geworden: kruisbessen, kiwi, groene appel, grapefruit, limoen, mango, doperwtjes, passievrucht, energie en een vriendelijk prijskaartje. Tel maar na. En tel uit je winst.

OOSTENRIJK WIT

Green
Grüner Veltliner trocken 2018
Niederösterreich

7

druif: grüner veltliner
alcohol: 12,5%
type: licht
prijs: € 4,99

Groene appels, meloen en limoen. Vriendelijke grüner die goed zijn best doet om lekker gevonden te blijven worden.

ROEMENIË WIT

I Am
Pinot Grigio 2018
Brda

7

druif: pinot grigio
alcohol: 12%
type: licht
prijs: € 3,99

Perendrups, appelig en zachte zuren. Wederom vriendelijk smakend dit oogstjaar. Pretentieloos. Geldt ook voor het prijskaartje. I Am prima te drinken.

I Am
Sauvignon Blanc 2018

7·5

druif: sauvignon blanc
alcohol: 12%
type: licht
prijs: € 3,99

I Am. En wat ben je dan? Een sappige sauvignon blanc met veel perendrups-perzik-meloensnoepjesfruit en een prettig groene, citrusrijke, knisperende frisse afdronk. Dat ben je. Bovendien ben je erg voordelig.

SPANJE WIT

Biologische Huiswijn Wit Droog
LITER
Vino de España

7·5

druif: airén, sauvignon blanc, verdejo
alcohol: 12,5%
type: medium BIO
prijs: € 3,99

Ook dit jaar weer opvallend goedgeluimd. Links en rechts trakterend op peren, suikermeloen, groene appels en citrus. Spat nog wat na. Maar waar je een dreinende kleuter voor dat laatste een dreun voor zijn kanis geeft, vraag je in dit geval of het glas nog even volgeschonken kan worden. Moet geen probleem zijn. Er zit toch een liter in en het kost niks.

Gran Espanoso
Vintage Cuvée Brut
Cava

7

druif: macabeu, parellada, xarel·lo
alcohol: 11,5%
type: droog M
prijs: € 4,99

Keurig voor dit prijsniveau. Niet te streng. Niet te kartonnig. Mollige mousse. Zacht en rijp fruit. Oprecht en eerlijk afdrinkend.

Nava Real

Verdejo 2018
Rueda

7

druif: verdejo
alcohol: 12,5%
type: licht
prijs: € 4,99

Sappige mondverfrisser. Wit fruit, groen spikkeltje, citrus. Eenvoudig, oprecht en de real thing.

ZUID-AFRIKA WIT

Danie de Wet

Chardonnay 2019
Robertson

8

druif: chardonnay
alcohol: 13%
type: medium
prijs: € 4,99

Goed gedaan weer, Danie. Uitstapje richting de tropen, sappige vulling, veel fruit. Heeft helemaal zijn draai gevonden. Nu de braai nog: zalm met grillruitje.

Danie de Wet

Sauvignon Blanc 2019
Robertson

8

druif: sauvignon blanc
alcohol: 12,5%
type: medium
prijs: € 4,99

Voor wie graag een uit de startblokken weg sprintende sauvignon blanc drinkt. Tijdje niet in beeld geweest maar imponeert met een tot de verbeelding sprekende comeback. Doet mee aan 'stand in de wand' en de kleur is... groen! Felle Zuid-Afrikaan, met pittig wit fruit, fiks wat zuren en volstrekt droog finishend.

Serengeti

Sauvignon Blanc - Pundamilla 2019
Western Cape

7

druif: sauvignon blanc
alcohol: 13,5%
type: vol
prijs: € 5,49

Nogal woeste kudde zebra's rond de sauvignon blanc-poel dit jaar. Uitdijende grapefruit, zwanger tropisch fruit. Flink wat gras bij eten.

Zuydpunt

Chenin Blanc Viognier 2019
Western Cape

7

druif: chenin blanc, viognier
alcohol: 12,5%
type: medium
prijs: € 5,99

Weet dit keer de puntjes op de i van Zuydpunt te krijgen. Ja, we weten het: die staan daar helemaal niet. Maar toch werd het dit oogstjaar een prima wijn. Kakelverse abrikoos en perzik, vol en rijp en voldoende fris om niet meteen weer dorst te krijgen.

ARGENTINIË ROOD

Siesta

Cabernet Franc 'Tahuatinsyuyu' 2014
Uco Valley

8.5

druif: cabernet franc
alcohol: 14%
type: vol DYN
prijs: € 16,99

Rood om dat middagslaapje maar even voor over te slaan. Uit Uco Valley in Mendoza. Fijne plek. Ook om biologisch-dynamisch te wijngaardenieren, zo blijkt. Wijnmaker Ernesto Catena (grote achternaam in Argentinië) is hier lekker in zijn eentje zijn *single vineyard* ingedoken. De uitdaging niet geschuwd: aan de slag gegaan met cabernet franc, een druif die in de Loire ook tot de notoire lastpakken wordt gerekend. Maar luistert-ie naar je omdat hij je benadering waardeert, dan krijg je uniek materiaal. Rouwdouwtannines, Van Nelle zware shag, powerpruimen en zonsverduisteringen. Maar toch ook dat kleine, flirterige Nieuwe Wereld-zoetje waardoor de scherpe kantjes er net wat vanaf gaan. Alleen te koop bij Jumbo Foodmarkt. En als u daar toch bent, aarzel niet om ook de cabernet sauvignon en malbec van dit domein eens te proberen. Ik proefde ze vorig jaar al maar er is dus nog.

Siesta

Cabernet Sauvignon 'Tahuatinsyuyu' 2014
Uco Valley

8.5

druif: cabernet sauvignon
alcohol: 14%
type: vol DYN
prijs: € 16,99

Tahuatinsyuyu? Verwijzing naar de Inca's. Komt wel vaker voor op wijnen uit Zuid-Amerika. Lekker mysterieus. Geen garantie voor lekker overigens. Maar dat is deze nou juist wel. De verwachtingen waren al hoog gespannen na het proeven van de moeilijke cabernet franc die als eerste op de proeftafel kwam. Maar broertje cabernet sauvignon blijft niet achter. Ruim bemeten materiaal. Met veel zoet en rijp rood fruit. Cassis beweegt wat in de zijbeuk deze reis. Rijpe tannines, mellowness, vanille en zoete specerij. En kijk aan, in het kader van de couleur locale ook nog twee lama's op het achteretiket. Alleen te koop bij Jumbo Foodmarkt. De wijn dan. Niet die lama's.

Siesta

Malbec 'Tahuatinsyuyu' 2014
Uco Valley

8.5

druif: malbec
alcohol: 14%
type: vol DYN
prijs: € 16,99

De rijkste, rijpste, meest zwoele van het drietal Tahuatinsyuyu. Rijp rood fruit, pruimen op sap, opgewreven leer en zoete tabak. Na het drinken van een paar glazen lukt het uitspreken van die naam overigens prima. Alleen te koop bij Jumbo Foodmarkt.

Tahuan

Bonarda 2016
Mendoza

8-

druif: bonarda
alcohol: 13,5%
type: vol
prijs: € 11,99

Plant de laat rijpende bonarda op de juiste, warme plek aan en hij laat de gemiddelde malbec zijn hielen zien. Donkerpaars en van huis gegaan met een satijnen knapzak vol zwarte bessen, pruimen, bramen, melkchocola met hazelnoot en peperkorrels. Voor wie van Italiaanse dolcetto houdt: probeer 'm maar eens. Daar schijnt-ie DNA-technisch verwant mee te zijn. Maar waar die leunt op zijn zuren, heeft de bonarda voor de zoeten gekozen. Alleen te koop bij Jumbo Foodmarkt.

Tahuan
Cabernet Sauvignon 2016
Mendoza

8

druif: cabernet sauvignon
alcohol: 13,5%
type: vol
prijs: € 11,99

Met hout. Frans en Amerikaans. Dus ook met sweet spices. Fiks uitpakkend met aangenaam donker fruit. Dikke wijn. Dik voor elkaar ook. Al nemen de Argentijnse uitvoeringen altijd wel een flink handje zoetigheid mee. Wil je het sjiek zeggen in wijnland: confiture. Alleen te koop bij Jumbo Foodmarkt.

Tahuan
Malbec 2016
Mendoza

8

druif: malbec
alcohol: 13%
type: vol
prijs: € 11,99

Evenals de andere twee rode van Tahuan gemaakt door Ernesto Catena, grote naam in Argentinië. Ik ga er maar van uit dat het familie is van Nicolás Catena, grondlegger van de hedendaagse Argentijnse wijnindustrie. Zo niet, dan heeft-ie toch een knappe wijn gemaakt. Met veel van alles, veel zwart fruit, veel rood fruit, veel specerij, veel kracht. Tahuan. Met de T van T-bone, die smeekt om een plek op tafel. En waag het niet met vleesvervangers te komen. De Vegetarische Slager is aan deze malbec niet besteed. Tahuan wil bloed zien. Alleen te koop bij Jumbo Foodmarkt. Die wijn dan.

Viña Chela
Cabernet Sauvignon Reserve 2018
Mendoza

8

druif: cabernet sauvignon
alcohol: 13%
type: vol
prijs: € 5,79

Moest vorig oogstjaar nog met een schamele 12,5 procent alcohol aantreden. Het nieuwe oogstjaar en de stijging van het alcoholpercentage naar 13 hele procentpunten levert ook extra punten op. Vorig jaar nog een vriendelijk gestemde, zoetgevooisde, zonbeschenen, milde, toegenegen, lispelende, zachtaardige Argentijnse rode. Thans duidelijk meer vlees op het bot. Dikker en donkerder fruit, de spieren gespannen, de tannines stevig opgetuigd. Nog meer vlees op het bot? Van de grill dan graag.

Viña Chela
Malbec Reserve 2018
Mendoza

8

druif: malbec
alcohol: 13%
type: vol
prijs: € 5,79

Om even het speelveld te schetsen: de regio Mendoza is meer dan de helft groter dan Portugal. En malbec tekent voor een derde van de totale Argentijnse wijnoutput. Kortom, er valt nog zat te ontdekken. En mochten we tijdens die ontdekkingsreis dorstig worden dan is er altijd wel wat te drinken. Een enigszins zwalkende economie houdt vooralsnog de prijzen laag. Zodoende kun je voor net onder de zes euro een puike malbec in je glas krijgen. Flink leunend op zijn donkere partijen, braambossen aandoend, niet te rijpe pruimen presenterend en de tannines fiks uitsmerend.

AUSTRALIË ROOD

Jumbo (NIEUW)
Australië Shiraz Robuust
South Eastern Australia

7.5

druif: shiraz
alcohol: 13,5%
type: vol
prijs: € 3,95

a b c d e f g h i J JUMBO k l m n o p q r s t u v w x y z

Robuust. En ja hoor. Donker fruit. donkere chocolade, donkere partijen maar ook volop zonnegloed. Rijpe pruimen, rijpe bramen en rijp om soldaat gemaakt te worden tijdens barbecues, feesten en partijen, door grote gezelschappen, dito gezinnen waar de kinderen al mogen drinken ('Mag ik even jullie ID zien?') en de pan met gehaktballen op tafel staat. Grappig detail op het achteretiket (jawel, we letten overal op): de mededeling 'geniet maar drink met mate' staat pal boven de inhoudsaanduiding '1 Liter'.

Kavel Estate

Cabernet Sauvignon Merlot 'Destiny' 2017
South Australia

8-

druif: cabernet sauvignon, merlot
alcohol: 14%
type: vol
prijs: € 9,49

Bordeauxblend waarin het lot in de zachte handen is van een wijnmaker die van zoet, mild en behaaglijk houdt. Overrijp rood fruit, vanillevelours en een zalvende afdronk met een pepermuntjespromesse.

Kavel Estate (NIEUW)

Cabernet Sauvignon 'The Long Journey' 2017
South Australia

7·5

druif: cabernet sauvignon
alcohol: 14%
type: vol
prijs: € 6,99

Waarschijnlijk een Kavel die naast de Wilhelmina-pepermuntfabriek stond. Cassis en bramen op een blaadje met After Eight. Opmerkelijk? Niet echt: deze heel nadrukkelijke eucalyptussensatie, zoals de wijnmakers ter plekke het vaak omschrijven, kom je wel vaker tegen bij cabernet sauvignons. Met name uit Chili overigens. Maar deze uit South Australia heeft ook goed zijn tanden gepoetst. Het is een stijl. U bent gewaarschuwd. Dus niet schrikken.

Kavel Estate

Old Vine Shiraz 'Destiny' 2013
South Australia

8+

druif: shiraz
alcohol: 14,5%
type: vol
prijs: € 19,99

De hoogste shiraz-lijn van deze producent. Wie op dit kavel € 19,99 biedt, krijgt rijk, rijp donker fruit. Het mohair-molton-gevoel. Zacht, zweverig, aaibaar en comfortabel. Harde confrontaties worden vermeden. *The sunny side of the street.* Pruimen op sap, krenten, warme frambozentaart, kersenlikeur, moccaboontjes en een snufje peper. Alleen te koop bij Jumbo Foodmarkt.

Kavel Estate

Shiraz 'Destiny' 2017
South Australia

8+

druif: shiraz
alcohol: 14%
type: vol
prijs: € 9,49

Zie ook de Pastor's Promise. Maar wellicht ligt uw Destiny, uw lotsbestemming, in een wat fijnere beleving van shiraz. Waar de pastor dweept met zacht pruimenvlees, zoete koekjes en fluwelen habijtjes, zorgt deze kavel van Kavel voor een pittiger, kwieker en frisser mondgevoel. U kunt overigens ook uw lot in handen leggen van een cabernet-merlotblend. Die is ook patent.

Kavel Estate

Shiraz 'Pastor's Promise' 2017
South Australia

8

druif: shiraz
alcohol: 14%
type: vol
prijs: € 7,99

Pastor's Promise. Je zou er bijna iets van gaan denken met al die schandaaltjes in de RK Kerk in het achterhoofd. Waar is Onze-Lieve-Heer als je 'm nodig hebt? Waarschijnlijk zelf achter de koorknaapjes aan. Enfin. Hoe zit dat met de mores van deze *pastor* Kavel? De overlevering wil dat hij emigranten die in Europa werden vervolgd om hun geloof liefdevol (...?) opving in de nieuwe kolonie Australië. Aldus het verhaal dat producent Rolf Binder (sm?) ons in het kader van de storytelling toevertrouwt. Daar bleek Kavel klaarblijkelijk ook een kavel shiraz te hebben staan. Volle pruimige rode. Chocotoets. Sweet spices. Velvety tannines. Rijp, zacht en smeuïg. Blij dat het geen miswijn is geworden. Want in de kerk kom ik nooit. Om moverende redenen, dat mag duidelijk zijn.

Kavel Estate

Shiraz 'The Congregation' 2017
South Australia

8·5

druif: shiraz
alcohol: 14%
type: vol
prijs: € 9,99

Een hoop Kavels. Bij Jumbo en Jumbo Foodmarkt telde ik er ruim een half dozijn. Samen beslaan ze een flink stuk van Barossa Valley, voor al uw op-en-top Ozzie-shiraz. Deze zag eens pruimen hangen, wel als eieren zo groot. Handenvol rijpe kersen, flink wat brokken Callebaut-bitter 85%, een handje sweet spices en een armlengte tannines.

Kavel Estate (NIEUW)

Shiraz 'The Long Journey' 2017
South Australia

8

druif: shiraz
alcohol: 13,5%
type: vol
prijs: € 6,99

Zet Kavel op tafel. En zorg voor een flinke want er is keuze zat. Deze is goed voor rondborstige pruimerij, donkere chocola met een nootje, bramenjam, zoete specerij en voldoende tannines om niet helemaal gedachteloos naar binnen te werken. Mooie opmaat naar het wat hoger geprijsde materiaal van de firma.

Orana (NIEUW)

Cabernet Sauvignon 2017
Murray Darling

8

druif: cabernet sauvignon
alcohol: 14%
type: vol
prijs: € 6,99

De blend van Orana met shiraz, de Australische knuffeldruif, is een smooth operator. De pure presentatie is koel en compact. Donker fruit, ruim pruimig, sappige zuren en tannines met houvast. Heeft wat meer te melden.

Orana (NIEUW)

Merlot 2017
Murray Darling

8

druif: merlot
alcohol: 13,5%
type: vol
prijs: € 6,99

Pruimedanten met vanillesuiker. Het zoet-krokante van een roosterribbeltje. Soepel sap en dito tannines. Geen ingewikkelde waar maar zeker smakelijk. Schijnt volgens het achteretiket goed samen te gaan met 'verschillende voedselbereidingen, waaronder kazen en pastaschotels'. Kijk, daar heb je wat aan...

Orana

Shiraz Cabernet Sauvignon 2016
Murray Darling

7·5

druif: cabernet sauvignon, shiraz
alcohol: 14%
type: vol
prijs: € 6,99

Klinkt toch al heerlijk? Alsof je in een aflevering van *The Crown* bent beland. 'Do you fancy a Murray Darling?' In ieder geval loopt er een lijntje richting Australië: dat was immers de strafkolonie van *the United Kingdom*. Aardig weetje: al in 1788 plantten de Engelsen de eerste wijnstokken (afkomstig uit Zuid-Afrika, dat destijds door ons werd uitgeperst) op het terrein waar het huis van de gouverneur stond. En die plek bestaat nog steeds, zij het dat deze inmiddels flink is uitgedijd: Sydney. Maar laten we wat gaan drinken. *No worries, mate*: er is zat in Murray Darling. Want dat is het een na grootste wijngebied van het land. Irrigeren doet begeren. Groot, veel, uitgebreid. Ook deze rode komt niet van een leuk knus boutique winery'tje. Er staat een bottelcode op die doet vermoeden dat we hier te maken hebben met een grootschalig geproduceerde wijn die elders op fles is gegaan. Helemaal niks mis mee overigens. Als je maar zorgt dat je het doet met lekkere wijn. En dit is een sympathieke, typische Ozzie-blend: shiraz met cabernet. Je struikelt er daar over. Dat gebeurt overigens niet over opstapjes, randjes of andere oneffenheden in de wijn. Die is keurig gepoetst, opgewreven en afgevijld. *Smooth*, soepel en rijp. Zoet, sappig en zacht. Volle kersen, overrijpe frambozen, pruimen in het zonnetje, roze pepertjes en vermalste tannines. Vorig jaar al geproefd: *easy does it*.

Peak Valley (NIEUW)

Shiraz 2018
South Eastern Australia

8

druif: shiraz
alcohol: 13,5%
type: medium
prijs: € 2,99

Met de nodige argwaan geopend. En vervolgens nog argwanender in de mond genomen. Een hoop – een hele hoop – leed in de categorie onder drie euro namelijk. Het laatste uit het putje. Het waswater van de druivenplukkers. Een vergiste vergissing. Maar ja, we proeven nu eenmaal alles. Ook als het levensbedreigend kan zijn. Ja lieve mensen, we doen het allemaal voor u. Namens *De Grote Hamersma* leggen we onze hele lever in de waagschaal. Kortom, slokje genomen, al half boven de spuugemmer hangend. Nog eentje: niet omdat we dat engeltje over ons tong hadden fietsen en het nu weleens wilden zien, spartelend in het schuim, maar omdat we onze smaakpapillen niet geloofden. Drinkbaar. Doorslikbaar. Genietbaar. Vooruit, het is niet halleluja prijs de heer maar het is gezond, er is gezond, het fruit is rijp, er zijn donkere vruchten, echte tannines, geen gesmijt met suikers om de boel te maskeren en zelfs bij een derde slok bleek dat we ons nog steeds niet vergist hadden. Eerlijke bulk, in grote container zonder fles hiernaartoe gekomen, gebotteld in Zaandam waar ook veel huiswijnliters voor de supermarkten worden afgevuld en zich daar niet voor schamend. Onzin natuurlijk om dan 'premium wine of Australia' op het etiket te drukken, maar daar past prima het prijskaartje overheen: dat is veel overtuigender.

Trentham Estate

Pinot Noir 2017
Murray Darling

8

druif: pinot noir
alcohol: 14%
type: medium
prijs: € 7,99

Trentham. Voor Australië een relatief kleinschalig bedrijf: nog geen miljoen flessen, van een goede kwaliteit. Hun shiraz is erg de moeite waard voor zijn geld. Hun pinot noir heeft meer te melden dan vorig jaar. Fors in het fruit, eikensteuntje in de rug, niet van dat zoete.

Trentham Estate
Shiraz 2017
Murray Darling

8·5
druif: shiraz
alcohol: 14,5%
type: vol
prijs: € 7,99

Shiraz met een zoetje. Maar dat is niet van het soort 'schep nog even een potje Bonne Maman-bosvruchtenconfiture in het wijnglas'. Er zijn ook goede zuren, stevige tannines, bittere chocola, niet te rijpe bramen en bramen die ook niet in de zon zijn gaan zitten op het heetst van de dag. Aldus de proefnotities over het oogstjaar 2016. Jaartje opgeschoven. Een oogst van grote volumes en een goede kwaliteit. Moccaboontjes met een donkere kersenconnotatie deze reis.

BULGARIJE ROOD

Cheval de Katarzyna
Cabernet Sauvignon 2017
Thracian Valley

8+
druif: cabernet sauvignon
alcohol: 14,5%
type: vol
prijs: € 6,79

Diepduistere uitmonstering. Geblindeerde glas. Zwart etiket. Gouden letters. Inhoud ook met veel donkere partijen. Ervan uitgaand dat we ook dit jaar weer te maken hebben met dezelfde wijnmaker die ook de mavrud onder zijn hoede heeft gehad, is dat niet verbazingwekkend. De zwartste zwarte bessen, de donkerste bramen, de tannines ongeschuurd, de groene kruiden uit het wild, de handen vol eelt en een stoofpot met hazenpeper. Lichtpuntje zoet maar in de spaarstand. Volbloed Bulgaar.

Cheval de Katarzyna
Mavrud 2017
Thracian Valley

8·5
druif: mavrud
alcohol: 14,5%
type: vol
prijs: € 6,49

Machtige mavrud. Daar ook wel bekend als kachivela en tsiganka. Bulgaar van oorsprong. Haar op de handen. Haar op de tanden. Een verademing tussen al die vrolijk-fruitzoetigheid-lachebekjes die kwispelend en kopjes gevend op schoot springen. Cheval blijkt overigens een raspaardje. Autochtone druif met fiks wat tannines, ausdauer, een karrenvracht donker fruit en nog zo wat stevigheden. Geeft tannines de sporen zonder zelf te ontsporen. Noester en woester nog dan de 2016 die zich vorig jaar meldde. Behoorlijk veel eigengereid rood voor dit geld. Wie 'm decanteert (aanbevolen) neemt niet zijn meest frêle kristallen karaf.

CHILI ROOD

Alpaca
Merlot 2019
Central Valley

7·5
druif: merlot
alcohol: 13%
type: vol
prijs: € 5,29

Wat zijn ze toch schattig, die Alpaca's. Gevoerd met merlot worden ze ook nog eens lekker vlezig. Met flink wat kracht, sap en een handje laurierblad. Zijn Alpaca's dol op.

Crazy Angel
Gran Reserva Blend 2017
Maipo Valley

8·5
alcohol: 14%
type: vol
prijs: € 19,99

Crazy Angel. De associaties liggen voor het oprapen. Op eenzame hoogte. Alsof er eentje over je tong... Een dronken vrouw is een engel in... Enfin, dan maar met deze blend. Ondanks de milde aversie tegen 'bedachte' merken (u denkt toch niet dat er echt een wijndomein in Maipo te vinden is dat zo heet?) kunnen we alleen maar constateren dat het een uitstekende rode is. Met veel cabernet sauvignon zo te ruiken en te proeven. Een fikse overdosis cassis, veel bramen, zwarte kersen in vol sap met een tikje zwarte peper. Vorig jaar proefden we de 2014. Drie jaar opschuiven resulteert in meer donker fruit en eiken dat nog een klein beetje haantje de voorste aan het spelen is. Alle gekheid op een wijnstokje? Er is ook Gran Reserva carmenère en een syrah. Alleen te koop bij Jumbo Foodmarkt.

Crazy Angel

Gran Reserva Cabernet Sauvignon 2014
Maipo Valley

8·5

druif: cabernet sauvignon
alcohol: 13,5%
type: vol
prijs: € 19,99

Cassiskampioen. rijpe bramen en fijne zoetigheid. Choco plus snifje mint. Tannines waar de angel uit is gehaald. Gran Reserva van formaat. Alleen te koop bij Jumbo Foodmarkt.

Crazy Angel (NIEUW)

Gran Reserva Carmenère 2016
Cachapoal Valley

9-

druif: carmenère
alcohol: 14%
type: vol
prijs: € 19,99

Vorig jaar alle Crazy Angels op de proeftafel gehad. Behalve deze. Het beste blijkt tot het laatst te zijn bewaard. Gran Reserva die het predicaat – dat overigens vrijelijk gebruikt mag worden in Chili – meer dan waard maakt. Excelleert met donker fruit en espresso. Heeft cacao in cassis te brokkelen. Geeft het zoet van gebrande paprika en schuift de verduisteringsgordijnen iets op een kier om naar de maansverduistering te kunnen kijken. Alleen te koop bij Jumbo Foodmarkt.

Crazy Angel

Gran Reserva Syrah 2017
Casablanca Valley

8·5

druif: syrah
alcohol: 13,5%
type: vol
prijs: € 19,99

Casablanca Valley. Welbeschouwd het beste en koelste kustgebied van Chili. Uitstekend voor syrah. Heel karakteristiek voor die regio: lekker peperig. Ook: fiks wat cassis, pruim in slank en verteerbaar sap. Fijnzinniger en frivoler dan de 2016-oogst die vorig jaar werd beoordeeld. Alleen te koop bij Jumbo Foodmarkt.

Crazy Wines

Cabernet Sauvignon 2017

8

druif: cabernet sauvignon
alcohol: 13,5%
type: vol
prijs: € 11,99

Alleen bij Jumbo Foodmarkt is ook een serie luisterend naar de naam Crazy Angel te koop. Dit is de wat voordeliger uitvoering die als Crazy Wine door het leven mag. Gemaakt van druiven afkomstig van wijngaarden door heel Chili. Zodoende geen aanduiding uit welke 'valley' deze cabernet komt. Geldt ook voor de carmenère-cabernet- en de syrah-cabernet-blend. Beide ook prima overigens. Wat heeft deze pure cabernet te bieden? De te verwachten portionering cassis, braam, kersenzoet en milde tannines plus een duidelijke pepermuntadem.

Crazy Wines

Carmenère Cabernet 2017

8+

druif: cabernet sauvignon, carmenère
alcohol: 13,5%
type: vol
prijs: € 11,99

Alleen te koop bij Jumbo Foodmarkt. Lekker gek serietje van driemaal rood. Dit is de enige van het trio die geen pepermuntwaas kent op zijn afdronk. Kan het met louter zijn donkere fruit aan, zijn espressotic en zijn cacaobitters. Die laatste twee met dank aan de carmenère.

Crazy Wines

Syrah Cabernet 2017

8

druif: cabernet sauvignon, syrah
alcohol: 13,5%
type: vol
prijs: € 11,99

Alleen te koop bij Jumbo Foodmarkt. Serie van drie Crazy Wines. Helemaal niet zo gek, hoor. Gewoon een prima en goed geoutilleerde Chileense blend. Rood en zwart fruit. Lekker rijp. Kittig pepertje. En een duidelijke eucalyptuspresentatie. Zorgt voor extra frisheid.

Jumbo

Chili Carmenère Robuust

7

druif: carmenère
alcohol: 12,5%
type: vol
prijs: € 3,99

De huiswijn-Chileen pakt weer uit. Wel een liter maar niet robuust. Nee. Wel met prettig veel cassis en bramen. Vrolijk, fluitend en frivolend.

Los Gansos

Cabernet Sauvignon 2018

Central Valley

8

druif: cabernet sauvignon
alcohol: 13%
type: medium
prijs: € 5,69

De bioganzen lopen ook dit jaar weer in de pas. Veel cassis, dik in de bramen en wederom lekker doordrinkbaar.

Los Gansos

Merlot 2018

Central Valley

8

druif: merlot
alcohol: 13,5%
type: vol
prijs: € 5,69

Ganzen. Hier lastpakken op Schiphol. Hebben nogal eens de neiging om tegelijkertijd op te stijgen met een Boeing. Heeft al een aantal keren tot bijna-ongelukken geleid vanwege een zwermpje in de straalmotor. De gans wordt hier dan ook gerangschikt onder het kopje 'schadewild'. Laat ze maar hiernaartoe komen, vinden de wijnmakers van Cono Sur, die voor deze Los Gansos tekenen. Zij zetten ze in als insectenbestrijder in hun wijngaarden. Hoeven ze geen gif te spuiten. Houdt hun wijnen zuiver en schoon. En in het geval van deze merlot, ook dit jaar weer lekker pruimig, bessig en soepel.

Peñalolen

Cabernet Sauvignon 2016

Maipo Valley

8

druif: cabernet sauvignon
alcohol: 14%
type: vol
prijs: € 14,99

Chileense cabernet sauvignons willen nog weleens een onmiskenbaar 'pepermuntje' meekrijgen. Bij Peñalolen is er zelfs sprake van een heel rolletje. 'King Cab', de artiestennaam van de druif, is door wijnmaker Jean Pascal Lacaze, die we kennen van het ambitieuze Domus Aurea, wel heel letterlijk genomen. Zwarte bessen, chocola met eucalyptus-munt, een praam met braam en een prettige laurierinbreng. Alleen bij Jumbo Foodmarkt.

Peñalolen

Carmenère 2016
Maipo Valley

8·5

druif: carmenère
alcohol: 14%
type: vol
prijs: € 14,99

Voor de vorige *DGH* de 2012 ontvangen. Geen spoortje vermoeidheid, herfsttonen of oudeboekenkastimpressies in te ontdekken. Quick forward. Zitten we plots in 2016. En niet uit Cachapoal Valley maar uit Maipo, waar cabernet sauvignon glorieert en carmenère zich zo te proeven ook thuis voelt. Donker fruit met het licht uit, het karakteristieke carmenère cacao-kauwen, de indruppelende espresso en de koele schaduwpartijen. Roosterrandjes en pepermunt. Alleen bij Jumbo Foodmarkt.

Peñalolen

Syrah 2016
Maipo Valley

8+

druif: syrah
alcohol: 14%
type: vol
prijs: € 14,99

Frisse, fijnzinnige syrah. Met opvallend veel rood fruit, aardbeien en cranberry's. Opgewekt, monter en frivool bijna. Alleen bij Jumbo Foodmarkt.

Santa Carina (NIEUW)

Cabernet Sauvignon
Central Valley

7

druif: cabernet sauvignon
alcohol: 12,5%
type: medium
prijs: € 3,49

Bulkbotteling. Jaartalloos. Maar aardig drinkbaar. Krap aan een zeventje vanwege herkenbare cassis en bes, wat vulling en een mini-prijskaartje. Heb duurder geproefd maar minder goed.

Terra Pura

Carmenère 'Reserva' 2017
Colchagua Valley

7·5

druif: carmenère
alcohol: 13,5%
type: medium
prijs: € 5,99

Vriendelijke carmenère. Kersenlikeurzoet. Chocolade met een pepermuntflintertje. Niet te sterke koffie. Eenvoudig maar pura.

Terra Pura

Carmenère 'Single Vineyard' 2017
Colchagua Valley

8+

druif: carmenère
alcohol: 13,5%
type: vol
prijs: € 7,99

Bramen, de nadruk op cassis, bittere chocolade, espressoflair en een minimaatje menthol. Streepje lichtvoetiger dan de 2016.

Terra Pura

Red Blend 'Single Vineyard' 2016
Central Valley

8

alcohol: 14,5%
type: vol
prijs: € 7,99

Red Blend maar druiven onbekend. Er zal cabernet en/of carmenère in zitten. Duidelijk cassiskarakter. Koele kersen. Verder ook goed fris en puntig. Geen gerotzooi met hout. Fitte zuren.

FRANKRIJK ROOD

B & G

Cabernet Sauvignon Réserve 2018
Pays d'Oc

7.5

druif: cabernet sauvignon
alcohol: 13%
type: vol
prijs: € 5,69

Ook dit jaar treffen we op het achteretiket de hele verhandeling over mijnheer Barton die in 1725 al zijn eerste vaten met wijn verscheepte uit de haven van Bordeaux. Op een gegeven moment moet-ie dan ook koers gezet hebben naar de Middellandse Zee. Daar ontscheept, druiven aangeplant en wijn gaan maken. 'Zijn pioniersgeest inspireert ons nog steeds,' lezen we. Ook de woorden 'innovatie' en 'kwaliteit' worden gebezigd. Bovendien: 'de weerslag van het beste terroir'. Grote woorden achter op een niet onaardige cabernet sauvignon die uiteindelijk bij de Jumbo is beland. Soepel, zacht en niet al te ingewikkeld. Vast recept van cassis, braam en laurier. En toen kwam er een olifant met een grote snuit, en toen was de fles leeg.

B & G

Merlot Réserve 2018
Pays d'Oc

8-

druif: merlot
alcohol: 13,5%
type: vol
prijs: € 5,69

De merlot van Barton & Guestier komt wat meer voor zichzelf op dit jaar. Zet in met fris zwart fruit en pakt door met rijpe pruim. Nog wel met het vertrouwde handje spinnende katjesdrop. B & G. Best goed.

B & G (NIEUW)

Pinot Noir Réserve 2018
Corsica

7+

druif: pinot noir
alcohol: 12%
type: licht
prijs: € 5,69

Niet te veel om het lijf hebbende pinot noir uit het exotische Corisca, met een vertrouwd supermarktneusje. Plus genoeg verblijdende framboos-, kersen- en bosvruchtenaroma's en een dusdanige doordrinkbaarheidsfactor om een plekje te krijgen in de schappen van *De Grote Hamersma Super Supermarktwijnen*.

Baron de Lestac

2017
Bordeaux

8

druif: cabernet sauvignon, merlot
alcohol: 12,5%
type: medium
prijs: € 3,99

Grotemensenlimonade-bordeaux. Voor wie houdt van lekker, gelikt en rodesinaasappelfruitig.

Château Comolet
L'Orangerie 2017
Grès de Montpellier

8

druif: grenache, syrah
alcohol: 13,5%
type: vol
prijs: € 7,99

Grès de Montpellier. Subappellatie van Languedoc uitsluitend voor rood, gemaakt van grenache, syrah en mourvèdre, eventueel aangevuld met cinsault en carignan – zij het niet meer dan 30 procent om de kwaliteit van de appellatie te bewaken. Wie maalt erom? *Les Français! Des règles, vous-savez!* Vorig jaar ontmoetten we alleen syrah, nu zit ook grenache aan tafel. Druistig, donker fruit, peperigheid, en veel specerijgenoegens. Vorig jaar al geproefd. De flessenrust is hem wel bekomen: half puntje erbij.

Château La Croix Calendreau
Grand Cru 2016
Bordeaux, Saint-Émilion

8

druif: cabernet franc, cabernet sauvignon, merlot
alcohol: 14%
type: vol
prijs: € 16,49

La Croix. Kruisje achter een rijpe, stevige, volle grand cru. Pruim niet al te rijp, dikke bramen, flink wat laurier. Streng maar best aardig. Alleen te koop bij Jumbo Foodmarkt.

Château Saint-André Bellevue
2016
Lalande de Pomerol

8·5

druif: cabernet sauvignon, merlot
alcohol: 13,5%
type: vol
prijs: € 13,49

De kleine buurman van het grote Pomerol. Om de streek weg te zetten als wat Diemen-Noord is voor Amsterdam is wat al te kort door de bocht. Levert wat minder weelderige wijnen op. Niettemin is deze lalande juist gul en wordt er met name flink uitgedeeld vanuit de roodfruithoek. Donkere kersen, zoete pruimen, een vanillestokje. Donkere kantjes maar niet mopperig. Sappige tannines maar goed rijp en decanteerbaar. Alleen te koop bij Jumbo Foodmarkt.

Château Tour Prignac
Cru Bourgeois 2017
Médoc

8

druif: cabernet franc, cabernet sauvignon, merlot
alcohol: 13,5%
type: vol
prijs: € 11,99

Van de grote wijnfamilie Castel. Kleine médoc. Na de 2015, een uitstekend oogstjaar, met name voor cabernet sauvignon, zijn we benieuwd naar de 2017 – een jaar waarbij het Bordeaux niet lekker lukte om en primeur te verkopen. Château Tour Prignac lijkt vooralsnog nergens last van te hebben. Nog wat krakend en trekkend fruit dat nu in de puberteit zit, maar met een veelbelovende rijkdom aan zwarte bes en donkere chocolade. Koelbloedig, met fraîcheur. Tannines doen niet moeilijk; al goed drinkbaar.

Château Troupian (NIEUW)
2016
Haut-Médoc

8

druif: cabernet sauvignon, merlot
alcohol: 14%
type: vol
prijs: € 13,99

Château Troupian. Bepaald geen rotzooi, al is-ie vriendelijk geprijsd. Lekker jaar ook, 2016. Late oogst, gezonde druiven. Sappige donkere partijen, cassis, bramen, laurierinzet, marmite-hartigheid en een Wilhelminawaasje, een vermoeden van pepermunt. Ik zou 'm decanteren, nog even flink walsen in de karaf en dan zit er behoorlijk wat muziek in.

Cru de Maqueline

2017

Bordeaux

8-

druif: merlot, petit verdot
alcohol: 13%
type: medium
prijs: € 7,99

La Maqueline is behoorlijk wat afgevallen dit jaar. Maar liefst anderhalf procent minder alcohol werd geregistreerd, terwijl in de smaak ook de fruitigheid wat lijkt te hebben ingeboet. Gelukkig verdedigen cacaoboon en grafiet de eer van de altijd elegante Maqueline, en blijft ze – ook met haar nieuwe ranke figuur – een aangename tafeldame.

Mas de Montbrun

2018

Corbières

8

druif: carignan, grenache, mourvèdre, syrah
alcohol: 13%
type: vol BIO
prijs: € 5,49

2017 was nogal een moeilijk jaar voor Frankrijk. Ook in het zuiden. Slecht weer. Kou. Regen. Drup. Kwaliteits- en volumeverlies. Sommige producenten oogstten maar liefst 80 procent minder dan gewoonlijk. Mas de Montbrun ontsprong de dans enigszins maar moest destijds wel met wat minder diepgang genoegen nemen. Maar kijk aan: zonnige comeback. Met van alles in de bagage. Behalve herbiciden, pesticiden, kunstmest en met ten minste de helft minder sulfiet, want Montbrun is sinds dat jaar officieel biologisch gecertificeerd. Genieten maar van de bijpassende cassoulet bijvoorbeeld die de wijnmaker zó goed weet te maken dat hij er regelmatig voor op het plaatselijk erepodium mag klimmen tijdens de officieuze wereldkampioenschappen. Nou niet gaan zeggen 'ho ho' en 'tut tut'. In ons eigen Nederland vindt jaarlijks ook het WK Snert Maken plaats en daar hoor je ze in Corbières ook niet over piepen. Enfin. De bio-Montbrun. Veel gul, blij en sappig rood fruit. Zonnige zuidkruiden, tijm, rozemarijn en nog zo wat discrete snufjes uit het herbes-de-Provence-specerijenboek. Drinkt u maar. Het jaar is er naar.

Mire l'Étang

Les Bois de l'Étang 2017

La Clape

8.5

druif: carignan, grenache, syrah
alcohol: 14,5%
type: vol
prijs: € 5,99

Ongekend koopje. Terra Vitis bovendien. Goedgevulde, zonnige, ongebolsterde rode met veel donker fruit, stevigheid, aardig wat rijp zoet en een flinke bos kreupelhout voor de deur. Decanteren is aan te raden. Maar wellicht is dat een te chic woord voor een dergelijke no-nonsensewijn. Schenk 'm anders even over in een maatbeker om te luchten. En giet 'm daarna weer terug in de fles: zelfde effect. Al eerdere oogstjaren geproefd: behoudt zijn Sterwijnstatus.

Montaignan (NIEUW)

Syrah 2018

Pays d'Oc

8

druif: syrah
alcohol: 13,5%
type: vol
prijs: € 7,39

Syrah die niet lijdt aan het tuttifrutti-virus. Nergens warm en geeuwerig maar sappig, levendig, koel fruit, bessig en bramig. Karakteristiek pepertje. Halfjaartje eiken verzorgt hand-en-spandiensten in de afdronk. Rijpe tannines en een vanillefluistering in de finale.

ITALIË ROOD

Buontalenti

2017
Chianti

7·5

druif: sangiovese
alcohol: 14%
type: vol BIO
prijs: € 8,49

Rechtdoorzee type. Haar op de tanden. Aarde aan de handen. Veeg in het gezicht. Wel een schoon glas. Donkere kersen, goede zuren, stevige tannines, nog meer breeduit lopend, nog meer de schouders vooruit dan de 2016 die vorig jaar de reis vanuit Toscane had aanvaard. Pak een karaf en drink 'm pas de volgende dag.

Buontalenti

2016
Chianti Superiore

8

druif: canaiolo, sangiovese
alcohol: 13,5%
type: vol BIO
prijs: € 9,99

Vorig oogstjaar minzaam kersig, vieve zuren en de tannines getemd zonder flauw te worden. 2016 daarentegen een jaar met meer inhoud en karakter. De kersen kordater, een mooie kwiekheid dankzij een frisse septembermaand. Het domein is vernoemd naar een beroemde architect uit de 16e eeuw die destijds in Florence woonde en de Villa Medici heeft ontworpen. Het is maar dat u het weet. En er zal toen al wel een wijnkelder in hebben gezeten.

Buontalenti

2017
Rosso Toscana

8

druif: canaiolo, sangiovese
alcohol: 14%
type: vol BIO
prijs: € 8,99

Niet zozeer vanwege de vriendelijke bejegening van het milieu maar tevens van de mond. Beduidend beter dan de 2016 die vorig jaar kwam buurten. Kordaat boertig, ongepoetst rood fruit, en zuren. Meer sap, fruit en vrolijkheid. Aanstormend talenti.

Famiglia Bruno

Barbera 2018
Barbera d'Alba

8·5

druif: barbera
alcohol: 14,5%
type: medium
prijs: € 12,99

Stevig, stoer, vlezig en bitterig. Donker fruit, zoethout, peper en wat braam. Fiks in het sap hangend. Typisch Noord-Italiaans. Niet vrolijk kwispelend tegen een door de Camorra gefinancierd zonnetje. Deze heeft ervoor moeten werken om zijn zonuren te krijgen. Lekker sappig zoetje dit oogstjaar.

Famiglia Bruno (NIEUW)

Barolo 2015
Barolo

8·5

druif: nebbiolo
alcohol: 14%
type: vol
prijs: € 24,99

Barolo. Champions League Italiaans. Sommige onbetaalbaar en overpriced. Andere onbetaalbaar en het waard. Deze betaalbaar en speelt ook een leuk potje mee. Misschien niet goed genoeg om de finale te winnen, maar het geeft wel een avondje plezier. Aan tafel, welteverstaan. Barolo is geen aperitiefdrankje. Wenst groot vlees, biefstukken met bloed en peper. Bruno is buono. Niet al te heftige tannines, plus leer, tabak, kruidnagel en drop verweven met bramen, zure, bittere kersen, blauwe pruimen en een opmerkelijke cassispresentatie. Alleen te koop bij Jumbo Foodmarkt.

Famiglia Bruno

Nebbiolo 2017
Langhe

8+
druif: nebbiolo
alcohol: 14%
type: medium
prijs: € 12,99

Niet de makkelijkste druif, dit onmisbare ingrediënt van barolo en barbaresco. Vorig oogstjaar donker fruit, laurierdrop, duistere chocola, gitzwarte bramen, beschaduwde kersen. Dit oogstjaar zijn de donkere partijen deels verdwenen en is er een lekker zonnetje doorgebroken. En dan ziet het leven er plots een stuk vrolijker uit.

Il Colle del Fante (NIEUW)

2012
Brunello di Montalcino

8·5
druif: sangiovese
alcohol: 15%
type: vol
prijs: € 29,99

Brunello die Montalcino. De chicste sangiovese die er is. Uit Toscane uiteraard. De meeste stervelingen nemen genoegen met de Rosso di Montalcino, die van dezelfde druivensoort gemaakt is, maar die korter gerijpt heeft. Il Colle del Fante heeft daar ook een patente uitvoering van. Er zijn van die dagen dat je naar de Brunello grijpt. Kan jou het schelen. Vol romige rode vruchten, knallers van kersen omgeven met kruidigheid in een herfstbosambiance.

Il Colle del Fante

2016
Rosso di Montalcino

8·5
druif: sangiovese
alcohol: 14,5%
type: vol
prijs: € 14,49

Niet de grootste rosso di montalcino die ik voor deze *DGH* proefde maar ook niet de kostbaarste. Klassieke geur. Herfstbossen, net omgeploegde akkers uit de tijd dat er nog geen zure regen bestond. Fijne stijl van wijn maken. Rank, zachtzure kersen, bramen en fluisterende kruiderij. Wat meer tannineteugels dan de 2015. Alleen te koop bij Jumbo Foodmarkt.

Jumbo (NIEUW)

Chianti Riserva 2015
Chianti Riserva

7
druif: sangiovese
alcohol: 13%
type: medium
prijs: € 6,43

Chianti is als Bordeaux. Niet qua smaak maar wat prijsrange betreft. Van € 3,99 tot ver in de dubbele cijfers. Jumbo heeft er eentje voor net aan zes euro gevonden en 'm aan de selectie toegevoegd. Hoe is-ie? Een beetje als een vriendelijk drinkbare chianti voor net zes euro. Kersen op hun plek. Zuurtjes in het gelid. Tannines braaf. Uit een fatsoenlijk oogstjaar. Ik zou er een lasagne bij selecteren. Die hebben ze vast ook wel bij de Jumbo.

Mezzacorona (NIEUW)

Teroldego Rotaliano 'Riserva' 2017
Trentino

8·5
druif: teroldego rotaliano
alcohol: 13%
type: medium
prijs: € 7,99

Teroldego rotaliano. Druif waar Mezzacorona heel goed mee uit de voeten kan. Superiore en riserva bovendien. Geen garantie voor lekker overigens. Maar in dit geval wel. Koele kersen. Prima pruimen. Chocolade van goede cacao. Toefje vanille voor de liefhebber. Plus wat tannines om het allemaal niet al te nonchalant te benaderen.

Riva Leone (NIEUW)

2014
Barolo

7·5

druif: nebbiolo
alcohol: 14%
type: vol
prijs: € 16,99

Inderdaad een barolo die in de supermarkt thuishoort. Een slanke, niet al te diepgravende rosso van de nebbiolodruif. De zuur-bittere kersjes. De donkere partijen. Niet al te strenge tannines. Kunt u kortom rustig op tafel zetten. Etiket oogt namelijk ook nog eens alsof-ie gekocht is bij de allerspeciaalste wijnspeciaalzaak. Vergeet het Jumbo-prijsstickertje er dan niet vanaf te halen.

Sampietrana

Primitivo 2017
Salento

8·5

druif: primitivo
alcohol: 14,5%
type: vol
prijs: € 12,99

Fles van formaat. Diepdonker zwart. Ziel waarin de arm tot achter de pols in verdwijnt. De dikte van dubbelglas. Het maken ervan heeft waarschijnlijk tot een CO2-belasting geleid die gelijk is aan de uitstoot die gemeten wordt bij het opstijgen van een volgeladen airbus. Een lichtvoetig frivool rossootje ligt dan niet voor de hand. Welaan, dat is deze primitivo dan ook niet. Cranberry's, aardbeien, frambozen, bramen. Bestoven met kaneel, kruidnagel en zwarte peper. Van dik hout zaagt men planken voor eiken vaten. Dik en in orde bovendien. Alleen te koop bij Jumbo Foodmarkt.

Sampietrana

Settebraccia 2015
Salento

8·5

druif: negroamaro, susumaiello
alcohol: 14,5%
type: vol
prijs: € 12,99

Waar de primitivo flink van zich af buldert, voert Settebraccia een gesprek op een wat normaler volume. Nu hoef je niet te schreeuwen om gehoord te worden. Aldus het tegeltje boven het theemeubel van mijn oudtante Agaath. Niet dat zij thee dronk overigens. Oude klare, afgetopt met een paar druppeltjes citroenjenever voor de zoetbeleving. Wijn was voor 'prufessurs', zoals ze iedereen met een bril op noemde. Pol Pot had wat die stellingname betreft een goeie aan haar gehad. Maar dit geheel terzijde. Verwacht overigens nog steeds geen zacht gefluister. Waarover spreken wij? Onder andere over de susumaiello. Ook susumaniello. Aparte, eigenzinnige en ook eenkennige druif. Houdt zijn actieradius beperkt tot het zooltje van de hak van de Laars. Maar treedt de geur- en smaakbeleving niet met voeten. Geeft gul donker rijp fruit. In deze uitvoering veel rijpe kersen, wat pruim, bessen ook en het zoetje van kersenlikeur. De negroamaro, de 'zwart-bittere', rolt nog wat met de spieren en legt wat donker gewicht in de fruitschaal. Erg in orde weer dit oogstjaar. Alleen te koop bij Jumbo Foodmarkt.

Villa Annaberta (NIEUW)

2015
Amarone della Valpolicella

9-

druif: corvina
alcohol: 15%
type: vol
prijs: € 14,49

Er is een Valpolicella Ripasso Superiore van Annaberta in omloop bij Jumbo. Maar ik zou die vijf euro meer uitgeven voor deze amarone van dezelfde producent. Italiaans powerhouse dat zich onverwacht frivool en wuft presenteert. Rozijnen, krenten, gedroogd fruit… Zeker, maar verbazingwekkende lichtvoetige zuren die Annaberta tot een fijnbesnaarde verschijning maken. Amarone met een hoge doordrinkfactor, die vind je niet vaak.

Villa Annaberta (NIEUW)

2017
Valpolicella Ripasso Superiore

8

druif: corvina
alcohol: 14%
type: vol
prijs: € 9,49

Moeilijk jaar, 2017. Regen, regen, regen. En dan regent het gewoonlijk geen complimentjes. Of juist wel, omdat het ondanks al die uitdagingen toch gelukt is om een smakelijke Valpolicella af te leveren. Voorzichtig het gaspedaal ingetrapt met de gedroogde schilletjes die vriendelijk bedankt werden na amarone-dienst. Kersen, krenterig, zoete specerijen en toch die vrolijke zuren. Het zweempje groen geeft 'm nog een extra krokantje mee.

NIEUW-ZEELAND ROOD

Kuku

Pinot Noir 2016
Marlborough

8

druif: pinot noir
alcohol: 13%
type: medium
prijs: € 13,49

Kuku. Inheemse duif. Pinot noir. Uitheemse druif. Vrij stevige, stoere, hoera niet al te zoete pinot noir. Lichte zuren. Houvast. Fijn kruidig ook. Lekker bij gevogelte. Duif kan. Maar ik zou kip nemen. Met paddenstoeltjes. Alleen te koop bij Jumbo Foodmarkt.

PORTUGAL ROOD

Mimo

2014
Douro

8+

druif: malvasia preta, tinta barroca, touriga fêmea, touriga franca
alcohol: 14%
type: vol
prijs: € 8,49

Rood met de in de Douro te verwachten tinta barocca en touriga franca. Het duo wordt echter bijgestaan door minder alledaags materiaal. Malvasia nera, plaatselijke portdruif en tevens bijdrages leverend aan eenvoudig rood. Zo ook is daar de touriga fêmea, die laat zich zelfs in de streek niet vaak zien. Wat levert dat nou op, dat incourante aanbod? Een rustieke, authentieke, licht knoestige rode. Met stoer rood fruit, sappige zuren en fiks wat wegwerkerstannines. Terwijl je bij Mimo toch denkt aan lief, zacht en aaibaar.

SPANJE ROOD

Castillo de Albai

Reserva 2014
Rioja

8

druif: tempranillo
alcohol: 13,5%
type: vol
prijs: € 7,99

Reserva. Met veel hout en langdurige flessenrust van huis gegaan. Komt dan ook niet met lege handen aan. En wordt ook niet met lange tanden geproefd door diegenen die wel van zwoel, rijp fruit houden. Doe maar in uw mandje.

Encina (NIEUW)

2014
Ribera del Duero

8.5

druif: merlot, tempranillo
alcohol: 15%
type: vol
prijs: € 20,99

Ribera del Duero. Normaal gesproken alleen met tempranillo op pad. Maar cabernet sauvignon en ook merlot zijn toegestaan. Encina kreeg 10 procent van de laatste mee. Mooie zuren, aardse tonen, rijpe donkere vruchten. Paddenstoelen, truffelsnipper. Tussen links en rechts laverende rijpe tannines. Zat te beleven in Ribera. En als u dan toch even rechts kijkt, ziet u daar de encina, de honderd jaar oude boom die midden tussen de wijngaarden staat.

Flor de Zalín

Red 2018
Jumilla

8.5

druif: monastrell
alcohol: 14%
type: medium
prijs: € 4,99

Jumilla. Het noorden van Murcia. Op sterven na dood. Maar de defibrillator is op de oude monastrellstokken gezet en de boel is weer tot leven gekomen. Geen grote wijnen vooralsnog, wel vaak erg lekkere. En bovendien ook erg betaalbare. Jumilla moet zijn plekje op de wijnkaart weer verdienen. Gaat prima lukken met zo'n onbezorgde, vrolijke flierefluitende tinto. Nog beter dan de 2017 die ik vorig jaar proefde en toen al Sterwijn. Wederom kersengedruis, rijpe pruimpjes, een vriendelijk zoetje ontmoet een monter zuurtje. Een van de betere Spanjaarden onder vijf euro. Zie ook de Special Cuvée. Niet schrikken: die is vijf dubbeltjes duurder.

Flor de Zalín

Special Cuvée 2018
Jumilla

8.5

druif: monastrell, shiraz
alcohol: 14%
type: medium
prijs: € 5,49

Een druif extra ten opzichte van de Red voor twee kwartjes meer. Heeft daardoor meer te bieden: twee voor zo'n beetje de prijs van één. Wederom rondom donker fruit, een shirazpepertje, pruimen op sap, chocotoetsje wordt aangeslagen plus tannines van stavast, al belooft het achteretiket dat deze 'soft' zijn.

Marqués de Montañana

Garnacha Selección Especial 2017
Calatayud

8.5

druif: garnacha
alcohol: 14,5%
type: medium
prijs: € 6,99

Wederom weer veel zwoel, zoet, rijp rood fruit. Zonder dat het saai of vanzelfsprekend wordt. Een snufje specerij. Pepertjes. Garnacha of grenache. Wordt weleens pinot noir met een bite genoemd. Klopt in dit geval. Mede dankzij de fijne zuren dit oogstjaar.

Vega Cascajo

Crianza 2015
Rioja

8

druif: garnacha, tempranillo
alcohol: 14%
type: vol
prijs: € 6,99

Zie ook de joven van Vega Cascajo en pak meteen ook maar weer een werkmansoverall. Laat het geen witte zijn. Dat rood vlekt behoorlijk. Met name omdat in deze crianza-versie ook van het rood fruit bulkende garnacha mee mocht doen. Frambozen-overdaad. Aardbeien. Zure besjes. Spetterspat.

Vega Cascajo

Joven 2017

Rioja

8

druif: tempranillo
alcohol: 14%
type: vol
prijs: € 5,99

Kordate rioja. Rood voor de Hornbach-klantenkaarthouders. Niet dat benauwde. Niet dat nuffige. Stoer en stevig. Aanpakken met blote handen. Kersen met kracht. Sap met ausdauer. Jippie-jaja-jippiejippie-jee. Timmer er maar een rekje bij. Ook de crianza en reserva van Vega Cascajo zijn namelijk goed.

Vega Cascajo

Reserva 2013

Rioja

8·5

druif: garnacha, mazuelo, tempranillo
alcohol: 14%
type: vol
prijs: € 9,99

Ondanks het wat troosteloze jaar – nat en koud – een troostrijke rioja. Rijk, gevuld, breed de boodschap uitdragend. Donker fruit en kersen. Laurier en zachte tannines. Hornbach had eiken delen in de aanbieding en de smaakpapillen delen mee. Vanille en zoete specerij. Een Vega Cascajo voor wie zelf niet vega is: lamsvlees erbij is een aanrader. Niet van die lilliputkoteletjes: schouders of bouten willen we op het bord.

Zoraida

Garnacha 2017

Calatayud

8·5

druif: garnacha
alcohol: 14,5%
type: vol
prijs: € 7,99

Zoraida doet in wijn in Jumilla en klaarblijkelijk ook in Calatayud. In eerstgenoemde regio lekker aan de slag met monastrell. In Calatayud met garnacha, de ultieme roodfruitleverancier. Aldus is het geval. Meer inhoud dan vorig jaar. Niet qua fles: die is nog steeds driekwart liter. Maar wel wat smaak betreft. Kersen, bessen, frambozen en aardbeien. Klinkt wat zoetsappig maar heeft body en bite. Ook is er een bit nodig: paard op etiket. En da's dan weer leuk voor Britt 'Paardenmeisje' Dekker.

Zoraida

Monastrell Organic 2018

Jumilla

8

druif: monastrell
alcohol: 14,5%
type: medium BIO
prijs: € 8,99

Vorig jaar zacht kersig, vriendelijk fruitig, zoetsappig, biologisch en bovenal braaf. Nu kranig, kordaat en met de vuisten op tafel slaand. Volle kracht donker fruit, pruimen, cassis en toonaangevende tannines.

Zoraida

Monastrell Special Selection 2017

Jumilla

8

druif: monastrell
alcohol: 15%
type: vol
prijs: € 7,99

Is een euro voordeliger als zijn bio-broertje maar toont lef, spierballen en een sixpack. Druistig donker fruit, tegeltannines en stoere kruiderij. Het milieu moet nog maar even geduld hebben. Niet schrikken van het alcoholpercentage maar oppassen voor open vuur.

VERENIGDE STATEN ROOD

Three Thieves

Cabernet Sauvignon 2016
California

8

druif: cabernet sauvignon
alcohol: 13,5%
type: vol
prijs: € 9,99

Lees meer over deze boevenbende bij de pinot noir. In dit geval zijn ze er met de trots van Bordeaux, cabernet sauvignon, vandoor gegaan. Daar hebben ze gelukkig niet zo'n zoete-kauwende confiturekwispelaar van gemaakt om de met popcorn en vanilla-fudge geïmpregneerde Amerikaanse smaakpaletten te behagen. We proeven donker fruit, een groen randje, een laurierhandje en kloeke tannines. Alleen te koop bij Jumbo Foodmarkt.

Three Thieves (NIEUW)

Pinot Noir 2017
California

8

druif: pinot noir
alcohol: 13,5%
type: vol
prijs: € 9,49

Het wijnbedrijf heet Rebel Wine. En dan ligt ook een merk als Three Thieves voor de hand. 'Hustling and dreaming since 2002.' Zo ook 'Liberators of Fine Wines'. Nu wil zo'n bedachte operatie (zie ook www.threethieveswines.com) nog weleens resulteren in een wijn die je liever uit je gedachten bant. Maar voor wie van een stevige, druistige, niet te zoete, flink tanni-neuze pinot noir houdt, kan deze overwegen. Het is weer eens wat anders dan Franse of Chileense. En voor € 9,49 ben je geen dief van je eigen portemonnee. Laat staan drie. Alleen te koop bij Jumbo Foodmarkt, waar 'camera's waken over uw en onze eigendommen'.

ZUID-AFRIKA ROOD

Bloemfontein

Pinotage/Shiraz 2018
Western Cape

8

druif: pinotage, shiraz
alcohol: 14%
type: vol
prijs: € 5,99

Zeg het met Bloemfontein. Niet verrassend: rood met een opvallend geurig bouquet. Fruitschaal met pruimen, bananen en kokosnootbrokken in de zon. Tijm- en rozemarijntakken erbij. Ook dit jaar weer in de mond zoetsappig, vol en donker fruit, kruidnageltje en een mildbitter chocootje. Schuin afknippen niet nodig. Gewoon rechtop openmaken. Makkelijk: schroefdop.

Klein Vriend (NIEUW)

Pinotage 2019
Western Cape

7

druif: pinotage
alcohol: 13%
type: medium
prijs: € 2,99

Klein fruit. Klein zoet. Klein genoegen. Klein cijfer. Klein geld.

Windheuwel

Cabernet Sauvignon 'Private Selection' 2018
Stellenbosch

8·5

druif: cabernet sauvignon
alcohol: 14%
type: vol
prijs: € 19,99

Vorig jaar proefde ik de 2014. Licht jaar. Wellustige, fijn gemanicuurde Nieuwe Wereld-cabernet. Dat rijpe, dat zoete, dat fluwelige. Losjes met zwarte bessen jonglerend, een pruimpje opwrijvend plus 'het zoet van tomatenpuree' volgens de achteretikettenschrijver. 2018: het derde jaar droogte op rij. Zorgde voor geconcentreerde wijnen vol smaak en inhoud. Meer eikenhout ook in dit geval. Alleen te koop bij Jumbo Foodmarkt.

Windheuwel

Kaapse Rooi 'Reserve' 2016
Stellenbosch

8·5

alcohol: 14,5%
type: vol
prijs: € 12,99

Zo is daar Klassiek Rooi van de Windheuwel. En nu blaast de wind richting Stellenbosch voor de Kaapse Rooi. Zal waarschijnlijk wel wat pinotage inzitten, in ieder geval een verplicht nummertje bij wijnen die als Cape Blend geëtiketteerd worden. Kloeke Kaapse. Veel donker fruit. Kersen- en bramenlikeur. Kruimel cacao. Flinke zonneschijn. Maar alleen te koop bij Jumbo Foodmarkt.

Windheuwel

Klassiek Rooi 2017
Western Cape

8

alcohol: 14%
type: vol
prijs: € 9,49

Rood van Laibach waar wijnmaker François van Zyl zijn best doet om de natuur te vriend te houden. De domeinwijnen zijn sinds 2012 biogecertificeerd. Op Windheuwel vind ik geen vignetjes die deze zekerheid verschaffen. Maar ik kan mij niet voorstellen dat-ie daar plots als een dolle gif is gaan spuiten. Hoe dan ook, Van Zyl heeft de wind in de zeilen en maakte een energieke, wat boertige Klassiek Rooi. Recht door zee rood en zwart fruit. De beloofde 'juicy round tannines' duwen echter als een jong bokkie op de kinderboerderij. Zelfde aardse dampen. Stevig type. En goddank nu eens niet uitgevoerd met die 'our aim is to please'-standaardzoetjes.

Windheuwel

Merlot 'Private Selection' 2016
Stellenbosch

9-

druif: merlot
alcohol: 14%
type: vol
prijs: € 19,99

Sowieso een mooie line-up. Of zal ik zeggen: een fijne heuvelrug. Maar dan steekt er één heuvel toch net bovenuit. Vlezige, donkere, kachelpoets-merlot. Schaduwrijk. Bramen zonder schrammen. Bittere Callebaut-chocola met een notenflinter. Luxe waar. Wijnspeciaalzaakniveau. Echter, alleen te koop bij Jumbo Foodmarkt.

Windheuwel

Merlot 'Reserve' 2017
Stellenbosch

8·5

druif: merlot
alcohol: 14,5%
type: vol
prijs: € 12,99

Lees meer over de maker bij Windheuwel Klassiek Rooi. In alle opzichten merlot. Pruimen, donker fruit en duidelijk laurier. Tikje zoeter en makkelijker dan de 2016 die vorig jaar kwam aanwaaien. Alleen te koop bij Jumbo Foodmarkt.

Windheuwel

Pinotage 2017
Western Cape

8

druif: pinotage
alcohol: 14%
type: vol
prijs: € 9,49

Ruige pinotage. Niet de angst om niet aardig te worden gevonden. Daarom geen gesleutel aan de structuur. Het rode fruit davert. De wildebeestengeuren stijgen op. De nerveuze zuren wensen geen Valdispert. Geen verzoeting ter behaging. Powerhouse pinotage.

Windheuwel

Pinotage 'Private Selection' 2016
Stellenbosch

8·5

druif: pinotage
alcohol: 14,5%
type: vol
prijs: € 19,99

Nog fijnbesnaarder, nog cultureler en nog eloquenter dan de Reserve van Windheuwel. Kersen, cassis, bramenlikeur, kaneel, zachte toffee, suède tannines en een fluwelen strik eromheen. Mag wat kosten en doet dat ook. Alleen te koop bij Jumbo Foodmarkt.

Windheuwel

Pinotage 'Reserve' 2016
Stellenbosch

8·5

druif: pinotage
alcohol: 14,5%
type: vol
prijs: € 12,99

Zijn kleine broertje ongedurig en op de deur bonkend. Deze Reserve kent als motto: 'Alleen kalmte kan u redden.' En een goed glas. Plus een nabije braai. Om vervolgens rustig te genieten van frambozenfrivoliteiten, kersen met fluwelen handschoenen, lichtzure bessen en wat VOC-specerij. Goed schoon, fris en niet te zwaar op eikenhout leunend. Alleen te koop bij Jumbo Foodmarkt.

FRANKRIJK ROSÉ

Jean Balmont

Cabernet Franc 2018
Vin de France

7

druif: cabernet franc
alcohol: 12%
type: licht
prijs: € 3,99

Wat je voor vier piek kunt verwachten: eenvoudig, fris snoepfruit. Wat je extra krijgt: aarzelend zweempje bladgroen dankzij de cabernet franc.

Montaignan (NIEUW)

Cinsault-Merlot 2018
Pays d'Oc

7·5

druif: cinsault, merlot
alcohol: 12,5%
type: medium
prijs: € 7,39

Cinsault speelt een thuiswedstrijd in het Land van d'Oc. Merlot op zijn beurt voelt zich bijkans overal welkom. De daaropvolgende duoprestatie resulteert in een verzorgd eentweetje met een Zuid-Franse *look and feel*. De beproefde pipse kleur, de milde kruidigheid en de steviger afdronk dan het oog verwacht. Goddank zonder schmierende zoetjes en ander huppelfruit.

ITALIË ROSÉ

Mezzacorona (NIEUW)

Pinot Grigio Rosato 2019
Trentino

8

druif: pinot grigio
alcohol: 12,5%
type: medium
prijs: € 5,99

Lichte, lekkere mellow rosé met zwoel fruitzoetje. Werden we helemaal chill van. Loungende perzik en appel, uitkijkend over de Dolomieten. Genieten.

AUSTRALIË WIT

Jumbo

Australië Chardonnay Droog & Vol

7

druif: chardonnay
alcohol: 14%
type: medium
prijs: € 3,95

Nieuw etiket. Nieuwe aanduiding ook. Eerst volstond alleen 'vol'. Nu is-ie 'droog & vol'. Klopt. Een volle liter vol bovendien. Rondmondig, volsappig en een fris afscheid.

Kavel Estate (NIEUW)

Chardonnay Riesling Semillon 'The Long Journey' 2018

South Australia

8

druif: chardonnay, riesling, sémillon
alcohol: 12,5%
type: licht
prijs: € 6,99

The Long Journey maakt dorstig. Citrus, grapefruit en groene appel verkwikken.

Kavel Estate

Semillon Chardonnay 'The Congregation' 2018

Barossa Valley

8+

druif: chardonnay, sémillon
alcohol: 13%
type: medium
prijs: € 8,99

Het geloof weet wat bij die Kaveltjes. Rood dat luistert naar de naam 'Pastor's Promise' en 'Destiny'. Halleluja-factor 14.Hier schuift 'The Congregation' aan, de kerkgemeenschap in dit geval. Allemaal verwijzingen naar pastor August Kavel die vanuit Europa met zijn volgelingen voorafgaand aan een verblijf in de hemel down-under had gekozen. Gezien de vele schandalen rondom de kerk heden ten dage zou ik als marketeer nu andere namen hebben gekozen, maar enfin. Op naar een klassieke Ozzie-blend: sémillon en chardonnay. De gemeente kan glasbakken gaan neerzetten, want lekker. Aangenaam wit fruit, een klein tropenuitstapje en wat tintelende citrus en limoen van de sémillon. Heeft meer te bieden dan de 2017 die vorig jaar kwam kavelen.

Orana

Chardonnay 2018

Murray Darling

7·5

druif: chardonnay
alcohol: 13,5%
type: medium
prijs: € 6,99

Orana. Populaire naam in Australië. Betekent 'maan'. Hier hebben we een zangeres die zo heet. Daar dus een wijn. Een aardige chardonnay in dit geval. Romig (is onze Maan zeker niet). Licht exotisch (wel). En met een peertje links, een roosternootje rechts en een kwieke afdronk. Wat vollere maan dan de 2016 die het laatst ten tonele verscheen.

Trentham Estate

Chardonnay 2018

Murray Darling

8·5

druif: chardonnay
alcohol: 13,5%
type: medium
prijs: € 7,99

Van wijnmaker Andy Murphy. En Murphy's Law leidt bepaald niet tot ongelukken maar tot een in de puntjes verzorgde chardonnay. Perzik. Koele mango. Een suikerspinkrokantje dankzij een beetje houthulp. Wat romiger dan de vorige editie.

Trentham Estate

Pinot Gris 2018
Murray Darling

8+

druif: pinot gris
alcohol: 12,5%
type: medium
prijs: € 7,99

Pinot gris heeft ook een verblijfsvergunning voor Australië weten los te peuteren. En deze ook weten te verlengen. Kende daar een wijnmaker, Andy Murphy. En die heeft 'm kost en inwoning verschaft. In ruil voor wat peerpartjes, een appelbeignetje, amandelbittertjes en zachte maar levendige zuren. Wat kwieker dan de 2017-uitvoering. Pluspuntje.

BULGARIJE WIT

Cheval de Katarzyna

Chardonnay 2018
Thracian Valley

7·5

druif: chardonnay
alcohol: 13%
type: medium
prijs: € 6,79

Niet van dat benauwde in Thracië. Een zee aan witte bloemetjes doet een hoop frivoliteiten vermoeden maar de mond oordeelt anders. Kordate chardonnay. Flink wat vlees op het bot. Paardenvlees? Nee, vruchtvlees: drieste goudrenet, grapefruit. Vrij kruidig bovendien. Fiks peperig ook dit jaar. Beduidend beter dan voorgaande versies.

CHILI WIT

Alpaca

Chardonnay Semillon 2019
Central Valley

8

druif: chardonnay, sémillon
alcohol: 13%
type: medium
prijs: € 5,29

Met limoen, citroen en perzik in de zadeltassen zet deze sappige blend van chardonnay en sémillon de speekselklieren in gang. Heeft de alpaca ook weleens last van. Of zijn dat alleen lama's?

Alpaca

Sauvignon Blanc 2019
Central Valley

7+

druif: sauvignon blanc
alcohol: 12%
type: licht
prijs: € 5,29

Alpaca. Lama. Eentje die veel vers gras en wat limoentjes heeft gegeten. Daar is-ie niet zwaarder door geworden: 12 procent alcohol.

Jumbo (NIEUW)

Chardonnay

7

druif: chardonnay
alcohol: 13%
type: medium BIO
prijs: € 3,99

Geen kunstmest. Geen onkruidverdelgingsmiddelen. Geen insectenverdelgingsmiddelen. En gelukkig betreft het hier ook een biologische wijn zonder smaakpapilverdelgingsmiddelen. Zachtbittere, licht-tropische chardonnay. Geen verdere herkomstaanduiding anders dan Chili. Zonder jaartal ook. Al doet de L19 code op het achteretiket vermoeden dat het hier de kraakverse 2019-oogst betreft. In de selectie want in orde.

Jumbo

Sauvignon Blanc
Central Valley

7·5

druif: sauvignon blanc
alcohol: 13,5%
type: licht
prijs: € 3,99

Fraai drukwerkje op de fles. En ook in de fles is het een drukte van belang. Stuiterende doperwtjes, krakende groene appel en kletterende limoen. Beter dan voorgaande edities.

Los Gansos

Chardonnay 2019

7·5

druif: chardonnay
alcohol: 12,5%
type: medium
prijs: € 5,69

Wederom gans in orde. Betrouwbare chardonnay, afkomstig van druiven uit wijngaarden die door heel Chili verspreid liggen. Vandaar: geen herkomstduiding op valleiniveau. Goede zuren, mild tropisch, spatje abrikoos en een citroentje met zout in de nazit.

Los Gansos

Sauvignon Blanc 2019

7·5

druif: sauvignon blanc
alcohol: 12,5%
type: medium
prijs: € 5,69

Los Gansos houden de pas erin. Past u op voor sappig, zachtgroen, lichtgeel tropensap met een klein grapefruitbittertje. Prima in orde weer.

Terra Pura (NIEUW)

Sauvignon Blanc 'Single Vineyard' 2018
San Antonio Valley

8·5

druif: sauvignon blanc
alcohol: 13%
type: medium
prijs: € 7,99

San Antonio. Koel en groen. Zo ook veel sauvignon blancs die daarvandaan komen. Herbaal en mineraal. Grassig en sappig. Krakend en smakend. Pura natura.

DUITSLAND WIT

Alba Pura (NIEUW)

Riesling (sulfietvrij) 2018
Mosel

8·5

druif: riesling
alcohol: 12,5%
type: medium DYN
prijs: € 12,99

Wijn met een verhaal. Een goed verhaal bovendien. Afkomstig uit de Moezel, fijn voor riesling. Nog beter als deze daar in Piesport tot volle wasdom mocht komen. En volstrekt ultiem als de druif de Goldtröpfchen-wijngaarden als de zijne mocht rekenen. Maar het kan nog mooier. En Holland (of moet ik zeggen Limburg?) spreekt nota bene een woordje mee.
Stan Beurskens, diverse malen gelauwerd als beste wijnmaker van Nederland, eigenaar van wijngoed St. Martinus in Vijlen, tevens wijnconsultant voor verschillende andere wijnbedrijven in binnen- en buitenland, had juist deze locatie uitgezocht om daar tot een wereldprimeur te komen. Hij wilde met druiven van door hem geselecteerde boeren een biologisch-dynamische wijn maken.
Toegegeven, dat is allemaal nog niet zo uniek, maar we zijn er nog niet. Vervolgstapje. Eerst richting de afslag 'nog nooit vertoond'. Tenminste, niet naar mijn weten: de gebruikte natuurlijke toevoegingen heeft Beurskens op het achteretiket laten vermelden. Een derge-

lijke openheid van zaken was mij in ieder geval tot op heden nog onbekend. Niet dat ik overigens opkeek van deze mini-handleiding 'Zo maak je een biologisch-dynamische wijn'.
Ik las over druifeigen gisten, natuurlijke enzymen om de karakteristieke rieslinggeur en -smaak te benadrukken en over klaren met klei, bentoniet. De *usual suspects*, maar het daaropvolgende begrip Freesoil kende ik nog niet. *Stan the Man* zelf maar eens gebeld.
'Is een volledig natuurlijke sulfietvervanger gemaakt van citroenmelisse,' zei hij. 'In helemaal geen conserveringsmiddel gebruiken, geloof ik niet.' Daar kon ik mij iets bij voorstellen. Het helemaal weglaten leidt nogal eens tot ongewenste resultaten. Wijn gaat zich onvoorspelbaar gedragen, slaat geur- en/of smaaktechnisch op hol, beleeft nog een extra gisting, presenteert zich per fles anders of is sowieso niet te drinken. Enfin, niet veel later volgde deze *acid test* met – hoe toepasselijk – citroenmelisse: ik ben 'm gaan proeven. Want eerlijk is eerlijk, ik heb weleens vaker prachtverhalen gehoord om er daarna achter te komen dat het boek beter bleek dan de film.
Maar de Alba Pura, 'de pure druif', presenteerde een lichte, transparante en muntfrisse rasriesling. Die bloesemde, zwierde, zinderde en verfriste. Er was perzik, abrikoos, appel, honing, grapefruit en de afdronk had duidelijk iets met citroen van doen.
'Gaat het voor andere wijnen ook werken, Stan?' informeerde ik.
'Thans een wereldprimeur maar er wordt aan gewerkt,' luidde zijn antwoord.

Chapeau!

Grauburgunder 2018
Rheinhessen

8·5

druif: grauburgunder
alcohol: 13%
type: medium
prijs: € 9,99

Petje af. Voor deze mooi strakke grauburgunder uit het krachtcentrale-jaar 2018. Ondanks de stevige inhoud mooie zuren. Fijne bittertjes. Kwiek verschijnend. Blossende peer. Rijpe appel. Grote verfrissingszin.

Chapeau!

Riesling 2018
Rheinhessen

8·5

druif: riesling
alcohol: 12%
type: licht
prijs: € 9,99

Dat uitroepteken staat daar niets voor niets. Tik-tak mineraal. Wit fruit. Witte peper. Vinnig en viriel. Fris en kak-strak afdrinkend.

Chapeau!

Weissburgunder 2018
Rheinhessen

8·5

druif: weissburgunder
alcohol: 12,5%
type: medium
prijs: € 9,99

Weissburgunder. In Frankrijk bekend als pinot blanc. Is de kwaliteit matig dan krijg je flubberig sap, slap in de knieën en met buikzieke-peertjessymptomen. Maar deze heeft body, inhoud en kerngezonde vulling. Mooi droog ook nog eens. Weissburgunder die van wanten weiss.

Chapeau!

Weiss 2017
Rheinhessen

8·5

alcohol: 12%
type: medium
prijs: € 9,99

Van Chapeau hebben we al een grauburgunder en een weissburgunder. Deze is wat kortaf: weiss. Maar dat wil niet zeggen dat-ie kribbig is in de mond. Zachter, druiviger en wat rijper dan zijn broertjes. En op hetzelfde kwaliteitsniveau.

Sankt Anna

Riesling 'Pur Mineral' 2018
Pfalz

druif: riesling
alcohol: 13%
type: licht
prijs: € 6,19

Het jaar had het goed met de wijnmakers voor: topzomer. Druiven met veel inhoud en kracht. Vervolgens heeft Weinhaus Lergenmüller het al een aantal jaren bijzonder goed met de rieslingdrinker voor. Al oogsten lang verbaas ik mij over het prijskaartje dat aan hun Pur Mineral wordt gehangen. Een paar euro meer was-ie waard geweest. Zodoende ook al jaren een Sterwijn. Nu weer. Al is-ie twee dubbeltjes duurder geworden. En die Ster is ook beslist geen dubbeltje op zijn kant. Honderd procent verdiend. Fijn droog en uitgebalanceerd. Strak wit fruit, goede citrus en een bijzonder aangenaam karamelkrokantje. Maakt 'm serieuzer en serieus beter.

FRANKRIJK WIT

Blue Mare

2018
Picpoul de Pinet

druif: picpoul
alcohol: 13%
type: medium
prijs: € 5,99

Het zit wel goed met de kwaliteit van picpoul in de Nederlandse supermarkt. Ook deze van Jumbo is dit oogstjaar weer prima. Licht wit en geel fruit, verfrissing en wat zachte bitters. Halfje meer alcohol, half puntje beter ook: meer geur en smaak. De vraag is alleen: waarom spreekt zo'n Franse zuidkustwijn Engels?

Château de la Botinière

2018
Muscadet-Sèvre et Maine sur Lie

druif: melon de bourgogne
alcohol: 12%
type: licht
prijs: € 5,50

Muscadet *sur lie*. Geeft iets meer invulling aan het krijtstrakke. Op de achtergrond fijn gevenkel en andere kruidigheden.

de Castellane

Brut
Champagne

druif: chardonnay, pinot meunier, pinot noir
alcohol: 12%
type: droog M
prijs: € 20,99

Vroeger had je een reclame waarin ABN-AMRO claimde dat zij *De* Bank waren. *De* Beste, anders gezegd. Hier hebben we champagne de Castellane. Al eerder op de proeftafel gehad en nog steeds niet de beste. Maar wel van een prijs-kwaliteit die best in orde is. Gele appels, laurierblad, bloesems en wat nerveuze belletjes. Sappig en droog met een minty bite. Voor wie per se een champagne onder de twintig euro wil kopen en niet wenst te vrezen voor zijn leven.

Domaine François Schwach

Gewurztraminer 2016
Alsace

druif: gewurztraminer
alcohol: 13%
type: medium
prijs: € 12,99

Rozenblaadjes. Rozenbottels. Rozig worden na een paar glaasjes bij een niet al te heftige kipcurry met kokosmelk.

Niet verheffend. Wel weer sappig, smakelijk en eerlijk. Droog, kwiek en energiek. Appeltjes, besjes, citrus en een grapefruitbittertje. Nergens zoet. En maar 11,5 procent alcohol, schenk nog maar 'ns in.

Domaine François Schwach

Pinot Blanc 'Vieilles Vignes' 2017
Alsace

8+

druif: pinot blanc
alcohol: 13%
type: medium
prijs: € 9,99

Sappig, stevig en op orde. Peer, wat rijp exotisch fruit, ananas en mango, een aangenaam amandelbittertje. Fijne frisdroge afdronk. Van oude stokken maar springlevend in het glas.

Jean Balmont

Chardonnay 2018
Vin de France

7

druif: chardonnay
alcohol: 12%
type: medium
prijs: € 3,99

De witte wijnen van Jean Balmont doen het ook dit jaar beter dan de rode, al lijken ze ieder jaar wat af te slanken. Chardonnay trakteert gelukkig nog op groene en gele appeltjes. Steeltjes heeft men er al voor u af gehaald. Bij een gegrild visje, zou ik zeggen.

Jean Balmont

Sauvignon Blanc 2018
Vin de France

7·5

druif: sauvignon blanc
alcohol: 11,5%
type: licht
prijs: € 3,75

Jumbo

Alsace Pinot Blanc 2018
Alsace

7+

druif: pinot blanc
alcohol: 12%
type: licht
prijs: € 5,29

Jumbo trakteert op zachte peer, helpt een appel uit zijn jas en stelt meloen voor aan citrus. Prima voor dit geld.

Jumbo

Côtes de Gascogne Droog & Fris
Côtes de Gascogne

7+

druif: colombard, ugni blanc
alcohol: 10,5%
type: licht
prijs: € 3,95

Een liter lang kekke groene appeltjes, citrus, wit fruit en gemaakt om de dorst te lessen. Verder niks-aan-de-hand-, drink-op-drink-op-, no-nonsense-huiswijn, maar pas op voor de knock-out grapefruit-touch.

Montaignan (NIEUW)

Chardonnay 2018
Pays d'Oc

8·5

druif: chardonnay
alcohol: 13,5%
type: medium
prijs: € 7,39

Chardonnay met een ambitie die verder reikt dan slechts een oppervlakkig dorstlessertje te zijn. Rondom gevuld met zuidfruit. Abrikozen doen hun ronde, perzik deelt uit, rijpe appel komt op appel. Een roomboterbabbelaar fluistert zachtjes naar de kwieke zuren die zich richting afdronk haasten. De jury van de 23e Berliner Wine Trophy hoorde het aan en beloonde de inspanning met een gouden medaille.

Signé

Montagny Premier Cru 2018

Montagny Premier Cru

7·5

druif: chardonnay
alcohol: 13,5%
type: medium
prijs: € 9,00

In Montagny is alles Premier Cru. Gewone Montagny bestaat niet. Klinkt dus lekker kostbaar en luxe. Is overigens gewoon van de coöperatie van de verzamelde wijnboeren van de Buxy. Maar laat die nou een uitstekende reputatie genieten. Maakten in 2018 een met rijp geel fruit, venkelloof, zweem vanille, kokos, een passerend banaantje en wat romigheid.

Villebois

2018

Pouilly-Fumé

8·5

druif: sauvignon blanc
alcohol: 12,5%
type: medium
prijs: € 14,99

Hoe is het mogelijk: 2018 topjaar voor de Loire. Toch kost-ie hetzelfde als de 2017 die zich vorig jaar in de rokersruimte meldde. Goed geëquipeerde Fumé. Groene appel, citrusfrisjes en lavendel. Kaatsend mineraal over een spiegel van wit fruit en grapefruit. Strak geschoren gazon. Kalk stuift op. Fifteen love. Liefde voor echte sauvignon blanc.

Villebois

2017

Sancerre

8·5

druif: sauvignon blanc
alcohol: 12,5%
type: medium
prijs: € 16,99

Villebois. Inmiddels een grootmacht in de Loire. En met Hollandse roots: landgenoot Joost van der Does de Willebois verruilde zijn boardroom in het bedrijfsleven voor een plek in de wijngaarden. Ging met vrienden aan de slag in de Loire. Eerst schoorvoetend, maar steeds voortvarender. Kocht en koopt en maakt bovenal lekkere wijn. Is inmiddels een 'speler' van formaat. Mede dankzij Thierry Merlet, een wijnmaker uit de regio die ook in Nieuw-Zeeland doende is geweest, waar ze immers ook wel wat met sauvignon blanc op hebben. Sancerre met wijnspeciaalzaakkwaliteiten. Maar dan wel weer wat voordeliger geprijsd. Knapperig fruit, witte peper, groen krakend appeltje, citrus en lekkere bitters. Zacht, fris en toch ook stevig.

Villebois

Petit Villebois 2018

Vin de France

8·5

druif: sauvignon blanc
alcohol: 12%
type: medium
prijs: € 7,29

Vorig jaar een wat rijpere stijl. Druivig en kluivig, met flink wat om het lijf. Deze 2018 op-en-top Loire-sauvignon blanc. Ongelooflijk goed jaar ook: dat helpt mee. Ongedurig, trippelend, ADHD'erig. Rins, kwiek, stuivend. Groene appels met rode grapefruitverkering. Citrus die het hokje 'kruisbessen' aanvinkt. Sap, spat, pats! De jury van de het Concours Anivin de France bekroonde 'm met een zilveren medaille in de categorie Best Value Selection. In Nederland valt het predicaat Sterwijn 'm ten deel.

Villebois

Sauvignon Blanc 2017
Touraine

8·5
druif: sauvignon blanc
alcohol: 12%
type: medium
prijs: € 7,29

De vorst van 2017 heeft 'm ongemoeid gelaten. Koel is-ie, dat wel. Levendig, verkwikkend, revitaliserend en drinklust opwekkend. Kekke rode appeltjes, greepje grapefruit, kordate kruisbessen, verkwikkende zuren. Opmerkelijk: kost hetzelfde als de Vin de France van Villebois die officieel lager in de pikorde staat. Enfin.

ITALIË WIT

Ducale

2018
Verdicchio dei Castelli di Jesi

7·5
druif: verdicchio
alcohol: 12,5%
type: licht
prijs: € 4,79

Jaar in jaar uit een prima witte Italiaanse huiswijn. Wit fruit, besjes, zachte bitters, milde zuren. Dorstlesser pur sang. Geen geld. Tikje lichter dan voorgaande jaren.

Famiglia Bruno

Arneis 2018
Roero

8·5
druif: arneis
alcohol: 13,5%
type: medium
prijs: € 12,99

Zo'n beetje de officiële pasta-met-pesto-bianco. Verkwikkend, speekselklier activerend wit. Groene appels, iets peer, er is citrus, wat anijs en marmeladebittertjes plus een zachte afdronk. *All in the famiglia*. Alleen te koop bij Jumbo Foodmarkt.

Mezzacorona (NIEUW)

Chardonnay 'Coveli' 2019
Vigneti delle Dolomiti

7·5
druif: chardonnay
alcohol: 13%
type: medium
prijs: € 5,99

Rijpe chardonnay uit het zonnigste stukje Italië: de Dolomieten. Had je niet gedacht? Google het maar eens bij een glas Coveli, vol gulle peer, laurier en witte peper.

Mezzacorona

Pinot Grigio 2019
Trentino

7
druif: pinot grigio
alcohol: 12,5%
type: medium
prijs: € 5,99

Pinot grigio kan weleens een plakkerige klap in je gezicht zijn, maar van Mezzacorona durven we het wel aan. Schoon, helder sap. Met wit fruit, een zacht peertje, appeltje en een snufje witte peper.

Mezzacorona (NIEUW)

Pinot Grigio 'Riserva' 2017
Trentino

8
druif: pinot grigio
alcohol: 13%
type: medium
prijs: € 7,99

Mezzacorona in Trentino. De coöperatie aller Italiaanse coöperaties. Groot, veel, indrukwekkend. Geen noordelijke druif is hun onbekend. Ondergrens: betrouwbaar. Uitschieters naar boven. Goede prijs-waardeverhouding. Ook wat deze pinot grigio betreft. Riserva die zijn predicaat waarmaakt. Niet zo'n vluchtige, waterige doorkijk-uitvoering maar pittig wit, een netje goudrenetten, grapefruitbitters en zich niet verstoppende zuren.

Pietraserena

Vigna del Sole 2017
Vernaccia di San Gimignano

8

druif: vernaccia
alcohol: 13%
type: medium
prijs: € 11,49

Aha, met een gouden medaille. Maar dat blijkt klatergoud. Is een glanzend vignetje dat het domein in 2013 honderd jaar bestond. Oud nieuws dus. Verse oogst vernaccia gelukkig. En weliswaar niet van een gouden maar wel van een goede kwaliteit. Licht-amandelbitter, appelafdruk, knapperig, licht-verfrissend mild-zuur. Sluit naadloos aan bij omelet met groenten of een sperziebonensalade met nootjes. Ofschoon de vegetarische spijtoptant 'm ook prima kan doordrinken bij pasta alla vongole. Alleen te koop bij Jumbo Foodmarkt. Daar hebben ze waarschijnlijk die schelpjes ook wel.

NIEUW-ZEELAND WIT

Stanley Hill

Sauvignon Blanc 2018
Marlborough

8

druif: sauvignon blanc
alcohol: 12%
type: medium
prijs: € 4,99

Ook dit jaar weer uitgevoerd met een nep gouden medaille die niets anders aankondigt dan 'High Quality Sauvignon Blanc Wines'. Hoe dan ook, geen geld. Weliswaar een in Nederland gebottelde bulk-sauvignon blanc maar prima in orde. Grassig maar niet te. Koel-exotisch. Fikse hap grapefruit. Sapzuren. Handig op het achteretiket een soort smaakindicator van 1 (crispy) tot 9 (round). Stanley heeft een 2 gekregen. En ook dit jaar weer een 8. Van *De Grote Hamersma*.

Villa Maria

Sauvignon Blanc Organic 2019
Marlborough

8+

druif: sauvignon blanc
alcohol: 13%
type: medium BIO
prijs: € 8,99

Think global, drink local. Makkelijker gezegd dan gedaan als het om wijn gaat. Maar nog even en de klimaatverandering zet dusdanig door dat we voor een goede sauvignon blanc niet meer buiten de landsgrenzen hoeven te zoeken. Laat staan aan de andere kant van de wereld. Toch zal Nieuw-Zeelandse 'savvy' altijd zoiets unieks blijven dat geen enkele andere SB die kan vervangen. De aroma's van het gras zijn er grassiger. De kruisbessen frivoler. Het groen groener. De asperges rijper. De passievrucht met meer passie. Nieuwe oogst van lokale grootmeester Villa Maria. Drinkt u toch nog 'local'. En gelukkig allemaal onbespoten: bio.

OOSTENRIJK WIT

GV

Grüner Veltliner 2018
Niederösterreich

7.5

druif: grüner veltliner
alcohol: 12,5%
type: licht
prijs: € 5,99

GV. Bastaardvloekje? Nee, afkorting voor Grüner Veltliner. Voluit: krokant wit fruit, sappige bittertjes, wat witte peper, goed droog. GV. Goed Verzorgd. Ga Verder. Gezelschap Verlangd. Schenk nog eens in. De prijs staat dat niet in de weg. GV. Goed Voordelig.

SPANJE WIT

Zoraida

Verdejo 'Special Selection' 2017
Rueda

8

druif: verdejo
alcohol: 13,5%
type: medium
prijs: € 9,99

Vorig jaar deze oogst al geproefd. De rijpe peer nu nog rijper. De perzik zachter en zwoeler, aardig wat meloen en de zuren wat zachter. Van links naar rechts fijn gevuld.

ZUID-AFRIKA WIT

Klein Vriend (NIEUW)

Chenin Blanc 2019
Western Cape

7

druif: chenin blanc
alcohol: 12,5%
type: medium
prijs: € 2,99

Twijfelgevalletje. Geproefd. Nog eens herproefd. De Klein Vriend-chardonnay-colombard in ieder geval niet. Daar zijn we geen vrienden mee geworden. Nog eens geproefd. Met wijnen die tien keer duurder zijn, zijn we weleens korter bezig geweest. En niet altijd om er dan de loftrompet over te laten schallen. Duurder is niet per se beter. Nog maar eens proeven. Rijpe peer, dito appel. Handje zuren. 7-: komt er niet in. 7 dan? Hakken over de sloot. Plussen en minnen. Minnen en plussen. Kantje boord. Oordeel zelf. En als je dan toch voor dat schap staat, probeer dan ook de Klein Vriend-pinotage. Da's rood. Ook een 7'tje... Laat even weten wat je ervan vindt.

KWV

Chardonnay Classic Collection 2018
Western Cape

7

druif: chardonnay
alcohol: 13%
type: medium
prijs: € 6,49

Classic maar verdraaid eigentijds. Chardonnay zoals men deze heden ten dage graag drinkt. Geen hout maar fruit. Geen romigheid maar fraîcheur. Voorts tropisch, een niet te nadrukkelijke perzik en wat limoengespat.

KWV

Sauvignon Blanc Classic Collection 2019
Western Cape

8-

druif: sauvignon blanc
alcohol: 13%
type: licht
prijs: € 6,49

Niks mis met deze nieuwe oogst sauvignon blanc. Duidelijk minder snoeperig, en met een mineraal randje dat we al een tijdje niet geproefd hadden. En daarnaast natuurlijk met fijne kruisbessen, groene appel, grapefruit en citrus. Knisper Witte Vino.

Shortwood (NIEUW)

Chardonnay Viognier 2019
Western Cape

7

druif: chardonnay, viognier
alcohol: 13%
type: medium
prijs: € 3,99

a b c d e f g h i J JUMBO k l m n o p q r s t u v w x y z

Verrassend sappig voor minder dan vier euro. Tropisch voordeelfruit, met limoenessence.

Shortwood (NIEUW)

Sauvignon Blanc 2018
Western Cape

7+

druif: sauvignon blanc
alcohol: 12,5%
type: medium
prijs: € 3,99

'ShortWood, where less is more'. Wat zouden ze daarmee bedoelen? Kort op hout? Minder, minder, minder? Enfin, fris en zachtgeel plus wat lichtgroen. Voor minder dan vier euro. Ah, dát bedoelen ze!

Windheuwel

Chardonnay 2017
Western Cape

8

druif: chardonnay
alcohol: 13,5%
type: medium
prijs: € 9,49

Op de Windheuwel is een paadje vrijgemaakt voor ingetogen tropisch fruit, licht rijpe appel, wat perzik, veel citrus en een uitgebalanceerd grapefruitbittertje. Volg de borden. Wie boft, treft daar bovendien gegrilde gamba's op.

Windheuwel

Chardonnay 'Reserve' 2017
Western Cape

8

druif: chardonnay
alcohol: 13,5%
type: medium
prijs: € 12,99

Zonder room. Zonder exotische uitstapjes richting bananenplantages, gepassioneerde passievruchtplukkers of kokosnotenkoningen. Compacte, door mineralen en citrus bijeengehouden Zuid-Afrikaan. Vorig jaar al geproefd. Nu herproefd: heeft nog wat reserve. Alleen te koop bij Jumbo Foodmarkt.

Windheuwel (NIEUW)

Chenin Blanc 'Private Selection' 2018
Stellenbosch

9

druif: chenin blanc
alcohol: 13,5%
type: medium BIO
prijs: € 19,99

Private Selection. Gelukkig groot genoeg om wat met ons te delen. Wordt gemaakt door Laibach. Grote naam in Zuid-Afrika. Indrukwekkende chenin blanc van zijn hand. Suikermeloen. Geroosterde ananas. Rijpe peer. Gember. Karamel. Perzik in het pannetje. Vanille. Vleugje foelie. Gedroogde abrikoos. Lispelende zuren. Kwijlende liefhebbers. Die moeten er wel voor naar Jumbo Foodmarkt. Alleen daar is-ie te koop.

AUSTRALIË ROOD

Stevig en Kruidig (NIEUW)

LITER

7

alcohol: 12,5%
type: vol
prijs: € 3,49

Minimale informatie. Groot op het etiket: Stevig en Kruidig. Wat kleiner eronder: Volle, krachtige rode wijn. Achteretiket geeft in kleine lettertjes aan als land van herkomst: Australië. Gebotteld in Duitsland waar Lidl een thuiswedstrijd speelt. Druif? Waarschijnlijk shiraz. Smaak? Stevig en kruidig, redelijk vol en enigszins krachtig. Drinkbaar? Ja hoor.

FRANKRIJK ROOD

Chevalier de Fauvert (NIEUW)

Merlot 2018
Pays d'Oc

7·5

druif: merlot
alcohol: 13%
type: medium
prijs: € 2,99

Het is merlot. Er is donker fruit, pruimerij, wat houvast en het is geen straf. En je verbaast je dan toch even over die prijs.

ZUID-AFRIKA ROOD

Shiraz Cabernet Sauvignon (NIEUW)

2018
Western Cape

7

druif: cabernet sauvignon, shiraz
alcohol: 13,5%
type: medium
prijs: € 3,69

Olifant op het etiket maar geen zwaargewicht. Licht bessig, doorkijkpruim, klein zoetje, milde zuren en zachte tannines. Olifant, lange snuit, verhaaltje uit.

Shiraz (NIEUW)

2018
Western Cape

7

druif: shiraz
alcohol: 13,5%
type: medium
prijs: € 3,99

Van een wijnmaker die zijn handtekening voorop het etiket heeft gezet. Onleesbaar, maar zo erg is het allemaal niet. Keurige shiraz. Zacht, mild, pruimig, aangeharkte bramenstruik, lichte specerij. Vriendelijk voor de smaakpapillen. Sympathiek voor mensen, arbeidsomstandigheden en natuur bovendien: Fairtrade.

AUSTRALIË WIT

Chardonnay Colombard (NIEUW)

2018

7

druif: chardonnay, colombard
alcohol: 12,5%
type: medium
prijs: € 2,99

De colombard zorgt voor het frisse en het groene. De chardonnay voor een tropisch uitstapje. Eerlijk en eenvoudig. Een-tweetje zonder plichtplegingen.

Chardonnay (NIEUW)

2018
Coonawarra

7·5

druif: chardonnay
alcohol: 12%
type: medium
prijs: € 4,69

Coonawarra, epicentrum voor Ozzie-cabernet sauvignon. Lidl vond er ook een patente chardonnay. Licht tropisch, zacht romig, mild verfrissend. Geselecteerd door de wijnmaker met de onleesbare handtekening die ik ook op een Zuid-Afrikaanse shiraz van Lidl tegenkwam.

SPANJE WIT

Hachón (NIEUW)

Verdejo 2018
Rueda

7,5

druif: verdejo
alcohol: 13,5%
type: licht
prijs: € 3,99

We hebben rueda's geproefd die duurder waren maar minder presteerden. Zacht, grassig, limoen, wit pepertje, sappig en pittig. Kan dus voor minder dan vier euro.

ZUID-AFRIKA WIT

Chardonnay Colombard

2019
Western Cape

7

druif: chardonnay, colombard
alcohol: 12,5%
type: medium
prijs: € 3,49

Van A tot Z. Van Australië tot Zuid-Afrika. Bij Lidl is ook een colombard chardonnay *from down under* in omloop. Die smaakt min of meer hetzelfde. Maar is vijf dubbeltjes voordeliger. Ik zou het wel weten.

Chenin Blanc (NIEUW)

2018
Swartland

8

druif: chenin blanc
alcohol: 13%
type: medium
prijs: € 3,99

Swartland, de heilige graal voor Zuid-Afrikaanse wijnmakers. En kijk aan, Lidl heeft er eentje bereid gevonden om voor drie keer bijna niks een heel fatsoenlijke chenin blanc in een fles te stoppen. Fairtrade bovendien. Rijpe meloen, rijpe peer, een knapperig karamelrandje en een prima afdronk.

Chenin Blanc (NIEUW)

2019
Western Cape

7+

druif: chenin blanc
alcohol: 13%
type: medium
prijs: € 2,99

Voor een paar dubbeltjes meer is er ook een hele liter eveneens Zuid-Afrikaanse chenin blanc bij Lidl in omloop. Maar qua uitmonstering kun je die niet op tafel zetten als je visite krijgt. Deze wel. Aardig etiketje met een wildebeest erop. In de fles zelf bovendien een wat gesoigneerdere chenin blanc. Wat meer meloen, wat rijpere peer, wat meer vulling.

Fris en Fruitig (NIEUW)

LITER

7

druif: chenin blanc
alcohol: 13%
type: medium
prijs: € 3,59

Chenin blanc uit Zuid-Afrika doet wat-ie doen moet in zo'n litereditie. Licht, meloenig, perig en verfrissend zijn. Schijnt volgens het achteretiket nog een 'vleugje specerijen' in te ontdekken zijn. Het is me niet gelukt.

AUSTRALIË ROOD

The Listening Station (NIEUW)

Malbec 2018

7

druif: malbec
alcohol: 13%
type: vol
prijs: € 5,99

Luister, komt een malbec in Australië. Wat je zegt: een flink eind van huis. De druif uit het Franse Cahors en de Argentijnse uitlopers van de Andes verwacht je daar niet een-twee-drie. Was de reis de moeite en de CO2-uitstoot waard? Ach, hij is niet al te verkreukeld van de bagageband gekomen. Soepel, zacht en mild.

CHILI ROOD

Birds of Paradise

Pinot Noir 'Grand Reserve' 2017

Casablanca Valley

8

druif: pinot noir
alcohol: 13%
type: medium BIO
prijs: € 8,29

Goddank hebben de Birds of Paradise de kersen laten hangen. De geroosterde amandeltjes bliefden ze waarschijnlijk niet. En met kip uit de oven hoef je bij die beesten natuurlijk helemaal niet aan te komen. Al smaakt dat er nog zo lekker bij.

O

Pinot Noir Reserva 2018

Colchagua Valley

8·5

druif: pinot noir
alcohol: 14%
type: medium BIO
prijs: € 6,49

Vorig jaar een bio uit Bío-Bío. Nu uit Colchagua Valley. Iets minder een ezelsbruggetje maar zeker het onthouden waard. Aangenaam slanke stijl. Lekker herfstig. Warmbloedige kersen, aardbeien op sap, kraakje geroosterde nootjes, fijne zuren, prettig en sappig.

O

Winemaker's Blend 2018

Rapel Valley

8·5

druif: cabernet sauvignon, merlot, syrah
alcohol: 14%
type: vol BIO
prijs: € 6,49

King Cab speelt al snel de baas. Volle kracht cassis. Bramen en bittere chocolade. Merlot en syrah laten zich niet aan de kant zetten. Bessig, pruimig en met een soepele tanninetraktatie. Veel wijn voor dit geld.

Salvaje

NSA 2017

Casablanca Valley

8

druif: roussanne, syrah
alcohol: 15%
type: vol BIO
prijs: € 11,99

Een leuke combi uit het druivencircuit: syrah met roussanne. Dat duo tref je niet veel. Maar is aan te bevelen. Donkergetint en zacht. Chocolate chip cookie. Het bittere en het zoete. Spatje bramenlikeur en tannines afkomstig van de Zijderoute. NSA? No Sulphur Added. Mag zwavelloos door het leven. Aan alcohol overigens geen gebrek: 15 procent maar liefst.

FRANKRIJK ROOD

Dompter la bête (NIEUW)

2017
Bordeaux

8

druif: cabernet franc, cabernet sauvignon, merlot
alcohol: 13%
type: vol BIO
prijs: € 9,99

Een bordeaux die lollig probeert te doen. Knullige cartoon op het etiket voor: man met alpinopet zit op een rode tractor en kijkt olijk terwijl hij door een wijngaard rijdt. 'Nono' staat eronder. Waarvan akte, al is het in dit geval de naam van de cartoonist. Op de achterkant mocht-ie ook nog even: twee mannen in de wijnkelder die de wijn bezingen. 'De rondeur van merlot en het karakteristieke fruit van beide cabernets.' 'Wat heerlijk dat we dit mooie moment mogen delen!' De tekstschrijver bleek nog slechter. Gelukkig deelt de wijnmaker niet in de malaise. Oprecht en eerlijk donker fruit, stoere tannines, leermoment en aardig wat laurier. 'Nono' de tekenaar. 'Oui oui' de wijn.

ITALIË ROOD

Botter (NIEUW)

Primitivo 2018
Puglia

7.5

druif: primitivo
alcohol: 13,5%
type: vol BIO
prijs: € 7,49

Een 'kijk mij nou'-fles. Van kop tot kont omwikkeld met papier en dan toch de bioboy uithangen. Op de een of andere manier strookt dat niet helemaal met de beter-voor-het-milieubeginselen lijkt ons zo. Wat zit er achter die vermomming? Een primitivo die weliswaar zonder herbiciden, pesticiden, kunstmest en minder zwavel tot ons is gekomen maar daarentegen wel weer met een flinke plank eiken. Zoete specerijen, vanillebeleving, pruimen op sap, kersenvlaai en zondoorstoofde tannines.

Cantina Pizzolato (NIEUW)

H-Hero
Veneto

7

alcohol: 12%
type: medium
prijs: € 5,00

Met de medewerking van Batman. De vleermuisheld laat insecten en boeven voor wat ze zijn en heeft zich op het etiket laten vereeuwigen met een druif aan de getuite lippen. Een glas met inhoud kan niet lang meer op zich laten wachten. Gespierde rosso? Nee. Jaartalloos. Zorgeloos. Gelukkig niet smakeloos. Eenvoudig kersenfruit, milde zuren, bittertje. Batmobile laten staan: Bobman.

Terre di Kama

2016
Sicilia

7.5

druif: nero d'avola, perricone
alcohol: 13,5%
type: vol BIO
prijs: € 9,29

Zwaarlijvig uilenbeest op het etiket blijkt een hoge aaibaarheidsfactor te hebben. Voedt zich op Sicilië met donkere bessen, krentjes en kruiden. Warm en fluffy.

NIEUW-ZEELAND ROOD

Misty Cove

Pinot Noir Organic 2017
Marlborough

8.5

druif: pinot noir
alcohol: 13%
type: medium BIO
prijs: € 13,99

Bevalt me beter dan het vorige oogstjaar. En niet alleen omdat-ie bijna een euro voordeliger is geworden. Kloeke kersen, parmantige pruimen, slank sap en van die aangename herfsttonen die je alleen in pinot noir van een goede kwaliteit kunt aantreffen.

OOSTENRIJK ROOD

Meinklang

Burgenlandrot 2018
Burgenland

8

druif: blaufränkisch, st. laurent, zweigelt
alcohol: 13%
type: medium DYN
prijs: € 8,99

Vorig jaar nogal houterig overkomend. Thans veel frivoler. Als een koe die na een winter op stal de wei weer in mag. Salto. Spagaat. Flikflak. Niks gebroken? Nee? Ook het glas nog heel? Dan snel inschenken. Frambozen, bessen en kersen, vrolijk dansende zuren, een glimlach om de mond. *La vache qui rit.*

SPANJE ROOD

Diorama

Garnatxa Negra 2018
Terra Alta

8

druif: garnacha
alcohol: 14%
type: vol BIO
prijs: € 8,25

Buurregio van luxe gebiedje Priorat. Terra Alta: *home of the garnacha.* Op-en-top rijpe kersen, vrolijke framboos, iets pruim en wat zoete specerij. Gul, rijp, zacht afdrinkend met een olijk pepertje. Hedendaagse Spanjaard met een *old-fashioned* tetris-etiket. Gezelligheid kent geen tijd.

ZUID-AFRIKA ROOD

Peacock

Cabernet Sauvignon 'Wild Ferment' 2018
Western Cape

8

druif: cabernet sauvignon
alcohol: 14%
type: vol BIO
prijs: € 6,99

Fruit uit Swartland, Paarl en Stellenbosch. Volle bak Zuid-Afrika: het kampvuur is in het bouquet te ruiken. Ook in het fruit wat warmte en rokerigheid. Geflambeerde kersen en frambozenmarshmallows. Sweet spices ook. Inderdaad, wat zoetig en zacht. Maar toch ook weer met voldoende frisheid en stevigheid om niet te *mellow* te worden. Geef er een flink stuk vlees van de braai bij en de spierballen gaan weer helemaal rollen.

Peacock

Syrah 'Wild Ferment' 2017
Swartland

8

druif: syrah
alcohol: 15%
type: vol BIO
prijs: € 6,99

Swartland maar rood fruit. Vooral frambozen en kersen. Plus een behoorlijke inzet van geroosterde nootjes. Rokerig, soepel en zacht. Het veertje op het etiket wappert wat frisheid toe. Geen overbodige luxe: 15 procent alcohol.

CHILI WIT

O

Gewürztraminer 2018
Rapel Valley

7,5

druif: gewürztraminer
alcohol: 14%
type: medium BIO
prijs: € 6,99

Aromatisch wit met een overvloed aan lychees, rozenbottelmarmelade en nog wat uitbundigheden. Nee, niet helemaal droog. Integendeel.

O

Viognier 2018

Central Valley

7

druif: viognier
alcohol: 15%
type: medium BIO
prijs: € 6,99

Rondje Chili. Van zuren naar zoeten, via fraîcheur naar lourdeur. Onderweg pikken we een perzikshow mee, doen een citrustour en zakken een avondje door met veertien en een halve alcoholische versnaperingen. Gelukkig allemaal biologisch. Wel frappant: wit en toch 15 procent alcohol. Dat zijn toch gewoonlijk rode cijfers.

FRANKRIJK WIT

Bruno Michel

Assemblée Brut

Champagne

8.5

druif: chardonnay, pinot meunier
alcohol: 12%
type: droog BIO M
prijs: € 27,99

Bruno Bio Brut. Zacht, rond, mild romig. Licht appelig, rijpe peren, een sherrysnuf en licht getoaste amandel. Afdronk fijn. Afdronk fris. Afrekenen: prijs in orde.

La Fleur Solitaire

2018

Côtes du Rhône

8

druif: bourboulenc, clairette, grenache blanc, marsanne, roussanne
alcohol: 13%
type: medium
prijs: € 9,25

Het oogstjaar 2018: goed voor steviger wit. Rhône-blanc met flink wat inhoud. Aandacht voor abrikoos. Partje perzik. Meer kruidigheid, zachte zuren.

ITALIË WIT

Botter (NIEUW)

Pinot Grigio 2018

Pinot Grigio delle Venezie

8

druif: pinot grigio
alcohol: 12%
type: medium BIO
prijs: € 7,49

Pinot grigio van het kordate soort. Niet van dat woeselwater met een appel-peervermoeden maar prettig sappig spul met lekker wat stevigheid, een sappig goudrenetbittertje en verfrissende zuren. Niet schrikken van zijn uitmonstering: de fles heeft zich vermomd als rol pakpapier.

Miopasso

Fiano 2018

Sicilia

8

druif: fiano
alcohol: 13%
type: medium BIO
prijs: € 5,99

Mooie bianco van een eigenwijze druif. Volop sap en lekker veel wit fruit, grapefruit, goudrenet, citrus en een halve portie zuidelijke kruiderij. Aanrader bij burrata met tomaten. Fiano capituleert niet voor de kruidigheid en flatteert het zoet van de nazomernachtschade.

NIEUW-ZEELAND WIT

Misty Cove

Sauvignon Blanc Organic 2018
Marlborough

8

druif: sauvignon blanc
alcohol: 13%
type: medium BIO
prijs: € 8,99

Vorig jaar een enigszins bedeesde versie. Mild tropisch fruit, een zekere rijpheid, een snufje witte peper om de neus nog iets te doen te geven en een plintje groen. De 2018-editie: krakend, direct en nog jong onstuimig. Compacter en nadrukkelijker.

ROEMENIË WIT

Nonius (NIEUW)

Feteasca Regala-Chardonnay 2018
Viile Timisului

8

druif: chardonnay, feteasca regala
alcohol: 12%
type: medium
prijs: € 5,99

Roemenië: wijnland. De legende gaat dat de wijngod Bacchus zijn jeugd hier heeft doorgebracht. En die spuugde er niet in. Tijdje in het niets verkeerd. Tot de 18e eeuw. Toen kreeg de wijnindustrie een impuls door de Duitsers die emigreerden vanuit Beieren. In hun handbagage nieuwe technologie en werklust mee, nog steeds de basis van het succes van Cramele Recas, de producent.
Inmiddels 600 hectare wijngaarden, aan het begin van de 21e eeuw herplant met de beste kwaliteit wijnstokken waaronder met de autochtone feteasca regala. Team van wijnmakers staat onder leiding van de Australische Hartley Smithers en de Spaanse Nora Iriate, die chardonnay kozen om de lokale held te begeleiden. Goeie keuze. Lekkere wijn. Exotisch, tropisch, fris. Mango, papaja, ananas, appel, mild en monter. Onalledaags en prettig geprijsd.

SPANJE WIT

Diorama

Brut Nature
Cava

8·5

druif: macabeo, parellada, xarel·lo
alcohol: 12%
type: droog BIO M
prijs: € 7,99

Van het etiket word ik vrolijk. En van wat erachter zit ook. Voor onder de tien euro een bloemrijke cava, met perzikhuidje en mineraalkrokantje. De belofte 'brut nature' wordt ingelost: geen spoortje restsuiker, zodoende beendroog afdrinkend.

Natura

Xarel·lo en lies 2018
Penedès

8

druif: xarel·lo
alcohol: 12%
type: licht BIO
prijs: € 7,69

Normaal gesproken een wat saaie druif die gewoonlijk gebruikt wordt om cava van te maken. Deze komt als stille variant onze kant op. Is overigens wel een heel levendige blanco. Veertig jaar oude stokken houden er goed de vaart in. Rijping op zijn *lies* (de uitgewerkte gistcellen) werkt in zijn voordeel. Lekker appelig, zwevend, citrusdansje, licht-rokerig, fijn-transparant en verkwikkend.

ZUID-AFRIKA WIT

Peacock

Chenin Blanc 'Wild Ferment' 2018

Western Cape

8

druif: chenin blanc
alcohol: 13,5%
type: medium BIO
prijs: € 6,99

Peer met een sappige bite. Appels kraken mee. Meloenmanifestatie. Pepertje waait in. Citrus mild gedoseerd. Beproefd recept inmiddels. Niks wilds aan. Wel betrouwbaar smakelijk. Pico Peacock.

Peacock (NIEUW)

Sauvignon Blanc 'Wild Ferment' 2019

Western Cape

8.5

druif: sauvignon blanc
alcohol: 13%
type: medium BIO
prijs: € 6,99

Erg goed gelukt. De wilde witte, sauvignon blanc, aan het gisten gezet met wilde gisten. Onstuimige groenheid, oneindige grapefruit en eindeloze citrus.

ARGENTINIË ROOD

Casa de Campo
Malbec-Shiraz 2019
Mendoza

7.5

druif: malbec, syrah
alcohol: 13,5%
type: vol
prijs: € 3,89

Bereikte jarenlang de overkant van het water als pure malbec. Was toen slank, soepel, sappig en helemaal niks mis mee. Maar wel wat braaf. Heeft dankzij de inzet van een vuist syrah (volgens het etiket dit jaar: shiraz) wat meer kracht en eigenwijzigheid meegekregen. Er komt ook nog wat hout bovendrijven. Vrees niet voor splinters, maar je kunt je vastklampen aan een vanillestokje links en rechts.

AUSTRALIË ROOD

Stoney Creek
Shiraz Grenache Petit Verdot 2018
South Eastern Australia

7

druif: grenache, petit verdot, shiraz
alcohol: 13%
type: medium
prijs: € 5,99

Niet om een gat van in de lucht te springen, maar wel sympathiek. Grappige blend ook. De usual suspect shiraz heeft aan zijn zijde petit verdot en grenache. Rond, soepel, zoetig. Allemansvriend.

CHILI ROOD

Ecobalance
Merlot 2018
Rapel Valley

8

druif: merlot
alcohol: 13,5%
type: vol BIO
prijs: € 5,49

Rapel: en ik val in herhalingen. Wederom een soepele, zachtige, kruidig-donkere, vlezige, stevige en zoetbespecerijde merlot. Wat driester en duidelijker dan vorig oogstjaar. Wat meer lef. Wat meer in het glas.

Favoritos (NIEUW)
Cabernet Carmenère 'Classic' 2019
Central Valley

7.5

druif: cabernet sauvignon, carmenère
alcohol: 13,5%
type: vol
prijs: € 4,99

De Triple C formule: cabernet carmenère classic. Nog een c van cassis. Verder in het alfabet met bramen, wat mint, espresso, kersenbonbons en zoethout in een fijne light-editie.

Favoritos (NIEUW)
Cabernet Sauvignon 'Reserva' 2018
Colchagua Valley

7.5

druif: cabernet sauvignon
alcohol: 14%
type: vol
prijs: € 5,99

Gemaakt door Luis Felipe Edwards, familiedomein in Colchagua. Favoriet voor wie van kloeke cassis, bessen en laurier houdt. Niet te oaky daarom okay.

Favoritos (NIEUW)
Carmenère 'Reserva' 2018
Colchagua Valley

8

druif: carmenère
alcohol: 14%
type: vol
prijs: € 5,99

a b c d e f g h i j k l M MCD n o p q r s t u v w x y z

Precies wat een kordate carmenère uit Chili moet hebben. Zwart en rood fruit. Koffie en cacao. Spicy, zoet en bitter. Rood voor wie in zijn espresso ook een klein beetje suiker doet.

Favoritos (NIEUW)

Merlot 'Classic' 2019

Central Valley

7·5

druif: merlot
alcohol: 13,5%
type: vol
prijs: € 4,99

Wellicht niet direct een klassieker. Meer een eigentijdse merlot. Niet al te streng. De tannines fijnbesnaard. De pruim slank maar niet anorex. Licht laurier en monter van inborst.

Hacienda

Malbec 'Reserve' 2018

Central Valley

7·5

druif: malbec
alcohol: 13,5%
type: vol
prijs: € 6,05

Malbec. Normaal gesproken een Argentijnse troef. Maar nu draait ook het malbecmolentje in Chili. En dat draait soepel, zacht en filmend. Minder zoet dan 2017. En dat brengt 'm het boek in.

Landenwijn Chili

Rood LITER

Central Valley

8

druif: cabernet sauvignon
alcohol: 13%
type: vol
prijs: € 3,99

Volfruitig. Bij goede Chileense cabernet sauvignons is er geen ontkomen aan, aan die zwarte bessen. Dit is er eentje. Pepermuntfrisje op de afdronk. Literen maar.

FRANKRIJK ROOD

Bourgogne

Pinot Noir 'Vieilles Vignes' 2018

Bourgogne

8

druif: pinot noir
alcohol: 12,5%
type: medium
prijs: € 6,99

Terwijl de prijzen in Bourgogne de pan uit rijzen, reizen wij toch even naar Bourgogne om te ontdekken dat een patente rouge geen profvoetbalsalaris verlangt. Opgewekte, door een hoog-kwalitatief werkende coöperatie (Buxy) gemaakte pinot noir. Licht maar toch echte bourgogne. Pak een pan en braad een kip.

Jean Sablenay

Cabernet Sauvignon 2018

Pays d'Oc

7

druif: cabernet sauvignon
alcohol: 13%
type: medium
prijs: € 3,79

Niet groots en meeslepend, daar is het prijskaartje dan ook niet naar. Maar cabernet, dat is het wel. Rond, mild, rijp fruit. Zacht en soepel. Zwarte bessen en rood fruit kleuren goed bij elkaar mede dankzij de zonblosjes op de wangen.

Jean Sablenay

Merlot 2018
Pays d'Oc

7

druif: merlot
alcohol: 13%
type: medium
prijs: € 3,79

Jean Sablenay. Zeg je geen nee tegen. Vaste waarde. Altijd keurig in het gelid. Netjes in het schap. Braaf aan tafel. Drinkt zijn glaasje leeg. Zonnig, niet te streng en vol-sappig vanuit de pruimenhoek. Soepel in de heupen en vriendelijk in de benadering.

Poème

Syrah-Grenache 2018
Pays d'Oc

7·5

druif: grenache, syrah
alcohol: 13,5%
type: vol
prijs: € 4,49

Ik zal niet in dichten uitbarsten. Gewoon vol rijpe pruimen, zacht rood fruit, zoetige specerij en met een milde afdronk. Spoortje boerenerf waar geen spoor van Yvon Jaspers is te ontdekken, want in Zuid-Frankrijk.

ITALIË ROOD

Podere di San Bruno (NIEUW)

2017
Barbera d'Asti

7

druif: barbera
alcohol: 13%
type: vol
prijs: € 4,49

Uit Italië's hoge noorden. Geen hoogvlieger maar wel een adequate rosso voor zijn geld biedend. Geen zoetig allemansvriendje, u zijt gewaarschuwd. Bittere kersen, zure besjes, treuzeltannines en eigen voor de regio. Iets koeler drinken vinden sommigen *cool* en is aan te bevelen.

Podere di San Bruno (NIEUW)

2014
Barolo

7

druif: nebbiolo
alcohol: 13%
type: vol
prijs: € 12,99

Kan barolo voor dit geld? Klaarblijkelijk. Al moet je niet zo'n barolo verwachten die wordt bezongen als 'De Koning der Wijnen'. Dit is er eentje uit de hofhouding. Die met het personeel mee-eet in de keuken, waar het sowieso een stuk gezelliger is dan aan het staatsbanket boven. Beneden staan gul de pannen met stoofvlees op tafel, doet men fijn mee met *shared dining*, dat daar gewoon 'mag ik de pan nog even van je?' heet, en worden de glazen nog eens volgeklotst met een kloeke, kranige nebbiolo met rozengeur, bittere pruimen, bonkige bramen, zwarte kersen en diepdonkere keldertanninetjes.

Sensi

2018
Chianti

7·5

druif: sangiovese
alcohol: 12,5%
type: medium
prijs: € 4,49

Sensi zonder pretentie. Ranke, slanke chianti. Maar wel met lekker sap vol rood fruit en met een kwiek zuurtje. Bezorgpizzawijn.

SPANJE ROOD

Árbol de Vida (NIEUW)

Tempranillo Non Sulphur Added 2018
La Mancha

7·5
druif: tempranillo
alcohol: 13%
type: medium DYN
prijs: € 4,49

Geen zwavel toegevoegd. Voor diegenen die puur natuur wensen te drinken en vrees hebben voor het conserveringsmiddel zwavel vanwege mogelijke allergische reacties. Voor diegenen die bovendien houden van zoete, zachte rijpe kersen en aaibare tannines is het ook een aanrader.

Biologische Huiswijn Rood

LITER
Vino de España

7·5
druif: merlot, syrah, tempranillo
alcohol: 12,5%
type: vol BIO
prijs: € 3,99

Merlot en syrah nemen minstens een halve liter voor hun rekening en laten zich flink gelden. De extra inspanningen werpen hun vruchten af: de bioliter is beter dan voorgaande edities ondanks het iets lagere alcoholpercentage. Dan kunnen we met goed fatsoen tenminste nog een slokje extra nemen. Donker fruit, laurier, stoer doen, eeltigheid en een werkoverall. Dat laatste is geen overbodige luxe als je biologisch verbouwt.

Finca Labarca

Tinto 2018
Rioja

7·5
druif: tempranillo
alcohol: 13%
type: medium
prijs: € 3,99

Puur, eenvoudig en jeugdig. Veel sappig kersenfruit. Met pit. Kan gekoeld worden gedronken.

Huiswijn Rood

LITER
Vino de España

7
druif: bobal, tempranillo
alcohol: 11,5%
type: medium
prijs: € 3,99

Wederom weer soepel in de heupen en dik in orde. Bobal, in goeden doen een fruitbommetje. Tempranillo, bijna onmisbaar in het Spaanse land. Samen goed voor een milde, soepele allemansvriend. Zoetige kersen, wat lichte zuren en voldoende houvast om niet helemaal gedachteloos weg te klokken. We literen thuis rustig verder.

FRANKRIJK ROSÉ

Cuvée Le Soleiller

Terres de Baumier
Vin de France

7·5
druif: grenache
alcohol: 12,5%
type: medium BIO
prijs: € 4,99

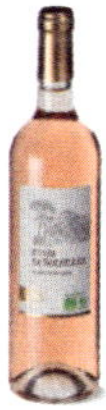

Life is sweet, life is bitter – en deze rosé heeft het allemaal meegemaakt. Verkwikkend rood snoepfruit, frissigheid en een lichtkruidige, bitter-droge afdronk.

CHILI WIT

Ecobalance

Chardonnay 2018
Casablanca Valley

8

druif: chardonnay
alcohol: 13,5%
type: medium BIO
prijs: € 5,49

Niet mild met mild tropisch fruit, net geplukte perzik en citrusfrissigheid. Prima materiaal voor een balansdag.

Favoritos (NIEUW)

Chardonnay 'Reserva' 2019
Colchagua Valley

8

druif: chardonnay
alcohol: 13,5%
type: medium
prijs: € 5,99

Subtiele, slanke, lichtvoetige chardonnay. Wie meer gewicht in de fruitschaal zoekt, moet deze niet overwegen. Licht tropisch, het zoet van Turks fruit, het zoetzure van een rijpe appel die opmerkelijk genoeg niet ver van de notenboom valt.

Favoritos (NIEUW)

Sauvignon Blanc 'Classic' 2019
Central Valley

7·5

druif: sauvignon blanc
alcohol: 12,5%
type: medium
prijs: € 4,99

Wordt de favoriet voor wie van een wat rijpere soort sauvignon blanc houdt. Tropentikje, vulling, zacht en niet te onstuimig.

Favoritos (NIEUW)

Sauvignon Blanc 'Reserva' 2019
Leyda Valley

8

druif: sauvignon blanc
alcohol: 12,5%
type: medium
prijs: € 5,99

Beweegt zich in het groenspectrum. Doperwtjes, broccoli, tuinboontjes, groene appel, kiwi en limoen die gezamenlijk onder een koude douche hebben gestaan. Toch: goed droog.

Viña Maipo

Chardonnay 2018
Central Valley

7·5

druif: chardonnay
alcohol: 12,5%
type: medium
prijs: € 4,49

Heet wel Maipo, komt echter niet uit deze vallei maar uit Chili's centrale druiven meld- en regelkamer Central Valley. Van daaruit is een zachte witte afgeleverd. Met een spoortje exotische vruchten, scheutje room en een mildzure afdronk. Heeft ingeleverd op zijn alcoholpercentage (van 13 naar 12,5) maar niet op kwaliteit: beduidend meer inhoud dan de 2017-oogst.

DUITSLAND WIT

J. Meyer (NIEUW)

Pinot Gris 2018
Pfalz

7·5

druif: pinot gris
alcohol: 12,5%
type: medium
prijs: € 4,49

Mals uit de Pfalz. Zachte appel, milde amandel, rijpe peer en fris romig.

FRANKRIJK WIT

Bourgogne

Chardonnay 2017

Bourgogne

7·5

druif: chardonnay
alcohol: 13%
type: medium
prijs: € 5,99

Voor wie weleens andere bourgogne wil drinken dan louter die van honderden euro's of meer per fles. U proeft gegarandeerd het verschil. Maar het is een vriendelijke, schone, lichte chardonnay. Dit oogstjaar overtuigender, gevulder en wat tropischer dan voorgaande edities. Bourgogne zonder besognes.

Huiswijn Wit Droog

LITER

Côtes de Gascogne

7+

druif: colombard, ugni blanc
alcohol: 10,5%
type: licht
prijs: € 3,99

Gascogne. Sinds jaar en dag een betrouwbare regio om als super je huiswijnliters te halen. Droog. Zoals het etiket belooft. En ook met kwiek en fit wit fruit, citrusbijdrage en een hoge dorst-lest-best-factor. Ofschoon het een liter is, biedt deze Gascogner een uitgelezen kans om al drinkend te minderen: het alcoholpercentage bedraagt net zoals vorig jaar slechts 10,5 procent. Toch is er een kleine verandering: iets beter geworden. Pluspunt.

Jean Sablenay

Chardonnay 2018

Vin de France

7

druif: chardonnay
alcohol: 12%
type: medium
prijs: € 3,79

Soms een uitschieter naar boven. Maar belandt tot op heden nooit onder de streep. Schone, frisse, niet te uitzinnige, dorstlessende witte wijn die toevallig van de chardonnaydruif is gemaakt en die we allemaal zo goed kennen.

Poème

Marsanne-Viognier 2018

Pays d'Oc

7·5

druif: marsanne, viognier
alcohol: 12,5%
type: medium
prijs: € 4,99

Echt zuidelijk wit, van de marsanne- en de viognierdruif. En die houden van het mediterrane zonnetje. Dan geven ze een rondom gevulde, lichtkruidige blanc. Met wat vermoedens van perzik, rijpe appel, tijm en een gemberzoet pepertje. Ondanks alle zonneschijn: alcoholbeschaving. Slechts 12,5 procent.

ITALIË WIT

Terrazzano

2018

Verdicchio dei Castelli di Jesi

7·5

druif: verdicchio
alcohol: 12%
type: licht
prijs: € 4,29

De ideale witte Italiaanse huiswijn. Wit fruit, besjes, zachte bitters, milde zuren. Dorstlesser pur sang. Geen geld. De geruststellend lelijke amforafles krijg je op de koop toe.

OOSTENRIJK WIT

Green

Grüner Veltliner trocken 2018

Niederösterreich

7

druif: grüner veltliner
alcohol: 12,5%
type: licht
prijs: € 4,99

Groene appels, meloen en limoen. Vriendelijke grüner die goed zijn best doet om lekker gevonden te blijven worden.

ROEMENIË WIT

I Am

Pinot Grigio 2018

Brda

7

druif: pinot grigio
alcohol: 12%
type: licht
prijs: € 3,99

Perendrups, appelig en zachte zuren. Wederom vriendelijk smakend dit oogstjaar. Pretentieloos. Geldt ook voor het prijskaartje. I Am prima te drinken.

I Am

Sauvignon Blanc 2018

7·5

druif: sauvignon blanc
alcohol: 12%
type: licht
prijs: € 3,99

I Am. En wat ben je dan? Een sappige sauvignon blanc met veel perendrups-perzik-meloensnoepjesfruit en een prettig groene, citrusrijke, knisperende frisse afdronk. Dat ben je. Bovendien ben je erg voordelig.

SPANJE WIT

Biologische Huiswijn Wit Droog

LITER

Vino de España

7·5

druif: airén, sauvignon blanc, verdejo
alcohol: 12,5%
type: medium BIO
prijs: € 3,99

Ook dit jaar weer opvallend goedgeluimd. Links en rechts trakterend op peren, suikermeloen, groene appels en citrus. Spat nog wat na. Maar waar je een dreinende kleuter voor dat laatste een dreun voor zijn kanis geeft, vraag je in dit geval of het glas nog even volgeschonken kan worden. Moet geen probleem zijn. Er zit toch een liter in en het kost niks.

Gran Espanoso

Vintage Cuvée Brut

Cava

7

druif: macabeu, parellada, xarel·lo
alcohol: 11,5%
type: droog M
prijs: € 4,99

Keurig voor dit prijsniveau. Niet te streng. Niet te kartonnig. Mollige mousse. Zacht en rijp fruit. Oprecht en eerlijk afdrinkend.

Nava Real

Verdejo 2018
Rueda

7

druif: verdejo
alcohol: 12,5%
type: licht
prijs: € 4,99

Sappige mondverfrisser. Wit fruit, groen spikkeltje, citrus. Eenvoudig, oprecht en de real thing.

ZUID-AFRIKA WIT

Zuydpunt

Chenin Blanc Viognier 2019
Western Cape

7

druif: chenin blanc, viognier
alcohol: 12,5%
type: medium
prijs: € 5,99

Weet dit keer de puntjes op de i van Zuydpunt te krijgen. Ja, we weten het: die staan daar helemaal niet. Maar toch werd het dit oogstjaar een prima wijn. Kakelverse abrikoos en perzik, vol en rijp en voldoende fris om niet meteen weer dorst te krijgen.

ARGENTINIË ROOD

Temporada
Bonarda 2018
Mendoza

8

druif: bonarda
alcohol: 14%
type: medium
prijs: € 6,99

Malbec eist de eerste plek op in de Argentijnse druivengalerij maar bonarda wint de authenticiteitsprijs. Eerste kwaliteit, dat dan weer wel. Zoet, rijp, rond, zwoel, gepolijst, fluweel aan de rol. Glimmende pruimen, hoogglans cassis, frambozenverschijning. Echt en eerlijk.

Temporada (NIEUW)
Malbec 2018
Mendoza

8

druif: malbec
alcohol: 14%
type: vol
prijs: € 6,99

Goeie koele malbec. Geen jam maar koele cassis, kersen, pruimen en een mooie frisse finale. Veel sap en een hedendaags wijn-spijsadvies op het achteretiket: aanbevolen bij een risotto met groenten. Dat laatste buitengewoons on-Argentijns bovendien.

Temporada
Malbec Gran Reservado 2016
Mendoza

8.5

druif: malbec
alcohol: 14,5%
type: vol
prijs: € 16,99

'Kalm, rijk zwart fruit op kersenvelours. Versierd met katjesdrop en afgerond op subtiele tannines,' noteerde de eerder geproefde 2014-oogst. Sprongetje naar 2016. En meteen het diepe in. Goede donkere laag bramen, doorpakkend naar zwarte bessen, een pepertje tikt aan, mild golvende tannines. Verdient een plek op het *DGH*-podium.

Temporada
Malbec Reserve 2017
Mendoza

8

druif: malbec
alcohol: 14,5%
type: vol
prijs: € 10,99

Quality Award voor het hele oeuvre van Temporada. Een medaille die is opgeplakt in 2017, in Wenen, op voorspraak van IWSC, de grootste wijnwedstrijd ter wereld, waar winnen belangrijker is dan meedoen. Teun van de Keuken heeft er een paar jaar geleden nog een smakelijke aflevering van *Keuringsdienst van Waarde* over gemaakt. Neemt niet weg dat dit een prima malbec is. Donkere pruimen, dito kersen, een mooi bessenzuurtje en een lichte blijk van eiken.

Temporada
Malbec Reserve 2017
Patagonia

8.5

druif: malbec
alcohol: 14%
type: vol
prijs: € 10,99

Afgezien van wijnbar Tinto Bistro die daar bestierd wordt door het broertje van Máxima, wordt Patagonië inmiddels beschouwd als hét Argentijnse cool climate wijnbouwgebied. Levert smakelijke malbec op. Mooi compact en niet zo rondom in het behaagzieke zoet hangend. Donker fruit, fikse maar rijpe tannines, mooie bitters, fijne zuren, lichtpoederige tanninestructuur.

Decanteren helpt. Vlees bakken, grillen of stoven en het daarna opeten evenzeer.

AUSTRALIË ROOD

McPherson Family Vineyards

Andrew McPherson Shiraz 2018
South Eastern Australia

7·5

druif: shiraz
alcohol: 14%
type: medium
prijs: € 6,99

Je hoeft je nooit af te vragen waar Andrew uithangt op zaterdag en zondag. 'Andrew loves a great shiraz and a long sunday lunch combining the two with family and friends at his farmhouse most weekends,' weten het voor- en het achteretiket. Vorig jaar hing hij overigens met zijn 2017-oogst ook in *DGH* rond. En daar treffen we 'm nu weer. Toen stevig materiaal. Flink en fors in het fruit, vriendelijk rijp en zoet geparfumeerd, milde tannines en aardig in de witte en zwarte pepertjes. Fijne eucalyptus-toets. Thans wat minder zwaar doorpakkend. Na het weekend wacht er weer een werkweek in de wijngaarden.

CHILI ROOD

Casa Amada (NIEUW)

Cabernet Sauvignon Carmenère 2018
Colchagua Valley

7·5

druif: cabernet sauvignon, carmenère
alcohol: 12,5%
type: medium
prijs: € 5,99

Lekker vol beladen blend van carmenère en power-cabernet sauvignon. Gitzwart, krachtig fruit uit de Colchagua-vallei krijgt ruim baan, zonder gehinderd te worden door overdadige houtbemoeienissen.

Casa Amada

Carmenère 2019
Colchagua Valley

7+

druif: carmenère
alcohol: 12,5%
type: medium
prijs: € 5,99

Casa Amada, onderdeel van het gerenommeerde Chileense wijnhuis Casa Silva. Houdt van hout. Van dik hout. Maar ook van snippers en staven, vermoed ik. In deze carmenère delft het fruit dit jaar een beetje het onderspit wat dat betreft. Over hout en houden van gesproken: proef vooral ook hun reserva en gran reserva.

Casa Amada

Carmenère Gran Reserva 2018
Colchagua Valley

9-

druif: carmenère
alcohol: 14%
type: vol
prijs: € 12,99

Kim Kardashian-carmenère. Compleet gepamperde donkere schoonheid, met wulpse heuppartij, verzorgd tot in de puntjes. Weldadig parfum. Mocca-latte-koffiebittertjes. Rijpe kers, blingbling-braam, hot & sweet als een rode gebrande paprika. Steekt een slank sigaartje op na afloop. Een cadeautje voor de liefhebber. *Haters* zoeken snel de dichtstbijzijnde vin-nature-bar op.

Casa Amada

Carmenère Reserva 2018
Colchagua Valley

8·5

druif: carmenère
alcohol: 13,5%
type: vol
prijs: € 10,99

De reserva is prettig behoedzaam met hout. Bramen, rauwe rode pepers, vers gezette espresso. Mooie zuren. Handgeplukt en tot in de vanillepuntjes verzorgd.

Casa Amada (NIEUW)

Merlot 2019
Colchagua Valley

7·5

druif: merlot
alcohol: 13%
type: medium
prijs: € 5,99

Sappige Chileense merlot die wat meer zoet en fruit te bieden heeft dan een doorsnee Franse tegenhanger. Niets van dat saaie, fletse hier. Hoopgevend rood vol vreugdevijgen en droppigheid.

Casa Amada

Single Vineyard Syrah 2019
Colchagua Valley

8+

druif: syrah
alcohol: 14%
type: vol
prijs: € 8,99

De vijfde generatie wijnmakers van het huis Casa Silva weet rood te maken. Signature is carmenère. De syrah een kittig uitstapje. Soepel, fris, opgewreven en enerverend. Zonaanbiddende pruimen, smeltende choco, lekkere specerij en tannines als een babyhuidje.

Kalfu

Molu 2018
Casablanca Valley

7·5

druif: pinot noir
alcohol: 12,5%
type: medium
prijs: € 7,99

Lichtzinnige, doorschijnende, openhartige en laag-alcoholische versie. Frivool rood fruit, een roosternootje, zachte zuren. Pinot noir. Koel drinken maar.

Viña Chocalán

Carmenère 'Reserva' 2017
Maipo Valley

8+

druif: carmenère
alcohol: 14%
type: vol
prijs: € 8,99

Wie carmenère niet kent, schrikt. Wie liefhebber is, geniet. Bittere chocola met bramen. Espresso zonder suiker. Gitzwarte kersen. Geblakerde paprika. Heel erg eigen.

Viña Chocalán (NIEUW)

Inspira Merlot 2018
Maipo Valley

8+

druif: merlot
alcohol: 14%
type: vol
prijs: € 6,99

Puike merlot. Nadruk op cassis, punterend op pruim, zweempje mint en rijpe tannines. Erg smakelijk voor dit geld. Blieft naast pasta, varken en kip ook 'rich fish'. Goudbaars?

FRANKRIJK ROOD

Aurélie Vic (NIEUW)

La Balade 2017
Minervois

8

druif: carignan, grenache, syrah
alcohol: 14%
type: vol
prijs: € 8,99

Breed uitwaaierende minervois. Zuiver, zonnig, sappig zwart fruit met zacht zingende zuidkruiden. Fles van flink gewicht en flink wat gewicht in de fles.

Aurélie Vic

La Découverte 2018

Languedoc

8·5

druif: carignan, grenache, syrah
alcohol: 14%
type: vol
prijs: € 9,99

Procentpunt alcohol omhoog gegaan ten opzichte van 2016, de laatste oogst die we proefden. Ook wat meer grenache in de blend wellicht. Meer nadruk op kersen en frambozen met een poedersuikerfetisj. Cassislikeur bovendien. Zoet maar toch fris. De gulheid van garrigue en het zonnige van het zuiden.

Aurélie Vic

Le Long Chemin 2017

Languedoc Terrasses du Larzac

8·5

druif: carignan, cinsault, grenache, syrah
alcohol: 15%
type: vol
prijs: € 14,99

Rijpe syrah, grenache, carignan en een klein beetje cinsault. Prachtig geconcentreerd rijp fruit. De 2015 die vorig jaar ons pad kruiste een licht medicinale rode, met een klopje potloodslijpsel en een liter zomerzon, emmertjes cassis, wat krentjes en kersenzoet. Van een fluwelen, bijna romige textuur. Deze 2017 – een zelfs nog wat beter jaar dan 2015 – meer zuren en verfijning.

Château Chantemerle (NIEUW)

Cru Bourgeois 2014

Médoc

8·5

druif: cabernet franc, cabernet sauvignon, merlot, petit verdot
alcohol: 13%
type: vol
prijs: € 14,99

Het klassieke bordeauxkwartet heeft zich ingespannen, in een jaar waarin met name cabernet sauvignon schitterde. Nadruk daarom ook op vieve cassis, slank en buigzaam. Omlijst door een selectie aan ander donker fruit, een discrete roffel specerij en een ook al voorzichtige inbreng van de houtsectie. Applaus voor het advies ook wat betreft de schenktemperatuur: 12 tot 15 graden.

Château Moulin Macquin (NIEUW)

2015

Montagne Saint-Émilion

8·5

druif: cabernet sauvignon, merlot
alcohol: 14%
type: vol
prijs: € 11,99

Mooi jaar. De moulin heeft duidelijk zijn draai gevonden. Rijp, voluptueus donker fruit, een paprikazoetje, een vanillestokje en een mijmering over romigheid.

Château Tour Prignac

Cru Bourgeois 2017

Médoc

8

druif: cabernet franc, cabernet sauvignon, merlot
alcohol: 13,5%
type: vol
prijs: € 11,99

Van de grote wijnfamilie Castel. Kleine médoc. Na de 2015, een uitstekend oogstjaar, met name voor cabernet sauvignon, zijn we benieuwd naar de 2017 – een jaar waarbij het Bordeaux niet lekker lukte om en primeur te verkopen. Château Tour Prignac lijkt vooralsnog nergens last van te hebben. Nog wat krakend en trekkend fruit dat nu in de puberteit zit, maar met een veelbelovende rijkdom aan zwarte bes en donkere chocolade. Koelbloedig, met fraîcheur. Tannines doen niet moeilijk; al goed drinkbaar.

Domaine Preignes le Vieux

Cabernet Sauvignon 'Tradition' 2018
Pays d'Oc

8

druif: cabernet sauvignon
alcohol: 13,5%
type: vol
prijs: € 6,99

De *tradition* was vooralsnog een keurige cabernet sauvignon. Geen last gehad van de zon. Zwarte bessen en laurier. Een keurige 7,5 door de jaren heen. Thans is er gebroken met die traditie. Cabernet sauvignon toont zich ambitieuzer, kordater en doelgerichter. Van alles meer en beter.

Domaine Preignes le Vieux

Merlot 'Tradition' 2018
Pays d'Oc

8+

druif: merlot
alcohol: 13,5%
type: medium
prijs: € 6,99

De Cabernet Sauvignon 'Tradition' heeft zich verbeterd. Merlot wilde ook. Ambitieuzer, beter, wilde prijzen winnen. Deed dat in Parijs en pikt er eentje op tijdens het Concours Générale Agricole, een van de weinige instanties in Frankrijk waar klaarblijkelijk niet gestaakt wordt. De stemmen staakten pas bij goud. Vooral een prima gemaakte rouge. Rijpe pruimen, goeie energie, zoete laurier, vlezige tannines en een lekkere drive.

Domaine Preignes le Vieux

Petit Verdot 'Prestige' 2017
Pays d'Oc

8·5

druif: petit verdot
alcohol: 13,5%
type: vol
prijs: € 7,99

Prestige Petit. Met de pr van prima en paprika. Lekker paprikazoetje plus een aanleunend pepertje. Geurend naar viooltjes en pruimen. Er zijn fluwelen bramen, veel structuur en een aangename fijnzinnigheid.

Domaine Preignes le Vieux

Syrah 'Tradition' 2018
Pays d'Oc

8-

druif: syrah
alcohol: 13,5%
type: vol
prijs: € 6,99

'Respect of the nature' fluistert het achteretiket in verantwoord groen. Respect voor de smaakpapillen bovendien. Verantwoord rood. Syrah volgens de traditie van het zuiden. Niet al te streng voor de mond. Braam, pruim, pepertje. Vol in het sap. Klein zoetje. Aangenaam aards. En met het jaar beter wordend.

Generation

Cabernet Sauvignon Organic 2016
Pays d'Oc

7·5

druif: cabernet sauvignon
alcohol: 13,5%
type: medium BIO
prijs: € 6,99

De witte Génération duurzaam geproduceerd. De rode biologisch gecertificeerd. Besje, kersjes, laurier, handje kruiderij en in de pas lopende tannines.

La Balade

Saint-Chinian 2018

Saint-Chinian

8.5

druif: carignan, grenache, syrah
alcohol: 14%
type: vol
prijs: € 8,99

Fraai opgewreven Saint-Chinian. Zuiver, opgewekt, zonnig, mooi, sappig, garrigue-geruis en lichtkruidig rood fruit. Attentie: er klinkt ook een La Balade in Minervois. Wie zich vergist, wordt niet gestraft: ook uitstekend.

Lorgeril

1620 2018

Pays d'Oc

8

druif: syrah, viognier
alcohol: 13,5%
type: medium
prijs: € 7,99

Rhône-blend in Languedoc. Vorig oogstjaar vrolijk fruitig, onbezorgd limonade-gekeuvel waar we maar niet al te lang bij stil bleven staan. Doen we nu wel. Beduidend beter namelijk. Aards, druistig, mestig. De babbelende onbenulligheid heeft plaatsgemaakt voor een serieus gesprek over dik, donker fruit, garrigue en wat daarbij te eten. Er wordt een stoofschotel geopperd met worst of eend. Is in die contreien in overvloed te vinden. Kortom, waarom niet?

Mission de Cénac (NIEUW)

Cahors 2016

8

druif: malbec
alcohol: 14%
type: vol
prijs: € 9,99

Malbec met een missie. Het verhaal over Cahors vertellen zoals het bedoeld is. Breedsprakig reppen over duistere partijen, koele schaduw, bramenstruiken en pruimedanten. De zuidwestelijke tannines verklaren, het water in de mond laten lopen tijdens de vertellingen over eendenborst en zwarte olijven en nog eens een slok nemen om te controleren of het allemaal wel klopt.

ITALIË ROOD

Gran Passione (NIEUW)

Rosso 2018

Veneto

8

druif: corvina, merlot
alcohol: 14%
type: vol
prijs: € 11,99

Uberslicke Venetiaan. Een spiegelgladde zee van zoete kersen onder de vanillehemel. Prima als dat je grote passie is.

Le Pezze (NIEUW)

2016

Amarone della Valpolicella

8.5

druif: corvina, molinara, rondinella
alcohol: 15%
type: vol
prijs: € 24,99

Opmerkelijk genoeg fijnmaziger dan de valpolicella ripasso van Le Pezze. Italiaans powerhouse dat zich onverwacht frivool en wuft presenteert. Rozijnen, krenten, gedroogd fruit maar ook verbazingwekkende lichtvoetige zuren. Amarone met een hoge doordrinkfactor, die vind je niet vaak.

Le Pezze (NIEUW)

2017
Valpolicella

8.5

druif: corvina, molinara, rondinella
alcohol: 12,5%
type: medium
prijs: € 9,99

Valpolicella is er in vele soorten en maten. Van roodkleurig regenwater tot vloeibare Tony's Chocolonely-reep. In kwaliteit variërend van droevig tot denderend. Maar deze van Le Pezze is een uitvoering zoals-ie ons bevalt. Lichtvoetig, levendig en opgewekt. Geen eikengerommel, geen gepimp of geknutsel. Zorgt dat dat fruitenkruid lekker jong en fris blijft. Aanbevolen.

Le Pezze (NIEUW)

2017
Valpolicella Ripasso Superiore

8.5

druif: corvina, molinara, rondinella
alcohol: 13,5%
type: medium
prijs: € 11,99

Lees eerst even de proefnotitie van Le Pezze's 'gewone' valpolicella. En besluit dan of je gaat voor puur en straightforward of juist voor deze Tony's Chocolonely-editie, met gebrande hazelnootjes en kersen op sap.

Ziobaffa (NIEUW)

Rosso 2014
Toscana

8

druif: sangiovese, syrah
alcohol: 12,5%
type: medium BIO
prijs: € 8,99

Zio Baffa. 'Oom Snor'. Ziet er stukken jonger uit dan-ie is. Vrolijk gestemd, met springerige bramen en bessen. Nog een restje fijne tannines in de snor. Hip etiket ook, met achterop de fles een foto van een jezusfiguur met ontbloot bovenlijf (en baard en snor). Verwarrend allemaal. Gelukkig is de wijn ongecompliceerd lekker.

SPANJE ROOD

Rioja Bordón

Crianza 2016
Rioja

8

druif: tempranillo
alcohol: 13,5%
type: medium
prijs: € 9,99

Lastig jaar geweest, 2016. Lenteperikelen. Hete zomer. 'Kies de goede producent!' adviseren de Spaanse wijngidsen. Dat doe je door te proeven overigens. Deze bijvoorbeeld. Prima crianza. Volle kersen, goede zuren, zachte specerij en wat vanillechocoladezoetigheid door het rijpen op Amerikaans eiken.

Rioja Bordón

Gran Reserva 2009
Rioja

8

druif: tempranillo
alcohol: 14%
type: medium
prijs: € 14,99

Gran Reserva. Veel hout. Langdurige rust tussen planken en op fles. Langzaam openen. Rustig van genieten. Oldskool Spanje. Rijp en bedaagd fruit. Theemeubeltje. Rookkamer. Lambrisering. *Het geheime dagboek van Hendrik Groen* binnen handbereik. En een slow cooked lamsschouder op de stoof.

Rioja Bordón

Reserva 2013
Rioja

8+

druif: garnacha, mazuelo, tempranillo
alcohol: 13,5%
type: medium
prijs: € 12,99

'I'll confess: I'm tired of all the trends, labels and posturing. I'm not going to apologize for who I am: a Rioja classic with over 125 years.' Wat krijgen we nou, zeg? Een Spanjaard die Engels gaat spreken. Manuel uit *Fawlty Towers*. Maar deze struikelt niet. Zoete kersen. Herfsttouch. Vanille en balsamicozuren. Plus de vage herinnering aan het kruidenrekje dat oma in haar kookeilandloze keuken had hangen. Kookte ze een lekkere stoofschotel mee trouwens. Ober, schenkt u nog eens in?

ZUID-AFRIKA ROOD

Generation (NIEUW)

Shiraz & Cabernet Sauvignon 2018
Western Cape

7+

druif: cabernet sauvignon, shiraz
alcohol: 13,5%
type: medium BIO
prijs: € 6,99

Lekker kruidige, peperige shiraz. Zwarte bes ruilt uit met cacaoboon. Eerlijk, want Fairtrade.

Lyngrove

Cabernet Sauvignon 'Reserve' 2017
Stellenbosch

8

druif: cabernet sauvignon
alcohol: 14,5%
type: vol
prijs: € 7,99

Cabernet sauvignon met een tannine-abonnement. Stoer en stevig. Veel koele cassis. Bramen met een hang naar zwarte koffie. Laurier op een bedje van cacao. Heeft zelfs nog wat in reserve.

Lyngrove (NIEUW)

Merlot 'Collection' 2018
Stellenbosch

7·5

druif: merlot
alcohol: 14,5%
type: vol
prijs: € 5,99

Heeft zich tot op heden goed weten te verbergen. Maar nu niet meer. Pruim, donkere bessen, laurier, milde tannines en een handje geroosterde nootjes.

Lyngrove

Pinotage 'Collection' 2018
Stellenbosch

8

druif: pinotage
alcohol: 14,5%
type: medium
prijs: € 5,99

Opnieuw goed en veel wijn voor dit geld. Soepel, zacht en zonnig. Onthaarde frambozen, ontpitte kersen, fijne specerij en een behaaglijk zoetje zonder dat het plakkerig wordt. Achteretiket adviseert om er eens struisvogelbiefstuk bij te serveren. Zoek het gewoon wat dichter bij huis: neem een blinde vink.

Lyngrove (NIEUW)
Platinum Pinotage 2016
Stellenbosch

9-

druif: pinotage
alcohol: 14,5%
type: vol
prijs: € 14,99

Gold Medal. ABSA Top 10. Airlink-Tsogo Sun Silver. Er is nog net ruimte voor het etiket dat op zijn beurt weer over Platinum rept. En vanzelfsprekend ook het bekende daderprofiel van 'special selected' druiven, 'handpicked', dat spreekt. 'Unfiltered'. En 'state of the art'. Gelukkig stelt de inhoud ook niet teleur. Fraai verzorgde pinotage. Een grote schaal gezond rood en zwart fruit, pepertjes, bittere chocolade en volrijpe tannines. Aards, puur en licht rokerig.

Lyngrove (NIEUW)
Platinum Shiraz 2016
Stellenbosch

9

druif: shiraz
alcohol: 14,5%
type: vol
prijs: € 14,99

Evenals de Pinotage 'Platinum' van Lyngrove een borstkas vol medailles. En die zijn niet gesmeed van klatergoud. Glimt en glanst. Een soort wellustige bramigheid, zwarte bessen in fluweel, kruidigheid en het zachte, smeuïge van gesmolten bittere chocolade, espressozweem.

Lyngrove
Platinum 'Latitude' 2016
Stellenbosch

8.5

druif: cabernet sauvignon, pinotage, shiraz
alcohol: 14,5%
type: vol
prijs: € 14,99

Herproefd voor deze editie van *DGH*. Latitude. Wijn met een lengte- en breedtegraad. Rode bessen, cassis en bramen in de lengte. Exotische specerijen en potloodslijpsel in de breedte. Uitschieters aan beide kanten. Zachte tannines wijzen de weg. En dan – bestemming bereikt. Heeft zich verbeterd ten opzichte van vorig jaar.

Lyngrove
Shiraz Pinotage 'Reserve' 2017
Stellenbosch

8+

druif: pinotage, shiraz
alcohol: 14,5%
type: vol
prijs: € 7,99

Lyngrove. Jaar in jaar uit betrouwbaar. Klinkt saai maar lekker verveelt nooit. Flink assortiment van stuk voor stuk smakelijke rode wijnen. Hier vereende krachten van shiraz en pinotage. Gul en gezond. Druiven die ook lekker hebben gezond. De warmte behaaglijk geïntegreerd in het sap. Koffietoontje. Mokkaboontje komt om zijn loontje. En krijgt dat van framboos, kersen op sap en volle pruim.

FRANKRIJK ROSÉ

Domaine Preignes le Vieux
Paradis 2018
Pays d'Oc

8

druif: grenache
alcohol: 12,5%
type: medium
prijs: € 8,99

Niet te zoet rood fruit, breekbare kruiderij en fijn droog in een luxe ambiance. Amforalook fles. Vinolok erop, de luxe glazen afsluiter die tot zoveel o-en-a-reacties leidt. Tevreden zuchtje na een sip.

Domaine Preignes le Vieux

Syrah 2018
Pays d'Oc

8·5

druif: syrah
alcohol: 13%
type: medium
prijs: € 6,99

Er is ook een basisrosé van het domaine maar dit is beter, veel beter. Milde perzik, een zacht zoetje, lichte kruiderij. Beduidend fatsoenlijker ook dan menige Provence-rosé die op de proeftafel kwam en lonkte met een hoger prijskaartje.

Henri Fabre

2018
Côtes de Provence

8+

druif: cinsault, grenache
alcohol: 12%
type: medium
prijs: € 8,99

Licht, fijn, klein rood fruit, tintelende watermeloen, een perzikspatje, kruiderij en mild-droog. Klein vetje boven de zwembroek dit jaar.

ARGENTINIË WIT

Temporada

Reserve Chardonnay 2018
Mendoza

8

druif: chardonnay
alcohol: 13,5%
type: vol
prijs: € 10,99

De pieken van de Andes op het etiket afgebeeld. Om de twee, drie flessen wijn uit Argentinië is het altijd weer zover. Wij hebben hier onze molens, het wietblad en Frau Antje. Ben ze overigens nog nooit op een fles Nederlandse wijn tegengekomen. Enfin, we dwalen af. De top in chardonnayland haalt deze Temporada niet. Maar hij is wel goed en smakelijk gevuld. Vol van goudrenetten, exotisch fruit, een botertje en een vanilleflinter.

Temporada

Torrontés 2019
Mendoza

8

druif: torrontés
alcohol: 13,5%
type: licht
prijs: € 6,99

Kraakverse oogst. Kakelend van pret. Kruising van muscat en alexandria. Uitkijken met oversteken. Oppassen voor heen en weer flitsende druiven, invoegende ananas en luidruchtige lychees.

CHILI WIT

Casa Amada

Chardonnay/Sémillon 2019
Colchagua Valley

7

druif: chardonnay, sémillon
alcohol: 13,5%
type: medium
prijs: € 5,99

Chardonnay en sémillon, beter bekend als 'de Australische blend'. Van twee Franse druiven weltever-staan, en hier in een Chileense uitvoering uit de Colchuaga-vallei. Streek die steeds gewilder lijkt, als je op schapvertegenwoordiging afgaat. Staat doorgaans dan ook voor een uitstekende prijs-kwaliteitsverhouding. Het huis van Amada draagt ook dit jaar zijn steentje weer bij in de vorm van deze milde, geelfruitige blend met wat lofbitters toe.

Casa Amada

Single Vineyard Sauvignon Blanc 2019
Colchagua Valley

7+

druif: sauvignon blanc
alcohol: 13%
type: medium
prijs: € 8,99

Single Vineyard sauvignon blanc. Profiel: j. romig mild zoet passiefruit. zkm. lekkerbekje, nr., v.latrel.

Casa Amada

Viognier Reserva 2019
Colchagua Valley

7·5

druif: viognier
alcohol: 14%
type: medium
prijs: € 10,99

Casa Amada zet dit jaar met haar viognier de bloemetjes buiten. Veldboeket met kamille, lelietjes-van-dalen en pioenroos. Zachte bitters. Citrus houdt het fris.

Kalfu

Molu 2018
Casablanca Valley

8+

druif: sauvignon blanc
alcohol: 12,5%
type: medium
prijs: € 7,99

Vorig oogstjaar van een opwindende kruidigheid. Gul, grassig citroengevolg. Sappig sap met hoofdletter S. Zilte zaligheid aan de einder. Koole Kalfu! De complimenten hebben Casablanca ook bereikt. 'Play it again, Sam!' luidde de opdracht aan de wijnmaker.

Viña Chocalán

Chardonnay 'Gran Reserva Origen' 2015
Maipo Valley

8

druif: chardonnay
alcohol: 14%
type: vol
prijs: € 11,99

Vorig jaar al geproefd en begint steeds beschaafder te worden. Serieus wit en geel fruit, met een intense, oudgele grassigheid, mango, passievrucht en ananas in een transparante uitvoering, marsepein en sappige lofbittertjes aan de rand. Probeert indruk te maken. Lukt behoorlijk.

FRANKRIJK WIT

Aurélie Vic

Le Long Chemin 2018
Limoux

8·5

druif: chardonnay
alcohol: 14,5%
type: vol
prijs: € 12,99

Vorig oogstjaar een typische krachtpatser uit Limoux. Chardonnay getimmerd uit nieuw eiken. Vol geroosterde hazelnootjes, marsepein en witte lelies. Thans lijkt *le long chemin*, de lange weg, geplaveid met mooie, ronde, witte kiezeltjes. Loopt richting een perzikboomgaard, doet een zuivelboerderij aan voor een kloddertje crème fraîche en leidt naar de schaduw van een amandelboom. Even zitten daar. Want uiteindelijk praten we wel over 14,5 procent.

Domaine Duffour

2018
Côtes de Gascogne

8+

druif: colombard, gros manseng
alcohol: 12,5%
type: licht
prijs: € 5,99

Duffour voor liefhebbers van het onbekommerde. Voor de dorstigen. Voor de aperitivo's. Kwieke, kwikzilverige witte. Prototype van een Gascogner. Maar wel al met menig geslaagde missie achter de rug. Wit fruit. Citrusspetters. Groene appels geven wat extra kleur.

Domaine Lalande

Les Hauts de Lalande 2018
Pays de la Cité de Carcassonne

7·5

druif: chardonnay, chasan, viognier
alcohol: 12,5%
type: vol
prijs: € 6,99

Les Hauts de Lalande. Werd vorig jaar bekend als Hout in La La Land. Gaat ook dit jaar weer voor de Oscar voor De Meeste Eiken. Compleet over de top wit, een dikke vanillebom, vol rijp geel fruit en een textuur als double whipped cream. Smeert u maar.

Domaine Preignes le Vieux

Chardonnay 'Tradition' 2018
Pays d'Oc

8

druif: chardonnay
alcohol: 13%
type: medium
prijs: € 6,99

Vorig jaar zilver volgens de jury van het Concours des Vins des Vignerons Indépendants. De 2018 opgewaardeerd op het Concours Générale Agricole in Frankrijk: goud. En jawel, een verzorgde, gesoigneerde, netjes gecoiffeerde en gemanicuurde Preignes. Tropentoontje maar niet te. Ladyshave-perzik. Milde romigheid.

Domaine Preignes le Vieux

Paradis 2018
Pays d'Oc

8

druif: vermentino
alcohol: 13,5%
type: medium
prijs: € 8,99

Tot de Vinolok gevulde limoenige, lichtkruidige vermentino. Een verademing na de zoveelste confectie-chardonnay, ADHD-sauvignon blanc en overgeparfumeerde viognier.

Dopff

Gewurztraminer Tradition 2018
Alsace

8

druif: gewurztraminer
alcohol: 13,5%
type: vol
prijs: € 10,99

Mediumdry gewurztraminer, volgens de zoetheidsindicator op het achteretiket. Echter, gelukkig aan de droge kant. Nog niet heel lang in de fles dus heeft de geraniums nog volop in bloei staan, lychees lonken, rozenbottels soezen. Voor de liefhebbers. Sensationele combi met munsterkaas. Zet de ramen open.

Dopff

Pinot Blanc Tradtion 2018
Alsace

8

druif: pinot blanc
alcohol: 12,5%
type: medium
prijs: € 7,99

Goddank, niet dat zoete, niet dat weeë. Fijen zuren en aangenaam droog. Schoon, licht en zacht-appelig wit met een klein noten-bittertje.

Dopff
Pinot Gris Tradition 2018
Alsace

8+

druif: pinot gris
alcohol: 13,5%
type: medium
prijs: € 9,99

Gris met behoorlijk wat grip. Volle appel, sappige peer, milde zuren en een lekker vlezig bittertje. Beter dan het oogstjaar 2017 dat vorig jaar ter tafel kwam. Terwijl dat toch de boeken in is gegaan als 'een van de beste oogsten sinds WO II'. Enfin, zo zie je maar weer: altijd proeven.

Dopff
Riesling Tradition 2018
Alsace

8

druif: riesling
alcohol: 12,5%
type: licht
prijs: € 8,99

Beendroog wederom. Als lippen na een oostenwind. Snel bevochtigen. Met sap vol wit fruit, jonge appeltjes en kekke zuren. Lekkere karakteristieke riesling-rokerigheid.

Generation
Chardonnay Sustainable 2016
Pays d'Oc

7.5

druif: chardonnay
alcohol: 13%
type: medium
prijs: € 7,99

'Powered by nature,' belooft deze met respect voor de planeet, de mens en de gezondheid gemaakt zuidwitte. En wat komen er zoal voor natuurkrachten vrij als de schroefdop eraf gaat? Een vriendelijke, licht tropische, keurig frisse en correcte chardonnay. *Talkin' 'bout my Généra-tion.*

ITALIË WIT

Gran Passione (NIEUW)
Bianco 2018
Veneto

8

druif: pinot grigio
alcohol: 12,5%
type: medium
prijs: € 11,99

Het rood profileerde zich als een überslicke Venetiaan. Het wit is iets minder gladjes. Want hoewel pinot grigio snel slachtoffer dreigt te worden van loverboy-manipulaties en dan wee en slap op de bodem van je glas blijft liggen, zit hier een pittig venkelbittertje in dat van zich afbijt, begeleid door milde, zilte citroen.

Ziobaffa (NIEUW)
Pinot Grigio 2014
Sicilia

8+

druif: pinot grigio
alcohol: 12,5%
type: medium BIO
prijs: € 8,99

De witte van 'Oom Snor', want dat betekent *Zio Baffa*. Zou het een hipsterwijn zijn? Er staat wel een plaatje van een surfer op het achteretiket. Fris is-ie zeker. Onstuimige golven van rijpe, weldadige citrus, iets tropisch en een Smintje toe.

NIEUW-ZEELAND WIT

Anthony Jospeh Vidal (NIEUW)
Sauvignon Blanc 2019
Marlborough

8-

druif: sauvignon blanc
alcohol: 13%
type: medium
prijs: € 11,99

Sauvignon blanc in Marlborough: kat in het bakkie. Daar doet-ie sterk aan denken. Met de nadruk op sterk. Volle, rijpe, lekker uitbundige sauvignon. Spinnende passievrucht, meloen, grapefruit en citrus. Houdt van een visje.

ZUID-AFRIKA WIT

Generation (NIEUW)

Chenin Blanc & Sauvignon Blanc 2018
Western Cape

8-

druif: chenin blanc, sauvignon blanc
alcohol: 12,5%
type: medium
prijs: € 6,99

Zwoel-zachte, mild-grassige combinatie van chenin en sauvignon blanc. Fris en tegelijkertijd smeuïg. Met een gerust hart te drinken, want behalve druiven, worden noch land, noch boer noch plukker uitgeknepen voor deze wijn. 'People Planet Health' is namelijk de missie van 'onze eigen' Janneke Rutten, eigenaar van Intense Wines en de Generation-serie, en al jaren voorvechter van Fairtrade en biologische (supermarkt)wijnen.
Smart thinking, daar maak je immers de meeste impact, omdat dáár de meeste mensen hun wijn kopen. Wie met respect voor de natuur en de mens produceert, garandeert dat ook de volgende generatie nog kan rekenen op een gezonde ecologische, economische en humanitaire situatie. Gut jongens, het gaat opeens nog beter smaken.

Lyngrove (NIEUW)

Chardonnay 'Collection' 2019
Stellenbosch

7.5

druif: chardonnay
alcohol: 13%
type: medium
prijs: € 5,99

De voorgaande jaren maakte deze Collection geen deel uit van de collectie. Nu wel. Fris-puntige witte. Limoen, zacht appelig, klein tropenuitstapje.

Lyngrove

Chardonnay 'Reserve' 2019
Stellenbosch

8

druif: chardonnay
alcohol: 13%
type: medium
prijs: € 7,99

Wat minder op zijn hout leunend dan voorgaande jaren. Wat slanker, iets meer zuren. Nadruk op wit fruit. Zelfs de perzik heeft geen kleurtje. Fijne peer. Kneepje limoen en een – vooruit – een krummeltje noga.

Lyngrove

Chenin Blanc 'Collection' 2019
Stellenbosch

8

druif: chenin blanc
alcohol: 13%
type: licht
prijs: € 5,99

Veelzijdige chenin blanc. Haarlemmerolie. Duizenddingendoekje. Vinologische kameleon. Kan volgens de achteretikettenschrijver geschonken worden op feestjes en bovendien aan de eettafel fungeren als begeleider van complexe gerechten met zeebanket. Goed om te weten. Volgens mij is het gewoon een prettige no-nonsense witte. Fris en zacht, met koele peer, knapperige appel, wat ananas, een ijskastmeloentje en een citrusafdronk. Laten we 'm maar op een party schenken. Al is het maar omdat ik geen idee heb wat er met een complex zeebanketgerecht bedoeld wordt. Maar het lijkt me ook wat te hoog gegrepen voor een wijn van nog geen zes euro. Ik zou er gewoon een gebakken scholletje op loslaten.

a b c d e f g h i j k l M n o p q r s t u v w x y z MITRA DRANKENSPECIAALZAKEN

Lyngrove

Sauvignon Blanc 'Collection' 2019
Stellenbosch

8

druif: sauvignon blanc
alcohol: 12,5%
type: medium
prijs: € 5,99

Krokant groen. Knisperig geel. Krakend wit. Ze kunnen het er maar niet over eens worden wie van de drie het allerfrist is. Ik wel: groen licht voor groen. Groene paprika op een pas gemaaid gazon met een bordertje kruisbessen en peterselie. Groen licht ook voor een extra glaasje: slechts 12,5 procent. Maar daarna niet meer rijden. Ook niet naar de glasbak.

ARGENTINIË ROOD

Casa de Campo
Malbec-Shiraz 2019
Mendoza

7.5
druif: malbec, syrah
alcohol: 13,5%
type: vol
prijs: € 3,89

Bereikte jarenlang de overkant van het water als pure malbec. Was toen slank, soepel, sappig en helemaal niks mis mee. Maar wel wat braaf. Heeft dankzij de inzet van een vuist syrah (volgens het etiket dit jaar: shiraz) wat meer kracht en eigenwijzigheid meegekregen. Er komt ook nog wat hout bovendrijven. Vrees niet voor splinters, maar je kunt je vastklampen aan een vanillestokje links en rechts.

AUSTRALIË ROOD

Stoney Creek
Shiraz Grenache Petit Verdot 2018
South Eastern Australia

7
druif: grenache, petit verdot, shiraz
alcohol: 13%
type: medium
prijs: € 5,99

Niet om een gat van in de lucht te springen, maar wel sympathiek. Grappige blend ook. De usual suspect shiraz heeft aan zijn zijde petit verdot en grenache. Rond, soepel, zoetig. Allemansvriend.

CHILI ROOD

Hacienda
Malbec 'Reserve' 2018
Central Valley

7.5
druif: malbec
alcohol: 13,5%
type: vol
prijs: € 5,99

Malbec. Normaal gesproken een Argentijnse troef. Maar nu draait ook het malbecmolentje in Chili. En dat draait soepel, zacht en filmend. Minder zoet dan 2017. En dat brengt 'm het boek in.

Indomita
Cabernet Sauvignon Gran Reserva 2018
Maipo Valley

7.5
druif: cabernet sauvignon
alcohol: 14%
type: vol
prijs: € 5,19

Vorig oogstjaar een serieuze bak cabernet voor dit geld. De onvermijdelijke zwarte bessen hadden gezelschap gekregen van bramen, bessen en kersen. Nu is er ook weer flink uit de jampot gesnoept. Zoetje hier, likje daar, poetsen maar.

Indomita
Pinot Noir Gran Reserva 2018
Casablanca Valley

8
druif: pinot noir
alcohol: 14%
type: medium
prijs: € 5,49

Gran Reserva. Klein prijsje. Sympathieke pinot noir. Rondom pruimen, kersen op sap, lichte kruiderij en soepele tannines. Lekker aards, bossig en herfstinzet dit oogstjaar.

FRANKRIJK ROOD

Jean Sablenay
Cabernet Sauvignon 2018
Pays d'Oc

7
druif: cabernet sauvignon
alcohol: 13%
type: medium
prijs: € 3,79

Niet groots en meeslepend, daar is het prijskaartje dan ook niet naar. Maar cabernet, dat is het wel. Rond, mild, rijp fruit. Zacht en soepel. Zwarte bessen en rood fruit kleuren goed bij elkaar mede dankzij de zonblosjes op de wangen.

Jean Sablenay

Merlot 2018

Pays d'Oc

7

druif: merlot
alcohol: 13%
type: medium
prijs: € 3,79

Jean Sablenay. Zeg je geen nee tegen. Vaste waarde. Altijd keurig in het gelid. Netjes in het schap. Braaf aan tafel. Drinkt zijn glaasje leeg. Zonnig, niet te streng en vol-sappig vanuit de pruimenhoek. Soepel in de heupen en vriendelijk in de benadering.

Poème

Syrah-Grenache 2018

Pays d'Oc

7,5

druif: grenache, syrah
alcohol: 13,5%
type: vol
prijs: € 4,49

Ik zal niet in dichten uitbarsten. Gewoon vol rijpe pruimen, zacht rood fruit, zoetige specerij en met een milde afdronk. Spoortje boerenerf waar geen spoor van Yvon Jaspers is te ontdekken, want in Zuid-Frankrijk.

Sensas

Cabernet-Syrah 2018

Pays d'Oc

7

druif: cabernet sauvignon, syrah
alcohol: 13,5%
type: vol
prijs: € 4,89

Flink wat hulp vanuit de houtzagerij. Daarom zonnig, vlezig en donker fruit met behoorlijk wat gevulde-speculaasinvloeden. Het is een stijl die zijn liefhebbers kent.

ITALIË ROOD

Passo Pendium (NIEUW)

Appassimento 2016

Salento

7

druif: negroamaro, primitivo
alcohol: 14,5%
type: vol
prijs: € 5,49

Appassimento. Een woord voor: laat geoogste druiven een tijdje laten drogen. Resultaat: meer zoet, meer concentratie. Het vorige oogstjaar leidde dat niet tot grote vrolijkheid. Nu breekt de zon enigszins door. Warme kersen, snufje zoete specerijen en vanillesuiker.

Sensi

2018

Chianti

7,5

druif: sangiovese
alcohol: 12,5%
type: medium
prijs: € 4,49

Sensi zonder pretentie. Ranke, slanke chianti. Maar wel met lekker sap vol rood fruit en met een kwiek zuurtje. Bezorgpizzawijn.

a b c d e f g h i j k l m N NETTORAMA o p q r s t u v w x y z

SPANJE ROOD

Huiswijn Rood

LITER

Vino de España

7

druif: bobal, tempranillo
alcohol: 11,5%
type: medium
prijs: € 3,99

Wederom weer soepel in de heupen en dik in orde. Bobal, in goeden doen een fruitbommetje. Tempranillo, bijna onmisbaar in het Spaanse land. Samen goed voor een milde, soepele allemansvriend. Zoetige kersen, wat lichte zuren en voldoende houvast om niet helemaal gedachteloos weg te klokken. We literen thuis rustig verder.

CHILI WIT

Viña Maipo

Chardonnay 2018

Central Valley

7·5

druif: chardonnay
alcohol: 12,5%
type: medium
prijs: € 4,49

Heet wel Maipo, komt echter niet uit deze vallei maar uit Chili's centrale druiven meld- en regelkamer Central Valley. Van daaruit is een zachte witte afgeleverd. Met een spoortje exotische vruchten, scheutje room en een mildzure afdronk. Heeft ingeleverd op zijn alcoholpercentage (van 13 naar 12,5) maar niet op kwaliteit: beduidend meer inhoud dan de 2017-oogst.

FRANKRIJK WIT

Huiswijn Wit Droog

LITER

Côtes de Gascogne

7+

druif: colombard, ugni blanc
alcohol: 10,5%
type: licht
prijs: € 3,99

Gascogne. Sinds jaar en dag een betrouwbare regio om als super je huiswijnliters te halen. Droog. Zoals het etiket belooft. En ook met kwiek en fit wit fruit, citrusbijdrage en een hoge dorst-lest-best-factor. Ofschoon het een liter is, biedt deze Gascogner een uitgelezen kans om al drinkend te minderen: het alcoholpercentage bedraagt net zoals vorig jaar slechts 10,5 procent. Toch is er een kleine verandering: iets beter geworden. Pluspunt.

Jean Sablenay

Chardonnay 2018

Vin de France

7

druif: chardonnay
alcohol: 12%
type: medium
prijs: € 3,79

Soms een uitschieter naar boven. Maar belandt tot op heden nooit onder de streep. Schone, frisse, niet te uitzinnige, dorstlessende witte wijn die toevallig van de chardonnaydruif is gemaakt en die we allemaal zo goed kennen.

Poème

Marsanne-Viognier 2018

Pays d'Oc

7·5

druif: marsanne, viognier
alcohol: 12,5%
type: medium
prijs: € 4,49

Echt zuidelijk wit, van de marsanne- en de viognierdruif. En die houden van het mediterrane zonnetje. Dan geven ze een rondom gevulde, licht-kruidige blanc. Met wat vermoedens van perzik, rijpe appel, tijm en een gemberzoet pepertje. Ondanks alle zonneschijn: alcoholbeschaving. Slechts 12,5 procent.

ITALIË WIT

Terrazzano

2018

Verdicchio dei Castelli di Jesi

7·5

druif: verdicchio
alcohol: 12%
type: licht
prijs: € 3,99

De ideale witte Italiaanse huiswijn. Wit fruit, besjes, zachte bitters, milde zuren. Dorstlesser pur sang. Geen geld. De geruststellend lelijke amforafles krijg je op de koop toe.

ROEMENIË WIT

I Am

Sauvignon Blanc 2018

7·5

druif: sauvignon blanc
alcohol: 12%
type: licht
prijs: € 3,99

I Am. En wat ben je dan? Een sappige sauvignon blanc met veel peren-drups-perzik-meloensnoepjesfruit en een prettig groene, citrusrijke, knisperende frisse afdronk. Dat ben je. Bovendien ben je erg voordelig.

SPANJE WIT

Gran Espanoso

Vintage Cuvée Brut

Cava

7

druif: macabeu, parellada, xarel·lo
alcohol: 11,5%
type: droog M
prijs: € 4,69

Keurig voor dit prijsniveau. Niet te streng. Niet te kartonnig. Mollige mousse. Zacht en rijp fruit. Oprecht en eerlijk afdrinkend.

ZUID-AFRIKA WIT

Danie de Wet

Chardonnay 2019

Robertson

8

druif: chardonnay
alcohol: 13%
type: medium
prijs: € 4,99

Goed gedaan weer, Danie. Uitstapje richting de tropen, sappige vulling, veel fruit. Heeft helemaal zijn draai gevonden. Nu de braai nog: zalm met grillruitje.

Zuydpunt

Chenin Blanc Viognier 2019

Western Cape

7

druif: chenin blanc, viognier
alcohol: 12,5%
type: medium
prijs: € 5,99

Weet dit keer de puntjes op de i van Zuydpunt te krijgen. Ja, we weten het: die staan daar helemaal niet. Maar toch werd het dit oogstjaar een prima wijn. Kakelverse abrikoos en perzik, vol en rijp en voldoende fris om niet meteen weer dorst te krijgen.

ARGENTINIË ROOD

Callia
Malbec 2019
San Juan

7·5
druif: malbec
alcohol: 13%
type: vol
prijs: € 5,99

In San Juan kunnen ze ook met malbec uit de voeten. Rijpe kersen en pruimen met een velours gordijntje ertussen. Open niezen dankzij het pepertje. Daarachter zijn dan weer bramen, cassis en besjes te vinden. Flink wat houvast overigens dankzij eiken-inzet. Dat laat zich niet wegblazen.

Callia (NIEUW)
Syrah 2019
San Juan

7·5
druif: syrah
alcohol: 13%
type: medium
prijs: € 5,99

Rijpe pruimen en zoete kersen zwieren over een glanzend opgepoetste eikenhouten dansvloer en komen stil te staan bij een lopend buffet (file) waar gelukkig nog volop worstjes en vleesspiesjes liggen. Dat er steeds meer vegetariërs zijn heeft ook zo zijn voordelen.

Casa de Campo
Malbec-Shiraz 2019
Mendoza

7·5
druif: malbec, syrah
alcohol: 13,5%
type: vol
prijs: € 3,89

Bereikte jarenlang de overkant van het water als pure malbec. Was toen slank, soepel, sappig en helemaal niks mis mee. Maar wel wat braaf. Heeft dankzij de inzet van een vuist syrah (volgens het etiket dit jaar: shiraz) wat meer kracht en eigenwijzigheid meegekregen. Er komt ook nog wat hout bovendrijven. Vrees niet voor splinters, maar je kunt je vastklampen aan een vanillestokje links en rechts.

AUSTRALIË ROOD

Bush Creek
Petite Sirah 2016
Riverina

7
druif: petite sirah
alcohol: 14%
type: vol
prijs: € 5,99

Is geen shiraz of syrah. Is wel een bessige, pruimige, zachte en – dit oogstjaar – vrij zoete rode wijn. Petite Sirah. Zo komt-ie niet over...

Stoney Creek
Shiraz Grenache Petit Verdot 2018
South Eastern Australia

7
druif: grenache, petit verdot, shiraz
alcohol: 13%
type: medium
prijs: € 5,99

Niet om een gat van in de lucht te springen, maar wel sympathiek. Grappige blend ook. De usual suspect shiraz heeft aan zijn zijde petit verdot en grenache. Rond, soepel, zoetig. Allemansvriend.

Stoney Creek
Shiraz Viognier Fleurieu 'Premium' 2018
South Eastern Australia

7·5

druif: shiraz, viognier
alcohol: 14%
type: vol
prijs: € 8,99

Voor de Premium Hunters. Valt in de categorie 'kijk mij luxe doen'. Speculaaskruiden, vanillestokjes en zoethout zonder dwangnageltjes pootjebadend in een zee aan rijp, romig en zonnig rood fruit. Prima weer dit jaar.

CHILI ROOD

Favoritos (NIEUW)
Cabernet Carmenère 'Classic' 2019
Central Valley

7·5

druif: cabernet sauvignon, carmenère
alcohol: 13,5%
type: vol
prijs: € 4,99

De Triple C formule: cabernet carmenère classic. Nog een c van cassis. Verder in het alfabet met bramen, wat mint, espresso, kersenbonbons en zoethout in een fijne light-editie.

Favoritos (NIEUW)
Merlot 'Classic' 2019
Central Valley

7·5

druif: merlot
alcohol: 13,5%
type: vol
prijs: € 4,99

Wellicht niet direct een klassieker. Meer een eigentijdse merlot. Niet al te streng. De tannines fijnbesnaard. De pruim slank maar niet anorex. Licht laurier en monter van inborst.

Gato Negro
Carmenère 2019
Central Valley

7

druif: carmenère
alcohol: 13%
type: medium
prijs: € 4,99

Het is niet de allergrootste carmenère maar het is er wel degelijk een. Met de bramen, de cassis, het likeurzoetje en het karakteristieke espresso-cacaobittertje. Licht maar rechtvaardig.

Gato Negro
Merlot 2019
Central Valley

7

druif: merlot
alcohol: 13%
type: medium
prijs: € 4,99

Zwarte kat geeft kopjes, koffie. Katjesdrop erbij en wat lekkere zwarte besjes.

Indomita
Cabernet Sauvignon Gran Reserva 2018
Maipo Valley

7·5

druif: cabernet sauvignon
alcohol: 14%
type: vol
prijs: € 5,29

Vorig oogstjaar een serieuze bak cabernet voor dit geld. De onvermijdelijke zwarte bessen hadden gezelschap gekregen van bramen, bessen en kersen. Nu is er ook weer flink uit de jampot gesnoept. Zoetje hier, likje daar, poetsen maar.

FRANKRIJK ROOD

Cercle de la Grappe

Cabernet Sauvignon 2018
Pays d'Oc

7

druif: cabernet sauvignon
alcohol: 13%
type: vol
prijs: € 3,99

Niet groots en meeslepend, daar is het prijskaartje dan ook niet naar. Maar cabernet, dat is het wel. Rond, mild, rijp fruit. Zacht en soepel. Zwarte bessen en rood fruit kleuren goed bij elkaar mede dankzij de zonblosjes op de wangen.

Cercle de la Grappe

Merlot 2018
Pays d'Oc

7

druif: merlot
alcohol: 13%
type: medium
prijs: € 3,99

Cercle geeft weer een rondje. Vaste prik. Altijd keurig in het gelid. Netjes in het schap. Braaf aan tafel. Drinkt zijn glaasje leeg. Zonnig, niet te streng en vol-sappig vanuit de pruimenhoek. Soepel in de heupen en vriendelijk in de benadering.

Château de l'Horte

Réserve Spéciale 2017
Corbières

8+

druif: carignan, grenache, mourvèdre, syrah
alcohol: 14%
type: vol BIO
prijs: € 8,99

Réserve Spéciale. Geen loze kreet. Heeft een jaar mogen rusten op eiken. Geeft 'm wat meer body en vanille. Het kwartet druiven zorgt vervolgens voor bramenlikeur, kruiderij, zachte tannines en vieve zuren. Als je nou zelf zorgt voor draadjesvlees, gehaktballen, cassoulet of een auberginestschotel (voor de vegetarisch etende medemens) dan wordt het helemaal spéciale.

Château Pradeau Mazeau

2018
Bordeaux

8

druif: cabernet sauvignon, merlot
alcohol: 13,5%
type: vol
prijs: € 5,99

Er wordt jaarlijks één miljoen hectoliter onverkoopbare (tevens ondrinkbare) bordeaux geproduceerd. Hoeft niet. Als de boeren die dat op hun geweten hebben even bij Pradeau Mazeau langsgaan. Baken in de zee van budget-bordeauxwijnen. Een hoop wrakhout, sloophout en ander aanspoelsel. Inmiddels een soort vaste waarde in de categorie bordeaux die zich fatsoenlijk gedraagt met een fatsoenlijk prijskaartje. En bovendien met een dosis cassis, braam, zachte tannines, een nerfje laurier en een rijpe pruim. Dit oogstjaar beter dan ooit. Mede dankzij de luxe nieuwe uitmonstering. (Maar schrik niet van de schroefdop.)

Duc de Meynan

Saint Mont Rouge 2016
Saint-Mont

8-

druif: cabernet sauvignon, pinenc, tannat
alcohol: 13%
type: vol
prijs: € 4,99

Soms zijn we al blij als de wijn die we proeven ook daadwerkelijk naar wijn smaakt en niet naar een knap gecomponeerd chemisch hoogstandje. De Duc stelt ons niet teleur. Blijmoedig, schoon-fruitig, zacht en bijna weldadig, rode sinaasappelindachtig sap. Met milde tannines, een blik op de zon en een zoetige kruiderij. Dank.

Ensedune

Marselan 2017
Coteaux d'Ensérune

Cijfer: 8

druif: marselan
alcohol: 13,5%
type: vol
prijs: € 5,99

Fluwelig, donker fruit. Met schaduwkantjes, maar toch met een zonnig karakter. Bosbessen, zwarte bessen, bramen. Gemaakt van een onalledaagse druif. Dat maakt 'm net wat minder doorsnee.

Eugène Loron (NIEUW)

2018
Beaujolais-Villages

Cijfer: 7.5

druif: gamay
alcohol: 13,5%
type: medium
prijs: € 6,79

Rood om wat koeler te drinken. Laat het dan Loron zijn. Kunnen die kersen en besjes wat afkoelen van al die opwinding in de buurt van een lekker kippetje.

Mas du Petit

Azegat 2017
Bouches-du-Rhône

Cijfer: 8.5

druif: grenache, syrah
alcohol: 14,5%
type: vol BIO
prijs: € 6,39

De Bouches-du-Rhône, het vlakke land bij de rivier. Het laagste in de Rhône-pikorde. Maar kijk die kleine Mas du Petit toch eens even uitpakken. Die heeft aan reputaties helemaal geen boodschap en presteert het om in 2017 een prima wijn te maken. Eerlijke, hartige, warmbloedige, gulle, op zoet rood fruit en milde specerij trakterende rode rhône. Drie dubbeltjes duurder geworden sinds vorig jaar. Neemt niet weg: prima glas wijn voor dit geld.

Rouge de l'Horte (NIEUW)

2019
Vin de France

Cijfer: 8

druif: carignan, syrah
alcohol: 13,5%
type: vol BIO
prijs: € 4,99

Vin de France. Vin du Midi om precies te zijn. En als we nog wat verder achter de komma kruipen: op een domein dat in Zuid-Hollandse handen is. De familie Den Toom (voorheen voor al uw supermarktboodschappen) heeft al jaren geleden de winkelwagentjes verruild voor wijnranken. Gaat ze uitstekend af. Maken prettige, lekkere wijnen die wat kwaliteit betreft niet in een wijnspeciaalzaak zouden misstaan. Maar wat prijskaartje betreft verloochenen ze hun afkomst dan weer niet. Voor nog geen vijf euro een sympathieke, sappige rouge. Volop rijpe pruimen, laurier en no-nonsense. Geen woorden maar wijnen.

ITALIË ROOD

Barone Montalto

Nero d'Avola 2018
Sicilia

Cijfer: 7.5

druif: nero d'avola
alcohol: 13%
type: vol
prijs: € 6,49

Donker maar zonnig fruit, zwarte olijven, Siciliaanse bermkruiden, geroosterde nootjes dit jaar en vlezige tannines. Een lekkere, fronsende Siciliaan. Waarschijnlijk wordt de nero d'avola wat toeschietelijker als je een flinke schaal pasta met gehaktballen op de tavola zet. En als je dan toch in de buurt bent: eet gezellig mee.

Barone Montalto

Syrah 2018
Sicilia

7·5

druif: syrah
alcohol: 14%
type: vol
prijs: € 6,49

De winterschilder moet het etiket nog afmaken getuige de twee kwaststrepen paars en lila. Maar de wijnmaker is klaar voor het jaar. Heeft niet gekliederd. Goede rode met een stevige houvast. Fikse tannines, puur paars donker fruit.

Bolla

2018
Bardolino

7

druif: corvina
alcohol: 12,5%
type: licht
prijs: € 6,49

Ook dit jaar weer een vriendelijk-fruitige kiekeboe-rode. Kersen spelen tikkertje. Zuurtjes diefje-met-verlos. Het spettert en spat wat. Attentie: ondanks de lichte stijl vlekt-ie toch op witte bloesjes. Zomerwijn. Of voor wie de zomer in zijn hoofd heeft. Licht koelen.

Bolla

2017
Valpolicella Classico

7·5

druif: corvina, molinara
alcohol: 12,5%
type: medium
prijs: € 7,99

Prettige, vlezige, bolle Bolla-kersjes. Met pinkelende zuren, kruidige bittertjes en een randje groen dankzij een oogstjaar met wat rijpingsuitdagingen. Eerlijk, oprecht en no-nonsense. Zal het goed met een gegrild kippetje doen. Maar aarzel niet om die pizza met tomaat en veel groenten uit de vriezer te halen. Die ligt er nu al veel te lang in de weg te liggen.

PLUS Oeroud Druivenras

Barbera 2018
Piemonte

8

druif: barbera
alcohol: 13%
type: medium
prijs: € 4,69

Barbera uit de lijn van 'authentieke druiven' die sinds de 2015-oogst bij Plus in de schappen is te vinden. Smaakt ook dit jaar weer authentiek en Noord-Italiaans. Onder de magische vijfeurogrens ontwapenend smakelijk. Zure kersen, zure bessen, bassende bramen en lichte kruiden. Geen zoetjes, geen geplak. Hoort zo. Noordelijk rood houdt niet zo van zacht spinnend kopjes geven. Streepje beter dan vorige keer. Zodoende geen 8- meer maar een 8.

PLUS Oeroud Druivenras

Primitivo 2018
Puglia

7

druif: primitivo
alcohol: 13,5%
type: medium
prijs: € 4,69

Rijp rood fruit, soepel en ongedwongen. Een zonzoetje, milde kruiderij en soepele tannines. Oeroud maar oerlevendig.

Podere di San Bruno (NIEUW)

2014
Barolo

7

druif: nebbiolo
alcohol: 13%
type: vol
prijs: € 12,99

a b c d e f g h i j k l m n o P PLUS q r s t u v w x y z

Kan barolo voor dit geld? Klaarblijkelijk. Al moet je niet zo'n barolo verwachten die wordt bezongen als 'De Koning der Wijnen'. Dit is er eentje uit de hofhouding. Die met het personeel mee-eet in de keuken, waar het sowieso een stuk gezelliger is dan aan het staatsbanket boven. Beneden staan gul de pannen met stoofvlees op tafel, doet men fijn mee met *shared dining*, dat daar gewoon 'mag ik de pan nog even van je?' heet, en worden de glazen nog eens volgeklotst met een kloeke, kranige nebbiolo met rozengeur, bittere pruimen, bonkige bramen, zwarte kersen en diepdonkere keldertanninetjes.

NIEUW-ZEELAND ROOD

Villa Maria

Pinot Noir 'Private Bin' 2018
Marlborough

8+

druif: pinot noir
alcohol: 13%
type: medium
prijs: € 10,99

Frisse, energieke pinot noir. Rode bessen, milde rode grapefruit, zachtzoet met hazelnootjes en hoogpolig-tapijttannines, een villa waardig. Waar voor je geld. Nu loop je sowieso eigenlijk nooit een zeperd bij Villa Maria. Grootste wijnbedrijf van Nieuw-Zeeland. Voor oprichter en eigenaar Sir George Fistonich is al een standbeeld opgericht. Met als sokkel een glasbak.

PORTUGAL ROOD

Azulejo

2017
Vinho Regional Lisboa

8

druif: pinot noir, tinta barroca, tinta roriz
alcohol: 13%
type: medium
prijs: € 4,99

Leg eerst een azulejo neer, zo'n Portugees tegeltje. Anders krijgt u misschien kringen. Opmerkelijke blend. Twee Portugese autochtonen, tinta barroca en tinta roriz, in een ménage à trois beland met pinot noir. Rijp, rond, zoetig rood fruit met aardig wat specerij en vanille. Zacht, geen harde randjes of anderszins vileine oprispingen van tannines. Licht koelen kan en is nog lekker ook.

Lello

2017
Douro

7·5

druif: tinta barroca, tinta roriz, tinto cão, touriga franca, touriga nacional
alcohol: 12,5%
type: medium
prijs: € 5,99

Een kwintetje lokale helden. Douro zonder zonstress. Pruim, braam en rijpe kersen. Goed sap, smakelijke kruiderij. Heeft zoet en zuur en geen spatsies.

SPANJE ROOD

Marqués de Cáceres

Crianza 2016
Rioja

8·5

druif: tempranillo
alcohol: 13,5%
type: medium
prijs: € 8,99

Markies die met de Franse slag werkt. Oprichter Enrique Forner was in de vijftiger jaren al in het gelukkige bezit van twee domeinen in Bordeaux, Château Camensac en Château Larose Trintaudon. Liefhebbers van Haut-Médoc-wijnen veren nu op. En liefhebbers van goede en buitengewoon betrouwbare rioja doen dat ook. Marqués de Cáceres weet al jaren de juiste

accenten te plaatsen, mede dankzij die Franse wijnmaaktechnieken.
Voor *DGH* proefde ik al 2010 en 2011: beide *excelente*. 2012 bleek ook goed: op-en-top beschaafde kersen, lichte specerij, mild zoet en wat gesoigneerde tannines. Vorig jaar verscheen 2014 op de proeftafel. Fruit in de voorhoede, rijpheid, kalmte en overpeinzingen. Opmerkelijk genoeg heb ik 2015 niet gezien, laat staan geproefd.
Maar voilà, 2016. Ondanks een lente vol problemen, een loeihete zomer en regen tijdens de oogst een meer dan correcte crianza. Het zoet van het hout, het zoet van de kersen. Pruimig, laurier, voorzichtig in het zonnetje, nergens een 'gekookt'-sensatie. Veel waar voor het geld.

Plus Biologische Huiswijn Rood

LITER
Vino de España

7·5

druif: merlot, syrah, tempranillo
alcohol: 12,5%
type: vol BIO
prijs: € 3,99

Merlot en syrah nemen minstens een halve liter voor hun rekening en laten zich flink gelden. De extra inspanningen werpen hun vruchten af: de bioliter is beter dan voorgaande edities ondanks het iets lagere alcoholpercentage. Dan kunnen we met goed fatsoen tenminste nog een slokje extra nemen. Donker fruit, laurier, stoer doen, eeltigheid en een werkoverall. Dat laatste is geen overbodige luxe als je biologisch verbouwt.

Plus Huiswijn Rood

LITER
Vino de España

7

druif: bobal, tempranillo
alcohol: 11,5%
type: medium
prijs: € 3,99

Wederom weer soepel in de heupen en dik in orde. Bobal, in goeden doen een fruitbommetje. Tempranillo, bijna onmisbaar in het Spaanse land. Samen goed voor een milde, soepele allemansvriend. Zoetige kersen, wat lichte zuren en voldoende houvast om niet helemaal gedachteloos weg te klokken. We literen thuis rustig verder.

ZUID-AFRIKA ROOD

Danie de Wet

Pinot Noir 2018
Robertson

7·5

druif: pinot noir
alcohol: 14%
type: medium
prijs: € 6,99

Danie schrijft de wet voor als het om chardonnay gaat. Sinds kort is ook pinot noir aan boord. Die is ook dit jaar weer krachtig, kordaat en boersig. We bespeuren er ook een klein beetje kampvuurrokerigheid in. Zou Danie de wet een beetje aan zijn laars hebben gelapt en er een spatje pinotage in hebben gedaan voor nog wat extra body?

Deetlefs

Cabernet Sauvignon 'the Stonecross range' 2017
Western Cape

8

druif: cabernet sauvignon
alcohol: 14%
type: vol
prijs: € 5,99

Maak kennis met de familie Deetlef, zeven generaties geleden passagiers op *De Hageveld*, een Hollandse boot die in 1752 richting Batavia vertrok. Maar dat ligt toch helemaal niet in Zuid-Afrika? Nee, maar de familie ging noodgedwongen passagieren in Kaapstad vanwege een zieke. Maar in plaats van een hospitaal bouwden ze een boerderij. In 1822 werd er de eerste wijn geproduceerd, waarmee de Deetlefs het op een

a b c d e f g h i j k l m n o P PLUS q r s t u v w x y z

na oudste familiewijndomein in Zuid-Afrika bezitten. En dat is nog helemaal van deze tijd. De prijzen, loftuitingen en eremetalen stapelden zich op. Was vorig oogstjaar al het drinken waard, door zijn bessen, kruidnagelen, laurier en aanhankelijkheidstannines. Is dit jaar nog beter. Aards, beestachtig rood. Een dikke aanrader voor deze prijs.

Deetlefs

Shiraz 'the Stonecross range' 2017
Western Cape

8

druif: shiraz
alcohol: 14%
type: vol
prijs: € 5,99

Sappig en sympathiek. Fruitig en peperig. Shiraz met de juiste proporties rijpe pruimen, kersen op sap, zwarte bessen en zoete specerijen.

ARGENTINIË ROSÉ

Callia (NIEUW)

Syrah Rosé 2019
San Juan

7·5

druif: syrah
alcohol: 13%
type: medium
prijs: € 5,99

Nieuwe Wereld-rosé wil nog weleens de neiging hebben om zich te vermommen als het sap van aardbeien op sap. Zoet, wee en wat nuffig. De wijnmaker van Callia houdt waarschijnlijk niet zo van zomerkoninkjes. Misschien omdat Argentinië al een koningin heeft geleverd. Hoe dan ook, kloeke, kruidige, droge rosé. Zou je zomaar kunnen schenken bij een asado, de Argentijnse kijk op de barbecue.

FRANKRIJK ROSÉ

Diamarine (NIEUW)

Rosé 2018
Coteaux Varois en Provence

7

alcohol: 12,5%
type: medium
prijs: € 5,79

Typische terrasrosé. Van de Provence naar Nederland verplaatst. #deleven

---

Ensedune

Cabernet Franc 2018
Coteaux d'Ensérune

8

druif: cabernet franc
alcohol: 13%
type: medium
prijs: € 5,99

Voor deze wijnkleur verrassende druif: cabernet franc. Bekend van zijn kloeke paprikarood uit de Loire. Vrij stoere wijn daardoor. Van vreemde zoeten vrij. Mooi droog, groene kruiden en met lekker koel rood fruit en een soort rijpe-tomatenzweem. Er schittert ook wat goud doorheen: is de kleur van de medaille die de wijnjury in Parijs gaf.

Mado (NIEUW)

2018
Côtes de Provence

8·5

druif: cinsault, grenache, syrah
alcohol: 13%
type: medium
prijs: € 8,99

Wijn met een verhaal. 'Mado' is de roepnaam voor Madeleine die, naar verluidt, op de vélo naar de markt fietst om haar boodschapjes te halen. Een en al *joie de vivre* toch? Da's toch heel wat anders dan de bezorgservice van Picnic of Appie die naar boven komt zeulen met vier kratten. Enfin, als er dan zo'n flesje Mado in zit brengt dat toch iets van de Provence in huis. Maar ja, Mado is van de Plus. En die hebben met deze rosé een gouden greep gedaan. Voor dit geld een pico provence. Beschaafd, licht fruitig, niet zoet, fijne kruiderij, zuivere afdronk, charmant bittertje.

SPANJE ROSÉ

Bienvenido (NIEUW)

Rosé Brut
Cava

7·5

druif: trepat
alcohol: 11,5%
type: droog M
prijs: € 7,49

Heeft de luxe uitstraling maar niet de prijs. Frisse aardbeien, frambozen, een olijk kersje, een citrusafscheid zonder zuur achter te blijven.

ZUID-AFRIKA ROSÉ

Deetlefs (NIEUW)

Pinotage Rosé 'the Stonecross range' 2019

7·5

druif: pinotage
alcohol: 13%
type: medium
prijs: € 5,99

Goede voordeelproducent Deetlefs maakt ook een fris roze doordrink-exemplaar om de warme zomer-avond mee uit te zitten. Stevige framboos, zonder zoet geneuzel.

ARGENTINIË WIT

Callia

Chardonnay 2019
San Juan

8

druif: chardonnay
alcohol: 13,5%
type: medium
prijs: € 5,99

Uit het andere wijngebied in Argentinië. Het is niet allemaal Mendoza wat de klok slaat. Ziehier Chardonnay uit San Juan. Afkomstig uit de portfolio van de firma Salentein, nota bene Hollands glorie. Staat een fikse portie exotique niet in de weg. Banaan, ananas, mango, passievrucht, perzik en limoen.

AUSTRALIË WIT

Bush Creek

Chardonnay 2018
Riverina

7

druif: chardonnay
alcohol: 12,5%
type: medium
prijs: € 5,99

Prettige, goed verzorgde chardonnay. Limoentjes fris. En een on-Australisch laag alcoholpercentage.

Bush Creek (NIEUW)

Reserve Chardonnay 2016
Riverina

7·5

druif: chardonnay
alcohol: 12,5%
type: medium
prijs: € 8,99

Reserve van Bush Creek. Voor als de basis-chardonnay geblesseerd raakt. Scoort met zuivere citrus en tropisch fruit.

Stoney Creek (NIEUW)

Chardonnay 'Premium' 2018
Limestone Coast

8

druif: chardonnay
alcohol: 12,5%
type: medium
prijs: € 8,99

Premium. Premium prijs. Premium presentatie goddank, anders is het ook weer zo sneu. Rijp, rond en gesoigneerd. Suikermeloen, ananas, perzik en grapefruit. Rijk, maar niet overdreven.

CHILI WIT

El Descanso

Chardonnay Reserva 2019
Casablanca Valley

8.5

druif: chardonnay
alcohol: 13%
type: medium
prijs: € 7,49

Reserva die zich niet inhoudt. Volop tropisch fruit, rijpe peer, perzik en passievrucht. Kleine noteninbreng dit jaar. Prettige frisse afdronk.

El Descanso

Sauvignon Blanc Limited Edition 2019
Aconcagua Valley

8.5

druif: sauvignon blanc
alcohol: 13%
type: medium
prijs: € 8,49

Aconcagua. Project van Eduardo Chadwick, baas van Errázuriz. Voor de watervoorziening liet hij ter plekke een kunstmatig meer van een miljoen kubieke meter aanleggen, bulldozerde de ruige hellingen leeg en plantte daarop vooral sauvignon blanc, chardonnay en pinot noir aan, druiven die wel van een frisse neus houden. Woestenij werd een idyllische wijnvallei. En wat de sauvignon blanc betreft is de inspanning de moeite waard geweest. Zuiver, fris, mintgroen, doperwtjesgroen, kiwi, limoen, kruisbes en grapefruit.

El Descanso

Sauvignon Blanc Reserva 2019
Casablanca Valley

8+

druif: sauvignon blanc
alcohol: 13%
type: medium
prijs: € 7,49

Rijpe appel, mango, wat passievrucht, ananas vraagt om aandacht maar schreeuwt niet, zacht-zoetige rode grapefruit, kruisbessen en limoen. Wat meer body dan 2018. Staat 'm goed.

Favoritos (NIEUW)

Sauvignon Blanc 'Classic' 2019
Central Valley

7.5

druif: sauvignon blanc
alcohol: 12,5%
type: medium
prijs: € 4,99

Wordt de favoriet voor wie van een wat rijpere soort sauvignon blanc houdt. Tropentikje, vulling, zacht en niet te onstuimig.

Indomita

Chardonnay Gran Reserva 2018
Casablanca Valley

7·5

druif: chardonnay
alcohol: 14%
type: vol
prijs: € 5,29

Vorig jaar al beoordeeld. Toen rank en fris. Het jaartje extra flessenrust heeft 'm wat rijper en ronder gemaakt. De tropen gaan open. Vanille vanuit de flanken. Een bewijs van anijs.

Indomita (NIEUW)

Viognier Gran Reserva 2018
Bío-Bío Valley

7·5

druif: viognier
alcohol: 13,5%
type: medium
prijs: € 5,49

Bío-Bío en toch niet bio. Nu hoef je voor herbiciden en pesticiden niet te vrezen in Chili. Die worden daar niet of nauwelijks gebruikt. Niet nodig. Ook een gevoelig typetje als de viognier verlangt daar geen extra bescherming. Onbezorgde perzikpresentatie, een dartele abrikoos, een fluisterend stemgembertje en een fijn bittertje bij het afscheid vallen ons ten deel.

FRANKRIJK WIT

Albert Schoech (NIEUW)

Pinot Blanc 2018
Elzas

7·5

druif: pinot blanc
alcohol: 13%
type: medium
prijs: € 7,99

Je hoort eigenlijk maar weinig over de pinot blanc. Een bescheiden druifje. Niet zo *in your face* als aandachttrekkers sauvignon en chardonnay. En ook lang niet zo populair als girl-next-door pinot grigio. Pinot blanc doet gewoon braaf haar huiswerk, en later hbo-bedrijfseconomie waar ze een keurige jongen tegenkomt met wie ze twee kinderen en een doorzonwoning krijgt. En natuurlijk eten ze dan elke avond asperges. Want dat kan ze dan weer heel goed: asperges begeleiden. Is ook een talent.

Bourgogne

Chardonnay 2017
Bourgogne

7·5

druif: chardonnay
alcohol: 13%
type: medium
prijs: € 5,99

Voor wie weleens andere bourgogne wil drinken dan louter die van honderden euro's of meer per fles. U proeft gegarandeerd het verschil. Maar het is een vriendelijke, schone, lichte chardonnay. Dit oogstjaar overtuigender, gevulder en wat tropischer dan voorgaande edities. Bourgogne zonder besognes.

Cadet d'Oc (NIEUW)

Barbachus Chardonnay 2018
Pays d'Oc

7

druif: chardonnay
alcohol: 12,5%
type: licht
prijs: € 7,99

Fris geschoren cadet. Strak in het pak. Slank en vief dankzij een rantsoen van appels en citroenen. Geef acht! Hoewel, laten we met een glas beginnen. We schijnen minder te moeten gaan drinken in Nederland.

---

a b c d e f g h i j k l m n o P PLUS q r s t u v w x y z

Cadet d'Oc (NIEUW)

Barbachus Viognier 2018
Pays d'Oc

7+

druif: viognier
alcohol: 12,5%
type: medium
prijs: € 7,99

Baron Philippe de Rothschild heeft behalve in Bordeaux nu ook cadetten uitgezet in het zuiden van Frankrijk. Cadet Viognier heeft plantsoenendienst blijkbaar: geurt heerlijk naar bloemen. De rode cadetten zijn nog niet zo in vorm als hun bordelaise tegenhangers – alleen de witten haalden de eindstreep.

Cercle de la Grappe

Chardonnay 2018
Vin de France

7

druif: chardonnay
alcohol: 12%
type: medium
prijs: € 3,99

Soms een uitschieter naar boven. Maar belandt tot op heden nooit onder de streep. Schone, frisse, niet te uitzinnige, dorstlessende witte wijn die toevallig van de chardonaydruif is gemaakt en die we allemaal zo goed kennen.

Comte de Saint Aignan

Sauvignon Blanc 2018
Touraine

8

druif: sauvignon blanc
alcohol: 13%
type: medium
prijs: € 6,99

Plus is goed vertegenwoordig in de Loire met sauvignon blanc. Zie ook de uitstekende Val de Loire die als Hollands Vakmanschap 'Charles Loupart' in de schappen staat. Hier hebben we een Touraine onder de schroefdop. Volop kruisbessen, kiwigroen, appeligheid, rode grapefruit en heeft nog een citrusdansje in petto.

Oprechte vijf-in-de-klok-dorstlesser. Tevens oesterwater, jonge-geitenkaasvriend en witvisklant.

Duc de Meynan

Saint Mont 2017
Saint-Mont

8-

druif: arrufiac, gros manseng, petit courbu
alcohol: 13%
type: medium
prijs: € 4,99

Frisser, kwieker en krokanter dan voorgaand jaar. Geel, wit en groen fruit kunnen het in 2017 goed met elkaar vinden. Zuchtje kruiderij, een klein bittertje en lekker.

Ensedune

Marsanne 2017
Coteaux d'Ensérune

8

druif: marsanne
alcohol: 13,5%
type: vol
prijs: € 5,99

Marsanne. Echte zuiddruif. Mild, zacht, romig, blommig, geurig en zonnig. Voor wie de zuren zat is. Fijne kruiderij dit jaar. Meer te melden voor hetzelfde geld als voorgaande jaren. Sterrenstof.

PLUS Hollands Vakmanschap 'Charles Loupart'

Sauvignon Blanc 2018
Val de Loire

8,5

druif: sauvignon blanc
alcohol: 12,5%
type: licht
prijs: € 5,99

Alweer de vierde oogst alweer van 'de geboren en getogen Brabander' (volgens het achteretiket) die bij Plus in de schappen staat. En we hebben ook wat te vieren: 2018 was een buitengewoon goed jaar voor de Loire. Dat zorgde voor sauvignon blanc op zijn allerbest. Helemaal als we dat Nederlandse prijsje in ogenschouw nemen. Kruisbes. Groene appels. Mangotwist. Het grasveld ligt er weer netjes getrimd bij, limoen laat zich horen, een snufje witte peper maar grapefruit verliest zijn grip niet.

Plus Huiswijn (NIEUW)

8,5%

Vin de France

7.5

druif: colombard
alcohol: 8,5%
type: licht
prijs: € 3,99

Bijna alle – misschien wel alle – wijnen die ik heb geproefd die via een technische handeling (omgekeerde osmose) geheel of gedeeltelijk van hun alcohol zijn gedaan zijn vies. Ik herhaal: VIES. O, waren ze maar zo lekker als heel veel alcoholvrije biertjes die er ondertussen wel te koop zijn. Deze dan? Deze heeft het van nature in zich. Afkomstig uit het koele zuidwesten van Frankrijk en gemaakt van de colombard, een druif met weinig suiker en zodoende ook een lagere alcohol-output. Door deze bovendien eerder te plukken en vervolgens het vergistingsproces te onderbreken, krijg je uiteindelijk wit met een lekkere druivenboost, appeligheid en een klein wat tropisch aandoend zoetje. Goed op weg.

Plus Huiswijn Wit Droog

LITER

Côtes de Gascogne

7+

druif: colombard, ugni blanc
alcohol: 10,5%
type: licht
prijs: € 3,99

Gascogne. Sinds jaar en dag een betrouwbare regio om als super je huiswijnliters te halen. Droog. Zoals het etiket belooft. En ook met kwiek en fit wit fruit, citrusbijdrage en een hoge dorst-lest-best-factor. Ofschoon het een liter is, biedt deze Gascogner een uitgelezen kans om al drinkend te minderen: het alcoholpercentage bedraagt net zoals vorig jaar slechts 10,5 procent. Toch is er een kleine verandering: iets beter geworden. Pluspunt voor Plus.

ITALIË WIT

Barone Montalto (NIEUW)

Pinot Grigio 2018

Sicilia

7.5

druif: pinot grigio
alcohol: 11,5%
type: licht BIO
prijs: € 6,99

De Siciliaanse wijnadel draagt een steentje bij aan een betere wereld. Bio Barone. Peer, beetje meloen, sappig, appelig en frisse bittertjes. Lichte kruiderij.

Barone Montalto (NIEUW)

Vermentino 2018

Sicilia

8+

druif: vermentino
alcohol: 12%
type: licht
prijs: € 6,49

Groen en gele bianco. En toch kerngezond. Opgewekte citrus en wat groene kruiderij, met een lekker grapefuitbittertje. Waarom grijpt in vredesnaam iedereen altijd naar die eeuwige pinot grigio?

Bolla (NIEUW)

2018

Soave Classico

8

druif: garganega
alcohol: 12%
type: medium
prijs: € 6,49

Zachte, fijne soave. Bijna teer mondgevoel, milde zuren. Blieft graag pasta al dente met schelpjes en niet al te romige saus. Vormt-ie een classico combinatie mee.

Bolla (NIEUW)

Pinot Grigio 2018

Pinot Grigio delle Venezie

8

druif: pinot grigio
alcohol: 12%
type: medium
prijs: € 6,99

Grootmacht Bolla heeft de boel goed op orde. Lekker spicy. Peperige peer, tintelende meloen, felle citrus, lekker wat bittertjes en veel sap.

PLUS Oeroud Druivenras

Fiano

Puglia

7·5

druif: fiano
alcohol: 12,5%
type: medium
prijs: € 4,69

Plus heeft zich via een aparte serie op de authentieke, oeroude druivenrassen gestort. En daarin grossiert Italië. In het zuiden rekruteerden zij de lokale fiano. En dat werd geen fiasco. Ook deze verse editie (overigens zonder oogstjaar) trakteert weer op pittig, kittig, fris wit fruit. Veel citrus, sappig en vol goede zin. Elke dag een glaasje. Kun je oeroud mee worden. Al menen azijndenkers van niet.

PLUS Oeroud Druivenras

Pecorino

Terre di Chieti

7·5

druif: pecorino
alcohol: 12%
type: medium
prijs: € 4,69

Oeroude druif nummertje twee in de witte lijn. Wat rondborstiger dan de oeroude Fiano uit deze serie. Lekker gevuld, appelig, partje meloen, lichtkruidig en een mild bittertje. Mocht dit keer zonder oogstjaar de grens over. Heeft niet tot problemen geleid.

NIEUW-ZEELAND WIT

Te Waina (NIEUW)

Sauvignon Blanc 2019

Marlborough

8

druif: sauvignon blanc
alcohol: 12%
type: licht
prijs: € 5,49

Tien redenen waarom sauvignon blanc uit Nieuw-Zeeland zo populair is geworden: kruisbessen, kiwi, groene appel, grapefruit, limoen, mango, doperwtjes, passievrucht, energie en een vriendelijk prijskaartje. Tel maar na. En tel uit je winst.

Villa Maria

Chardonnay 2018

East Coast

8+

druif: chardonnay
alcohol: 13%
type: medium
prijs: € 9,49

Smoky! Grapefruit met passie. Minerale, licht-tropische chardonnay met subtiel hout. Fris-pront, droog afgetraind, geen vet. Mooi geworden dit jaar.

a b c d e f g h i j k l m n o P PLUS q r s t u v w x y z

Villa Maria

Sauvignon Blanc Organic 2019
Marlborough

8+

druif: sauvignon blanc
alcohol: 13%
type: medium BIO
prijs: € 9,39

Think global, drink local. Makkelijker gezegd dan gedaan als het om wijn gaat. Maar nog even en de klimaatverandering zet dusdanig door dat we voor een goede sauvignon blanc niet meer buiten de landsgrenzen hoeven te zoeken. Laat staan aan de andere kant van de wereld. Toch zal Nieuw-Zeelandse 'savvy' altijd zoiets unieks blijven dat geen enkele andere SB die kan vervangen. De aroma's van het gras zijn er grassiger. De kruisbessen frivoler. Het groen groener. De asperges rijper. De passievrucht met meer passie. Nieuwe oogst van lokale grootmeester Villa Maria. Drinkt u toch nog 'local'. En gelukkig allemaal onbespoten: bio.

OOSTENRIJK WIT

Green

Grüner Veltliner trocken 2018
Niederösterreich

7

druif: grüner veltliner
alcohol: 12,5%
type: licht
prijs: € 4,99

Groene appels, meloen en limoen. Vriendelijke grüner die goed zijn best doet om lekker gevonden te blijven worden.

PORTUGAL WIT

Lello

2018
Douro

8

druif: fernão pires, gouveia, viosinho
alcohol: 12,5%
type: medium
prijs: € 5,99

Hele procentpunt alcohol ingeleverd ten opzichte van vorig jaar. Maar het lijkt of dat zijn kwaliteit juist ten goede komt. In ieder geval zijn frisheid en doordrinkbaarheid. Lello. Lekker levendig lokaal wit. Eigenzinnigheid uit de Douro van lekker lokale druiven. Druivig, het groen van een grasssprietje. Mandarijntje, Perzikpartje. Een exotenstootje. Lichte kruidigheid, milde bitters en een zachtzure afdronk. Voor de verandering. En voor de lekker.

ROEMENIË WIT

I Am

Pinot Grigio 2018
Brda

7

druif: pinot grigio
alcohol: 12%
type: licht
prijs: € 3,99

Perendrups, appelig en zachte zuren. Wederom vriendelijk smakend dit oogstjaar. Pretentieloos. Geldt ook voor het prijskaartje. I Am prima te drinken.

I Am

Sauvignon Blanc 2018

7.5

druif: sauvignon blanc
alcohol: 12%
type: licht
prijs: € 3,99

I Am. En wat ben je dan? Een sappige sauvignon blanc met veel perendrups-perzik-meloensnoepjesfruit en een prettig groene, citrusrijke, knisperende frisse afdronk. Dat ben je. Bovendien ben je erg voordelig.

SPANJE WIT

Bienvenido

Brut

Cava

7.5

druif: macabeu, parellada, xarel·lo
alcohol: 11,5%
type: droog M
prijs: € 7,49

Dat vriendelijke prijsje heten we al welkom. En wat erna volgt ook: mollige mousse, appelgekraak, amandelbittertjes en citrusfrisheid.

Gran Espanoso

Vintage Cuvée Brut

Cava

7

druif: macabeu, parellada, xarel·lo
alcohol: 11,5%
type: droog M
prijs: € 4,99

Keurig voor dit prijsniveau. Niet te streng. Niet te kartonnig. Mollige mousse. Zacht en rijp fruit. Oprecht en eerlijk afdrinkend.

Marqués de Cáceres

Sauvignon Blanc 2018

Rueda

8+

druif: sauvignon blanc
alcohol: 13,5%
type: medium
prijs: € 8,99

Vorig jaar voor het eerst geproefd van de Markies uit Rioja. In de kelder van zijn buitenhuisje in Rueda was hij ook met sauvignon blanc aan de slag gegaan. En dat gaat 'm goed af. De 2018 elegant met heerlijk dartele citrus. Ook de karakteristieke Rueda-touch ontbreekt niet – delicate pitjes van een groene appel.

Plus Biologische Huiswijn Wit

LITER

Vino de España

7.5

druif: airén, sauvignon blanc, verdejo
alcohol: 12,5%
type: medium BIO
prijs: € 3,99

Ook dit jaar weer opvallend goedgeluimd. Links en rechts trakterend op peren, suikermeloen, groene appels en citrus. Spat nog wat na. Maar waar je een dreinende kleuter voor dat laatste een dreun voor zijn kanis geeft, vraag je in dit geval of het glas nog even volgeschonken kan worden. Moet geen probleem zijn. Er zit toch een liter in en het kost niks.

ZUID-AFRIKA WIT

Danie de Wet

Chardonnay Barrel Reserve 2018

Robertson

8.5

druif: chardonnay
alcohol: 13%
type: medium
prijs: € 8,99

De gewone al prima. De *matured on lees* heel mooi verzorgd en smakelijk. Maar het kan altijd beter. Danie de Wet onderstreept zijn status als chardonnay-expert met zijn houten versie. Barrel Reserve. Wijn geworden tussen de planken. Gerijpt tussen de planken. Eiken toch niet te nadrukkelijk aanwezig. Roomtikje, koel tropisch fruit, perzikspatje en een snufje vanille. Wijnspeciaalzaak-kwaliteit. Vorig jaar al beoordeeld, maar nog steeds in de supermarkt te koop.

Danie de Wet

Chardonnay matured on the lees 2019
Robertson

8.5

druif: chardonnay
alcohol: 14%
type: medium
prijs: € 6,99

Met dank aan Danie stralen sterren in Robertson. De gewone chardonnay en de sauvignon blanc bieden meer dan hun prijskaartje doet vermoeden. Ook dit jaar ontstijgt De Wetshof de gemiddelde chardonnay-supermarktkwaliteit. Rijpe appel, tropentouch, limoenfraîcheur en met een prettig-notige afdronk.

Danie de Wet

Chardonnay 2019
Robertson

8

druif: chardonnay
alcohol: 13%
type: medium
prijs: € 4,99

Goed gedaan weer, Danie. Uitstapje richting de tropen, sappige vulling, veel fruit. Heeft helemaal zijn draai gevonden. Nu de braai nog: zalm met grillruitje.

Danie de Wet

Sauvignon Blanc 2019
Robertson

8

druif: sauvignon blanc
alcohol: 12,5%
type: medium
prijs: € 4,99

Voor wie graag een uit de startblokken weg sprintende sauvignon blanc drinkt. Tijdje niet in beeld geweest maar imponeert met een tot de verbeelding sprekende comeback. Doet mee aan 'stand in de wand' en de kleur is... groen! Felle Zuid-Afrikaan, met pittig wit fruit, fiks wat zuren en volstrekt droog finishend.

Deetlefs

Chardonnay 'the Stonecross range' 2019
Western Cape

7+

druif: chardonnay
alcohol: 13%
type: medium
prijs: € 5,99

Snoeperige chardonnay van Deetlefs. Appelig, limoenig en perzikrijk. Heb ik dat van mezelf? Ook. Maar de proefnotities zijn eveneens op het etiket te vinden.

Deetlefs

Chenin Blanc 'the Stonecross range' 2019
Western Cape

8

druif: chenin blanc
alcohol: 13%
type: medium
prijs: € 5,99

Chenin blanc. Is de familie Deetlef goed in. Wonnen in 2016 al eens een fijne prijs in China voor hun wit van deze druif. Misschien heeft de jury er wel wat bij gegeten. Chenin blanc, vooral een niet geheel beendroge, smaakt erg goed bij 'de chinees'. Deze is daarentegen wel volledig strak. Weinig zoetjes in te ontdekken of het moet het rijpe van peer, appel en meloen zijn. Ook dit jaar weer prettige, karakteristiek trillende zuren. Erg fijn bij je favoriete vis in een limoensetting.

PLUS Hollands Vakmanschap 'Eric Verhaak & Mariëtte Ras'

Chenin Blanc 2019
Paarl

8+

druif: chenin blanc
alcohol: 12,5%
type: medium
prijs: € 5,99

Schone chenin vol sappige frisse appel van landgenoten Eric en Mariette Verhaak-Ras. Resideren op Groot Parys, een landhuis uit de victoriaanse tijd in Paarl. Met voldoende grond eromheen voor het bouwen van guesthouses. En prachtige hectaren voor het aanplanten van chenin blanc. Sterker nog, volgens de Wijnuniversiteit van Stellenbosch hebben zij zelfs een van de mooiste perceeltjes van De Kaap in hun bezit. Chenin blanc kent dan ook voor hen geen geheimen. En dat kun je ook dit jaar weer proeven.

Schalkenbosch (NIEUW)

Chardonnay Viognier 2019

7

druif: chardonnay, viognier
alcohol: 12,5%
type: licht
prijs: € 5,99

Met de hakken over de sloot in *DGH*. Beduusd, maar sappig instap-wit.

Zuydpunt

Chenin Blanc Viognier 2019
Western Cape

7

druif: chenin blanc, viognier
alcohol: 12,5%
type: medium
prijs: € 5,99

Weet dit keer de puntjes op de i van Zuydpunt te krijgen. Ja, we weten het: die staan daar helemaal niet. Maar toch werd het dit oogstjaar een prima wijn. Kakelverse abrikoos en perzik, vol en rijp en voldoende fris om niet meteen weer dorst te krijgen.

ARGENTINIË ROOD

Casa de Campo
Malbec-Shiraz 2019
Mendoza

7·5
druif: malbec, syrah
alcohol: 13,5%
type: vol
prijs: € 3,89

Bereikte jarenlang de overkant van het water als pure malbec. Was toen slank, soepel, sappig en helemaal niks mis mee. Maar wel wat braaf. Heeft dankzij de inzet van een vuist syrah (volgens het etiket dit jaar: shiraz) wat meer kracht en eigenwijzigheid meegekregen. Er komt ook nog wat hout bovendrijven. Vrees niet voor splinters, maar je kunt je vastklampen aan een vanillestokje links en rechts.

AUSTRALIË ROOD

Stoney Creek
Shiraz Grenache Petit Verdot 2018
South Eastern Australia

7
druif: grenache, petit verdot, shiraz
alcohol: 13%
type: medium
prijs: € 5,99

Niet om een gat van in de lucht te springen, maar wel sympathiek. Grappige blend ook. De usual suspect shiraz heeft aan zijn zijde petit verdot en grenache. Rond, soepel, zoetig. Allemansvriend.

Stoney Creek
Shiraz Viognier Fleurieu 'Premium' 2018
South Eastern Australia

7·5
druif: shiraz, viognier
alcohol: 14%
type: vol
prijs: € 8,99

Voor de Premium Hunters. Valt in de categorie 'kijk mij luxe doen'. Speculaaskruiden, vanillestokjes en zoethout zonder dwangnageltjes pootjebadend in een zee aan rijp, romig en zonnig rood fruit. Prima weer dit jaar.

CHILI ROOD

Gato Negro
Merlot 2019
Central Valley

7
druif: merlot
alcohol: 13%
type: medium
prijs: € 5,19

Zwarte kat geeft kopjes, koffie. Katjesdrop erbij en wat lekkere zwarte besjes.

Hacienda
Malbec 'Reserve' 2018
Central Valley

7·5
druif: malbec
alcohol: 13,5%
type: vol
prijs: € 5,99

Malbec. Normaal gesproken een Argentijnse troef. Maar nu draait ook het malbecmolentje in Chili. En dat draait soepel, zacht en filmend. Minder zoet dan 2017. En dat brengt 'm het boek in.

Landenwijn Chili
Rood LITER
Central Valley

8
druif: cabernet sauvignon
alcohol: 13%
type: vol
prijs: € 3,99

Volfruitig. Bij goede Chileense cabernet sauvignons is er geen ontkomen aan, aan die zwarte bessen. Dit is er eentje. Pepermuntfrisje op de afdronk. Literen maar.

FRANKRIJK ROOD

Bourgogne

Pinot Noir 'Vieilles Vignes' 2018

Bourgogne

8

druif: pinot noir
alcohol: 12,5%
type: medium
prijs: € 6,99

Terwijl de prijzen in Bourgogne de pan uit rijzen, reizen wij toch even naar Bourgogne om te ontdekken dat een patente rouge geen profvoetbalsalaris verlangt. Opgewekte, door een hoog-kwalitatief werkende coöperatie (Buxy) gemaakte pinot noir. Licht maar toch echte bourgogne. Pak een pan en braad een kip.

Jean Sablenay

Cabernet Sauvignon 2018

Pays d'Oc

7

druif: cabernet sauvignon
alcohol: 13%
type: medium
prijs: € 3,79

Niet groots en meeslepend, daar is het prijskaartje dan ook niet naar. Maar cabernet, dat is het wel. Rond, mild, rijp fruit. Zacht en soepel. Zwarte bessen en rood fruit kleuren goed bij elkaar mede dankzij de zonblosjes op de wangen.

Jean Sablenay

Merlot 2018

Pays d'Oc

7

druif: merlot
alcohol: 13%
type: medium
prijs: € 3,79

Jean Sablenay. Zeg je geen nee tegen. Vaste waarde. Altijd keurig in het gelid. Netjes in het schap. Braaf aan tafel. Drinkt zijn glaasje leeg. Zonnig, niet te streng en vol-sappig vanuit de pruimenhoek. Soepel in de heupen en vriendelijk in de benadering.

Sensas

Cabernet-Syrah 2018

Pays d'Oc

7

druif: cabernet sauvignon, syrah
alcohol: 13,5%
type: vol
prijs: € 4,89

Flink wat hulp vanuit de houtzagerij. Daarom zonnig, vlezig en donker fruit met behoorlijk wat gevulde-speculaasinvloeden. Het is een stijl die zijn liefhebbers kent.

ITALIË ROOD

Sensi

2018

Chianti

7·5

druif: sangiovese
alcohol: 12,5%
type: medium
prijs: € 4,49

Sensi zonder pretentie. Ranke, slanke chianti. Maar wel met lekker sap vol rood fruit en met een kwiek zuurtje. Bezorgpizzawijn.

SPANJE ROOD

Biologische Huiswijn Rood
LITER
Vino de España

7·5

druif: merlot, syrah, tempranillo
alcohol: 12,5%
type: vol BIO
prijs: € 3,99

Merlot en syrah nemen minstens een halve liter voor hun rekening en laten zich flink gelden. De extra inspanningen werpen hun vruchten af: de bio-liter is beter dan voorgaande edities ondanks het iets lagere alcoholpercentage. Dan kunnen we met goed fatsoen tenminste nog een slokje extra nemen. Donker fruit, laurier, stoer doen, eeltigheid en een werkoverall. Dat laatste is geen overbodige luxe als je biologisch verbouwt.

Finca Labarca
Tinto 2018
Rioja

7·5

druif: tempranillo
alcohol: 13%
type: medium
prijs: € 3,99

Puur, eenvoudig en jeugdig. Veel sappig kersenfruit. Met pit. Kan gekoeld worden gedronken.

Huiswijn Rood
LITER
Vino de España

7

druif: bobal, tempranillo
alcohol: 11,5%
type: medium
prijs: € 3,99

Wederom weer soepel in de heupen en dik in orde. Bobal, in goeden doen een fruitbommetje. Tempranillo, bijna onmisbaar in het Spaanse land. Samen goed voor een milde, soepele allemansvriend. Zoetige kersen, wat lichte zuren en voldoende houvast om niet helemaal gedachteloos weg te klokken. We literen thuis rustig verder.

AUSTRALIË WIT

Stoney Creek (NIEUW)
Chardonnay 'Premium' 2018
Limestone Coast

8

druif: chardonnay
alcohol: 12,5%
type: medium
prijs: € 8,99

Premium. Premium prijs. Premium presentatie goddank, anders is het ook weer zo sneu. Rijp, rond en gesoigneerd. Suikermeloen, ananas, perzik en grapefruit. Rijk, maar niet overdreven.

CHILI WIT

Viña Maipo
Chardonnay 2018
Central Valley

7·5

druif: chardonnay
alcohol: 12,5%
type: medium
prijs: € 4,99

Heet wel Maipo, komt echter niet uit deze vallei maar uit Chili's centrale druiven meld- en regelkamer Central Valley. Van daaruit is een zachte witte afgeleverd. Met een spoortje exotische vruchten, scheutje room en een mildzure afdronk. Heeft ingeleverd op zijn alcoholpercentage (van 13 naar 12,5) maar niet op kwaliteit: beduidend meer inhoud dan de 2017-oogst.

DUITSLAND WIT

J. Meyer (NIEUW)

Pinot Gris 2018
Pfalz

7.5

druif: pinot gris
alcohol: 12,5%
type: medium
prijs: € 4,49

Mals uit de Pfalz. Zachte appel, milde amandel, rijpe peer en fris romig.

FRANKRIJK WIT

Bourgogne

Chardonnay 2017
Bourgogne

7.5

druif: chardonnay
alcohol: 13%
type: medium
prijs: € 6,99

Voor wie weleens andere bourgogne wil drinken dan louter die van honderden euro's of meer per fles. U proeft gegarandeerd het verschil. Maar het is een vriendelijke, schone, lichte chardonnay. Dit oogstjaar overtuigender, gevulder en wat tropischer dan voorgaande edities. Bourgogne zonder besognes.

Grand Noble (NIEUW)

Blanc 2018
Vicomté d'Aumelas

8-

alcohol: 12,5%
type: vol
prijs: € 5,99

Vicomté d'Aumelas is een beetje de Mrs. Bouquet van de Languedoc. Klinkt heel chic, maar is eigenlijk gewoon een IGP'tje. Maar daar halen we onze neus niet voor op. Voluptueus, in geurige en kleurige bloemen gestoken. Keurig met pittig zuurtje. Net als Hyacinth eigenlijk.

Huiswijn Wit Droog

LITER
Côtes de Gascogne

7+

druif: colombard, ugni blanc
alcohol: 10,5%
type: licht
prijs: € 4,09

Gascogne. Sinds jaar en dag een betrouwbare regio om als super je huiswijnliters te halen. Droog. Zoals het etiket belooft. En ook met kwiek en fit wit fruit, citrusbijdrage en een hoge dorst-lest-best-factor. Ofschoon het een liter is, biedt deze Gascogner een uitgelezen kans om al drinkend te minderen: het alcoholpercentage bedraagt net zoals vorig jaar slechts 10,5 procent. Toch is er een kleine verandering: iets beter geworden. Pluspunt.

Jean Sablenay

Chardonnay 2018
Vin de France

7

druif: chardonnay
alcohol: 12%
type: medium
prijs: € 4,09

Soms een uitschieter naar boven. Maar belandt tot op heden nooit onder de streep. Schone, frisse, niet te uitzinnige, dorstlessende witte wijn die toevallig van de chardonnaydruif is gemaakt en die we allemaal zo goed kennen.

ITALIË WIT

Terrazzano
2018
Verdicchio dei Castelli di Jesi

7.5

druif: verdicchio
alcohol: 12%
type: licht
prijs: € 3,99

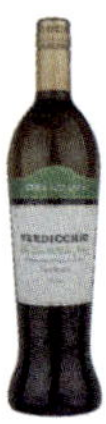

De ideale witte Italiaanse huiswijn. Wit fruit, besjes, zachte bitters, milde zuren. Dorstlesser pur sang. Geen geld. De geruststellend lelijke amforafles krijg je op de koop toe.

NIEUW-ZEELAND WIT

Te Waina (NIEUW)
Sauvignon Blanc 2019
Marlborough

8

druif: sauvignon blanc
alcohol: 12%
type: licht
prijs: € 4,99

Tien redenen waarom sauvignon blanc uit Nieuw-Zeeland zo populair is geworden: kruisbessen, kiwi, groene appel, grapefruit, limoen, mango, doperwtjes, passievrucht, energie en een vriendelijk prijskaartje. Tel maar na. En tel uit je winst.

OOSTENRIJK WIT

Green
Grüner Veltliner trocken 2018
Niederösterreich

7

druif: grüner veltliner
alcohol: 12,5%
type: licht
prijs: € 5,84

Groene appels, meloen en limoen. Vriendelijke grüner die goed zijn best doet om lekker gevonden te blijven worden.

SPANJE WIT

Biologische Huiswijn Wit Droog
LITER
Vino de España

7.5

druif: airén, sauvignon blanc, verdejo
alcohol: 12,5%
type: medium BIO
prijs: € 3,99

Ook dit jaar weer opvallend goedgeluimd. Links en rechts trakterend op peren, suikermeloen, groene appels en citrus. Spat nog wat na. Maar waar je een dreinende kleuter voor dat laatste een dreun voor zijn kanis geeft, vraag je in dit geval of het glas nog even volgeschonken kan worden. Moet geen probleem zijn. Er zit toch een liter in en het kost niks.

ZUID-AFRIKA WIT

Zuydpunt
Chenin Blanc Viognier 2019
Western Cape

7

druif: chenin blanc, viognier
alcohol: 12,5%
type: medium
prijs: € 5,99

Weet dit keer de puntjes op de i van Zuydpunt te krijgen. Ja, we weten het: die staan daar helemaal niet. Maar toch werd het dit oogstjaar een prima wijn. Kakelverse abrikoos en perzik, vol en rijp en voldoende fris om niet meteen weer dorst te krijgen.

ARGENTINIË ROOD

Casa de Campo
Malbec-Shiraz 2019
Mendoza

7.5

druif: malbec, syrah
alcohol: 13,5%
type: vol
prijs: € 3,89

Bereikte jarenlang de overkant van het water als pure malbec. Was toen slank, soepel, sappig en helemaal niks mis mee. Maar wel wat braaf. Heeft dankzij de inzet van een vuist syrah (volgens het etiket dit jaar: shiraz) wat meer kracht en eigenwijzigheid meegekregen. Er komt ook nog wat hout bovendrijven. Vrees niet voor splinters, maar je kunt je vastklampen aan een vanillestokje links en rechts.

CHILI ROOD

Favoritos (NIEUW)
Merlot 'Classic' 2019
Central Valley

7.5

druif: merlot
alcohol: 13,5%
type: vol
prijs: € 4,99

Wellicht niet direct een klassieker. Meer een eigentijdse merlot. Niet al te streng. De tannines fijnbesnaard. De pruim slank maar niet anorex. Licht laurier en monter van inborst.

Gato Negro
Cabernet Sauvignon '9 Lives Reserve' 2018
Central Valley

7+

druif: cabernet sauvignon
alcohol: 13,5%
type: vol
prijs: € 7,49

De zwarte kat met de negen levens. In de fles ook dit jaar weer het te verwachten kloeke cassis-sap, met bramenbitters, soepelheid en kracht gecombineerd. Het zoet van rijp donker fruit, goede zuren, mild bittere afdronk. Wat droppiger dit jaar. Katjesdrop?

Gato Negro
Merlot 2019
Central Valley

7

druif: merlot
alcohol: 13%
type: medium
prijs: € 5,49

Zwarte kat geeft kopjes, koffie. Katjesdrop erbij en wat lekkere zwarte besjes.

Hacienda
Malbec 'Reserve' 2018
Central Valley

7.5

druif: malbec
alcohol: 13,5%
type: vol
prijs: € 5,99

Malbec. Normaal gesproken een Argentijnse troef. Maar nu draait ook het malbecmolentje in Chili. En dat draait soepel, zacht en filmend. Minder zoet dan 2017. En dat brengt 'm het boek in.

FRANKRIJK ROOD

Bourgogne
Pinot Noir 'Vieilles Vignes' 2018
Bourgogne

8

druif: pinot noir
alcohol: 12,5%
type: medium
prijs: € 6,99

Terwijl de prijzen in Bourgogne de pan uit rijzen, reizen wij toch even naar Bourgogne om te ontdekken dat een patente rouge geen prof-voetbalsalaris verlangt. Opgewekte, door een hoog-kwalitatief werkende coöperatie (Buxy) gemaakte pinot noir. Licht maar toch echte bourgogne. Pak een pan en braad een kip.

Jean Sablenay

Cabernet Sauvignon 2018
Pays d'Oc

7

druif: cabernet sauvignon
alcohol: 13%
type: medium
prijs: € 3,79

Niet groots en meeslepend, daar is het prijskaartje dan ook niet naar. Maar cabernet, dat is het wel. Rond, mild, rijp fruit. Zacht en soepel. Zwarte bessen en rood fruit kleuren goed bij elkaar mede dankzij de zonblosjes op de wangen.

Jean Sablenay

Merlot 2018
Pays d'Oc

7

druif: merlot
alcohol: 13%
type: medium
prijs: € 3,79

Jean Sablenay. Zeg je geen nee tegen. Vaste waarde. Altijd keurig in het gelid. Netjes in het schap. Braaf aan tafel. Drinkt zijn glaasje leeg. Zonnig, niet te streng en vol-sappig vanuit de pruimenhoek. Soepel in de heupen en vriendelijk in de benadering.

ITALIË ROOD

Antico Casale

Nero d'Avola 2018
Sicilia

7.5

druif: nero d'avola
alcohol: 13,5%
type: vol BIO
prijs: € 5,99

De Italiaanse loverboy Antico Casale van weleer houdt zich opvallend gedeisd dit oogstjaar. Waar is het opgepompte fruit? De overdaad aan hout? Mij hoor je niet klagen, maar de liefhebber van dergelijke Italiaanse macho's zal een beetje beteuterd zijn nu, vrees ik. Sorry, weinig extractie en houtsnippers dit keer. In plaats daarvan: rustig doorzonfruit met een Fiat Tipo vol zure pruim. Als dat maar niet z'n nieuwe vrouw is.

Antico Casale (NIEUW)

Primitivo 2018
Salento

7.5

druif: primitivo
alcohol: 13,5%
type: vol BIO
prijs: € 5,99

Werkelijk álle alarmbellen gaan af bij het aanschouwen van de fles. Italiaanse protserigheid, gouden krullen *galore*. Een paar jaar geleden hadden de wijnen van Casale zelf ook veel weg van een stel foute Italianen. Volkomen over de top. Te veel opgepompt fruit. Veel te veel hout. Te veel poeha. Daarmee weliswaar een schare trouwe fans verwervend die ook graag in Donatella Versace zouden lopen. Maar de foute Italiaan heeft zijn Rolex-klok aan de wilgen gehangen en zich bekeerd tot de schoonheid van de eenvoud. Primitieve primitivo, zonder toeters en bellen. Het zoet komt van het fruit. De kruidigheid van het terroir, en niet van Axe Dark Temptation. Vindt hem persoonlijk zo een stuk aantrekkelijker.

Sensi

2018
Chianti

7·5

druif: sangiovese
alcohol: 12,5%
type: medium
prijs: € 4,49

Sensi zonder pretentie. Ranke, slanke chianti. Maar wel met lekker sap vol rood fruit en met een kwiek zuurtje. Bezorgpizzawijn.

Tor del Colle

Riserva 2017
Montepulciano d'Abruzzo

8+

druif: montepulciano
alcohol: 13,5%
type: vol
prijs: € 5,99

Kijk nou eens: in de koopjeshoek van de supermarkt. Maar zou in een wijnspeciaalzaak niet misstaan in het rek 'exclusieve vondsten'. Een heuse volwassen riserva met een kinderachtig prijskaartje. Vraag niet hoe het kan maar profiteer ervan. Luxe kersen in dure bonbons. Cassislikeur. Geen kliklaminaat maar duur eiken. In overvloed.

NIEUW-ZEELAND ROOD

Villa Maria

Pinot Noir 'Private Bin' 2018
Marlborough

8+

druif: pinot noir
alcohol: 13%
type: medium
prijs: € 10,99

Frisse, energieke pinot noir. Rode bessen, milde rode grapefruit, zachtzoet met hazelnootjes en hoogpoligtapijttannines, een villa waardig. Waar voor je geld. Nu loop je sowieso eigenlijk nooit een zeperd bij Villa Maria. Grootste wijnbedrijf van Nieuw-Zeeland. Voor oprichter en eigenaar Sir George Fistonich is al een standbeeld opgericht. Met als sokkel een glasbak.

PORTUGAL ROOD

Oscar Quevedo (NIEUW)

Oscar's Red 2017
Douro

7·5

druif: sousão, touriga franca, touriga nacional
alcohol: 13%
type: medium
prijs: € 5,99

Oscar's rooie. Oscar *who*? Oscar Quevedo. En zijn naam valt opvallend vaak bij Nederlandse journalisten en importeurs. Heeft opmerkelijk veel vrienden hier. Zou het door zijn *hands-on*-mentaliteit komen? Misschien. Google een foto van 'm en ook jij wilt meteen vrienden met 'm worden. *Likeable guy*. *Likeable wine*, ook. En... niet te duur. Zijn wij Hollanders dol op. Oscar woont in de Douro, en maakt eigenlijk portwijnen. Goeie ook. Maar aangezien die markt zelfs in Engeland aan het opdrogen is, moest Oscar ook zijn toevlucht zoeken in *still wines*, zoals ze gewone wijn daar noemen. De Spar zag er wel heil in. Oscar's rood is jong en ongecompliceerd, met sappig rood fruit en een afgetrainde body. *Easy going*-wijn van een *easy going guy*.

SPANJE ROOD

Biologische Huiswijn Rood

LITER

Vino de España

7·5

druif: merlot, syrah, tempranillo
alcohol: 12,5%
type: vol BIO
prijs: € 3,99

Merlot en syrah nemen minstens een halve liter voor hun rekening en laten zich flink gelden. De extra inspanningen werpen hun vruchten af: de bioliter is beter dan voorgaande edities ondanks het iets lagere alcoholpercentage. Dan kunnen we met goed fatsoen tenminste nog een slokje extra nemen. Donker fruit, laurier, stoer doen, eeltigheid en een werkoverall. Dat laatste is geen overbodige luxe als je biologisch verbouwt.

Faustino Rivero (NIEUW)

'White Label' Tempranillo 2018

Rioja

8

druif: tempranillo
alcohol: 13,5%
type: medium
prijs: € 5,49

Faustino's White Label Rioja. Keurig en minder van vanille bediend dan de Yellow Label. Logisch, als je erover nadenkt. Klare kersen, bevallige blauwe besjes, en fijne, in leder gestoken tannines.

Huiswijn Rood

LITER

Vino de España

7

druif: bobal, tempranillo
alcohol: 11,5%
type: medium
prijs: € 3,99

Wederom weer soepel in de heupen en dik in orde. Bobal, in goeden doen een fruitbommetje. Tempranillo, bijna onmisbaar in het Spaanse land. Samen goed voor een milde, soepele allemansvriend. Zoetige kersen, wat lichte zuren en voldoende houvast om niet helemaal gedachteloos weg te klokken. We literen thuis rustig verder.

Marqués de Cáceres

Crianza 2016

Rioja

8·5

druif: tempranillo
alcohol: 13,5%
type: medium
prijs: € 9,59

Markies die met de Franse slag werkt. Oprichter Enrique Forner was in de vijftiger jaren al in het gelukkige bezit van twee domeinen in Bordeaux, Château Camensac en Château Larose Trintaudon. Liefhebbers van Haut-Médoc-wijnen veren nu op. En liefhebbers van goede en buitengewoon betrouwbare rioja doen dat ook. Marqués de Cáceres weet al jaren de juiste accenten te plaatsen, mede dankzij die Franse wijnmaaktechnieken.
Voor *DGH* proefde ik al 2010 en 2011: beide *excelente.* 2012 bleek ook goed: op-en-top beschaafde kersen, lichte specerij, mild zoet en wat gesoigneerde tannines. Vorig jaar verscheen 2014 op de proeftafel. Fruit in de voorhoede, rijpheid, kalmte en overpeinzingen. Opmerkelijk genoeg heb ik 2015 niet gezien, laat staan geproefd.
Maar voilà, 2016. Ondanks een lente vol problemen, een loeihete zomer en regen tijdens de oogst een meer dan correcte crianza. Het zoet van het hout, het zoet van de kersen. Pruimig, laurier, voorzichtig in het zonnetje, nergens een 'gekookt'-sensatie. Veel waar voor het geld.

ZUID-AFRIKA ROOD

Fat Barrel

Cabernet Sauvignon Shiraz 2017

Western Cape

7+

druif: cabernet sauvignon, shiraz
alcohol: 13,5%
type: vol
prijs: € 4,99

Lekker zacht geroosterde Zuid-Afrikaan. Rijpe pruim, lichte specerij met een gespierde body.

Fat Barrel

Merlot 2017

Wellington

7,5

druif: merlot
alcohol: 13,5%
type: vol
prijs: € 4,99

Fat Barrel met merlot. Lekker vlezig in de flanken. Tonnetje rond vol pruim, vijg en zoete sinaasappel. Sterke zwarte koffie toe.

Van Zijl

Shiraz Mourvèdre 2017

Western Cape

8

druif: mourvèdre, shiraz
alcohol: 14%
type: vol
prijs: € 5,99

Wijn met Hollandse roots. De voorouders van Theunis van Zijl emigreerden naar Zuid-Afrika in 1698. Is ingeburgerd: maakt wijn met een on-Hollandse gulheid. Pakt dit jaar extra uit met rijpe braam, donkere chocola en lekker rokerige vijgen. En met dat typische Zuid-Afrikaanse 'rubbertje'. Begrijpt u me niet verkeerd. Anders zou Theunis er nooit geweest zijn.

FRANKRIJK ROSÉ

Domaine Alzitella

Île de Beauté Rosé 2018

Corsica

8+

druif: grenache, nielluccio
alcohol: 11,5%
type: medium
prijs: € 5,49

Franse rosé kan een nog zuidelijker herkomst hebben dan Languedoc. Voilà, rosé van het Île de Beauté, beter bekend als Corsica. Veelal bereiken wijnen van het eiland het vasteland niet. Laat staan dat ze een stempel in hun paspoort krijgen. Maar ziehier Alzitella. Gemaakt met de welbekende grenache en de onbekende lokale held nielluccio. Ooit op het eiland aangeplant door Italianen uit Genua die in hun landjepikperiode Corsica tot aan het eind van de 18e eeuw in bezit hadden. Vermoed wordt dat deze nielluccio (ter plekke ook wel nielluccìu genoemd) verwant is aan de sangiovese. Aardig weetje natuurlijk. Maar is die wijn nou wat? Oui. Si. Spannender dan al die in elkaar geknutselde snoepwinkelrosés met rare namen, malle flessen en suikerpotten in de afdronk. Wulpse perzik in roomyoghurt, zuchtje aanwaaiende garrique en een algeheel aangenaam verpozen in roze.

Mimi en Provence (NIEUW)

2018

Côtes de Provence

8

druif: grenache, syrah
alcohol: 12,5%
type: medium
prijs: € 8,99

Fijn van kleur. Fijn van smaak. Perzik en abrikoos. Licht rood fruit. Frêle kruiderij. Licht en droog. De jury van het Concours Général Agricole te Parijs vond een en ander een zilveren medaille waard.

PORTUGAL ROSÉ

Oscar Quevedo (NIEUW)

Oscar's Rosé 2018
Douro

7

druif: sousão, touriga franca, touriga nacional
alcohol: 13%
type: medium
prijs: € 5,99

Oscar, o Oscar, al ben je anders dan wij, je hoort er toch bij. Volgens Bert en Ernie dan. Zij rosé wijkt in ieder geval geenszins van de gebaande paden. Lekker stevig, niet te zoet roze met een bittertje in de staart. Je leest meer over Oscar Quevedo bij zijn rood.

CHILI WIT

Casa Mayor

Sauvignon Blanc 2019
Colchagua Valley

7·5

druif: sauvignon blanc
alcohol: 13%
type: medium
prijs: € 7,99

Niet dat stuivende en vaak heftige van Nieuw-Zeeland. Niet dat groene uit de Loire. Maar het mild tropische uit Colchagua. Mals mango, perzik en ananas.

Favoritos (NIEUW)

Sauvignon Blanc 'Classic' 2019
Central Valley

7·5

druif: sauvignon blanc
alcohol: 12,5%
type: medium
prijs: € 4,99

Wordt de favoriet voor wie van een wat rijpere soort sauvignon blanc houdt. Tropentikje, vulling, zacht en niet te onstuimig.

Gato Negro (NIEUW)

9 Lives Reserve – Sauvignon Blanc 2018
Central Valley

7

druif: sauvignon blanc
alcohol: 13%
type: vol
prijs: € 7,49

Van sauvignon blanc wordt weleens gezegd dat het een beetje naar kattenpies kan ruiken. Wacht, niet afhaken: lékkere kattenpies. Moeilijk uit te leggen, misschien beter om het zelf maar eens te ruiken. Laat de zwarte kat met de negen levens nu ook in het wit door het poezenluik van talloze supermarkten geslopen zijn.

FRANKRIJK WIT

Bourgogne

Chardonnay 2017
Bourgogne

7·5

druif: chardonnay
alcohol: 13%
type: medium
prijs: € 6,49

Voor wie weleens andere bourgogne wil drinken dan louter die van honderden euro's of meer per fles. U proeft gegarandeerd het verschil. Maar het is een vriendelijke, schone, lichte chardonnay. Dit oogstjaar overtuigender, gevulder en wat tropischer dan voorgaande edities. Bourgogne zonder besognes.

Huiswijn Wit Droog

LITER

Côtes de Gascogne

7+

druif: colombard, ugni blanc
alcohol: 10,5%
type: licht
prijs: € 4,15

Gascogne. Sinds jaar en dag een betrouwbare regio om als super je huiswijnliters te halen. Droog. Zoals het etiket belooft. En ook met kwiek en fit wit fruit, citrusbijdrage en een hoge dorst-lest-best-factor. Ofschoon het een liter is, biedt deze Gascogner een uitgelezen kans om al drinkend te minderen: het alcoholpercentage bedraagt net zoals vorig jaar slechts 10,5 procent. Toch is er een kleine verandering: iets beter geworden. Pluspunt.

Jean Sablenay

Chardonnay 2018

Vin de France

7

druif: chardonnay
alcohol: 12%
type: medium
prijs: € 3,99

Soms een uitschieter naar boven. Maar belandt tot op heden nooit onder de streep. Schone, frisse, niet te uitzinnige, dorstlessende witte wijn die toevallig van de chardondruif is gemaakt en die we allemaal zo goed kennen.

ITALIË WIT

Antico Casale

Pinot Grigio 2018

Salento

8-

druif: pinot grigio
alcohol: 11,5%
type: medium BIO
prijs: € 5,99

Het rood van Casale blijft keurig binnen de lijntjes. Dit wit komt brutaler aanzetten. Mond vol kruiden en venkels. Pinot grigio met een neusbel in. Beetje funky. Laat overal citroenen slingeren en ruimt nooit haar passievruchtjes op. Leuke meid.

Terrazzano

2018

Verdicchio dei Castelli di Jesi

7.5

druif: verdicchio
alcohol: 12%
type: licht
prijs: € 3,99

De ideale witte Italiaanse huiswijn. Wit fruit, besjes, zachte bitters, milde zuren. Dorstlesser pur sang. Geen geld. De geruststellend lelijke amforafles krijg je op de koop toe.

NIEUW-ZEELAND WIT

Villa Maria

Sauvignon Blanc Organic 2019

Marlborough

8+

druif: sauvignon blanc
alcohol: 13%
type: medium BIO
prijs: € 8,99

Think global, drink local. Makkelijker gezegd dan gedaan als het om wijn gaat. Maar nog even en de klimaatverandering zet dusdanig door dat we voor een goede sauvignon blanc niet meer buiten de landsgrenzen hoeven te zoeken. Laat staan aan de andere kant van de wereld. Toch zal Nieuw-Zeelandse 'savvy' altijd zoiets unieks blijven dat geen enkele andere SB die kan vervangen. De aroma's van het gras zijn er grassiger. De kruisbessen frivoler. Het groen groener. De asperges rijper. De passievrucht met meer passie. Nieuwe oogst van lokale grootmeester Villa Maria. Drinkt u toch nog 'local'. En gelukkig allemaal onbespoten: bio.

OOSTENRIJK WIT

Green

Grüner Veltliner trocken 2018
Niederösterreich

7

druif: grüner veltliner
alcohol: 12,5%
type: licht
prijs: € 4,99

Groene appels, meloen en limoen. Vriendelijke grüner die goed zijn best doet om lekker gevonden te blijven worden.

PORTUGAL WIT

Oscar Quevedo (NIEUW)

Oscar's White 2018
Douro

7+

druif: gouveio, rabigato, viosinho
alcohol: 13%
type: medium
prijs: € 5,99

Lichtvoetig wit, met lentebloemetjes, limoenzest en de bittertjes van een jong stronkje sla.

SPANJE WIT

Biologische Huiswijn Wit Droog

LITER
Vino de España

7·5

druif: airén, sauvignon blanc, verdejo
alcohol: 12,5%
type: medium BIO
prijs: € 4,19

Ook dit jaar weer opvallend goedgeluimd. Links en rechts trakterend op peren, suikermeloen, groene appels en citrus. Spat nog wat na. Maar waar je een dreinende kleuter voor dat laatste een dreun voor zijn kanis geeft, vraag je in dit geval of het glas nog even volgeschonken kan worden. Moet geen probleem zijn. Er zit toch een liter in en het kost niks.

Chaval (NIEUW)

Chardonnay Moscatel Organic
Utiel-Requena

7·5

druif: chardonnay, moscatel
alcohol: 13,5%
type: licht BIO
prijs: € 5,99

Ik weet nu hoe Bill Murray's karakter zich gevoeld moet hebben. Ben *lost in translation* als ik het etiket bestudeer. 'Estás en la parra... CHAVAL.' Gooi het door Google Translate en je krijgt: 'Je bent in de wijnstok... JONGEN.' En dat dan met een plaatje van een racefiets erboven. Het zal wel. De wijn versta ik wel. Citrusfris met kruidenbloemen en een lekker vettig dropje. Ah, op die fiets!

Favorite (NIEUW)

Sauvignon Blanc

7

druif: sauvignon blanc
alcohol: 13%
type: vol BIO
prijs: € 3,99

Asperge-warrior uit de Spaanse binnenlanden. Rijgt die pittige knoflookgarnaaltjes een voor een aan zijn degen van helmgras.

Gran Espanoso

Vintage Cuvée Brut
Cava

7

druif: macabeu, parellada, xarel·lo
alcohol: 11,5%
type: droog M
prijs: € 5,99

Keurig voor dit prijsniveau. Niet te streng. Niet te kartonnig. Mollige mousse. Zacht en rijp fruit. Oprecht en eerlijk afdrinkend.

Marqués de Cáceres

Blanco Rioja 2017
Rioja

7·5

druif: viura
alcohol: 12,5%
type: medium
prijs: € 6,59

Van oude stokken in Rioja Alta. Hebben zon gezien en wind gevangen. Geel fruit in de boenwas, wat peer, citrus en lofbitters.

ZUID-AFRIKA WIT

Fat Barrel

Chardonnay 2018
Western Cape

7·5

druif: chardonnay
alcohol: 13%
type: medium
prijs: € 4,99

Fat Barrel. Maar is helemaal niet het geval. Beschaafde, splintervrije Zuid-Afrikaanse witte. Met het zoet van rijpe perzik, het fris van limoen, het milde van verse sappige asperge en de elegantie van een lekker geroosterd nootje in de finish.

Fat Barrel (NIEUW)

Sauvignon Blanc 2019
Western Cape

8-

druif: sauvignon blanc
alcohol: 13,5%
type: medium
prijs: € 4,99

Zuid-Afrikaanse sauvignon blanc die gelukkig niet ál te diep in de *fat barrel* heeft gekeken. Houdt het beschaafd met wuivende buxustakken en frisse roze grapefruit. Wel wat bij eten. Salade met geitenkaas en wat knoflookcroutons, kan ik me zo voorstellen.

Van Zijl

Chardonnay Viognier 2018
Western Cape

7+

druif: chardonnay, viognier
alcohol: 13,5%
type: medium
prijs: € 5,99

Chardonnay treedt in het huwelijk met viognier. Rijpe perzik vangt het bruidsboeket witte lelies. Asperge krijgt een idee.

Zuydpunt

Chenin Blanc Viognier 2019
Western Cape

7

druif: chenin blanc, viognier
alcohol: 12,5%
type: medium
prijs: € 5,99

Weet dit keer de puntjes op de i van Zuydpunt te krijgen. Ja, we weten het: die staan daar helemaal niet. Maar toch werd het dit oogstjaar een prima wijn. Kakelverse abrikoos en perzik, vol en rijp en voldoende fris om niet meteen weer dorst te krijgen.

ARGENTINIË ROOD

Casa de Campo
Malbec-Shiraz 2019
Mendoza

7·5

druif: malbec, syrah
alcohol: 13,5%
type: vol
prijs: € 3,89

Bereikte jarenlang de overkant van het water als pure malbec. Was toen slank, soepel, sappig en helemaal niks mis mee. Maar wel wat braaf. Heeft dankzij de inzet van een vuist syrah (volgens het etiket dit jaar: shiraz) wat meer kracht en eigenwijzigheid meegekregen. Er komt ook nog wat hout bovendrijven. Vrees niet voor splinters, maar je kunt je vastklampen aan een vanillestokje links en rechts.

AUSTRALIË ROOD

Stoney Creek
Shiraz Grenache Petit Verdot 2018
South Eastern Australia

7

druif: grenache, petit verdot, shiraz
alcohol: 13%
type: medium
prijs: € 5,99

Niet om een gat van in de lucht te springen, maar wel sympathiek. Grappige blend ook. De usual suspect shiraz heeft aan zijn zijde petit verdot en grenache. Rond, soepel, zoetig. Allemansvriend.

CHILI ROOD

Ecobalance
Cabernet Sauvignon 2018
Central Valley

8

druif: cabernet sauvignon
alcohol: 13,5%
type: vol BIO
prijs: € 4,99

Balans beweegt dit jaar weer ietsjes meer richting fruit. Dat bevalt beduidend beter dan in de 2017-editie, waarin het eiken zich wat meer liet gelden. Thans weer kers, bes, cassis en pruim die hun gewicht in de schaal leggen.

Ecobalance
Merlot 2018
Rapel Valley

8

druif: merlot
alcohol: 13,5%
type: vol BIO
prijs: € 4,99

Rapel: en ik val in herhalingen. Wederom een soepele, zachtige, kruidig-donkere, vlezige, stevige en zoetbespecerijde merlot. Wat driester en duidelijker dan vorig oogstjaar. Wat meer lef. Wat meer in het glas.

Favoritos (NIEUW)
Cabernet Carmenère 'Classic' 2019
Central Valley

7·5

druif: cabernet sauvignon, carmenère
alcohol: 13,5%
type: vol
prijs: € 4,99

De Triple C formule: cabernet carmenère classic. Nog een c van cassis. Verder in het alfabet met bramen, wat mint, espresso, kersenbonbons en zoethout in een fijne light-editie.

Gato Negro
Merlot 2019
Central Valley

7

druif: merlot
alcohol: 13%
type: medium
prijs: € 4,79

Zwarte kat geeft kopjes, koffie. Katjesdrop erbij en wat lekkere zwarte besjes.

Hacienda

Malbec 'Reserve' 2018
Central Valley

7·5

druif: malbec
alcohol: 13,5%
type: vol
prijs: € 5,99

Malbec. Normaal gesproken een Argentijnse troef. Maar nu draait ook het malbecmolentje in Chili. En dat draait soepel, zacht en filmend. Minder zoet dan 2017. En dat brengt 'm het boek in.

Indomita

Cabernet Sauvignon Gran Reserva 2018
Maipo Valley

7·5

druif: cabernet sauvignon
alcohol: 14%
type: vol
prijs: € 5,49

Vorig oogstjaar een serieuze bak cabernet voor dit geld. De onvermijdelijke zwarte bessen hadden gezelschap gekregen van bramen, bessen en kersen. Nu is er ook weer flink uit de jampot gesnoept. Zoetje hier, likje daar, poetsen maar.

Pengwine (NIEUW)

Red Wine 2018

7+

alcohol: 12%
type: medium
prijs: € 5,99

Chileense pinguïn die als verstekeling op een schip met bulkwijn de Rotterdamse haven is binnen komen varen. Trakteert ons op een soepel glas rood, waar we weinig bezwaar tegen aan kunnen tekenen. Mag beginnen met inburgeren.

Soleca

Cabernet Sauvignon Reserva 2018
Central Valley

8·5

druif: cabernet sauvignon
alcohol: 13,5%
type: vol
prijs: € 4,99

Opvallend goede cabernet sauvignon. Bepaald niet van het dralen en van het aarzelen. Direct richting cassis en bramen, koffiemaalsel en doorpaktannines. Heb het idee dat er nog een extra druif is toegevoegd: we proeven cacaobitters en espressotonen, duidelijke carmenèresymptomen.

Soleca (NIEUW)

Merlot Reserva 2018
Central Valley

8

druif: merlot
alcohol: 13,5%
type: vol
prijs: € 4,99

De cabernet sauvignon van Soleca ronduit indrukwekkend voor nog geen vijf euro. De merlot gewoon prima in orde. Soepel en zacht rood en zwart fruit. Rijpe pruimen, kersen op sap en een vanillestokje dat de maat slaat.

FRANKRIJK ROOD

Bourgogne
Pinot Noir 'Vieilles Vignes' 2018
Bourgogne

8

druif: pinot noir
alcohol: 12,5%
type: medium
prijs: € 5,49

Terwijl de prijzen in Bourgogne de pan uit rijzen, reizen wij toch even naar Bourgogne om te ontdekken dat een patente rouge geen prof-voetbalsalaris verlangt. Opgewekte, door een hoog-kwalitatief werkende coöperatie (Buxy) gemaakte pinot noir. Licht maar toch echte bourgogne. Pak een pan en braad een kip.

Jean Sablenay
Cabernet Sauvignon 2018
Pays d'Oc

7

druif: cabernet sauvignon
alcohol: 13%
type: medium
prijs: € 3,59

Niet groots en meeslepend, daar is het prijskaartje dan ook niet naar. Maar cabernet, dat is het wel. Rond, mild, rijp fruit. Zacht en soepel. Zwarte bessen en rood fruit kleuren goed bij elkaar mede dankzij de zonblosjes op de wangen.

Jean Sablenay
Merlot 2018
Pays d'Oc

7

druif: merlot
alcohol: 13%
type: medium
prijs: € 3,59

Jean Sablenay. Zeg je geen nee tegen. Vaste waarde. Altijd keurig in het gelid. Netjes in het schap. Braaf aan tafel. Drinkt zijn glaasje leeg. Zonnig, niet te streng en vol-sappig vanuit de pruimenhoek. Soepel in de heupen en vriendelijk in de benadering.

Sensas
Cabernet-Syrah 2018
Pays d'Oc

7

druif: cabernet sauvignon, syrah
alcohol: 13,5%
type: vol
prijs: € 4,89

Flink wat hulp vanuit de houtzagerij. Daarom zonnig, vlezig en donker fruit met behoorlijk wat gevulde-speculaasinvloeden. Het is een stijl die zijn liefhebbers kent.

ITALIË ROOD

Corte Brenno (NIEUW)
Rosso Molise 2014
Molise

8-

alcohol: 13%
type: vol
prijs: € 6,99

Zwoele rosso uit Molise, een vrij onbekende regio in het midden van Italië. Daar staat voornamelijk montepulciano aangeplant, die hier ook de boventoon voert. Dikke jongen, dit. Sterk geconcentreerd rood fruit, en kersen gespeld in chocoladeletters. Voor nog geen zeven euro, een dikke aanrader.

Sensi

2018
Chianti

7·5
druif: sangiovese
alcohol: 12,5%
type: medium
prijs: € 3,99

Sensi zonder pretentie. Ranke, slanke chianti. Maar wel met lekker sap vol rood fruit en met een kwiek zuurtje. Bezorgpizzawijn.

SPANJE ROOD

Árbol de Vida

Merlot 2017
La Mancha

8
druif: merlot
alcohol: 13,5%
type: medium DYN
prijs: € 3,99

Echte merlot. Gelukkig niet van die zoetige slapperdepap. Árbol de Vida, de levensboom, geplant door de familie Parra, de biopionier alhier. Heeft lekker wat knoesten, zijtakken bieden voldoende houvast en doet in de vruchtenhoek flink aan pronte pruimen. Het grondgevecht speelt zich af in de tannine- en lauriersferen. Winst voor de smaakpapillen. Beter dan voorgaande oogstjaren.

Árbol de Vida (NIEUW)

Tempranillo Non Sulphur Added 2018
La Mancha

7·5
druif: tempranillo
alcohol: 13%
type: medium DYN
prijs: € 4,49

Geen zwavel toegevoegd. Voor diegenen die puur natuur wensen te drinken en vrees hebben voor het conserveringsmiddel zwavel vanwege mogelijke allergische reacties. Voor diegenen die bovendien houden van zoete, zachte rijpe kersen en aaibare tannines is het ook een aanrader.

Biologische Huiswijn Rood

LITER
Vino de España

7·5
druif: merlot, syrah, tempranillo
alcohol: 12,5%
type: vol BIO
prijs: € 3,79

Merlot en syrah nemen minstens een halve liter voor hun rekening en laten zich flink gelden. De extra inspanningen werpen hun vruchten af: de bioliter is beter dan voorgaande edities ondanks het iets lagere alcoholpercentage. Dan kunnen we met goed fatsoen tenminste nog een slokje extra nemen. Donker fruit, laurier, stoer doen, eeltigheid en een werkoverall. Dat laatste is geen overbodige luxe als je biologisch verbouwt.

Finca Labarca

Tinto 2018
Rioja

7·5
druif: tempranillo
alcohol: 13%
type: medium
prijs: € 3,79

Puur, eenvoudig en jeugdig. Veel sappig kersenfruit. Met pit. Kan gekoeld worden gedronken.

V VOMAR

Huiswijn Rood

LITER

Vino de España

7

druif: bobal, tempranillo
alcohol: 11,5%
type: medium
prijs: € 3,79

Wederom weer soepel in de heupen en dik in orde. Bobal, in goeden doen een fruitbommetje. Tempranillo, bijna onmisbaar in het Spaanse land. Samen goed voor een milde, soepele allemansvriend. Zoetige kersen, wat lichte zuren en voldoende houvast om niet helemaal gedachteloos weg te klokken. We literen thuis rustig verder.

FRANKRIJK ROSÉ

Les Hauts de Mélèze

Grenache 2018

Pays d'Oc

8+

druif: grenache
alcohol: 12,5%
type: medium
prijs: € 6,99

Een heel chique fles. Amforalook. Vinolok erop, de luxe glazen afsluiter die tot zoveel o-en-a-reacties leidt. En wie o-en-a zegt, kan ook rustig rosé zeggen. De 2018-oogst mag er weer zijn. Niet te zoet rood fruit, breekbare kruiderij en fijn droog. Wat zachter en fijner dan vorig jaar.

Mimi en Provence (NIEUW)

2018

Côtes de Provence

8

druif: grenache, syrah
alcohol: 12,5%
type: medium
prijs: € 8,99

Fijn van kleur. Fijn van smaak. Perzik en abrikoos. Licht rood fruit. Frêle kruiderij. Licht en droog. De jury van het Concours Général Agricole te Parijs vond een en ander een zilveren medaille waard.

CHILI WIT

Ecobalance

Chardonnay 2018

Casablanca Valley

8

druif: chardonnay
alcohol: 13,5%
type: medium BIO
prijs: € 4,99

Niet mild met mild tropisch fruit, net geplukte perzik en citrusfrissigheid. Prima materiaal voor een balansdag.

Favoritos (NIEUW)

Sauvignon Blanc 'Classic' 2019

Central Valley

7·5

druif: sauvignon blanc
alcohol: 12,5%
type: medium
prijs: € 4,99

Wordt de favoriet voor wie van een wat rijpere soort sauvignon blanc houdt. Tropentikje, vulling, zacht en niet te onstuimig.

Indomita

Chardonnay Gran Reserva 2018

Casablanca Valley

7·5

druif: chardonnay
alcohol: 14%
type: vol
prijs: € 5,49

Vorig jaar al beoordeeld. Toen rank en fris. Het jaartje extra flessenrust heeft 'm wat rijper en ronder gemaakt. De tropen gaan open. Vanille vanuit de flanken. Een bewijs van anijs.

Viña Maipo

Chardonnay 2018
Central Valley

7·5

druif: chardonnay
alcohol: 12,5%
type: medium
prijs: € 4,19

Heet wel Maipo, komt echter niet uit deze vallei maar uit Chili's centrale druiven meld- en regelkamer Central Valley. Van daaruit is een zachte witte afgeleverd. Met een spoortje exotische vruchten, scheutje room en een mildzure afdronk. Heeft ingeleverd op zijn alcoholpercentage (van 13 naar 12,5) maar niet op kwaliteit: beduidend meer inhoud dan de 2017-oogst.

DUITSLAND WIT

J. Meyer (NIEUW)

Pinot Gris 2018
Pfalz

7·5

druif: pinot gris
alcohol: 12,5%
type: medium
prijs: € 3,99

Mals uit de Pfalz. Zachte appel, milde amandel, rijpe peer en fris romig.

FRANKRIJK WIT

Bourgogne

Chardonnay 2017
Bourgogne

7·5

druif: chardonnay
alcohol: 13%
type: medium
prijs: € 5,49

Voor wie weleens andere bourgogne wil drinken dan louter die van honderden euro's of meer per fles. U proeft gegarandeerd het verschil. Maar het is een vriendelijke, schone, lichte chardonnay. Dit oogstjaar overtuigender, gevulder en wat tropischer dan voorgaande edities. Bourgogne zonder besognes.

Chablis

2018
Chablis

8-

druif: chardonnay
alcohol: 12,5%
type: medium
prijs: € 12,99

Chablis zonder naam. Doet wat-ie moet doen. Citrus, kruidigheid en de strakdroge trekjes van een chablis die wel een naam mag hebben.

Huiswijn Wit Droog

LITER
Côtes de Gascogne

7+

druif: colombard, ugni blanc
alcohol: 10,5%
type: licht
prijs: € 3,99

Gascogne. Sinds jaar en dag een betrouwbare regio om als super je huiswijnliters te halen. Droog. Zoals het etiket belooft. En ook met kwiek en fit wit fruit, citrusbijdrage en een hoge dorst-lest-best-factor. Ofschoon het een liter is, biedt deze Gascogner een uitgelezen kans om al drinkend te minderen: het alcoholpercentage bedraagt net zoals vorig jaar slechts 10,5 procent. Toch is er een kleine verandering: iets beter geworden. Pluspunt.

Jean Sablenay

Chardonnay 2018
Vin de France

7

druif: chardonnay
alcohol: 12%
type: medium
prijs: € 3,59

Soms een uitschieter naar boven. Maar belandt tot op heden nooit onder de streep. Schone, frisse, niet te uitzinnige, dorstlessende witte wijn die toevallig van de chardonnaydruif is gemaakt en die we allemaal zo goed kennen.

Les Hauts de Mélèze

Vermentino 2018
Pays d'Oc

8

druif: vermentino
alcohol: 13%
type: medium
prijs: € 6,99

Evenals de rosé van dit huis een luxe amforafles met chique glazen Vinolok. Tot de nok gevuld met limoenige, lichtkruidige vermentino. Bevalt nog wat beter dan de 2017-editie.

Patrice Moreux (NIEUW)

Pouilly-Fumé 2018
Sancerre

8·5

druif: sauvignon blanc
alcohol: 12,5%
type: medium
prijs: € 11,99

Grappig. Wat ik eerder in Moreux' Sancerre 2017 proefde, herken ik nu terug in zijn Pouilly-Fumé 2018: wat dat is? Kom ik zo op. Patrice voegt niks toe, zijn druifjes mogen zelf bepalen wanneer ze starten met gisten. Houdt ze alleen een beetje in bedwang door ze in de betonnen tanks goed koud te houden. Dan kan het toch weleens gebeuren dat er tweede fermentatiefeestjes plaatsvinden als Patrice even niet oplet. Gaan ze allemaal opeens aan de malo bijvoorbeeld. Resultaat: Franse kaasjes in de neus. Voilà, nu ook in de PF. Misschien niet naar iedereens smaak, maar het zijn *lieve* kaasjes, geen stinkers. Van de Alpage-soort, waar je steeds aan wilt snuffelen. De wijn houdt zich verder ook kalm. Perzikzacht, met gele appeltjes en opfriswindjes van grapefruit en limoen. Een *wild ride*, en een mooie impressie van de streek.

Patrice Moreux

Sancerre 2018
Sancerre

8-

druif: sauvignon blanc
alcohol: 12,5%
type: licht
prijs: € 10,99

Patrice neemt ons mee op tour. We zitten in het oostelijke deel van de Loire, want daar bevindt zich de regio Sancerre. Ingeklemd tussen Menetou-Salon en Pouilly-Fumé, op grond vol krijt en kiezels. Sauvignon blanc is daar de dienstdoende druif, en Patrice laat ze gewoon wild rond lopen. Dit oogstjaar zijn ze zoet en bevallig, zij het een klein beetje melig.

HONGARIJE WIT

Dunavár (NIEUW)
Chardonnay 2018
Dunantul

7+

druif: chardonnay
alcohol: 12,5%
type: medium
prijs: € 3,99

Hongaars huis dat voor bodemprijzen heel behoorlijke wijnen weet te maken. Zoals deze chardonnay met frisse peer en limoen. Niets mis mee.

Dunavár (NIEUW)
Pinot blanc prestige 2018
Felso Magyarorszag

7

druif: pinot blanc
alcohol: 12,5%
type: medium
prijs: € 3,99

Hongaren staan erom bekend dat niemand ze verstaat, maar hun wijnen spreken daarentegen boekdelen. Ooit een mooie tokaj geproefd? Nee? Zet maar direct op je bucketlist dan. Tot die tijd kun je je vermaken met de wijnen van Dunavár. Deze goedmoedige pinot blanc haal je gewoon even bij de Vomar.

Dunavár
Pinot Grigio 2018
Pannon

7·5

druif: pinot grigio
alcohol: 12%
type: medium
prijs: € 3,99

Dunavár, letterlijk vertaald 'Donaukasteel', is eigendom van Danubiana Bokereskeda en was tot voor kort de Hongaarse dochter van het Duitse wijnbedrijf Binderer-Sankt Ursula. (De Duitsers zijn de grootste afnemers van Hongaarse wijnen in Europa.) Onlangs is Danubiana overgegaan in de Franse handen van Grand Chais de France. Voor de kwaliteit van de wijnen maakt het hopelijk niet uit; beide zijn grote spelers op de markt en daardoor in staat om van druiven uit diverse regio's in Hongarije wijnen van goede kwaliteit tegen scherpe prijzen te maken. Zoals deze pinot grigio uit Pannon, met wufte peer en snufje citroengras.

ITALIË WIT

Terrazzano
2018
Verdicchio dei Castelli di Jesi

7·5

druif: verdicchio
alcohol: 12%
type: licht
prijs: € 3,99

De ideale witte Italiaanse huiswijn. Wit fruit, besjes, zachte bitters, milde zuren. Dorstlesser pur sang. Geen geld. De geruststellend lelijke amforafles krijg je op de koop toe.

a b c d e f g h i j k l m n o p q r s t u V VOMAR w x y z

ROEMENIË WIT

I Am
Pinot Grigio 2018
Brda

7

druif: pinot grigio
alcohol: 12%
type: licht
prijs: € 3,99

Perendrups, appelig en zachte zuren. Wederom vriendelijk smakend dit oogstjaar. Pretentieloos. Geldt ook voor het prijskaartje. I Am prima te drinken.

SPANJE WIT

Árbol de Vida
Verdejo 2018
La Mancha

7·5

druif: verdejo
alcohol: 12,5%
type: licht DYN
prijs: € 3,99

Daar is de levensboom weer, de Árbol de Vida. Groene appels. Ze hangen er strak bij dit jaar. Je hoort ze bijna knapperen. Kiwi en limoen bemoeien zich verder met de sapstroom, en die vloeit rijkelijk.

Biologische Huiswijn Wit Droog
LITER
Vino de España

7·5

druif: airén, sauvignon blanc, verdejo
alcohol: 12,5%
type: medium BIO
prijs: € 3,79

Ook dit jaar weer opvallend goedgeluimd. Links en rechts trakterend op peren, suikermeloen, groene appels en citrus. Spat nog wat na. Maar waar je een dreinende kleuter voor dat laatste een dreun voor zijn kanis geeft, vraag je in dit geval of het glas nog even volgeschonken kan worden. Moet geen probleem zijn. Er zit toch een liter in en het kost niks.

Gran Espanoso
Vintage Cuvée Brut
Cava

7

druif: macabeu, parellada, xarel·lo
alcohol: 11,5%
type: droog M
prijs: € 4,69

Keurig voor dit prijsniveau. Niet te streng. Niet te kartonnig. Mollige mousse. Zacht en rijp fruit. Oprecht en eerlijk afdrinkend.

ZUID-AFRIKA WIT

Danie de Wet
Chardonnay 2019
Robertson

8

druif: chardonnay
alcohol: 13%
type: medium
prijs: € 4,59

Goed gedaan weer, Danie. Uitstapje richting de tropen, sappige vulling, veel fruit. Heeft helemaal zijn draai gevonden. Nu de braai nog: zalm met grillruitje.

Danie de Wet

Sauvignon Blanc 2019
Robertson

8

druif: sauvignon blanc
alcohol: 12,5%
type: medium
prijs: € 4,59

Voor wie graag een uit de startblokken weg sprintende sauvignon blanc drinkt. Tijdje niet in beeld geweest maar imponeert met een tot de verbeelding sprekende comeback. Doet mee aan 'stand in de wand' en de kleur is... groen! Felle Zuid-Afrikaan, met pittig wit fruit, fiks wat zuren en volstrekt droog finishend.

Zuydpunt

Chenin Blanc Viognier 2019
Western Cape

7

druif: chenin blanc, viognier
alcohol: 12,5%
type: medium
prijs: € 5,99

Weet dit keer de puntjes op de i van Zuydpunt te krijgen. Ja, we weten het: die staan daar helemaal niet. Maar toch werd het dit oogstjaar een prima wijn. Kakelverse abrikoos en perzik, vol en rijp en voldoende fris om niet meteen weer dorst te krijgen.

REGISTER

REGISTER ROOD

REGISTER ROSÉ

REGISTER WIT

Harold Hamersma is een bekende naam in de wereld van rood, wit en rosé. Als vaste wijnschrijver van NRC Handelsblad en Het Parool vertrouwt hij via een unieke schrijfstijl zijn ideeën over wijn aan het (online) papier toe. Daarnaast is een graag gehoorde en geziene gast voor radio en televisie.

Harold heeft een groot aantal bestsellers op zijn naam staan, waaronder *Waanzin en Wijnzin* i.s.m. Kamagurka, *Handboek voor de moderne wijnliefhebber* i.s.m. Nicolaas Klei en *Wijnreis door mijn lichaam* dat door Gourmand Cook Book Award is uitgeroepen tot 's werelds beste boek over wijn en gezondheid. Het meest recent is zijn biografie *Onder de rook van de Heineken. Een jeugd in De Pijp* die in februari 2020 verscheen.

Gelauwerd met de Vinos de España Prijs voor de Pers, werd Harold in 2013 tevens uitgeroepen tot meest invloedrijke Nederlander in de wijnbranche. In datzelfde jaar ontving hij uit handen van the Wine & Food Association de Oeuvre Award voor zijn inspanningen op het gebied van de wijnjournalistiek. Last but not least werd Harold in 2015 – in navolging van zijn grote leermeester Hubrecht Duijker – de Wijnrank overhandigd, een onderscheiding van de Koninklijke Nederlandse Vereniging van Wijnhandelaren als blijk van waardering voor het positioneren van wijn als cultuurgoed van de samenleving.

Ook voor deze *De Grote Hamersma, Super Supermarktwijnen* zocht Harold de samenwerking met **Esmee Langereis** op. Esmee is journalist en columnist, en vaste wijnschrijver van magazines als *ELLE Eten*, *De Smaak van Italië* en *Harper's Bazaar*. Onder het motto 'life's too short to drink vieze wijn' lanceerde ze makemewine.nl – een site vol tips en tricks over wijn en andere vrolijke drankjes. Esmee is WSET advanced gediplomeerd en begin 2019 genomineerd voor Wijnvrouw van het Jaar.

Albert Heijn
www.ah.nl

Aldi
www.aldi.nl

Boni Supermarkt
www.bonisupermarkt.nl

Boon's Markt
www.boonsmarkt.nl

Coop
www.coop.nl

Deen
www.deen.nl

DekaMarkt
www.dekamarkt.nl

Dirck III
www.dirck3.nl

Dirk van den Broek
www.dirk.nl

Ekoplaza
www.ekoplaza.nl

Gall & Gall
www.gall.nl

Hema
www.hema.nl

Hoogvliet
www.hoogvliet.nl

Jan Linders
www.janlinders.nl

Jumbo
www.jumbo.com

Lidl
www.lidl.nl

Marqt
www.marqt.nl

MCD
www.mcd-supermarkt.nl

Mitra drankenspeciaalzaken
www.mitra.nl

Neleman
www.neleman.org

Nettorama
www.nettorama.nl

Plus
www.plus.nl

Poeisz Supermarkten
www.poiesz-supermarkten.nl

Spar
www.spar.nl

Vomar
www.vomar.nl